페미니즘
차이와 사이

페미니즘
feminism
차이와 사이
differences & interstices

이희원, 이명호, 윤조원 외 지음
한국영미문학페미니즘학회

문학동네

책머리에

차이와 사이를 횡단하고 접목하고 또 만들고

한국영미문학페미니즘학회가 『페미니즘 : 어제와 오늘』의 후속작인 이 책을 내놓기까지 정확히 11년이 걸렸다. 20세기 후반 서구의 페미니즘 이론을 기존의 여성학이나 사회학의 관점과는 다른 견지에서 계보화·맥락화했던 『페미니즘 : 어제와 오늘』은 2000년 한국의 문화 지평에 처음으로 닻을 내렸고 지금까지 그 소임을 다했다. 이제 이 책에 자리를 내주고 서가의 뒤편으로 옮겨갈 때가 되었다.

지난 10여 년간 한국의 페미니즘 연구 지평에는 많은 변화가 있었다. 한국의 페미니즘 문화·문학 비평은 독자적인 목소리를 내는 저자들을 확보할 정도로 성장했다. 그러나 다른 한편으로 우리 사회에서 페미니즘 이론은 건축, 과학, 간호, 복지, 교육, 종교, 법, 정치, 경영 등 이전에는 페미니즘과 전혀 연관성이 없어 보였던 다양한 분야로까지 그 지반을 확장해가는 가운데 하나의 유행 담론처럼 소비되기도 했다.

이렇듯 한국이라는 독특한 상황 속의 페미니즘은 "더이상 여성 억압이 존재하지 않으므로" 혹은 "페미니즘이 애초에 약속한 것들이 제도화된 페미니즘으로부터 더이상 나올 수 없으므로" 페미니즘의 용도 폐기를 주장하는 거센 목소리가 이는 서구 페미니즘 풍토와는 사뭇 대조적이다. 그러나 비판적 사유와 대안적 전망의 틀을 제시하지 않는 진부한 유행 담론이나 습관적 소비물로서의 페미니즘은 한국에서도 마찬가지로 용도 폐기되어야 할 것이다. 그리고 이 빈자리에 현 시대를 진단하는 비판적 인식과 미래를 추동하는 힘을 지닌 페미니즘 담론과 실천이 들어서야 한다. 이 책의 출간은 새로운 페미니즘의 필요성에 대한 이런 갈망에서 비롯되었다.

지난 10여 년간 세계에서 벌어진 각종 사건과 변화는 페미니즘 이론의 지형도를 다시 그리게 했다. 2001년 9·11 사건과 그 이후 벌어진 전쟁과 테러는 패권국 미국과 그 우방국들에 대한 이슬람 세력의 폭력적 저항이라는 새로운 양상의 지구촌 정치 갈등을 점화시켰다. 경제적 측면에선 산업의 전 지구화로 인해 선진국의 기술과 제3세계 노동력의 협업이 대세가 되면서 직업을 찾아 세계 곳곳으로 이주하는 사람들이 늘어났다. 2008년 세계 경제를 하루아침에 붕괴시킨 미국의 리먼 사태는 전 지구적 자본주의 체제에서 자유로울 수 있는 국가 경제가 없음을 증명했다. 이 체제하에서 각 민족국가는 자국의 이익을 위해 치열한 경쟁에 돌입했고, 한국과 중국을 비롯한 아시아가 비교적 빠른 경제 회복을 보이면서 G7에 대적할 신흥세력으로 부상했다. 또한 자동차를 비롯해 각종 에너지 과다 사용에 기인한 지구온난화는 극심한 이상기후 현상으로 이어져 수많은 사람들을 유례없는 자연재해의 희생자로 만들었다. 한편 매혹적인 3D 영상과 스마트폰의 전파, 세계인과 대화하는 트위터와 페이스북의 유행, 인공수정과 배아줄기세포 치료술 등 생명공학 기술의 발전은 개인의 일상과 가정 형태에 미시적 차원의 변화를 야기했다. 개인과 가정 단위의 변화는 사회 전반의 획기적인 변화로 이어졌다. 영상매체가 일정 정도 문자 중심의 출판문화를 대체하면서, 시각적으로 아름답고 성적 매력을 지닌 남성과 여성의 몸에 대한 문화적·상업적 관심이 극대화되었다.

이러한 변화와 더불어 페미니즘이 고민하는 영역도 변화했고 더 구체화되었다. 제1물결, 제2물결, 제3물결 페미니즘이라는 포괄적인 지시어 대신 전 지구화, 이산, 신자유주의적 자본주의, 노동, 민족, 이슬람, 아시아, 몸, 폭력과 전쟁, 환경, 과학기술, 사이보그 등의 구체적인 키워드들이 페미니즘의 새로운 화두로 떠올랐다. 한편 신자본주의 체제에서 자본의 이윤 논리가 극대화되고 성별 이데올로기가 완화되면서 '성' 범주 내의 각종 차이에 대한 관심이 높아졌고, 페미니즘 연구 영역에 소수집단 여성, 성적 소수자, 남성, 노인 등 다양한 범주들이 포함되었다. 또한 전쟁과 폭력은 페미니스트들에게 타자에 대한 배려와 윤리의 필요성에 대해 더 심오한 성찰을 하게 했다.

이 책은 2000년 이후 부상한 페미니즘 담론의 의제들 중 한국의 상황에 적용 가능한 쟁점들을 골라 그 이론적 맥락을 따져보고 실천적 함의를 짚어보고자 했다. 이런 쟁점들을 다룬 해외 서적이 번역되기도 했고 일부 쟁점에 대해 논의한 국내 저자의 저서가 가끔 출간되기는 했으나, 2000년대 이후 영미 페미니즘 논쟁들을 한국의 문화 지형에서 전체적으로 자리매김하는 작업은 거의 찾을 수 없었다. 이것이 이 책의 기획을 촉발한 문제의식이었다. 이 책은 한국 페미니즘 연구의 주류인 여성학이나 사회학의 접근과는 다른 문화비평의 관점에서 오늘·우리·여기의 페미니즘을 짚어보려는 시도이다. 현 단계 페미니즘이 그리는 지형이 어떠한지, 그 안에서 어떤 쟁점들이 소리를 높이는지, 내일의 페미니즘은 어떻게 달라질지, 꼼꼼히 따져보고 상상해보려 한다. 페미니즘 이론들이 생산하는 '차이'의 정치성에 주목하고 그 이론들 '사이'를 횡단하고 접목하면서 젠더 지형의 변화를 도모해보려 한다. 한 방향으로 흐르는 주류 문화에 '차이'의 물꼬를

트고 그 '사이'로 여러 갈래의 흐름이 오고갈 수 있게 만들려 한다. 자칫 이론적 추상으로 흐를 위험을 경계하기 위해 문학과 문화 현상에 대한 실제 비평을 시도한다. 페미니즘 이론이 한국의 문화 현상에 어떤 방식으로 개입하고 또 참여할 수 있는지 보여주기 위해서다.

이 책은 현재 우리와 직결된 페미니즘 이론을 네 개의 큰 주제로 나누어 살펴본다. 1부에서는 최근 우리 문화 지평에 파열음을 내고 있는 젠더·섹슈얼리티·육체와 같은 미시적 문제들을 살펴본다. 윤조원은 퀴어 이론의 등장이 페미니즘에게 던지는 불편한 메시지를 화두로 삼아 양자 사이의 공존 가능성을 탐색한다. 윤조원은 페미니즘과 퀴어 이론의 접점과 차이점을 검토하기 위해 두 이론의 경계에서 있는 테레사 드 로레티스, 이브 코소프스키 세지윅, 주디스 버틀러의 이론을 점검하고 드 로레티스의 여성적 퀴어 이론이 지니는 의의를 조명한다. 윤조원이 소수자로서의 퀴어와 여성의 공통점과 차이점에 주목했다면, 이명호는 남성 또한 여성과 함께 동반 위기의식을 느낀다는 문제의식에서 출발하여 남성 연구와 페미니즘 사이의 차이와 공존을 점검한다. 이명호의 결론은 남성 및 남성성 연구가 페미니즘을 "성차화된 육체와 젠더 정체성들을 횡단하는 가변적이고 유동적인" 페미니즘으로 재구축하는 데 공헌한다는 것이다. 박주영은 '날씬함'을 요구하는 현대 사회와 거식증 사이의 관계를 살펴본다. 박주영은 거식증이 현대 가부장 문화가 강요하는 '날씬함의 윤리'에 대한 정치적 항거라는 입장을 거부한다. 박주영에게 거식증은 여성의 새로운 히스테리 현상, 즉 가부장적 사회가 요구하는 이상적인 날씬함의 이데올로기, 그 덫에 걸린 여성의 절망을 드러내는 일종의 질병이다. 최성희는 섹슈얼리티를 장려하는 21세기의 대중문화 현상을 긍정적으로 역전시켜 가부장제의 로고스에 저항하는 디오니소스적 에로틱 에너지로 바꾸자고 제안한다. 최성희는 에로티시즘을 둘러싼 페미니즘 내부의 각종 분열을 직시하면서도 건강한 디오니소스적 에로티시즘 구축에는 자기 성실성에 기초한 새로운 페미니즘 성 윤리의 개입이 필수적이라고 주장한다. 연점숙은 젊음을 이상적인 미의 기준으로 상정하는 현대 문화가 노년 여성에게 암묵적으로 가하는 차별을 점검하고 보부아르, 베티 프리던, 저메인 그리어가 말년에 집필한 노화의 여성적 경험 및 그 의미에 관한 글을 비판적으로 읽어나감으로써 '성숙한 나이 듦'에 대해 숙고한다. 윤조원의 「'꽃미남'과 '식스팩': 대중문화 속 오늘의 남성성」은 남성성에 대한 이명호의 이론적 접근이 어떻게 한국 문화 비평으로 응용될 수 있는지를 예시하는 실제 비평이다. 이 글에서 윤조원은 외모지상주의와 성 상품화 논리에서 남성도 예외가 아니라는 단순한 지적을 넘어선다. 즉 오늘날 한국의 대중문화 속 남성들이 포스트모던 소비사회가 구축한 새로운 남성성의 한 양태로서 수행하는 '메트로섹슈얼리티'는, 기존의 남성성에 대한 일종의 도전이자 성차와 젠더 정치학의 표층이 재조정되고 있음을 보여주는 잣대라는 것이다. 물론 윤조원에 따르면, 한국 대중문화 속의 '메트로섹슈얼리티'는 성 정체성이나 성역할의 규범에 대해 진지한 질문을 하지 않는다는 치명적 한계를 지닌다.

2부에서는 전 지구화 시대의 다양한 쟁점들을 민족주의와 젠더, 이슬람 여성, 이주 노동자, 번역, 아시아 페미니즘과 한국계 미국인 여성의 이산으로 나누어 차례로 짚어본다. 박미선은 국가 간 경제적 경계가 사라지는 전 지구화 체제에서 국민은 새로운 상상계로서 민족주의 담론을 필요로 하는데, 이 담론 안에서 남성만이 민족의 주체로 설정된다고 비판한다. 따라서 민족 연구에서 남성이 누리는 특권은 비판적으로 해체되어야 하며, 페미니즘을 통해 지역과 세계를 매개하는 상상계로서의 민족을 더욱 정교하게 이론화할 필요가 있다고 주장한다. 오은경은 이슬람 민족주의자와 탈식민적 페미니스트의 담론 경합의 장이 되고 있는 이슬람 여성의 베일에 주목한다. 오은경은 베일이 제국과 식민지의 권력 관계 및 민족과 종교의 가부장적 메커니즘을 작동시키는 환상 기제임을 밝히면서 이슬람 여성을 논의할 때마다 불거지는 베일 담론 자체에서 벗어날 것을 촉구한다. 이선주는 전 지구적 자본주의 국가의 대표인 미국에서 벌어지는 이주여성 노동자의 착취 현상에 대한 경제·문화적 분석을 시도한다. 더불어 이주여성 노동자들이 이주 경험을 통해 억압과 착취뿐 아니라 자아의식을 부여받고 주체성을 획득하는 역설 또한 가능하다는 점에 초점을 맞춘다. 태혜숙은 '아시아 여성주의 문화연구'라는 새로운 비평틀을 제안한다. 태혜숙은 이 틀을 통해 서구 페미니즘과는 구별되는 자생 이론으로서 지구화에 대항하는 관점을 갖되, 각기 다른 경험을 가진 아시아 여성들을 하나의 공동체로 연대하게 만들고, 비교주의적 작업을 통해 서로 상충하는 차이들의 협상과 공존이 가능한 장을 마련하고자 한다. 이명호는 차학경의 낯선 텍스트 『딕테』에 대한 실제 비평을 시도한다. 이명호는 한국계 미국인 이주여성이 두 언어와 문화가 겹치는 경계선적 공간에서 새로운 혼종적 주체를 창조해내는 과정을 번역의 관점에서 해독해낸다. 번역에 대한 새로운 해석을 통해 문화적 차이를 협상하고 다중의 언어로 말하는 한국계 미국인 여성의 파편적 기억을 드러내며, 이 속에서 다언어·다문화·다장소를 횡단하는 이주여성의 여성적 계보와 서사를 발견한다.

3부 '신화·종교·윤리'에는 페미니즘이 1부에서처럼 문화 현상을 들여다보는 현미경일 뿐만 아니라 우리의 정신세계와 마음, 태도와 윤리를 재점검하고 변화시키는 도구가 될 수 있다고 보는 여러 시각들을 모아놓았다. 이희원은 레비나스의 타자 윤리학을 페미니스트 시각에서 재해석한 이리가레와 구엔더의 페미니스트 타자 윤리학을 비판적으로 점검하면서 페미니즘 내에서 레비나스의 타자 윤리학이 어느 정도 유용한가를 진단한다. 이희원은 페미니즘이 레비나스로부터 타자에 대한 무한한 책임을 역설하는 타자 윤리학의 토대를 빌려오되, 모성이 곧 희생이라는 레비나스의 가부장적 등식을 깰 수 있는 방안을 모색해야 한다고 결론짓는다. 박정오는 여신 신화가 페미니즘이 극복하고자 하는 문제에 대해 다양한 층위의 렌즈를 제공할 수 있다고 주장한다. 그리고 위대한 어머니 여신인 가이아와 성모 마리아, 초현실주의 화가들의 그림 속에 재현된 여신들을 페미니즘의 시각에서 살펴본다. 박정오는 새로운 상징질서를 찾아야 하는 페미니즘에 여신 재구축 작업이 절실하다고 보고, 현대적으로 재해석된 아르테미스와 아테나 여신 신화에서 그 예를 찾는다. 이희원이 레비나스를 통해 모성의 윤리학에 비판적으로 개입하고 박정오가 신화 속에서 모성의 흔적을 추적한다면, 조선정은 모성의 문화적 재현방식에 대해 깊이 사유한다. 조선정의 글은 모성을 이론화하는 기존의 담론들에 대한 점검이 아니다. 조선정은 최근 한국에서 크게 주목을 받은 두 모성 서사(신경숙의 소설 『엄마를 부탁해』와 봉준호 감독의 영화 〈마더〉)가 모성을 다루는 방식을 구체적으로 살펴보면서 한국의 지배적 모성 담론의 근간에 있는 이념적 문제점을 비판하고 대안 모성 담론을 촉구한다. 이에 따르면, 모성을 여전히 낭만화시키는 『엄마를 부탁해』와 모성을 괴물 혹은 마녀와 동일시하는 오래된 신화를 은밀히 재생산하는 〈마더〉는 둘 다 모성을 철저히 성차별적으로 제도화하는 '근대'의 산물이다. 김종갑의 『프랑켄슈타인』 분석은 페미니스트 윤리학을 논하는 점에서는 이희원의 글과 접해 있지만, 조선정처럼 작품에 대한 실제 비평을 통해 '배려의 윤리'를 제안한다. 김종갑은 『프랑켄슈타인』을 윤리적 지평에서 조망하면서 작가 메리 셸리의 메시지를, 캐럴 길리건이 『다른 목소리로』에서 제안한 '정의의 윤리'에 대한 '배려의 윤리'의 우월성, 즉 관계와 유대, 결속 윤리의 우월성으로 읽어낸다. 여기서 '정의의 윤리'와 '배려의 윤리'가 성차나 성적 코드와 관련이 없으며 삶의 지향성과 관계된다는 지적은 모성이 탈젠더화되기를 소망하는 조선정의 논지와 맞닿아 있다.

4부는 자연·과학기술과 여성의 관계를 조망하는 글들로 이루어져 있다. 생태 파괴와 과학의 일면적 발달은 페미니스트로 하여금 인문과학 영역에만 머무를 것이 아니라 과학 영역으로도 진출하도록 유도했다. 박혜영은 이런 부류의 페미니스트 중 에코페미니스트의 입장을 정리한다. 여성과 자연, 여성과 과학기술, 여성과 경제개발이라는 항목으로 나누어 에코페미니스트의 다양한 입장을 설명한 후 박혜영은 생태윤리와 공동체성 회복의 중요성을 강조한다. 경제개발과 신자유주의적 착취로 인한 자연 파괴가 과학기술로는 도저히 회복할 수 없는 지경에 이르렀으므로 돌봄의 생태윤리와 남녀가 상호의존하는 자급적 공동체 성립만이 살 길이라고 주장한다. 이 점에서 박혜영이 설명하는 에코페미니즘은 3부에서 언급한 타자 윤리학이나 배려의 윤리에 아주 가까이 서 있다. 장정희는 해러웨이의 이론을 집중적으로 재조명한다. 해러웨이는 인간과 다른 종 사이의 관계와 상호작용 분석에서 타자의 개념을 없앤다. 사이보그 개념을 통해 인간과 기계 사이의 경계선에도 의문을 표한다. 장정희는 이 '경계 해체와 동반종 사이의 교류'라는 지점에서 전 지구화로 인한 여성 착취 및 젠더와 모성 문제 해결의 실마리를 찾을 수 있다고 역설하며, 해러웨이 이론에 대해 긍정적 평가를 내린다. 장정희가 해러웨이의 렌즈를 통해 페미니즘에 제기된 여러 문제의 해결점을 찾고자 한다면, 정문영은 해러웨이를 포함한 여러 페미니스트가 제공한 신재생산기술 담론을 살펴본다. 정문영은 과학기술 시대 신재생산기술 담론에 개입하는 국내외 페미니스트의 비판적 담론을 해러웨이와 더불어 꼼꼼하게 검토하고, 그 과정에서 여성의 몸을 파편화시키는 과학기술의 객관화·시각화 과정을 폭로한다. 그러나 이 글은 장정희의 글처럼 과학과 기술의 긍정적 잠재력을 적극 수용한다. 시험관 임신, 난자 제공, 대리모 등의 신재생산기술의 발달로 유기체적 몸이 시각화되고 몸의 경계가 불안정해지지만, 그 불안정한 경계로부터 몸의 새로운 경계가 배태될 수 있다는 것이다.

모두 18편의 글을 모아 이 책을 만들었다. 한 권으로 모으기에는 꽤 많은 분량이었다. 그럼에도 아쉬움이 많이 남는다. 전쟁과 테러의 시대를 살면서 전쟁과 여성 문제를 다루지 못했고, 한국사회의 미혼 현상과 가족 붕괴에 대해 짚어보지 못했으며, 4부에서는 페미니즘 이론을 동시대의 문화에 접목한 실제 비평을 싣지 못했다. 페미니즘 이론을 주제별로 나누어 비평적으로 맥락화하기 위해 노력했지만 각 이론에 대한 충실한 소개에 집중한 나머지 비판적인 목소리를 한껏 내지 못한 점도 안타깝다. 이러한 미비점들을 보완하고 새로운 논쟁의 장을 열어갈 다음 기회를 기대해본다.

이 책을 기획하고 출판하는 데 꼬박 4년이 걸렸다. 2007년 어느 날 두 사람의 대화에서 시작된 단행본 출간 계획은 6개월의 기획, 1년 반 가량의 그룹 스터디와 학회지 수록, 1년이 넘는 수정과 편집, 그리고 3년에 걸친 수많은 이메일 소통의 단계를 거쳐 그 결실을 보게 되었다. 이 작업에 참여한 필자들의 자발적인 협조와 배려의 미덕, 기획과 그룹 스터디 단계에서 보여준 최주리 선생님의 희생, 나와 함께 이 책의 기획과 편집을 맡은 이명호 선생님과 윤조원 선생님의 비판적 성찰과 힘찬 동력, 이 세 바퀴의 힘으로 이 책이 탄생했다. 이들 모두에게 감사의 마음을 전한다. 끝으로 이 책의 출판을 선뜻 받아준 문학동네에도 감사의 마음을 전하고 싶다.

2011년 6월

이희원

차례

3부 | 신화·종교·윤리

4부 | 자연·과학기술·여성

1부

젠더 섹슈얼리티 육체

페미니즘과 퀴어 이론: 테레사 드 로레티스, 이브 세지윅, 주디스 버틀러를 중심으로

남성, 남성성, 페미니스트 이론

현대 여성의 새로운 히스테리, 거식증: 여성의 몸과 욕망

자아로부터의 비상, 에로스

노년 여성을 위한 나라는 없다: 타자, 노년 여성, 페미니즘

'꽃미남'과 '식스팩': 대중문화 속 오늘의 남성성

페미니즘과 퀴어 이론

테레사 드 로레티스, 이브 세지윅, 주디스 버틀러를 중심으로

윤조원

페미니즘'들'과 퀴어 이론의 등장

여성 일반을 대변하여 여성들 사이의 자매애와 동질성을 강조하면서 가부장제를 공격하던 과거의 페미니즘은 '여성'이 보편 범주로서 유효한가라는 질문에 봉착하면서 많은 비판과 수정을 거치게 되었다. 과거의 페미니즘에 대한 성찰은 기존 페미니즘 이론의 '사각지대', 즉 인종과 계급, 성 정체성 등을 축으로 하여 다양한 층위로 드러나는 '여성' 내의 차이들을 조명하는 움직임 속에서 다양한 담론들로 나타난다. 이른바 페미니즘의 제3물결이라고도 하는 유색인종 여성의 비평들이 제2물결 페미니즘의 백인 중심적 전제를 비판하고 '여성'이라는 범주에 내재하는 인종적·계급적·문화적·민족적·성 정체성적 차이에 주목한 이래, 페미니즘은 '여성'이라는 추상적 범주보다는 다양한 여성들의 개별 경험과 각각의 삶이 지니는 특수성에 대해 성찰하는 페미니즘'들'로 분화되었다. 1980~90년대 페미니즘 이론이 침체기를 맞이하고 '포스트페미니즘'이 거론되면서 페미니즘이 '젠더 연구'로 이행하는 동시에 동성애론이 성장한 것은 '차이'에 대한 이러한 인식과 깊은 관련이 있다.

성차sexual difference가 남성성과 구분되는 여성성을 지칭했던 만큼 애초에 젠더 연구는 여성학, 페미니즘과 동일한 것으로 출발했다. 젠더 연구 초기에 젠더는 성차의 지표, 즉 여성성을 지시하는 것이었다. 또한 여성의 종속적 위치 및 여성성의 본질적 요소로 여겨졌던 특성들을 통칭하는 동시에, 인간 보편으로서의 남성성과 구분되는 '여성성'의 사회적·성적 함의들을 가리키는 개념이었다. 하지만 1990년대 이후 젠더 연구는 여성에 국한되었던 젠더 개념을 확장하여 남성성 역시 개별 젠더임을 인식하고, 성차뿐 아니라 성 지향성, 성욕, 성적 실천의 양태, 성 정체성 등을 포괄하는 차이들에 대한 체계적인 담론이자 학문분과로서의 '젠더 연구'로 발전해간다.[1] 이런 점에서 젠더 연구는 가부장제와 여성 억압에 대한 비판과 저항에 국한되기보다는 성의 다양성에 입각하여 젠더 자체를 분석 대상으로 삼는 사고체계라 할 수 있다. 젠더 연구의 부각과 더불어 동성애론은 문화의 다변성 및 성과 관련된 다양한 존재론적 국면들을 이해하는 데 필수적인, 현대적 사고의 중요한 갈래로 발전한다. 동성애론, 특히 페미니즘 내 동성애론은 이성애를 규범으로 여기는 문화 속에서 성적 소수자로 주변화되었던 레즈비언 여성들의 독특한 정체성과 그 상황의 특수성이 페미니즘을 비롯한 비평 담론들 내에서 충분히 고려되지 않는다는 사실을 직시한 페미니즘 이론가들의 노력에 힘입어 1980년대 이후로 크게 성장했다. 레즈비언 페미니즘은 사회적 소수자인 여성과 유색인종의 인권 보호와 정치적 위상 확보를 위한 움직임과 맥락을 같이하면서 젠더 연구의 지형 속에서 남성 동성애와 유대를 형성하기도 했다.

동성애를 지칭하는 영어 표현들은 예전부터 다양했지만 그중에서도 '게이gay', '퀴어queer'라는 말이 흔히 쓰인다. 이 용어는 나름의 역사를 지니는 말들로, 이것들이 사용된 역사적·문화적 맥락은 1960~70년대 이후 정체성의 문제가 대두되는 가운데 소수자들의 정체성을 정의하려는 노력과 밀접한 연관이 있다. '게이'라는 표현이 이중적이고 모호하면서도 비교적 긍정적인 의미도 내포한다면, '퀴어'는 전반적으로 부정적 함의를 가지고 동성애를 지칭했다. 그런데도 일부 동성애 이론가들이 초기의 게이/레즈비언이라는 말 대신 굳이 퀴어라는 표현으로 나름의 입장을 정립한 것은 기존의 이론에서 사회화·주체화 과정의 기반으로 당연시되었던 개념들을 의식적으로 와해시키려는 의도 때문이었다. 즉 '퀴어'라는 말의 부정적 함의를 역으로 이용하여, 이성애적 규범이 성 정체성과 성적 실천 양식의 관계를 지나치게 단순화하여 고착시킨 것에 대한 반발을 표현했던 것이다. 젠더 연구의 일환으로서 동성애론이 '게이/레즈비언 연구'로 지칭되다가 '퀴어 이론queer theory'으로 전환된 것도 그러한 방향성의 반영이다.[2]

페미니즘과 동성애론은 한편으로 사회적 소수자로서의 연대의식 및 가부장제 전통이 강요하는 성역할과 성 규범의 억압성에 대한 비판의식을 공유하지만, 다른 한편으로는 서로 다른 대상을 논의의 우선순위에 두기에 그 관심의 외연이나 내용이 일치하지는 않는다. 여성 동성애와 남성 동성애를 구분하되 함께 접근하던 레즈비언/게이 연구를 대체하는 퀴어 이론은 과거에 레즈비언/게이 연구로 분절되던 동성애론을 제도권 문화와 관습적 사고에 대한 급진적 비판의 기치하에 통합하면서, 동성애론 자체를 동성애를 실천 혹은 경험하는 개별 육체라는 경험적 기반의 경계 너머로 확장시키는 담론이자 실천이라 할 수 있다. 페미니즘과 젠더 연구, 퀴어 이론이 역사적으로 사유의 궤적을 상당 부분 공유하면서도 긴장과 대립의 관계에 있는 것은, 변화를 거듭하는 성과 젠더에 대한 연구의 일환으로 젠더 연구와 퀴어 이론이 진화해오면서 과거 페미니즘이 다루지 못했던 문제들에 대한 첨예한 비판의식을 표출하며 다른 사고틀의 필요성을 강조했기 때문이다. 따라서 페미니즘과 이 이론들의 공존 가능성에 대한 의문도 제기될 수 있다. 최근의 젠더 연구, 특히 퀴어 이론에서는 성차로서의 젠더 개념, 나아가 젠더화된 주체의 개념 자체를 해체하고자 하는 움직임이 두드러진다. 여기서 페미니즘의 목표였던 여성해방, 양성평등의 이상과 (적어도 이론적으로는) 상충하는 경향이 발견된다. 남성성/여성성의 이분법적 구도, 섹스/젠더의 이원론을 폐기하려는 시도가 '여성'이라는 범주의 보편적 유효성에 대한 의문에서 더 나아가, '여성'으로 동일시하는 경험이 지니는 실제적 의미들에 대한 부정으로 이어질 가능성도 있기 때문이다.

퀴어 이론은 실제로 '여성'이라는 범주가 필요한지, 그리고 타당한지를 묻는다. 범주로서의 여성이 지니는 유효성 및 필요성을 세련된 수사와 논리로 공격하는 퀴어 이론이 문화연구와 문학비평의 공간을 매혹한다는 사실은[3] 여성의 억압이 세계적으로 여전히 미해결 과제임을 인식하는 많은 이들의 마음을 불편하게 만들기도 한다. 과연 여성이라는 범주가 개별 여성들 사이의 수많은 차이를 말소하거나 특정한 여성 집단만을 대표하는, 더이상 유용하지 않은 낡은 도구에 불과한지에 대해서는 깊이 생각해봄 직하다. 여성 억압에 대한 분석은 억압된 수많은 소수자들을 담론적으로 주변화하면서 이성애적 규범에 의존하는 틀 속에서 여성이라는 범주만을 특권화할 수밖에 없는가? 해방은 종속에 의존하는 개념이므로 꿈꾸어서는 안 되는가? 동성애자가 스스로를 여성으로 혹은 남성으로 동일시하는 실천이 지니는 긍정적 가치는 발견할 수 없는가? 퀴어 페미니즘이란 과연 가능한가?

이런 질문들에 대한 궁극의 답을 찾기는 어렵겠지만 나름의 해답을 궁구하기 위해서는 페미니즘과 퀴어 이론의 접점과 차이점을 검토하는 작업이 유용할 수 있다. 나는 이 글에서 페미니즘으로부터 퀴어 이론에 이르는 변화의 궤적을 살펴보고, 퀴어 이론이 페미니즘뿐 아니라 성과 성 정치학에 대한 비판적 담론을 대체하는 광범위한 논의로 작동하는 근래의 이론적 지형을 비판적으로 고찰하려 한다. 이는 한편으로는 페미니즘과 퀴어 이론을 모두 한 시대의 이론적 유행이 아닌 실천 철학으로 삼기 위해 비판적 성찰을 지속해야 한다는 생각, 그리고 다른 한편으로는 권력의 작동에 저항적으로 대응해온 이 이론들 사이에서 상호보완과 연대의 필연성을 찾을 수 있으리라는 믿음에 뿌리를 둔 것이다. 이 글은 페미니즘과 퀴어 이론의 교차지점들 속에서 둘의 공존 가능성과 상호 발전 가능성을 탐색하기 위해 쓰여졌다. 페미니즘이 퀴어 이론과 만나고 분기하는 움직임의 중심부에 테레사 드 로레티스Teresa de Lauretis, 이브 세지윅Eve Kosofsky Sedgwick, 주디스 버틀러Judith Butler 등의 이론가가 자리하고 있다. 이들 논의의 주요 쟁점들을 통해 젠더 연구와 퀴어 이론의 목표와 성취가 페미니즘의 전통과 어떻게 연관되고 상충하는지를 살펴보도록 하겠다.

'퀴어'하게 보기/쓰기: 드 로레티스와 세지윅

레즈비언 페미니즘 이론의 등장은 개별 여성들 사이의 차이를 조명하고 긍정하려던 페미니즘 내부의 역사와 긴밀하게 연관된다. '레즈비언'이라는 용어는 20세기 초 성과학性科學sexology에서 사용되기 시작했다.(Bristow 50-51) 당시에는 동성애적 욕망의 병리적 이상성을 가리키는 말이었다. 20세기 내내 실제로 동성애적 정체성을 긍정하고 드러내기란 쉬운 일이 아니었고, 이성애를 강제하다시피 하는 문화의 억압적 시선은 "레즈비언적 경험을 일탈적인 것 내지는 혐오스러운 것 정도로 인식하거나 아예 존재하지 않는 것으로 취급" 했다.(Rich 26) 흑인 여성 비평가들이 1970년대까지 전개된 페미니즘의 백인중심적 기반을 비판했던 것과 유사하게 에이드리언 리치Adrienne Rich를 비롯한 레즈비언 페미니스트들은 이성애가 자연스럽고 정상적이고 보편적이라는 전제를 내포했던 기존 페미니즘의 이성애 중심적 태도를 맹렬히 공격했다. 레즈비언이라는 용어와 동성애의 실천에 부정적 함의를 덧씌우고 그 가치를 인정하지 않는 문화의 문제점들을 직시하지 않는 이상 페미니즘은 가부장제의 근간이라 할 수 있는 이성애 중심주의에서 벗어나지 못하며, 여성들 사이의 사랑을 이해하고 긍정하지 않는 한 페미니즘은 현실을 변화시킬 수 없다는 것이었다. 이러한 지적은 이성애와 동성애를 정상/병리의 구도로 대립시키는 기존의 사고방식을 전복했고, 여성들 사이의 다양한 관계를 포괄하는 개념으로 레즈비언이라는 말을 전용하는 계기를 마련했다.[4] 포괄적 의미에서 레즈비언적 관계성은 여성들의 자매애적 연대와 그 연장으로서, 여성을 남성의 성애적 대상으로 환원하는 가부장제에 대한 저항의 기반이 될 수 있다고 본 것이다.[5]

하지만 급진적 페미니즘과 분리주의적 레즈비언 이론은 남성성과 구분되는 본질주의적 여성성을 기반으로 삼았고 여성들 사이의 보편적 동질성을 동지애의 자연스런 전제로 상정했다. 후기구조주의와 해체론에 입각한 시각들이 부각되면서 이원론적 성 정치학과 본질주의적 관점에 입각한 보편 범주로서의 여성성 개념은 상당한 비판을 받게 된다. 그리고 이렇게 변화하는 자장 속에서 젠더 연구, 퀴어 이론이 본격적으로 등장한다. 1980년대 말에서 1990년대 초에 나온 주디스 버틀러의 『젠더 트러블*Gender Trouble*』, 이브 세지윅의 『벽장의 인식론*Epistemology of the Closet*』 같은 저작은 페미니즘의 관점을 일부 견지하면서도 급진적 페미니즘의 한계를 지적했고, 여성적 정체성을 정의하는 기존의 방식들에 의문을 제기하면서 동성애를 이론화하는 새로운 가능성들을 탐색했다.

이원론적 성 정치학을 탈피하고 여성들 사이에 존재하는 차이들을 적극적으로 수용하는 새로운 사고의 틀을 제시한 동성애론 초기의 이론가로 테레사 드 로레티스를 꼽을 수 있다. 드 로레티스의 논의는 성차 개념과 그에 의존하는 젠더 구도에 대한 비판적 분석에 기반을 둔다. 그녀는 『젠더의 테크놀로지*Technologies of Gender*』에서 페미니즘의 중대한 성과는 역사적으로 배제되어온 대상인 여성들을 "새로운 사회적 주체로" 만들었다는 점이고(135), 페미니즘의 과제는 여성들의 재현이 가능한 조건들을 형성하는 것이라고 했다.[6] 그녀는 이론적으로 알튀세르Louis Althusser의 이데올로기 개념과 푸코Michel Foucault의 섹슈얼리티 논의에서 영감을 받았다. 그러나 주체성의 형성과정 자체가 젠더의 (재)생산과의 상호작용이라는 것에 주목한다는 점에서, 주체의 젠더에 관심을 기울이지 않았던 알튀세르의 호명interpellation 개념이나 푸코의 성 이론과는 확연히 구분된다. 이 차이는 바로 드 로레티스의 사유가 페미니즘 이론으로서 그리고 초기의 퀴어 이론으로서 지니는 힘이기도 하다. 나아가 그녀는 철학 담론들 역시 (이데올로기로서의) 젠더의 영향하에 있음을 지적하고, 젠더가 바로 현대 비판 담론의 한계라고 말한다.(48) 즉 그녀는 정신분석학, 마르크스주의, 해체론 등이 모두 여성의 문제를 다루었지만 언제나 남성적 입장에서 혹은 남성이라는 규범화된 관념을 출발점으로 삼았기 때문에, 여성은 암시된 규범인 남성성으로부터의 예외 혹은 일탈로 설명되는 경향이 두드러진다는 점을 비판한다. 이러한 비판에서 출발하여 드 로레티스가 『젠더의 테크놀로지』에서 기획하는 것은 여성을 비남성적인 틀과 언어로 논의할 수 있는 기반으로서의 페미니즘이다.[7]

그녀는 일찍이 남성을 규범으로 삼는 남/여의 이분법 위에서 정의되는 여성적 정체성이 여성을 재현하지 못한다는 것을 인지하고 정체성이라는 개념 자체를 재고할 필요가 있다고 생각했다. 그 한 가지 방식으로 이론적 구성물로서의 '여성Woman'과 사회역사적 현실 속 구체적 존재로서의 '여성들women'을 구분하고, 이 둘 사이의 간극이 빚어내는 모순들에 천착하여 여성적 정체성의 유효한 모델을 모색한다.(*Alice Doesn't* 5-6) 「페미니즘적 연구/문화 연구Feminist Studies/Cultural Studies」에서 그는 정체성이란 "목표가 아니라 자기 인식 과정의 출발점"이며, 페미니즘이 새로이 상정하는 정체성은 "다중적·가변적이며 종종 자기모순적"이고 "종종 다른 언어들과 문화들을 가로지르는, 젠더, 인종, 계급의 이질적·비균질적 재현들로 구성된 정체성"이어야 한다고 주장한다.(9) 남성과의 차이로 여성성을 규정하는 이원론적 젠더 구도가 페미니즘 사유의 근간이었기에 남성 중심적 담론에 대한 저항으로서의 페미니즘이 지니는 비판적 잠재력이 희석된다는 것이 드 로레티스가 기존의 페미니즘에 가하는 가장 중요한 공격이다. 그녀는 성차가 "모든 합법화된 담론의 척도, 기준, 준거"로서의 남성성과 여성성의 차이를 일면적으로 가리키는 한, 성차에 대한 이야기들이 여성의 주체성이나 여성의 차이들을 이해하는 데 큰 도움이 되지 못한다고 보았다.(12) 즉 여성 주체를 성, 인종, 계급, 문화 등 다양한 "차이들"이 각축하며 체현되는 "터site"라고 규정하면서(13-14), 페미니즘의 사고틀이 남성/여성의 이분법적 대립구도에서 벗어나 다중적, 다층적·정체성을 이론화해야 한다고 주장한다. 그녀는 기존의 여러 페미니스트 이론가들의 논의 역시 이원론적 젠더 개념에서 벗어나지 못할 뿐 아니라 그것을 재생산한다는 점을 지적한다. 그리고 그 한계를 극복하려는 시도로, 섹슈얼리티가 담론적으로 생산·형성되면서 각종 테크닉들에 의해 제도적으로 이행되고 보완된다고 주장하는 푸코의 이론을 차용한다. 푸코에 기대면서 동시에 넘어서고자 하는 드 로레티스의 목표는 뚜렷하다. 앞서 언급했듯 "젠더와 섹슈얼리티를 남성 섹슈얼리티 담론으로 (재)생산하는 남성 중심적 분석틀에서 벗어나"(17) 젠더의 다양성에 대한 새로운 사유를 가능하게 만들 기반을 모색하는 것이다.

정체성이 다중적이며 가변적임을 인식해야 한다고 주장하는 드 로레티스의 입장은 동성애론 내부의 다양성을 강조하는 작업으로 이어진다. 또한 정체성이라는 개념 자체를 문제시하는 이후 퀴어 이론의 행보를 사실상 예견한다. 그녀는 '퀴어'라는 말을 젠더 담론의 전경에 등장시킨 것으로도 유명한데, (특히 북미 지역의) 레즈비언과 게이 섹슈얼리티가 지니는 각각의 역사적·물질적·문화적 조건들의 구체성 및 특수성을 환기하는 동시에 차이들을 넘어서는 정치적 연합을 도모하기 위해 '퀴어'라는 용어를 사용했다.(*differences* "Introduction") 그녀에게 퀴어는 대중매체의 재현방식에서부터 학문적 담론에 이르기까지, 게이/레즈비언 정체성과 동성애에 관한 지배적 패러다임에 의문을 제기하고, 성적인 것 자체를 다시 사유하여 이론화하려는 시도들을 아우르는 담론의 기반으로 기획된 것이었다. 특히 레즈비언 섹슈얼리티를 재고하려는 시도와 밀접한 연관이 있었다. 드 로레티스가 퀴어라는 말을 대안으로 채택한 것은 그 표현이 지닌 전복적인 함의 때문이었다. 그녀는 퀴어가 "담론들과 거기에 담긴 구성된 침묵을 해체"할 잠재력을 지닌다고 생각했다.(iv) 무엇보다도 "주어진 어느 하나의 용어에 고정되지 않고, 주어진 어느 하나의 용어가 지니는 이념적 부채를 떠안지 않고, 도리어 그것들을 위반하고 초월하는, 혹은 적어도 그것들을 문제화할" 잠재력이 있는 표현이라고 생각했다.(v) 그러나 곧 그 용어가 널리 전용되는 현상을 비판하면서 스스로 퀴어라는 말을 사용하기를 거부했다. 퀴어를 만들어낸 페미니스트 이론가가 퀴어와 거리를 둔다는 사실은, 페미니즘적 기반에서 발생한 퀴어 이론의 행보가 애초의 취지 혹은 이상과 달리 진화했음을 암시하는 흥미로운 현상이다. 그런 점에서 드 로레티스의 여성 동성애 연구와 여성적 차이에 대한 논의는 페미니즘과 퀴어 이론의 차이점 및 생산적 접점을 모색하는 데 중요한 단서가 될 수 있다.

퀴어라는 용어를 드 로레티스의 논의에서보다 더 넓은 맥락으로 확장시킨 이는 이브 세지윅이다. 세지윅은 남성적 성과 남성의 동성애에 대한 관심을 부각시킨 대표적인 인물로, 그녀의 저작들은 페미니즘과 퀴어 이론, 남성성 연구 사이의 관계를 깊이 성찰하는 계기를 제공한다. 세지윅은 이론가보다는 비평가 쪽에 더 가깝다. 그녀는 1985년 『남성들 사이*Between Men*』에서 18세기 중반부터 19세기 중반에 이르는 영국문학 작품들에 대한 논의를 통해 계급과 젠더의 구성이 역사적으로 어떤 변화를 겪는지를 살핀다. 이 시기의 성과 권력이 문화적으로 형성되는 방식, 특히 중산계급의 권력이 형성되고 행사되는 방식에 관심을 가지는 세지윅은 남성 지배의 구조에 주목하고 특히 두 남자와 한 여자를 연결하는 삼각구도를 남성 지배 권력의 모델로 읽는다. 세지윅은 여기서 "남성 지배적 사회에서는 동성 친화적 욕망과 가부장적 권력의 유지 및 이양을 위한 구조 사이에 각별한 연관성이 있다"고 주장하며(25), 이성애적 관계처럼 보이는 남녀관계들이 사실은 남성들 사이의 권력을 강화하고 유지하는 동성 친화적homosocial 관계에 다름 아니라고 역설한다. 이 남성 지배의 삼각구도가 특별히 새로울 것은 없다. 잘 알려져 있듯 레비스트로스Claude Lévi-Strauss가 남성들 사이에서 일어난 여성의 교환에서 문명의 기원을 읽은 바 있고, 게일 루빈Gayle Rubin도 레비스트로스에 대한 비판적 독서를 통해 유사한 구도에 대한 분석을 제시했다. 세지윅의 독특한 관점은, 이성애적 관계를 유지함으로써 지속되는 이러한 동성 친화적 남성 지배 구조가 남성 동성애와 매우 모호한 경계를 이루며, 그렇기 때문에 남성 동성애에 대한 공포와 억압이 이성애적 남성 지배 이면에서 그것을 가능케 하는 힘으로 작용한다는 주장에서 드러난다. 세지윅은 동성애공포증homophobia이야말로 "남성적 유대의 스펙트럼 전체를 조종하고 그럼으로써 젠더 체계 전체를 통제하는 도구로" 기능한다는 흥미로운 이론을 펼친다.(16)

이러한 생각을 더욱 체계화한 『벽장의 인식론』(1990)은 퀴어 이론의 성장에 지대한 영향을 미쳤다. 세지윅은 "동성애/이성애의 현대적 정의에 대한 비판적 분석을 포함하지 않는다면 현대 서구문화에 대한 그 어떤 이론도 불완전할 뿐 아니라 그 중심적 실체가 손상된 것"이라는 언술로 논의를 시작한다.(1) 또 (억압된) 동성애에서 비롯한 인식론의 흔적을 서구문화의 거의 모든 국면에서 발견할 수 있다고 주장한다. 프로이트적 인식론이 근친상간의 금기를 서구문명의 발단으로 읽는 것과 유사하게, 세지윅은 동성애/이성애의 구분이 서구문명의 중심에 있어왔다고 본다. 그 외에도 세지윅은 기존 페미니즘 이론이 구체적으로 다루지 않았던, 다양한 성욕 및 성적 실천이 주체와 관계 맺는 방식의 다변성을 고찰하고, 성 정치학이 보여주는 지배와 억압의 구도에는 남성/여성의 대립뿐 아니라 이성애/동성애의 대립이라는 축이 있음을 지적한다. 세지윅은 동성애/이성애의 대립이란 바로 그 두 항의 분리가 불분명하기에 더욱 첨예하고, 이 불분명한 대립이 빚어내는 긴장과 불안이 남성의 주체화 과정의 중심에 있다고 봄으로써 남성성과 남성 동성애 연구에 새로운 지평을 열었다. 이후의 저작들에서 그녀는 지극히 사적인 동시에 정치적인 고찰들을 비평 담론 속으로 끌어들이는 '퀴어'적 수행을 지속하면서 퀴어 이론의 비평적 스타일이 특정한 이론의 틀에 정초하는 것이 아닌 일종의 수행 예술임을 스스로 보여주기도 했다.

퀴어라는 용어를 대중화하면서 동성애론의 지평을 넓힌 세지윅의 작업은 흥미로운 질문에서 시작된 것으로 보인다. 개인의 성적 경험과 실천, 성적 선호와 관련된 무수히 다양한 요소들 중에서 어떻게 유독 대상의 젠더가 '성적 지향성sexual orientation'을 지시하고 결정하는 절대적 기준이 되었는지를 묻는 것이다. 세지윅은 그러한 현상을 암묵적으로 강요하는 이성애 중심적 규범을 비판하는 작업을 수행하는 것으로 그 질문에 대한 대답을 대신한다. 그리고 퀴어의 개념을, 동성의 대상을 선호하는 성적 실천에 국한하는 것에서 나아가 규범에서 벗어나거나 정상의 범주에 속하지 않는 모든 것을 포괄하는 것으로까지 확장시킨다. 그녀에게 퀴어란 "되풀이되고 소용돌이치고 말썽을 일으키는 지속적인 계기이자 움직임이며 동기"이다.(*Tendencies* xii) 또한 기존의 인식과 실천의 양식들을 가로지르며 굴절시키고, 당연한 것으로 수용되는 모든 것들을 비뚤어진 시선으로 바라봄으로써 당연한 것의 당위성 자체에 의문을 제기할 계기를 마련하는 모든 것이 퀴어이다. 세지윅의 비평 작업이 널리 영향력을 행사하면서 퀴어라는 용어는 테레사 드 로레티스가 사용했던 퀴어라는 용어와는 다른 함의를 지니는 것으로 정립된다. 세지윅 이후의 퀴어는 게이와 레즈비언이라는 말을 대체하지만, 동성애를 고정된 정체성으로 간주하지 않고 젠더 구분과 성적 지향성이라는 범주 자체를 무효화하는 비규범적 성의 실천 지향성 및 수행적 양태들을 포괄적으로 가리키게 된다.[8] 남/여의 이항대립에서 이성애/동성애로 변한 사고의 틀이, 퀴어 개념의 확장과 함께 이성애/동성애의 구분도 넘어서서 퀴어/이성애 중심적 규범성heteronormativity이라는 새로운 이항대립으로 변이하는 것이다.

세지윅의 작업은 페미니즘과 동성애 연구를 다소간 분리하는 역할을 했다. 또 남성의 동성애와 관련된 심리적 불안감을 남성성과 남성적 권력 작동방식의 중요한 일부로 읽는 논법을 통해 남성들 사이의 관계 및 남성적 성애의 양면성에 대한 통찰력을 보여주었고, 이후 남성 동성애론과 퀴어 이론의 연계적인 발전에 영향을 미쳤다. 하지만 페미니즘적 사유에서 출발하여 동성(애)적 관계들로 향하게 된 그녀의 연구는 여성적 입장에 대한 고려를 다소 결여한다는 특성을 지닌다. 세지윅은 자신의 연구가 제시하는 남성 간 관계의 구조적 패러다임에서 여성이 소외되고 종속되어 있다는 점이 바로 "여성의 힘, 유대관계, 투쟁 등을 올바로 다루지 못하게 만드는 왜곡"이라고 말하지만(*Between Men* 18), 이는 역설적으로 자신의 연구가 지니는 약점에 대한 변명이기도 하다. 실제로 세지윅의 논의는 남성들 간의 관계에서 소외되는 여성의 입장을 분석하지는 않는다. 명백한 이성애적 관계에서도 이성애의 작동방식이나 문제점을 고찰하기보다는 거기에 언제나 '내재'하는 남성 동성애적 욕망의 흔적을 읽는 것에 더 치중한다. 퀴어 이론의 지평을 확장하면서도 실상 (동성애든 이성애든) 여성의 성 정체성이나 욕망 등을 거의 다루지 않고 있으므로 그의 퀴어 이론은 남성의 동성애적 욕망을 특권화한다는 비판을 받기도 한다.

사회적·문화적으로 전복적이거나 일탈적·비규범적인 모든 것을 퀴어로 본다면, 이러한 퀴어의 관점에서 아이러니하게도 '성적 소수자로서의 동성애자'와 '이성애적 규범에 비판적인 이성애자' 사이의 구분은 모호해진다. 동성애를 가리키던 '퀴어'의 담론이 발전하면서 동성애와 이성애의 구분 자체를 무의미한 것으로 만든다면 그것이 동성애자의 문화적·정치적 권리를 확보하는 현실의 노력에 과연 얼마나 생산적으로 작용할 것인지 점검해볼 필요도 있다. 사실 이 모호함이 퀴어 이론의 중심 난제다. 퀴어 이론은 특정한 방법론과의 동일시가 아니라는 점을 세지윅 자신이 거듭 천명했고 그녀에게서 영향을 받은 여러 퀴어 이론가들도 부정형성과 유동성, 미결정성, 포괄성을 퀴어의 특성으로 언급했다.[9] 하지만 세지윅을 포함한 그 이론가들은 또한 동성 간의 성적 실천과 표현이 퀴어의 "규정적 중심"에 놓여야 한다고 주장한다.(*Tendencies* 8) 개별 동성애자들과의 한정적 동일시를 거부하되 동성애와의 친화성을 중심에 둔 채 그 지평은 동성애를 넘어서는 것으로 확대하고자 하는 퀴어 이론의 특성은 일견 모순이며 문제이기도 하다. 그러나 바로 이 모순이 동성애적 실천과 성향으로 개인의 존재를 한정하는 정체성의 정치학에 대한 퀴어 이론의 비판과 저항이 표출되는 지점이기도 하다.

'퀴어'를 수행하기: 버틀러와 그 이후

페미니즘의 실천적 목적이 페미니즘 없는 세상이라면 퀴어 이론의 실천적 목적 또한 퀴어가 더이상 퀴어하지 않은 세상일 것이다. 동성애와 이성애의 구분을 기반으로 하는 정체성 개념을 와해시키는 세지윅의 퀴어 담론은 젠더 구분을 기반으로 하는 정체성을 거부하는 주디스 버틀러의 입장과 같은 선상에 있다. 버틀러의 논의는 섹스와 젠더의 구분을 해체하려는 시도에서 출발한다. 페미니즘은 본질론적 성 개념을 깨뜨리기 위해 섹스와 젠더, 자연으로서의 성과 문화적 구성물로서의 성 정체성을 구분했지만,[10] 버틀러는 자연으로서의 섹스를 불변적인 것으로 보는 반면 구성물로서의 젠더는 가변적이고 부차적인 것으로 정의하는 틀 자체를 부정한다. 버틀러는 자연 역시 자연스러운 것이 아니며 언어 사용과 문화적 실천들을 통해 담론적으로 형성된다고 주장한다. 섹스 역시 몸에 내재하는 생물학적 소여所與가 아니라 모든 것을 기존의 범주 속으로 분류·통합하여 권력의 작동을 가능케 하는 담론적 실천을 통해 몸에 기입된다는 것이다. 즉 섹스는 언제나 젠더였다.(*Gender Trouble* 7) 또 그녀는 이미 존재하는 정체성이 수행적으로 표출되는 것이 결코 아니라고 말한다. 그에게 정체성은 "결과라고 일컬어지는 바로 그 '표현들'에 의해 수행적으로 구성" 되는 것이며, 주체는 행위의 원인으로서 이미 존재하는 것이 아니라 언제나 행위에 의해서 구성되는 중에 있을 뿐이다.(25) 이와 같이 버틀러는 젠더에 대한 다른 접근 방식을 제시한다. 젠더는 (마치 푸코의 '권력'처럼) 담론을 통해 구성되고 표상되며, 행위자의 수행성을 가능하게 하는 조건이자 기반이다. 성과 관련된 모든 행위들은 젠더라는 틀을 벗어날 수 없으며, 우리는 강제된 담론적 구성물로서의 젠더 외부에 위치할 수 없다.

성 정체성, 나아가 주체성 자체를 가변적인 것, 우연적인 것으로 보는 버틀러의 논의는 동성애자들을 포함한 성적 소수자들의 정치적 위상을 획기적으로 변화시키는 계기가 될 수 있다. 정상과 비정상, 규범과 일탈, 주류와 사회적 타자를 구분하는 경계가 권력의 작동에 의해 생산되고 유지된다는 점을 새롭게 사유하게 하기 때문이다. 버틀러가 역설하는 젠더의 부정형성, 불확정성indeterminacy은 이전 페미니즘 이론들과의 교감이 이루어지는 지점이기도 하다. 여성으로서의 동일시가 문화적 수행인 동시에 여성성이라는 이상화된 규범의 패러디에 불과하다는 그녀의 주장은 여성성 자체가 존재하지 않는 이상의 모방으로서만 가능하다는 의미로 통용된다. 이는 규범화된 젠더 정체성의 허구성을 공격하는 페미니즘의 목표와도 일맥상통하는 면이 있다. 버틀러는 문화적 수행으로서의 드랙drag, 곧 여장女裝에 특히 주목하면서 드랙이야말로 일관된 체계로서의 이성애라는 규제적 허구가 젠더화된 경험을 허위적으로 자연스런 것으로 만들고 있음을 드러내는 예라고 말한다.

버틀러는 페미니즘 비평이 해야 할 일은 '여성'을 억압으로부터 해방시키는 것이라기보다는 여성이라는 범주의 존재론적 당위성이 왜 그토록 오랫동안 보편적으로 받아들여졌는지를 살펴보고, 권력이 이러한 사고방식을 어떻게 영속화하는지 이해하는 것이라고 말한다.(*Gender Trouble* 2) 이는 인종이나 젠더, 성적 지향성 등에 근거하여 주체의 존재를 한정하는 정체성 개념 자체의 해체로 이어진다.("Imitation" 307-310) 여성 동성애와 수행으로서의 여성성의 의미에 주목하되 정체성으로서의 젠더라는 범주 자체의 유효성을 부인하는 버틀러의 이론 역시 세지윅의 논의와 흡사하게 동성애론이면서 동성애론을 초월하는 담론이라 할 수 있다. 퀴어 이론은 다양한 차이들을 더욱 진보적으로 수용하고 긍정하기 위해 생겨났지만, 버틀러는 차이들 자체를 이해하거나 이론화하기보다는 차이들을 낳는 경계와 범주들, 그 범주들을 생산하는 담론의 작용을 무효화하는 작업의 필요성을 역설한다. 그러한 담론의 효과로서의 젠더를 해체하는 것은 전통적 의미에서의 남/여, 이성애/동성애라는 이분법을 지우는 급진적인 결과를 낳는다. 그래서 남/여의 이분법을 보편성의 기반으로부터 탈구시키고 강제된 규범의 폭력성에 저항하는 것이다. 특히나 보편의 외부에서 그 내부의 언어를 전유하는 방식으로 보편의 기반을 와해시키는 버틀러 특유의 해체 논리는, 강제된 젠더의 이분법에 의해 전통적으로 보편 범주에서 배제된, 즉 주체 아닌 비체卑體abject가 되어버린 이들의 위상에 대한 비판적 사유를 가능하게 한다.

앞서 언급했듯 '퀴어'라는 말이 동성애를 지칭하는 대안으로 등장한 것은 1991년 여름에 발표된 드 로레티스의 글에서였지만("Queer Theory" ii), 몇 년 안에 '퀴어'는 버틀러, 세지윅 등의 작업에 힘입어 이른바 정상적인 모든 것들에 대한 도전과 거부, 조롱을 가리키는 일종의 정치적인 기호로 널리 유통되기에 이른다. 퀴어 이론은 성적 선호, 지향성, 정체성뿐 아니라 다양한 문화, 인종, 계급, 성적 지향성을 가로지르는 여성이라는 범주에 기대는 대신, 그러한 개념들을 모두 흔들어 해체하고자 한다. 현재 퀴어 이론이 지향하는 것과 그 이론에 힘입어 전개되는 실천들은, 이른바 정체성을 구성하는 각종 범주들이 정상성을 가능케 하며 영속화하는 기반이 되고 있음을 지적하고, 그것들이 존재와 실천의 다양한 범위와 층위를 아우르는 데 얼마나 부적절하고 부족한지를 보여주는 것이다. 그리고 정상적인 것들과의 '차이'에 기반을 두는 정치적 연대를 가능하게 만드는 것이다.

그러나 동시에 이러한 해체는, 아직도 (동성애자를 포함하는) 수많은 사람들의 자기 인식의 한 축으로 기능하는 성 정체성을 불가능한 것 혹은 무효한 것, 심지어는 억압적인 것으로 만듦으로써, 개인의 몸과 섹슈얼리티의 상호관련성을 자아의 주요한 일부로 일관되게 인식하거나 표상할 수 있는 가능성도 함께 해체한다. 실천의 실질적 기반으로서의 몸, 그리고 그러한 몸과 행위의 관련성을 어떻게 이해할 것인가? 예를 들어, 이른바 '생물학적 여성'의 몸을 가진 내가 나를 '여성'으로 동일시하는 것이 담론적 권력의 작동에 기대는 허구라면, 나는 내 몸과 나의 섹슈얼리티라는 구체적인 '상황'을 과연 어떻게 이해하고 표상해야 하며, 나와 다른 몸을 지니고 다른 방식으로 대상과 관계를 맺는 사람과의 차이를 어떻게 인식해야 한단 말인가? '퀴어'라는 지평 안에서 이러한 차이는 유의미한 것이 아닌가? 정체성의 이론화가 생물학적 성, 본질론적 성 개념에 묶이지 않아야 하며 정체성의 정치학이 인간을 가두는 틀로 작동해서는 안 된다는 데 동의하는 많은 이들에게도, 자기 인식의 근거이자 결과로서의 정체성이라는 개념 자체를 폐기하는 일은 쉽지 않다. 개인이 젠더 수행의 주체가 아니라 언제나 가변적이고 위태로운 수행으로서의 젠더를 매개하는 '행위체agent'로서만 기능한다면, 특정한 목표를 지향하는 정치적 실천이라는 것은 가능한가? 정체성 자체의 범주적 유효성을 부인한다면, 억압적 현실 속에서 고통을 경험하는 이들이 누구라는 것을 지칭할 수 있는 근거마저도 사라지는 것은 아닌가?[11] 그리고 드랙은 단순한 대중오락거리로 손쉽게 상품화되어 전용되고 있을 뿐 아니라 그 안에 여성 혐오적 성격을 드러내는 경향도 종종 감지되지만, 버틀러는 이런 점에 대해서는 언급하지 않는다. 그뿐 아니라 버틀러의 수행성 이론에서는 결국 여성의 여성성 수행과 드랙을 구분할 수 없게 된다. 이 또한 퀴어 이론이 그토록 중요시하는 차이를 차이로 인정하지 않는 결과로 이어지므로 문제가 될 수 있다.

어쨌거나 퀴어 이론은 현재 젠더 연구의 중요한 일부가 되었다. 퀴어 이론과 퀴어 정치학은 페미니즘 이론과 실천의 변화라는 맥락과 더불어 출현하고 발전한 것이지만 (여성 및 게이/레즈비언 정체성을 포함하는) 정체성을 거부함으로써 다양한 주제와 다양한 방면으로 입지를 넓힐 수 있었다. 퀴어 이론의 영향을 받은 현재의 젠더 연구는 실제로 가족, 남녀관계에서부터 더욱 급진적이고 진보적인 성의 문제들(동성애, 성전환, 복장도착, 가학/피학 성향, 새로운 성 정체성 탐색 등)을 포괄적으로 다루며 이성애/동성애를 포함한 전통적 성 정체성들의 경계선을 허무는 작업을 병행하고 있다. 이전의 페미니즘에서 젠더와 성이 분리되었으되 연관된 것으로 여겨졌던 반면, 주디스 버틀러 식의 젠더 연구(어쩌면 이것을 반反젠더 연구라고도 부를 수 있을 것이다)에서는 젠더와 성 모두가 인위적 구성물로서 고정되지 않은 것, 수행적으로 재정의/재구성되거나 외과적으로 수정될 수 있는 것으로 간주된다. 즉 젠더 연구가 젠더 자체를 해체하고자 하는 것이다.

세지윅의 퀴어 이론에서도 발견되는 문제점이지만, 버틀러나 그 이후의 퀴어 이론에는 1980년대 이후 페미니즘이 직면했던 딜레마와 흡사한 딜레마가 내재해 있다. 여성이라는 범주의 후기구조주의적 해체에 직면한 페미니즘은 그 비평적 작업을 수행할 기반으로서의 '여성'을 잃는 위기에 처했다. 퀴어 역시 동성애나 특정 젠더를 유효한 정체성의 범주로 상정하지 않으면서 동성애와 이성애의 구분을 무너뜨리기 때문에 동성애를 중심적 기반, 중심적 대상으로 삼기 어려워진다. 퀴어 이론의 논리 속에서는 남성과 여성의 차이뿐만 아니라 나아가 동성애자와 이성애자, 혹은 게이 남성과 레즈비언 여성의 차이가 어떤 방식으로 의미화될 수 있는지가 불분명하다. 규범과 보편의 폭력에 맞서는 일상의 해체적 수행으로서의 퀴어는, 페미니즘이 학문분과의 전반으로 산포·흡수되었던 것처럼 비평 담론의 모든 영역으로 어느 정도 산포·흡수되었다고 볼 수 있다. 여성 없는 페미니즘이 관념적으로 가능할 수 있었듯, 이제 동성애 없는 퀴어 이론이 가능한 것이다. 그뿐 아니라 개념이나 범주로서의 젠더에 대한 첨예한 논쟁은 실생활 속 몸의 현실과는 사뭇 동떨어진 채 전개되며, 이런 이론적 논의는 몸의 경험과 현실이 마치 담론에 불과할 뿐이라는 환원론에 위험하리만큼 근접하기도 한다. 바로 그 때문에 젠더의 해체가 담론적으로 제시하는 해방의 가능성은, 경험적 차원에서는 제한적 성 정체성으로부터의 해방 가능성을 지시하는 동시에 의미화되지 못하는 차이들의 혼란과 좌초를 가리킬 수도 있다.

퀴어 페미니즘의 가능성

여성이라는 범주를 고정된 것, 확실한 것으로 간주하지 않는 이론이 지니는 생산적·긍정적 기능을 인정할 필요성은 분명하다. '여성'

의 해방을 목표로 삼았던 과거의 페미니즘에 대한 비판은, 여성을 동질적 대상으로 단순화하거나 여성성을 존재의 영속적 기반으로 고정시키는 순간 억압이라는 정치적 현상의 복잡한 실체를 간과할 수 있다는 점, 여성이라는 동질적 범주를 상정하는 것 자체가 여성들 간의 차이를 은폐함으로써 또다른 억압을 낳을 수 있다는 점에 대한 통찰에서 나온다. 이런 통찰과 그것이 야기한 변화들은 페미니즘의 자기 성찰과 자기 수정 노력의 일환으로 볼 수 있다.

현재 후기자본주의와 전 지구화의 거대한 물결 속에서 권력의 작동과 억압의 양상은 복잡다단하고, 개인들의 욕망과 결핍의 양상 역시 말할 수 없이 다양한 것이 사실이다. 그렇기에 성이든 계급이든 인종이든 어느 한 가지만을 가지고 현대사회를 충분히 설명할 수 없다. 하지만 그렇다는 사실이, 가부장적 권력관계의 문제를 성찰할 필요성 자체를 말소하는 것은 분명 아니다. 오늘날의 자본은 지금까지 존재해온 다른 억압의 양상들과 함께 움직이며 새로운 문제들을 만들어낼 뿐 기존의 억압들을 해결하거나 무효화하지는 않는다. 그렇다면 아직 끝나지 않은 가부장적 여성 억압의 다양한 현상적 국면에 대면하여, '여성'이라는 정체성 자체에 대한 비판과 부정이 이룰 수 있는 것은 무엇인가? 젠더의 수행성을 강조하여 여성성과 여성의 몸을 분리함으로써 얻을 수 있는 것은 무엇인가? 가장, 수행의 개념은 결국 모든 근원적인 것의 부정을, 그러므로 가치판단의 궁극적 불가능성을 지시하는 데 불과한 것은 아닌가? 조롱과 가장을 전략으로 삼는 퀴어의 혁명 윤리는 억압의 현실을 실질적으로 타파하지는 못하면서, 비규범적 혹은 일탈적 성을 수행하지 않는/못하는 사람들의 (탈)정치성을 암묵적으로 비난하기만 하는 것은 아닌가? 또 경제적·문화적 자본으로부터 소외되고 주변화된 사람들에게 일탈적 성의 수행이나 젠더 개념의 해체가 지니는 상징적 정치성은 어떤 현실적 가치를 지닐 수 있을까?

퀴어 이론은 (여성적) 정체성을 중심 기반으로 삼는 정치적 움직임의 억압적·제한적 특성들에서 벗어나 다양한 공동체들과의 연대와 공조를 가능하게 한다는 큰 장점을 지닌다. 분리주의적 레즈비언 페미니즘이 상상하지 못했던 남성과 여성의 생산적 연대를 그려볼 수도 있다. 퀴어 이론은 여성의 욕망, 여성의 동성애를 더욱 과감하게 가시화하고 표현할 수 있는 통로를 제공하며 계급, 인종, 문화의 다양성을 향해 더욱 열린 사고를 가능하게 한다. 그러나 특정한 전선이나 범주와 동일시하기를 거부하는 특성에 기인하는 행동반경의 확장과 자유는 또다른 문제를 낳기도 한다. 남녀의 이분법적 대립구도를 깨려는 시도가 아이러니하게도 전통적으로 남성적인 것으로 여겨지던 여러 요소들을 또다시 우위에 두는 경향으로 이어질 수 있기 때문이다. 젠더를 지우는 시도가 남성적인 것으로의 회귀로 현상화하는 것이다. 수재너 월터스Suzanna Danuta Walters는 퀴어 이론의 남성 중심성을 문제시하면서, 특히 세지윅이나 버틀러의 논의에서 남성 동성애는 특권적 주체성이 위치하는 곳으로 간주된다고 비판한다.[12] 이론의 차원에서뿐 아니라 실천의 영역에서도 퀴어 정치학의 남성 중심적 경향이 발견된다.[13] 최근 퀴어 이론과 함께 진행되는 동성애 사회운동에서 남성의 주도적 역할이 두드러진다는 점, 흔히 에이즈를 이슈로 조직화되는 정치적 실천이 남성 중심적이라는 점에 대해서는 실제로 여러 비평가들이 지적한 바 있다.[14]

위에 간략히 언급한 문제들에 대응하기 위해서는 퀴어 이론의 생산적 기능과 더불어 페미니즘의 해방론적 역할이 지속적으로 함께 강조될 필요가 있다. 억압받고 주변화되는 소수자들을 소수자들로 규정하는 범주들을 해체하고 부정한다고 해서 억압의 현실이 사라지지는 않기 때문이다. 페미니즘에 가해졌던 비판과 공격은 언제나 특정한 시기, 특정한 국면의 페미니즘이 지녔던 특정한 문제들에 대한 것이었음을 기억해야 한다. 페미니즘은 백인 중산층 여성의 경험을 대변하는 이론이 아니며, 페미니즘이 지향하는 근원적 목표는 특정 인종, 특정 계급의 동질적 여성집단의 이익만을 위한 것이 아니다. 지속적인 자기 수정과 보완을 통해 진화해온 페미니즘의 역사를 살펴보더라도, 성 정체성이라는 범주 자체를 유동적인 것으로 보고 그것이 아우르는 다양한 경험의 층위와 범위를 고려하는, 진일보한 페미니즘적 사고와 실천의 발전 가능성을 부정할 필요는 없다. 퀴어 이론, 더 넓게는 포스트페미니즘에서 발견되는 '보편' 여성성의 정의에 대한 거부와 비판은 본질주의의 문제점을 타파하는 것을 넘어 여성 자체에 대한 관심의 쇠락으로 이어지는 경향이 있으며, 여성성을 논의 불가능한 혹은 논의할 필요가 없는 구시대의 잔재로 만들기도 한다. 페미니즘 사유에 빚지고 있는 최근의 이론들에서 여성성에 대한 혐오가 발견된다는 수전 구바Susan Gubar의 지적은 구세대 페미니스트의 볼멘소리로만 치부할 수 없다. 퀴어 이론과 페미니즘의 상호보완적 관계는 특히 젠더와 섹슈얼리티가 권력의 축으로 함께 작동하는 현실이 지속되는 한 더욱 필요하다.

그런 점에서, 퀴어의 확장적 의미에 거리를 두면서 정체성의 중층적 실체를 강조하는 테레사 드 로레티스의 입장은 설득력이 있다. 정체성을 본질적인 것이 아니라 전략적인 것, 고정된 것이 아니라 역동적 균형 속에 놓인 것으로 보면서 '여성'에 대한 논의를 새롭게 전개하고자 하는 그의 입장에서 동성애론이 페미니즘의 근본적 목적과 조우하는 지점을 발견할 수 있다. 그의 작업은 젠더의 이분법을 뛰어넘는 다양한 성적 실천을 인정하면서도, '여성'으로 스스로를 동일시하는 많은 사람들이 스스로의 경험과 자의식을 정초할 수 있는 범주로서의 '여성'을 버리지 않는다는 중요한 특성을 지닌다. 이와 더불어,

그가 이데올로기 바깥엔 아무것도 없다는 알튀세르의 명제, 그리고 권력 바깥에는 아무것도 없다는 푸코의 명제에 반기를 들고, 젠더의 작용과 그것이 초래하는 문제들을 인식하고 개선하는 데 있어서 개별 주체의 "미시정치적 실천micropolitical practices"의 가능성에 대한 신념을 포기하지 않는다는 것은 중요한 사실이다.("Feminist Studies" 11) 그에게 주체란 "행위자로서의 특성agency"과 "자기 결정권self-determination"을 지니는 존재이고(9), 그러므로 우리는 우리 자신을 젠더화된 주체로 구성하는 일에 일정한 결정을 내리며 방향을 정하고 참여할 수 있다는 것이다. 그는 페미니즘이 급진적 이론과 사회문화적 변화의 실천을 계속할 수 있다는 비전을 천명한다. 그는 페미니즘이 다른 지배 이데올로기들과 "공모"할 수 있으며 또 실제로 공모해왔음을 부인하지 않지만, 그러한 공모 가능성에 대한 성찰을 변화의 필요성 및 가능성에 대한 인식으로 발전시킬 수도 있다고 암시한다.

드 로레티스의 페미니즘은 퀴어 이론의 시발점으로서, 20세기 말 페미니즘에게 가해졌던 많은 비판들과 한계들에 대한 지적이 페미니즘의 원론적 이상에 관한 것이 아니었음을 상기시킨다. 또 궁극적으로 페미니즘은 다양성과 국지성, 개별성, 차이들을 수용하면서, 균질화된 단일체로 고정되지 않는 '여성성'이라는 범주를 통해 여성적 경험의 현실성과 의미를 인정할 수 있음을 시사한다. 『젠더의 테크놀로지』는 보부아르Simone de Beauvoir가 일찍이 "몸은 상황"이라는 명제로 보편 범주를 벗어나는 개별 주체로서의 여성을 이론화하고자 한 것과 유사하게, 단일한 보편 주체 개념과 차별화되는 여성적 주체성들을 이론화할 필요가 있다는 점을 처음으로 강조한 퀴어 페미니즘 저작이라는 점에서도 그 의의가 크다. 젠더를 버리고 정체성을 거부하고 모든 것을 담론의 영역으로 이전시키는 그 어떤 이론적 세련보다 드 로레티스의 논의가 설득력을 지니는 이유는, 억압의 생산기제로서의 이분법을 담론적으로 해체하는 것보다, '여성'으로 스스로를 동일시하는 수많은 다양한 주체들이 여성임을 긍정하고 거기서 생산적이고 변혁적인 힘을 발견할 때 그것을 더 효과적으로 뛰어넘을 수 있으리라는 믿음 때문이다. 주체 개념을 거부하는 포스트모던적 발상의 해방적 효과도 부정할 수 없지만, 그것이야말로 "주체의 이데올로기(남성, 백인, 중산층)에 도전하고 주체를 논하는 대안적·차별적 개념들을 발전시킬 기회를 전적으로 폐기"하는 시도가 될 위험도 있지 않은가?(Huyssen 213)

퀴어 이론의 젠더 정체성 해체는 답보상태에 이른 페미니즘의 한계를 혁파하는 돌파구를 제시한다. 퀴어는 정체성 정치학의 한계를 뚫는 수행과 실천의 방법론이다. 하지만 그것이 과연 "자신의 임무를 다한 페미니즘이 발전적 해체를 한 후 나타난 '탈'의 움직임이라고 할 수 있는가"에 대해서는 질문을 그치지 말아야 한다.(정소영 39) 성차에 의존하는, 그러므로 필연적으로 이분법적일 수밖에 없는 젠더로서의 여성성 개념이나 편협한 정체성의 함정을 넘어서되, 존재하는 다양한 차이들을 인정하면서 '여성' 그리고 소수자들을 버리지 않는 노력이야말로 주체의 "대안적·차별적 개념들을 발전시킬 기회를 폐기"하지 않으면서 주체의 이데올로기에 도전하는 퀴어 페미니즘의 시작이라고 할 수 있을 것이다.

남성, 남성성, 페미니스트 이론

이명호

페미니즘과 남성성의 동반 위기

'위기' 담론의 출현은 새로운 현상이 아니다. 역사의 격변기마다 사람들은 자신들이 대면한 새로운 현실을 기술하기 위해 주기적으로 위기 담론을 제공해왔다. 1960년대 중반 베티 프리던Betty Friedan은 미국 중산층 가정의 침실에서 여성들이 "이름 없는 병"을 앓고 있다는 진단을 내렸다. 그로부터 30년이 지난 후 우리는 미국의 중년 남자들이 "이름 없는 병"에 걸려 있다는 또다른 진단을 듣고 있다. 프리던은 남성과 동일한 교육을 받았지만 가정이라는 좁은 울타리에 갇혀 이름 없는 질병을 앓고 있는 중산층 여성들의 삶의 모순을 찾아내어 그녀들의 불만을 '제2물결 페미니즘'이라는 거대한 사회운동으로 승화시켰다. 한 세대가 지난 후 미국의 기혼여성들은 대부분 임금 노동시장에 진입했고, 그녀들이 침실에서 소리 없이 앓았던 질병도 어느 정도 치유되었다. 이제 미국 사회는 남성적 특권에 대한 남자들의

'상상적 기대'와 자신들의 사회경제적 힘이 추락한다고 느끼는 남성들의 '현실적 인식' 사이에서 발생하는 불일치가 남성들에게 정신적 질병을 일으키고 있는 새로운 사회 현상을 목격하고 있다. 로빈 비그만Robyn Wiegman은 미국 남성들에게 나타나는 광범위한 위기 현상에 주목하면서 1990년대에 이르러 미국 사회에서 남성성이 "새로이 드러나면서 새로이 위기에 처하게 되었다"(32)고 지적한다.[1] 그의 분석에 따르면, 1990년대 미국 사회에서 남성성은 역사상 처음으로 특수한 젠더 표지를 지닌 것으로 가시화되면서 동시에 바로 그 표지가 위기에 처하는 독특한 역사적 상황에 봉착했다고 한다. 이 위기를 초래한 것은 한편으로 기존의 젠더 규범에 도전한 1960년대 반문화운동의 영향이고, 다른 한편으로는 미국적 남성다움에 대한 냉전 질서적 합의를 유지하지 못한 레이건–부시 집권 시기 군국주의적 보수 남성 담론의 실패다. 비그만의 지적대로 1990년대 이후 미국 학계에서 남성성이 연구대상으로 떠올랐다면 그것은 남성성이 "내적으로 도전받고 역사적으로 단절되어 있으며 대중적으로 엉망이 되어버린"(32) 1990년대 미국의 역사적 상황과 연관이 있다.

흥미로운 점은 남성성의 위기가 여성운동의 승리에 따르는 필연적인 부산물이라기보다는 여성운동 자체의 위기와 함께 나타났다는 점이다. 남성성의 위기가 운위되는 한편에서 우리는 여성성의 위기가 동시에 거론되는 '동반 위기 현상'을 목격하고 있다. 1960년대 미국 여성운동과 페미니즘 담론의 큰 축을 이끌었던 급진적 페미니즘은 남성성이야말로 여성을 억압하고 남성 지배를 유지시켜주는 이데올로기적 관념이자 제도적 관행, 태도, 성격 유형으로 보았다. 남성 권력의 제도적·상징적·성격적 표지로서 남성성이 위기에 처해있다면 그 반대급부로 여성성이 재평가되고 여성권력이 강화되는 것이 자연스럽지만 현실은 '동반 침체'라는 특이한 형태로 나타나고 있는 것이다.

페미니스트들은 수십 년에 걸친 투쟁에도 불구하고 아직 충분한 변화는 일어나지 못했다고 느낀다. '비정규직의 여성화'라 부를 수 있는 블루칼라 여성들의 낮은 임금과 불안정 고용, 가정과 국가를 위협하는 남성 폭력의 건재, 여성의 육체를 공략하는 신종 상품 기술의 발달은 여성운동의 성취를 말하기에는 미흡한 현실을 보여주는 대표적 현상이다. 지난 40년 동안 여성운동이 많은 것을 성취한 것은 분명하다. 하지만 그 성취는 아직 부분적인 것에 지나지 않으며, 억압과 차별의 지점이 더욱 교묘해지고 다양해지고 있다고 말하는 것이 보다 정확한 평가일 것이다. 이런 미흡한 현실에도 불구하고 페미니즘이 하층계급 여성들, 유색인종 여성들, 성적 소수자 여성들, 젊은 세대 여성들을 끌어들여 현실정치와 문화에 개입하는 일은 점점 어려워지고 있다. 남성 권력의 물질적 기반은 약화되고 있지만 그것이 여성권력의 강화를 통한 양성평등과 진정한 인간해방으로 이어지지 않고 남성성과 페미니즘의 동반 위기로 나타나는 새로운 현실에 직면하고 있는 것이다.

페미니즘이 처한 이런 모순적 상황은 여러 측면에서 분석될 수 있다. 무엇보다 젠더 관계를 포함한 사회관계 일반을 지배하는 신자유주의적·다국적 자본주의의 규정력이 강화되었다는 사실을 들 수 있다. 신자유주의적 자본주의는 이윤 추구를 위해서라면 젠더, 인종, 민족 같은 전통적 경계를 넘어 개인의 능력에 기반을 둔 무한 경쟁과 효율성을 사회운용 원리로 채택한다. 공/사 영역의 분리에 기초한 성별 분업(남편=생계부양자, 부인=전업주부이자 양육자)과 가족의 점진적인 해체는 자본주의하에서 돌이킬 수 없는 시대적 대세가 되고 있다. 여성의 경제활동 참여율은 지속적으로 증가하고 있다. 하지만 여성의 노동시장 참여는 동시에 비정규직 여성의 양산과 여성 내부의 양극화라는 모순을 동반한다. 이에 따라 여성으로서의 연대보다는 여성들 사이의 계급적 차이가 더욱 부각되는 현상이 발생한다. 하지만 이런 차이에도 불구하고 전문직 여성에게든 하층계급 여성에게든 성별 분업 이데올로기가 제공하는 전업주부이자 양육자로서 전통적 여성성의 이데올로기가 위기에 처하게 된 현상은 부인할 수 없다.

자본의 논리가 강제한 성별 분리 이데올로기의 완화와 함께 1960년대 이후 서구에서 등장한 성적 소수자 운동의 활발한 전개는 남성성과 여성성이라는 이성애적 젠더 구성에 변화를 일으켰다. 이성애 규범에 입각한 성별 대립과 분리의 이데올로기 속에서 남성/여성, 남성성/여성성은 일종의 '거울 짝패specular double'로서 '적대적 대립과 의존' 관계를 구축한다. 대립은 의존을 전제한다. 그러나 양자를 지탱하던 대립의 축에 균열이 생기면서 하나의 동질적 범주로서의 각 항목 역시 내적 힘을 잃어버린다.

자본에 의한 성별 이데올로기의 완화와 성적 소수자 운동의 부상을 통해 현대 미국 사회에서 규범적 남성성과 여성성이 동반 위기에 직면해 있다는 진단을 우리가 받아들일 수 있다면, 그것은 양자를 지탱해주던 젠더 대립 구도 자체에 변화가 일어났기 때문이다. 공/사 영역 구분에 의한 전통적 이성애 젠더 대립구도를 통해서는 현대 사회의 다양한 젠더들을 설명하기 어려워진 것이다.[2] 이 변화를 극적으로 요약하는 것이 "젠더라는 이름으로 사회운동을 하는 것이 여전히 가능한가"라는 도발적 질문이다.(Denise Riley) 이분화된 젠더 범주가 수행하는 배제 기능에 대한 경계가 확산되면서 남성/여성, 남성성/여성성이라는 전통적 범주를 사용하는 것이 가능한지를 묻는 질문들이 제기되기도 한다. 이런 의문과 함께 우리는 일각에서 '포스트 젠더' 혹은 '포스트페미니즘' 시대라 부르는 복잡한 젠더 지형 속으로 진입하게 된다. "페미니스트 탈젠더 운동feminist degendering movement"(Lorber 88)이나 "젠더 트러블gender trouble"(Judith Butler) 기획을 이 시대 페미니즘의 정치적 과제로 설정하는 논의들도 이제 더이상 낯설지 않다. 이런 논의들은 여성/남성의 젠더 대립을 중심으로 이루어져온 기존 페미니즘 운동을 약화시키는 측면이 없지 않지만, 가부장적이고 이성애적인 제도규범이 강제로 할당해준 이분화된 젠더 정체성을 넘어 다양한 젠더 가능성을 실험할 수 있도록 해주는 측면이 있다. 이 글은 젠더의 위상에 일어난 새로운 변화를 염두에 두고 페미니즘이 남성성 문제에 어떻게 개입할 수 있고 또 역으로 현대 남성성 이론을 통해 어떻게 이론적·실천적 변화를 모색할 수 있는지 논의하는 장이 될 것이다.[3] 남성성 문제는 페미니즘과 동떨어진 '그들의' 문제가 아니라 페미니즘의 과제와 맞닿아 있고 페미니즘의 변화를 요구하는 실천적 이슈라는 것이 이 글의 문제의식이다.

젠더의 수행성과 하나가 아닌 남성성

남성/여성, 남성성/여성성의 이분법적 대립구도에 기반하여 페미니즘의 정치성을 주장하거나 남성성의 재구성을 시도하는 입장 모두 성별 이분법을 지탱하고 있는 '가부장제' 혹은 '남성 지배체제'라는 일원론에 기대고 있다. 이 일원론적 이원론에서는 사실상 남성이라는 하나의 성밖에 없다. 서구담론의 역사에는 남성이라는 하나의 성밖에 존재하지 않고 여성은 남성의 결핍, 부정, 부재로서만 존재해왔다는 이리가레Luce Irigaray의 주장은 남/여의 대립이 일원론에 기초한 이항대립이었음을 지적하고 있다. 남성 혹은 남성성을 수행적 행위에 의해 구성되는 문화적 산물로 연구하는 것은 남성을 '초월적 기표'의 지위에서 특수한 '젠더 표지gender mark'를 지닌 성적 기표로 다시 자리매김하는 일이다.

남성/남성성이 초월적 보편에서 특수한 젠더로 재설정되고 남성이 인식의 주체가 아닌 대상으로 등장했다는 사실은 젠더 관계의 혁명적 변화를 보여주는 징표다. 남성문화가 지배적 담론으로 군림해온 오랜 기간 동안 남성은 결코 특수한 젠더로 자신을 인식하지 않았다. 남자라는 육체를 갖고 있고 '그'라는 남성 인칭대명사를 쓰면서도 남성은 성을 초월하는 보편자로 자신의 지각·경험·인식을 대변해왔다. 반면 여성은 언제나 보편성에 미달하는 '특수한' 존재이거나 '초월성'에 도달하지 못한 채 '내재성'에 갇힌 존재로 정의되었다. 서구 담론에 대한 페미니스트 철학자들의 비판적 개입을 통해 우리는 보편/특수, 초월/내재, 추상/구체의 이분법이 남성/여성이라는 성별 이분법에 의해 표상되어왔으며, 성별 이분법은 의식/육체, 주체/대상이라는 또다른 이분법과 만나고 있음을 알게 되었다. 남성이라는 성을 보편에서 특수로, 인식의 주체에서 대상의 자리로 재조정하는 것은 가부장적 담론을 지배해온 이 오랜 위계구도를 전복하는 혁명적 의미를 갖는다.

종속집단만이 아니라 지배집단 역시 하나의 특수한 범주로 연구된다는 것은 그 자체로 권력구도를 위협하는 전복적 행위이다. 그것은 흑인이 백인에 대해, 비서구가 서구에 대해, 동성애자가 이성애자에 대해, 그들이 오랫동안 점유해온 보편이라는 위치를 문제 삼는 것과 유사한 정치성을 갖는다. 그들은 보편자가 아니라 지배자일 뿐이다. 지배 집단으로서 그들이 행사해온 사회정치적 힘과 권력, 담론적·이데올로기적 헤게모니에 대해서는 상세한 분석이 필요하지만, 부당하게 점유해온 보편의 지위에서 끌어내리는 일은 필요하다. 해리 브로드Harry Brod의 적절한 지적처럼, 인종이든 젠더든 섹슈얼리티든 "특정 범주에 의해 표식된 종속 집단보다는 범주 자체를 문제 삼는 것이 원칙적으로 우리에게 요구되는 지식으로 나아갈 수 있는 유일한 길이다."(167) 페미니즘은 젠더라는 범주 자체를 문제 삼으면서 여성만이 젠더 표지를 달고 있는 것이 아니라 남성 역시 젠더 집단으로 이해되어야 한다는 사실을 설파했고, 실제로 1980년대 중반 이후 남성과 남성성을 특수한 존재[4]로 드러내는 작업이 페미니즘에 필요한 정치적 개입행위로 추구되었다.

이런 남성 연구는 다양한 갈래의 연구로 나뉘어 진행된다. 특수한 젠더로서의 남성이 특정 사회에서 역사적으로 어떻게 구성되어왔는가에 대한 역사주의적 접근(Anthony Rotundo), 규범적 남성성의 구성을 위해 억압되어왔던 것들이 그 타자로서의 여성성으로 어떻게 환치되어왔는가를 이해함으로써 남성성과 여성성이 서로 얽혀드는 부분을 이해하려는 접근(Kaja Silverman), 근대 민족의 탄생과 남성성이 연관되는 양식에 대한 연구(George Moses), 규범적 남성성의 이데올로기 속에서 남성이 남성으로서 누리는 기득권 못지않게 육체성을 거부당해야 했던 내적 갈등과 고통을 연구하는 접근(Calvin Thomas), 지배적 남성성의 표준에 들지 못한 주변화된 남성들의 사회적·정치적·심리적 갈등 연구(흑인 남성성, 아시아계 남성성, 동성애 남성성 연구), 남성화된 여성들 연구(Judith Halberstam), 남성적 섹슈얼리티와 '남성적 위치'에 대한 정신분석학적 연구(Joan Copjec), '남성 페미니스트'의 가능성을 질문하는 입장 등 다양한 경향이 존재한다.

물론 이런 여러 갈래의 연구경향 속에는 상실의 위기에 처한 규범적·이성애적 남성성을 복구하려는 남성주의적 남성연구도 포함된다. 사실 미국에서 남성운동이 대중적으로 확산된 데에는 위기에 처한 남성성을 복원하려는 남성주의적 시각이 일조한 측면이 크다. '약속 이행자Promise Keeper' 같은 단체의 급속한 성장과 여성화된 현대 남성들에게 내면의 야성적 남성성을 회복할 것을 주문하는 로버트 블라이Robert Bly의 『무쇠 한스 이야기*Iron John*』 같은 책이 베스트셀러가

된 현상은 이런 복고주의적 남성운동의 부흥을 알리는 대중적 신호였다. 페미니즘을 남성 권력에 대한 도전으로 간주하여 의심의 눈초리로 바라보거나 적대적 입장을 취했던 남성들의 태도가 1990년대 초 '남성성 위기' 담론에서 새로운 포장을 하고 나타난 것이다. 전도된 피해자주의와 신종 복고주의 경향이 기득권 상실에 반동적으로 대응하는 남성들의 일반적 정서인 것은 사실이다. 그만큼 페미니즘과 남성성 연구 사이에 적대감이 존재하는 것도 부인할 수 없다.

하지만 이성애 중심적 가부장제 사회에서 이상화되어온 남성성에 대해 '비판적' 입장을 취하면서 남성을 갈등과 모순을 지닌 하나의 특수한 젠더로 연구하려는 새로운 움직임은 페미니즘과 대립관계가 아니라 페미니즘적 시각을 확장하려는 시도로 이해될 수 있다. 마이클 킴멜Michael Kimmel의 지적처럼 "진짜 남자는 젠더를 공부하지 않는다." 남성 자신이 남성성에 대해 의문을 갖는다는 것은 이미 남성성이 실패했음을 인정하는 것이다. 남성성의 실패에 대한 남자들의 인정, 고백, 분석이 페미니즘에 특히 유용한 것은 가부장제에 대한 내부 고발자의 위력을 갖기 때문이다. 페미니즘의 한 위기를 구성하고 있는 남성들의 저항을 누그러뜨리기 위해서는 이런 내부 고발자가 필요하다.

페미니즘이 남성성을 연구하는 학자들을 적대 세력이 아니라 잠재적 협력자로 받아들이게 된 배경에는 "모든 남성이 모든 여성을 억압하고 있다"는 지나치게 일반화된 주장에 대한 비판적 성찰이 들어 있다. '여성'이라는 하나의 동질적 정체성이 인종, 섹슈얼리티, 계급 등 사회적 권력관계를 관통하는 범주들로 분할되면서 남성이라는 단일한 적을 상정하는 것도 힘들어진다. 여성이 하나가 아닌 것처럼 남성도 하나가 아니게 된 것이다. 페미니즘은 여럿으로 존재하는 남성들 및 남성성들과 지배/종속관계라는 단일한 범주로 환원될 수 없는 복합적인 관계를 맺는다.

특히 1970년대 이후 흑인 페미니스트들은 여성의 공동의 적으로 남성들을 사유하는 것이 인종차별적 백인 사회에서 흑인 남녀관계를 이해하는 적절한 설명방식이 될 수 없음을 인식해왔다. 모든 남성이 동일한 남성적 특권을 갖고 있는 것은 아니기 때문에 남성은 억압자, 여성은 피억압자라는 이분법 도식에 근거해서 권력관계를 사유하는 것은 현실 분석에 한계를 노정할 수밖에 없다는 점을 알게 된 것이다. 백인 남성성의 규범하에서는 거세된 여성적 존재로 구성되는 흑인 남성들의 독특한 역사적 곤경은 '페니스penis를 가진 남성'='팔루스phallus를 가진 남성'이라는 등식이 흑인 남성들에게 성립될 수 없음을 흑인 페미니스트들이 받아들이도록 만들었다. 흑인 노예를 인간이 아닌 물건으로 취급한 '동산 노예제chattel slavery'가 종식된 이후에도 사회적 권력, 상징적 권위, 경제적 능력을 모두 잃은 채 과잉 성욕 및 폭력의 이미지로 표상되어온 신종 인종주의하에서 흑인 남성들은 지속적으로 남성으로서 위기에 처해왔다는 인식이 흑인 페미니스트들 사이에 공유되어온 것이다. 이런 비판적 이해와 공감에는 '사회적 죽음'에 내몰린 흑인 남성의 젠더 위기가 백인 남성의 위기와 동일시될 수 없다는 인식이 깔려 있다.

하나가 아닌 남성/남성성에 대한 문제의식은 1990년대 미국 젠더 연구를 휩쓴 퀴어 담론에 의해 더욱 세련된 이론화의 길을 걷는다. 여기서 섹슈얼리티는 젠더 관계를 복잡하게 만드는 또다른 변수로 등장한다. '젠더학'의 부상에 지대한 공헌을 한 기념비적 텍스트로 평가되는 『남성들 사이: 영국문학과 남성 동성사회적 욕망』에서 이브 세지윅은 게일 루빈의 젠더 이론을 활용하여 두 남자와 한 여자 사이에 존재하는 에로틱한 삼각관계를 분석하고 있다. 루빈의 1975년 논문 「여성들의 거래: 섹스의 정치경제학에 대한 노트The Traffic in

Women: Notes on the 'Political Economy' of Sex」는 가부장적 이성애를 여성의 거래 형태로 개념화하는데, 이것이 세지윅의 동성사회적 남성 유대 분석의 이론적 기초로 활용된다. 세지윅의 지적처럼, 루빈의 글은 가부장적 이성애가 "남성과 남성의 유대를 공고히 하려는 일차적 목적을 위해 여성을 교환 가능한 상징적 재산으로 이용한다"는 점을 밝혀냈다.(*Between Men* 26) 그런데 여성의 교환을 가부장제의 기초로 보는 루빈의 시각은 뤼스 이리가레의 시각과 일치하면서도 다른 입장을 보인다. 「그들 사이의 상품Commodities Among Themselves」에서 이리가레는 다음과 같이 주장한다. "가부장적 사회가 기초해 있는 교환은 남성들 사이에서만 일어난다. ……이는 사회문화적 질서의 가능성 자체가 동성애를 조직 원리로 요구한다는 것을 의미한다. 이성애는 경제적 역할을 부과하는 것에 지나지 않는다."(192) 여성의 교환에 기초한 남성 동성애를 가부장제의 근본 구조 원리로 보고 이성애는 경제적 역할을 위해 보조적으로 채택된 것으로 보는 이리가레의 시각은 남성 "동성사회적 연속체"에서 섹스가 '역사적으로' 담당해온 역할을 제대로 살피지 못하는 불충분한 논의라는 것이 세지윅의 비판이다. 고대 사회에서는 동성사회적 연속체가 남성들 사이의 섹스를 계급에 기반을 둔 젠더 특권을 전수하는 교육적 방법으로 활용했다고 말할 수 있지만, 근대 서구 사회에서 남성 동성애는 가혹한 처벌과 공포의 대상으로 전락했다. 문제는 이리가레가 이런 역사적 변화를 주목하지 않았다는 점이다. 남성 유대에 대한 세지윅의 역사주의적 접근은 남성적인 것의 영역을 '동일성의 경제'로 읽어내면서 여성을 이 상징적 경제의 궤도 바깥에 위치시키는 이리가레의 접근과 다르다. 세지윅은 가부장적 동성사회를 지속적으로 구성하고 확장시키는 과정에서 억압하거나 협상하거나 배제해야 했던 모순, 괴리, 분열에 주목하는 쪽으로 관심을 돌린다.

세지윅은 근대 영국문학에 반복적으로 등장하는 '한 여자를 사이에 둔 두 남자의 관계'가 여성을 이성애적 욕망의 대상으로 둔 남성 간의 경쟁관계로만 해석될 수 없다고 본다. 오히려 여성의 거래를 남성들 간의 동성애적 관계를 금지하기 위한 동성애공포증적 금기와 연결시키면서, 페미니스트 이론이 가부장제를 여성에 대한 남성 우월적 사회조직이라는 관점에서뿐 아니라 동성애와 이성애 양 차원에 걸쳐 있는 남성 섹슈얼리티의 측면에서도 다루어야 할 필요성을 제기했다. 남성들 사이의 사회적 관계를 중심으로 하는 동성사회적 남성 유대homosocial male bonding 환경에서는 남성들 사이의 동성애적 욕망에 대한 두려움과 금기가 이성애적 남성의 욕망을 제도화하게 된다. 여기서 동성사회적 관계에 근거한 가부장제를 제대로 분석하려면 '이성애적 남성-여성 관계'뿐 아니라 '동성애적 남성-남성관계'에 대한 이해까지 포함해야 한다. "남성들 사이"의 관계와 이 관계에서 형성되는 남성성의 문제를 가부장제 분석을 위해 반드시 수행해야 할 과제로 부각시킨 점이 세지윅의 논의가 페미니즘에 기여한 부분이라고 할 수 있다.

그런데 남성 동성애 관계에서 형성되는 남성성은 이성애 규범이 만들어낸 남성성과 달리 비정상적이고 일탈적인 형태를 띨 수밖에 없다. 1990년대 이후 생산적으로 이루어진 퀴어적 시각의 남성 연구는 동성사회적 이성애 남성성의 규범에 균열을 일으키는 퀴어 남성성들을 연구하면서 남녀 두 젠더라는 대립전선을 따라 형성되지 않는 다양한 남성성의 가능성을 열어놓았다. 공적이며 산업적인 남성성과 사적이며 양육하는 여성성의 상보적 젠더 대립으로 나타나는 영역 분리는 가부장적 가치체계의 중심에 자리 잡은 상징 메커니즘이다. 그러나 퀴어 남성에 나타나는 여성화된 남성(이른바 드랙)은 그 구별을 근저에서부터 훼손시켜 가부장적 가치의 위기를 환기시키는 상징이 된다. 퀴어적 시각의 남성 연구는 남성성을 가부장적 이성애 규범에서 해방시키고 남성성의 구조와 기능을 불균형적·모순적 권력의 장 속에서 읽어냄으로써 가부장적 지배 체제에 개입하면서도 남성들이 규범적 남성성에 도전할 수 있는 길을 열어놓았다. 반드시 퀴어적 시각에 국한되지는 않지만, 서로 경합하는 복수의 남성성들에 초점을 맞추어 '남자가 되는 것'과 '규범적으로 남성다운 존재가 되는 것' 사이에 존재하는 모순과 불일치를 탐색하는 것은 페미니즘에도 유용하다. 이런 점에서 린 시걸Lynne Segal의 다음과 같은 지적은 페미니즘적 남성 연구의 유용한 지침으로 참조할 만하다. "'남성성' 그 자체가 아니라 특수한 '남성성들'을 연구함으로써 변화를 위한 투쟁에서 핵심이 되는 것은 남성들 사이의 차이이다."(x)

여성성의 전유와 남성의 변모

페미니즘이 남성을 연구대상으로 삼고, 남성 연구가 여성 연구를 대체하는 듯한 이런 새로운 경향에 불안이 없었던 것은 아니다. 타니아 모들스키Tania Modleski는 1991년에 출판한 『여성 없는 페미니즘: '포스트페미니즘' 시대의 문화와 비평*Feminism Without Women: Culture and Criticism in a "postfeminist" Age*』을 통해 이러한 불안을 페미니즘 담론의 중심부로 끌어들인다. 이 책에서 모들스키는 1990년대 이후 미국 페미니즘을 휩쓴 새로운 조류를 '포스트페미니즘'이라고 명명하고, '젠더 연구'와 후기구조주의적 지향을 띤 페미니즘 내 '반본질주의적 시각'이 이 흐름을 대변한다고 주장한다. 모들스키가 보기에 포스트페미니즘이 안고 있는 가장 큰 문제는 여성들을 시야에서 지워버림으로써 "여성 없는 페미니즘"을 만들고, 여성이 '남성적 보편주의'에 포섭되었던 "페미니스트 이전 세계"(3)로 퇴행한다는 데 있다.

모들스키에 의하면 후기구조주의는 "여성은 여성으로 태어나는 것이 아니라 여성이 된다"는 시몬 드 보부아르의 명제 속에 담긴 의미(여성이 생물학적 결정론에서 벗어나 사회적 변화를 이룰 가능성)를 더욱 발전시킬 수 있는 분석 도구를 제공해주는 것으로 환영받았다고 한다. 문화적 구성 이전에 성적 '본질'은 존재하지 않는다는 후기구조주의적 주장은 가부장적 이데올로기에 의해 남성과 여성으로 구성된 젠더 정체성을 해체할 수 있는 이론적 자원으로 간주되었다. 젠더 정체성이 문화적으로 구성된 까닭에 해체되거나 재구축될 수 있는 것이라면, 본질로서 여성은 존재하지 않으며 남자도 여자 못지않게 '여성적'이거나 '페미니스트적'일 수 있다. 페미니스트 반본질주의와 남성 페미니스트가 만날 수 있는 지점이 여기에 있다. 모들스키에 따르면 문제는 이런 탈본질화(페미니스트 반본질주의), 탈여성화(젠더 연구) 과정이 육체적·사회적·역사적 '경험의 주체'로서 여성을 담론과 실천에서 배제시키는 역설적인 결과를 가져왔다는 것이다. 모들스키는 한때 '여성 중심 비평gynocriticism'을 주장했던 일레인 쇼월터Elaine Showalter 같은 저명한 페미니스트가 '여성'에서 '젠더' 일반으로 비평적 전환을 요구하고 페미니스트를 자처하는 남성들이 지극히 추상적인 이론의 수위에서 페미니즘 담론을 전유하기 시작하는 것에서 여성과 여성의 경험이 체계적으로 배제되고 억압되는 수상한 기류를 감지한다. 미국 비평 담론에 불기 시작한 이 수상쩍은 기류를 모들스키는 "여성 살해적 페미니즘들gynocidal feminisms"(4)이라고 부르며 비판적인 개입을 시도한다.

흥미로운 점은 여성 살해적 페미니스트들이 죽이는 것이 '여성성'이 아니라 '여성'이라는 점이다. 여성은 살해당하지만 여성성은 새로운 윤리적 가능성을 보여주는 것으로 비평적 존경과 사랑의 대상이 된다. 모들스키에 따르면, 반본질론적 구성주의 관점을 통해 여성성이 여성과 결합해야 할 필연적 이유가 없는 것으로 해명된 이상 여성성은 자유로이 떠돌며 남성들에게 전유된다. 모들스키는 이런 여성성의 전유를 가장 문제적으로 보여주는 인물로 남성 비평가 크리스토퍼 뉴필드Christopher Newfield를 지적한다. "헤게모니적 가부장제는 남성의 주장 없이는 살아남아도 여성화 없이는 생존할 수 없다. ……억압적 전제는 남성 우월주의에 기대지만 자유주의적 헤게모니나 '합의'는 남성의 여성성에 기댄다."(66) 뉴필드에게 여성성은 가부장제가 억압적 강제가 아니라 자율적 동의를 통해 지배하기 위해 필요한 덕목으로 전용되고 있다. 모들스키가 남성에게 전유된 여성성에서 남성 권력의 음험한 재구축을 읽어내는 것이 이 대목이다. 모들스키에게 후기구조주의적 남성성 연구는 남성도 '여성'이 될 수 있다고 보기 때문에 남성 지배적 권력하에서 '여성'으로 정의된 육체를 갖고 사는 일의 '물질적' 의미를 지워버리는, 지극히 관념적인 남성주의적 기획이다. 그것은 여성은 살해하되 여성성은 통합하는 남성 권력의 위기 해소 전략일 뿐이다.

남성성 연구가 페미니즘과 상치되는 것이 아니라 페미니즘 기획과 결합될 수 있다고 보는 내 견해가 모들스키와 다른 관점에 서 있는 것은 분명하다. 남성에 의한 여성성의 전유가 남성 권력의 교묘한 위기 해소 전략이라는 그녀의 비판에 전적으로 동의하기도 어렵다. 이런 측면을 완전히 배제할 수는 없지만 남성의 여성화는 가부장제 문화가 전제하는 위계적 성별 이분법을 뒤흔들 수 있다. 가부장적 문화는 모든 인간은 남성 아니면 여성으로 분류된다는 성별 이분법에 기초한다. 하지만 성별 이분법에 내재하는 대립성이 약화되면 지배가 훼손되고, 지배가 느슨해지면 성별 대립이 약화된다. 남성에게 전유된 여성성이나 페미니스트 인식은 이런 성별 대립을 흐림으로써 남성 지배를 약화시키는 기제로 작동할 가능성이 있다.

물론 모들스키의 지적처럼 현실 속의 여성을 삭제하고 무시하면서 여성성만 취하는 남성 페미니스트들의 관념적 태도가 문제를 안고 있는 것은 사실이다. 또 남성을 여성적인 것과 동일시한다고 해서 그것이 반드시 가부장적 특권을 전복한다고 생각하는 것도 일면적일 수 있다. 이런 맥락에서 19세기 말과 20세기 전환기 남성 성도착가들의 아방가르드적 예술 실천에 광범위하게 나타났던 여성성의 전유가 남성 우월적 여성 혐오 경향과 배치되지 않는다고 읽어낸 리타 펠스키Rita Felsky의 해석은 경청할 만하다. 펠스키에 따르면, 감각성과 인공적 스타일에 대한 매혹과 미학적 연기를 통해 전통적으로 여성적인 것으로 분류된 영역을 전유함으로써 이성, 진보, 산업적 남성성 등 자본주의 초기 부르주아 남성성의 이상을 전복하려고 했던 것이 세기말 성도착적 남성 댄디의 지향점이었다. 미학적 여성성의 전유라 부를 수 있는 이런 기획을 통해 남성 댄디는 "근대적인 부르주아 남성과 가정적인 자연 여성 사이의 관습적 대립관계를 해체한다. 그는 남성이지만 합리성, 유용성, 진보 같은 남성적 가치를 대표하지 않으며, 여성적이면서도 대단히 비자연적이다. 따라서 그의 여성성은…… 성별에 대해 자동적으로 떠올리는 관념의 불안정성을 말해준다."(펠스키 164) 펠스키는 이런 성별 고정성의 해체가 지닌 전복적 힘을 인정하면서도, 남성 댄디가 현실 속의 여성은 자연에 묶여 있고 자신만이 자연을 벗어난 인공적 미의 세계에 "의식적으로" 참여할 수 있다고 여기는 여성 비하적 태도를 벗어나지 못하고 있다고 비판한다. 펠스키의 이런 비판적 시각은 데리다, 들뢰즈, 라캉 등 서구 철학의 위기를 상징하는 수사로 '여성성' 혹은 '여자되기'를 반복적으로 사용하는 후기구조주의적 남성 사상가들에 대한 비판으로 이어진다. 펠스키는 "남성 이론가의 '여자되기' 환상은 사회 변화를 위한 페미니스트 투쟁의 순진함과 대립하는 것으로 규정되고 활성화되고 있지만, 실제 여성이 속류 본질주의나 남근 숭배적 동일화로 비난받는 한 그들의 '여성되기'란 불가능할 것 같다"(182)고 지적한다.

이런 펠스키의 비판은 앞서 소개한 모들스키의 입장처럼 여성성의 전유가 지배적인 남성 질서를 해체시키는 힘을 갖는다는 시각 자체를 의심해본다는 점에서 긍정적인 측면을 갖는다. 여성성에 대한 논의가 여성이 놓여 있는 현실적 권력 관계에서 유리될 때 그것은 관념적 유희나 남성들의 환상적 충족을 넘어서지 못한다. 남성에 의한 여성성의 전유가 남성 주체의 존재론적 변화를 동반하지 못할 경우 그것은 관념적 전용이자 환상적 탈취에 지나지 않을 것이다. 남성 주체의 존재론적 변화는 남성적 특권을 중심으로 조직된 사회질서 및 남근적 욕망의 경제에 대한 '비판적 성찰'과 그것에 참여하기를 거부하는 '부정denial' 행위가 동반되어야 한다. 이런 존재론적 변화가 수반되지 않는 여성성의 전유는 설령 그것이 성별 고정성을 흔들어놓는 측면이 있다 하더라도 남성 권력에 대한 진정한 해체로 이어지지는 못한다.

남성이 남성 질서에 대해 투쟁하는 것은 자기 자신에 대해 투쟁하는 것이며, 이 투쟁이 결코 쉽지 않기 때문에 남성 페미니스트는 자기기만에 빠지기 쉽다는 데이비드 커헤인David J. Kahane의 지적은 귀 기울일 필요가 있다.(317-322) 남성 페미니스트들이 가부장제가 규정한 남성성의 신화를 거부하고, 여성적 특성과 더 관계 맺고자 하고, 가부장적 사회구조에 덜 연루되기를 원하는 경우에도 이런 주관적 갈망이 곧바로 그들의 페미니스트 인식을 보장해주는 것은 아니다. 벨 훅스bell hooks(본명 Gloria Watkins)의 지적처럼 "남성은 가부장제하에서 경직된 성역할에 대한 남성적 순응 때문에 스트레스나 감정적 고통을 받지만, 그렇다고 해서 그보다 훨씬 더 심하게 여성을 착취하고 억압하는 남성 권력을 지지하고 있는 것에 대한 책임을 피해갈 수는 없다."(73) 이 책임감을 떠맡겠다는 윤리적 태도가 가부장제의 기득권자로서 자기 자신에 대한 비판적 해체와 결합되지 않을 때 '남성의 여성되기'나 '남성 페미니스트'라는 용어는 모순어법으로 머물 공산이 크다.

모들스키의 논의에서 문제적인 것은 남성이 이런 어려움과 부정적인 상황에 대한 온당한 지적과 비판을 넘어 가부장적 질서를 거부하고 여성적 혹은 페미니스트적 입장을 취할 기회를 원천적으로 차단시킨다는 점이다. 여성으로서의 경험이 없다는 이유로 남성은 여성적 입장을 취할 수도, 페미니즘 논의에 기여할 수도 없는 것으로 여겨진다. 남성으로서의 경험과 이해관계 탓에 그들에게는 존재론적 변화가 불가능하다는 것이다. '여성'이나 여성의 경험에 대해 모들스키가 아무리 열린 입장을 취한다 하더라도, 그녀의 시각은 기본적으로 인간 주체에 대한 성 본질주의적 가정과 정체성의 문제틀을 벗어나기 힘들다.[5]

사실 모들스키에게 나타나는 이런 문제점은 여성화된 남성들이나 페미니스트 남성들이 통상적으로 부딪치는 것이기도 하다. 그들은 여성으로 산다는 것이 무엇인지 경험할 수 없기 때문에 여성적 입장을 택하거나 페미니스트 주체가 될 수 없다고 단정된다.

이를테면 로지 브라이도티Rosi Braidotti는 "남성은 자신의 성별 때문에 억압받은 경험이 없다. 그러므로 남성 대부분은 이론과 실천, 사유와 삶에서 페미니즘의 특수성을 포착하지 못한다"(139)고 주장한다. 여성의 경험이 페미니즘을 이해하는 기반이자 요건이라는 이런 주장은 남성을 페미니즘에서 배제해야 한다는 주장으로 자연스럽게 이어진다. "남성은 페미니즘 안에 있지도 않으며 있어서도 안 된다.

페미니즘 공간은 남성의 것이 아니며 남성이 이해하기 위해 있는 것도 아니다."(137)

문제는 모들스키와 브라이도티가 강조하는 '여성의 경험'이라는 것 자체가 페미니즘을 하나로 묶어줄 공통의 기반이 되기 어렵다는 데 있다. 페미니즘 초창기에는 모든 여성들이 특정한 핵심 경험을 공유하고 있으리라고 가정했지만 실상은 그렇지 않았다. 여성들은 경제, 인종, 계급, 종교, 교육, 인간관계 등 처한 위치에 따라 매우 다양한 경험을 가지고 있다. 많은 여성들이 공유한다고 전제하는 출산의 경험이나 육체적 체험이 모든 여성에게 공통된 것은 아니며, 또 특별히 페미니즘 운동에 대한 깊은 갈망을 고무시키는 것도 아니다. 비록 초창기 페미니즘이 가부장제가 규정하는 것과 반대되는 여성의 경험을 강조하면서 형성되었다 하더라도 페미니즘을 여성 경험의 '반영'이나 '산물'로 환원할 수는 없다. 물론 가부장제하에서 다양한 위치에 있는 여성들이 겪는 여러 정치적·경제적·심리적·육체적 체험들에 주목하는 것은 필요하다. 이 체험들을 페미니즘적 관점에서 새로이 해석하여 정치적 해방을 위한 자원으로 승화시키는 것도 필요하다. 하지만 하나로 환원될 수 없는 다양한 사회적 위치의 여성들이 가진 복합적 경험들을 '여성의 경험'이라는 통칭 아래 포괄하는 것은 위험하다. 이런 일반화가 어떤 가상의 보편적 여성 또는 특정한 여성 집단에게만 그런 경험을 부과하는 결과를 초래해왔다는 소수집단 여성들의 비판을 겸허하게 수용할 필요가 있기 때문이다. 더욱이 조앤 스콧Joan Scott의 지적처럼 경험은 "즉시/언제나/이미 그 자체로 해석이거나 해석을 요구하는 개념이다. 경험으로 간주되는 것은 자명하지도 않고 순수하지도 않다. 그것은 언제나 논쟁적이며, 따라서 언제나 정치적이다."(37)

해석에 선행하는 경험이 페미니즘의 이론적 기반이 되기 어렵다면 여성으로서의 경험이 없다는 이유로 남성이 '여성되기' 를 시도할 수 없다거나 '페미니스트'가 될 수 없다고 주장하는 것은 무리가 있다. 문제는 남성이 '여성적 입장' 혹은 '페미니스트 입장'을 갖는 것이 남성 권력과 남근적 욕망질서에 포섭되기를 거부하는 정치적·윤리적 결단을 수반하는 것이어야 한다는 점이다. 여성성을 전유했다고 주장하거나 남성 페미니스트임을 자처하는 남성들에게 가부장적 질서와의 단절이 진정으로 일어났는가에 대해서는 의심과 의혹을 보일 수 있다. 하지만 그 가능성 자체를 부인하는 것은 별개의 사안이다. 여성적 남성, 혹은 페미니스트 남성은 페미니즘을 위해서나 남성을 위해서도 필요하다는 점을 인정해야 할 것이다.

남성 없는 남성성: 남성성의 페미니즘적 차용

게일 루빈의 1984년 논문 「섹스를 사유하기Thinking Sex: Notes for a Radical Theory of the Politics of Sexuality」는 '섹스-젠더'의 연결망을 끊어놓은 것과 함께 '젠더-섹슈얼리티'의 연결망도 절단한 것으로 유명하다. 이 글에서 루빈은 사회문화적 구성물로서 젠더를 생물학적 섹스와 구분해야 한다는 지적과 함께 "젠더와 섹슈얼리티를 별개의 사회적 실천"으로 보면서 양자를 분석적으로 분리해낼 필요성을 주장하고 있다.(33) 이런 분리가 제대로 이루어지지 않았기 때문에 "페미니스트 사유는 섹슈얼리티의 사회적 조직을 충분히 포괄할 수 있는 비전을 결여하고 있다"는 것이다. 여성 젠더를 여성 섹슈얼리티와 연결하려 했던 것이 1970년대 레즈비언 페미니즘의 일반적 입장이었던 것을 생각하면 젠더와 섹슈얼리티를 분리시키려는 루빈의 시도의 급진성을 이해할 수 있을 것이다.

10년 뒤 「성의 거래Sexual Traffic」라는 제목으로 주디스 버틀러와 가진 인터뷰에서, 루빈은 자신이 그 글에서 젠더와 섹슈얼리티를 떼어놓으려 했던 것은 둘 사이의 어떤 연결도 부정하면서 양자를 완전히 분리된 범주라고 주장하기 위해서가 아니라, 당시 페미니즘을 지배했던 무성적 도덕주의에 개입할 필요성을 느꼈기 때문이라고 말하고 있다.(78) 루빈의 평가에 따르면, 1970년대 말에서 1980년대 초에 페미니즘 담론을 지배했던 것은 성적 금기와 금욕이었다고 한다. 포르노 반대 운동을 전개하면서 페미니즘은 섹슈얼리티를 쾌락의 향유공간이 아니라 남성의 권력과 폭력이 행사되는 공간으로 표상했으며, 여성의 육체에 가하는 남성 폭력에 대항하기 위해 국가에 호소하기 시작했다. 정상적인 규범에서 벗어난 일탈적 성행위는 여성의 종속을 유지시키는 것으로 비판당했다. 일탈적 성행위에 대한 페미니즘 내부의 규범적 태도에 맞서 루빈은 동성애, 성매매, 사도 마조히즘, 복장도착, 트랜스섹스, 트랜스젠더 등등 다양한 성 소수자 운동에 대한 페미니즘의 기존 이해방식을 수정할 것을 요구했다. '섹스sex'를 '실천practice'의 영역으로 만들고, 어떻게 특정한 섹스의 실천이 역사적으로 일탈적 정체성deviant identity이라는 사법적 용어로 분류되어왔는지 사유하려는 루빈의 시도는 행위act와 정체성 사이에 생산적인 분할의 길을 열어놓았다. 이런 루빈의 이론적 작업은 페미니즘 내부의 비정상적 범주들뿐 아니라 '육체가 행하는 것'(행위)과 '육체가 존재하는 것'(존재) 사이의 관계를 비판적으로 읽어낼 수 있는 새로운 시각을 열어주었다.

그가 열어놓은 길을 따라 성행위와 젠더 정체성 사이의 관계에 대한 규범적 서사에 비판적 개입을 시도하는 새로운 경향의 연구가 출현한다. 이런 경향의 연구가 주디스 할버스탬Judith Halberstam이 "남성 없는 남성성"(1)이라 부른 새로운 영역을 열어놓은 것은 분명하다. 이런 연구는 젠더를 섹스에서 분리해내고 젠더를 불안정한 사회적 구성물로 재해석해낸 주디스 버틀러의 후기구조주의적 관점을 공유하면서 성전환자, 부치 펨butch-femme, 드랙 킹drag king, 그리고 여성이 전유한 다양한 남성성 양식에 대해 새로운 해석을 시도하게 된다. 이제 남성성은 더이상 남성이라는 생물학적 육체에 묶이지 않고 여성이 전유할 수 있는 문화적 구성물로 재해석될 가능성이 열리게 된다. 할버스탬은 여성이 지배적 남성성을 거스르면서 전유한 대안적 남성성을 '여성의 남성성female masculinity'이라 부른다. 남성성을 비판적으로 채택하는 여성들은 여성성femininity이라는 논리와 육체적 비유에 따라 동일시를 하지 않는 여성들이다.

예를 들어 '부치butch'는 생물학적으로 여성의 몸을 갖고 있으면서 여성을 성적 욕망의 대상으로 삼는 남성적 존재다. 그/녀에게 생물학적 육체(여성), 성적 욕망(동성애적 욕망), 심리적 구성(남성적 정체성)은 이성애적 규범의 서사(생물학적 여성이 이성애적 남성을 욕망하며 여성적 젠더 정체성을 갖는 방식)를 따르지 않는다. '여성의 남성성'이라 불리는 이 성적 일탈자들에게서 우리는 남성 없는 남성성의 가능성을 찾아볼 수 있다. 남성성이라는 젠더 정체성이 남성이라는 섹스와 이성애적 섹슈얼리티로부터 분리되어 나올 때 그것은 어떤 정치성을 갖는가? 남성—이성애적 욕망—남성적 정체성의 규범적 도식에서 떨어져 나와 동성애적 욕망을 가진 여성이 남성성이라는 젠더로 가장masquerade한다면 어떤 일이 일어날까? 그것은 이성애 남성성의 단순 모방인가, 아니면 이성애적 남성성의 틀 속으로 통합되지 않는 '다른' 남성성의 가능성을 열어두는 것인가? 프로이트가 여자들에게서 발견한 '남성성 콤플렉스'는 남성 권력의 상징인 팔루스를 갖기 위해 남성이 되는 길을 택한 여성들의 남성 선망이 아니라 여성에 대해 금지된 동성애적 욕망을 유지하기 위해 취하는 가장의 전략일 수 있다.

물론 그/녀가 흉내내는 남성성은 이성애적 남성성과 같지 않다. 그것은 패러디적 모방을 통해 차이를 만들어냄으로써 지배 규범 자체에 균열을 일으키는 '다른' 남성성이다.

라캉의 지적처럼 페니스와 팔루스가 동일한 것이 아니라면 남성에게서 팔루스를 떼어내어 그것을 여성에게 이동시키는 것도 충분히 가능하다. 팔루스는 더이상 남성의 전유물이 아니기 때문이다. 주디스 버틀러는 '레즈비언 팔루스lesbian phallus'라는 개념을 만들고 팔루스를 남성의 육체와 남성 권력의 연결망에서 떼어내어 레즈비언에게로 이동시킨다.(*Bodies* 57-93) 레즈비언 팔루스는 여성의 육체가 팔루스적 권력이 "되면서being" 동시에 그것을 "가질having" 수 있다는 이중적 가능성을 나타낸다. 버틀러는 라캉에겐 양자택일로만 존재하는 이 두 선택지를 동시에 취할 수 있는 가능성을 열어놓는다. 남성 역할을 하는 여성은 팔루스적 권력을 갖지 못한 채 팔루스적 대상이 되는 존재(여성적 위치)면서 동시에 팔루스적 권력을 가지려고 욕망하는 존재(남성적 위치)다. 그런데 두 가능성을 동시에 취한다는 것은 둘 모두가 전제하는 이성애적 젠더 규범으로부터 일탈적 차이를 만들어내는 것이기도 하다. 레즈비언 팔루스가 가부장적 이성애에서 상정되는 팔루스의 단순 모방에 그치지 않고 그것에 패러디적 변형을 일으키는 '다른' 팔루스, '다른' 남성성으로 전유될 수 있는 까닭이 여기에 있다. 주디스 할버스탬이 주디스 버틀러의 레즈비언 팔루스 개념을 자신의 여성적 남성성 개념에 유용한 것으로 판단한 것은 그것이 대안적 남성성을 사유할 길을 열어준다고 생각했기 때문이다. 레즈비언 팔루스에 대한 할버스탬의 일차적 관심이 레즈비언 부치를 새로이 읽어내려는 데 맞춰져 있는 것은 사실이지만, '남성적 여성'에 대한 그녀의 논의를 레즈비어니즘에 국한시킬 필요는 없다. '남성적 여성' 혹은 '여성의 남성성'을 재구축하려는 할버스탬의 기획은 남성성을 남성과 가부장적 규정에 넘겨주지 않으면서 새로이 재해석해내려는 시도로 확장될 수 있다.

섹스, 젠더, 섹슈얼리티 사이의 복잡한 거래 관계를 구성해내는 이런 논의들이 페미니즘과 무슨 관계가 있을까? 로빈 위그만의 평가에 기대어 말한다면, 페미니즘적 논의는 '남성들'과 '남성성' 사이에 설정된 규범적 관계를 떼어내고 남성들에게 대안적 남성성을 구하는 방식뿐만 아니라 남성성을 (남성의 생물학적 육체와 구분되는) 젠더 구성물로 재의미화하는 방식을 취함으로써 남성성의 내용, 범위, 정치적 기획을 변화시켜왔다.(51) 여성 없는 페미니즘이라는 불안과 함께 시작되었던 1990년대 미국 페미니즘은 이제 남성성 역시 남성들의 고유한 영역이 될 수 없다는 급진적인 문제제기로 이어졌다. 이제 페미니즘의 결정적 자산이라 할 여성성과 페미니즘의 영역 바깥에 있다고 여겨졌던 남성성은 젠더 스와핑이 일으키는 교란적 가능성 앞에서 있다. 모들스키가 여성의 상실을 두려워했다면 할버스탬은 여성의 해체를 수용하면서 섹스와 젠더를 다양한 육체들과 정체성들을 가로지르는 유동적인 것으로 만들었다. 이와 함께 페미니즘 역시 성차화된 육체와 젠더 정체성을 횡단하는 가변적이며 유동적인 것으로 변모했다. 페미니즘은 여성들과 여성성 사이에 매끈한 동일시가 형성되는 공간이 아니라 탈동일시, 괴리, 재의미화의 과정을 통해 육체들과 정체성들을 횡단하는 열린 공간으로 재구축된다. 남성과 남성성에 대한 연구는 이런 열린 공간으로서 페미니즘에 이르는 또하나의 길일 수 있다.

현대 여성의 새로운 히스테리, 거식증

여성의 몸과 욕망

박주영

2007년 9월 이탈리아 사진작가 올리비에로 토스카니는 프랑스 파리에 거주하는 이사벨 카로를 광고 모델로 기용한다. 카로의 사진들은 이탈리아 밀라노의 거리에 나붙고 일간지에도 실린다. 카로는 의류업체의 광고 모델이 되어 뜻밖의 명성을 얻게 되는데 카로의 광고 사진에는 "거식증은 그만"이라는 슬로건이 적혀 있다. 사진 속의 그녀는 15년 동안 거식증을 앓아 키는 165cm지만 체중은 31kg에 불과하다. 섬뜩하게 마른 몸이다. 현대사회에서 거식증은 더이상 낯선 질병이 아니며, 문화 속에 이미 깊이 침투되어 있는 현상이다. 거식증 환자들은 체중감량을 목적으로 음식 섭취를 제한하고 식사 후에는 이뇨제, 관장약, 하제 등을 과도하게 사용하거나 의도적으로 구토를 하기도 한다. 거식증은 탈모와 피부 착색, 저혈압증, 호흡곤란, 우울증 등을 초래할 수 있으며 종국에는 심장기능에 이상이 생겨 사망에 이르기도 하는 치명적인 병이다. 1870년 거식증이 발견된 이래 지금까지 치료에 대한 연구가 지속적으로 진행되었지만 거식증으로 사망하는 환자의 수는 증가하고 있다. 카로의 광고사진은 현대사회가 지닌 문화의 이중성을 폭로한다는 측면에서 시사하는 바가 크다. '면도날'을 연상시키는 거식증 환자의 마른 몸을 통해 병의 위험성을 경고하지만 동시에 지나치게 마른 몸을 대중 앞에 전시함으로써 거식증 환자들이 더욱 강박적으로 체중조절을 하도록 강요하는 것이다.[1] 마른 몸에 대한 현대 여성들의 반응은 호기심, 경외감, 혐오감, 공포 등등이 뒤섞여 매우 다양하게 나타난다. 여성들은 때때로 거식증 환자들의 엄청난 체중조절 능력에 놀라움과 부러움을 동시에 보이기도 한다. 그렇다면 남성들과 달리 현대 여성들이 자신의 사회적·육체적 성장과 표현을 제한하는 '날씬함의 폭정', 생명을 위협하기까지 하는 혹독한 다이어트에 현혹되는 이유는 무엇일까?

발트라우트 포슈Waltraud Posch는 여성의 몸이 항상 평가의 대상이었다는 점을 지적하며 여성의 삶과 역사는 이상적 아름다움이라는 관념과 밀접한 관계가 있음을 강조한다. 이상적인 아름다움은 단순히 개인적 차원의 일이 아니라 여성성에 대한 사회적·정치적 개념을 반영한다. 여성이 아름다움과 힘, 그리고 의지력을 입증하고자 할 때 그 노력이 행해지는 대상은 바로 자신의 몸이다. 여성들에게 몸은 세계의 대체물이며 자신의 욕망과 동경을 불어넣는 자아도취적 대상 또한 될 수 있다. 전신거울, 사진술, 체중계, 영화매체의 발명 이후 우리는 시각적으로 자신을 살피면서 몸의 정체성을 새롭게 의식하게 되었다. 이 새로운 발명품으로 인해 몸은 더욱 중요해졌다. 외모를 담아내는 매체의 복제력에 힘입어 외모 자체의 의미가 커진 셈이다.(36, 135) 20세기에 들어 여성의 아름다움의 기준은 더이상 화장 여부나 옷의 모양이 아니라 몸매의 날씬함이나 뚱뚱함으로 결정된다.

사회·문화적 관점에서 날씬함은 능력·절제력·지성과 동일시되며, 뚱뚱함은 무능력·의지박약·어리석음과 동일시된다. 메릴린 로렌스 Marilyn Lawrence의 말을 빌면, 이제 뚱뚱한 여성이 긍정적인 자아 이미지를 지니기란 매우 어렵다.(42) 키가 크고 깡마를 정도의 날씬함을 강조하는 현대 미인의 기준에서 체중을 감량하는 일은 여성에게 무엇보다 중요한 목표가 된다.

19세기 여성의 몸을 통제하고 조절하던 코르셋은 사실상 몸을 무기력하게 만들었다. 여성의 몸에 가해진 문화적 힘을 상징하기도 했던 19세기 코르셋은 20세기에 이르러 다이어트로 대체된다. 다이어트의 기능은 단지 몸무게를 조절하는 것 이상이다. 날씬한 몸에 대한 강박관념은 새로운 코르셋이 되어 여성을 압박한다. 여성은 거의 평생 음식과의 전쟁을 치러야 한다. 여성의 무절제한 식욕은 부적절한 것으로 묘사되기 때문에 음식에 대한 탐닉은 죄책감을 동반하기까지 한다. 날씬함은 아름다움으로, 뚱뚱함은 추함으로 여겨지는 현실에서 다이어트를 하면서도 살찐다고 느끼며 불안해하는 것이 현대 여성이 처한 전형적인 상황이다.[2] 날씬함에 대한 여성들의 과도한 집착은 다이어트 산업의 전례 없는 호황을 낳았다. 우리는 신문, 잡지 및 온갖 미디어에 등장하는 다이어트 광고의 홍수 속에서 살고 있다.[3]

흥미롭게도 1960년대 이후 여성해방운동이 가장 고조된 시기에 '날씬해져야 특별해진다'는 믿음과 자신의 가치를 가냘픈 몸을 통해 인정받고 싶은 욕망 역시 최고로 두드러진다. 아름다운 몸에 대한 지나친 숭배와 집착은 여성성의 제도적 규범에 스스로 갇힌 나약한 자아를 의미한다. 교육수준이 높은 전문직 여성이 증가하고 여성해방운동이 활발히 진행되는 시점에서조차 여성성의 실현이 이상적으로 아름다운 모습을 가꾸고 전시하는 자기 연출임을 의미한다는 것은 참으로 아이러니다. 우리는 이러한 아이러니를 페미니즘의 급진적 측면을 상쇄하기 위한 페미니스트들의 의도적인 전략으로 해석할 것인지, 아니면 아름다움에 대한 여성들의 욕망이 존재하는 한 여성미에 대한 규범적 고정관념의 거부가 불가능하다는 것으로 간주할 것인지에 대해 진지한 논의를 할 필요가 있다.

거식증에 대한 기존의 연구는 거식증이 지닌 저항성과 정치적 함의를 논의하기 위해 사회·문화적 관점에 초점을 두고 거식증을 분석한다. 예를 들어, 대표적인 이론가 수잔 보르도Susan Bordo는 현대 여성성을 구성하는 사회적 규범이 거식증 환자의 마른 몸에 고통스럽게 각인되어 있다고 강조하며, 거식증에 내포된 '순응과 저항'의 이중적 측면을 분석해낸다. 보르도의 말을 빌면, 거식증은 가부장사회의 파놉티콘 시선을 순응적으로 내면화하기도 하지만 동시에 사회·문화적 규범을 극단적으로 구현한 마른 몸을 통해 문화적 이상을 표상하고 그러한 이상이 지닌 문제점을 고발하는 저항적 특성이 있다.(176-177) 나아가 수지 오바크Susie Orbach는 보르도보다 더 강력한 용어를 사용하여 거식증이 지닌 정치적 함의를 역설한다. 오바크는 거식증을 일종의 무의식적인 페미니스트 저항으로 규정하며 거식증 환자를 "단식투쟁"에 참여한 것으로 정의내린다.(83) 이처럼 사회·문화적 관점에서 거식증을 분석하는 페미니스트 이론가들은 거식증의 마른 몸은 '날씬해야 한다'는 사회·문화적 압력을 극단화시킴으로써 가부장 사회가 규정한 여성성에 대한 강한 저항을 표명하는 것으로 해석한다. 이러한 분석은 거식증이 지닌 정치적 함의를 논의하는 데 유용한 틀을 제공하긴 하지만, 거식증 환자의 내면세계와 심리구조에 대한 설명을 결여한 채 거식증의 외적 현상에만 연구의 초점을 둔다는 한계를 지닌다.

거식증이 현대사회의 중요한 현상으로 자리매김하고 있는 시점에서 거식증이 왜 생겨나는지를 면밀하게 분석하기 위해 거식증 환자의 정신세계를 고찰하는 작업이 필요하다. 이제 우리는 '거식증 환자가 어떤 심리구조를 지니고 있는가'에 대해 면밀히 분석해야 한다. 나는 거식증을 단순한 '섭식장애eating disorder'로 설명하거나 일종의 사회·문화적 현상으로 보는 견해와는 거리를 두고, 그것을 현대여성의 새로운 '히스테리'로 설명하기 위해 정신분석 관점에서 논의를 전개하고자 한다. 아울러 거식증 여성의 몸이 함의하는 저항 담론의 한계를 지적하고자 한다.

현대 여성의 새로운 히스테리: 거식증

가부장적 사회에서 "여성이 경험하는 '분열'과 그 분열을 통해 드러나는 '무의식적 욕망'을 '몸으로 표현하는 여자들'이 히스테리 여성들이다. 히스테리 환자들은 가부장적 현실 속에 들어가 아버지가 정해준 법을 따르면서도 법의 균열을 통해 완전히 삭제되지 않은 자신들의 욕망을 병리적 증상으로 드러내고 있는 여자들이다."(이명호 329-330) 히스테리는 여성이 의식적 또는 무의식적으로 경험한 억압과 분열을 몸으로 재현하는 것을 의미하며, 몸과 정신이 절대로 분리되어 있지 않다는 것을 보여준다. 이는 몸과 정신이 뚜렷이 분리된 데카르트식 이분법적 사유체계를 뒤흔드는 것이기도 하다. 프로이트는 환자의 몸의 증상과 파편화된 언어를 통해 '무의식적 욕망'을 읽어내는 것이 히스테리 이론의 핵심이라고 지적한다.[4] 히스테리 여성의 몸에 일어난 변화(예를 들어 호흡곤란, 수족마비, 경련, 발작, 우울증, 불면증, 언어장애 등등)는 단순히 몸 그 자체에 발생한 '생리적' 변화가 아니라 의식화되지 못한 무의식적 욕망이 몸으로 이동하여 생겨난 증상이다.

무의식적 욕망이 신체를 통해 나타나는 증상은 히스테리 환자 안나 O가 보여주는 것처럼 매우 다양하다.[5] 안나는 지적인 젊은 여성으로 스물한 살에 히스테리 증세를 일으켰는데, 당시 그녀는 결핵으로 죽어가던 아버지를 밤낮으로 간호해야 했다. 처음에 그녀는 팔과 다리, 목 근육에 심한 마비와 더불어 두통을 겪었고 몽유병을 앓기도 했다. 다음에는 온몸의 근육 경련을 경험했고 지속적인 청각장애를 일으키는가 하면, 심각한 언어혼란으로 인해 실어증에 걸리기까지 했다. 실어증에 걸려 모국어인 독일어를 할 수 없을 때 안나는 영어와 이태리어, 매끄러운 불어를 구사했다. 브로이어Josef Breuer는 아버지의 죽음에 대한 안나의 슬픔을 질병의 원인으로 파악했지만 그녀의 복잡한 몸의 증상이 암시하듯 히스테리의 원인 또한 그리 단순하지 않은 듯하다. 안나의 히스테리는 당시 전형적인 여성의 삶과 다르지 않았던 자신의 삶에 대한 그녀의 잠재된 반응에서 생긴 것이다. 19세기 당시 아들들이 교육을 받고 특권을 누리는 한편 딸들의 잠재된 가능성이 희생되는 것은 드문 일이 아니었다. 연로하고 병든 부모의 간호를 젊은 여성인 딸에게 맡기는 것 또한 지배적인 관습이었다. 당시의 사회적 상황에 비추어 볼 때 안나는 지극히 단조로운 삶 속에서 자기 존재를 외롭고 지루하게 여겼을 것으로 추측된다. 그녀는 자신의 고통을 때로는 실어증으로 때로는 외국어와 횡설수설하는 말, 팬터마임을 통하여 표현한다. 이는 궁극적으로 적대감과 분노, 죄의식과 좌절된 섹슈얼리티를 표출한 것이다. 나중에 안나는 자신이 정식교육을 제대로 받지 못한 것을 "정신상의 영양결핍defective spiritual nourishment"이라 생각한다.(헌터 151 재인용) 이 말은 그녀의 히스테리에서 비롯된 식욕부진 증상이 마음상태를 몸으로 표현한 것임을 암시한다. 즉 안나는 뛰어난 지성을 갖추었으나 교육의 기회를 얻지 못해 제대로 된 지적 양식을 공급받지 못한 정신적 결핍을 음식 거부라는 몸의 언어로 보여준 것이다.

히스테리는 끊임없이 증상을 고안하고 대체하면서 가장 은밀하고 억압된 소망을 표현한다. 우리에게는 '도라Dora'로 잘 알려진 프로이트의 환자 바우어Ida Bauer가 보여준 히스테리 증상은 무의식적 욕망이 끝없이 새로운 욕망으로 전환되어 나타남을 잘 보여주는 경우이다. 도라의 경우에서 보듯 히스테리 증상은 팔다리에서 입으로, 목으로, 가슴으로 옮아가는데, 이는 무의식적 욕망이 우회하고 전환되면서 끊임없이 전치되는 것을 암시한다. 도라는 K씨의 포옹으로 유발된 성적 흥분의 전환으로 기침과 호흡기질환 같은 히스테리 증상을 일으킨다. 그녀는 K씨의 페니스 압박으로 하체에서 느낀 성적 흥분을 상체로 전이시켜 기침과 같은 몸의 은유적 증상으로 위장한다. 비록 나중에 실수를 인정하긴 했지만 프로이트는 K씨를 '성적 대상'인 아버지의 대체자로 해석하면서 오이디푸스 콤플렉스의 틀에서만 도라의 사례를 분석하려 했다. 하지만 실제로 도라가 보인 히스테리 증상들, 즉 발성장애, 호흡곤란, 목에서 하체까지 퍼졌던 점막염 등은 그녀의 어머니가 보인 증세와 정확하게 일치한다. 도라가 자신의 고통의 원인을 어머니의 고통에서 찾으려 했던 것은 자명하다. 도라 주변의 남자들(아버지나 K씨)은 항상 도라와 가장 가까운 여자들(어머니와 K씨 부인)이 자신들에게 '아무것'도 아니라는 사실을 도라에게 주지시켰고, 프로이트 역시 비슷한 태도를 보였다. 도라의 어머니는 가부장적 남성 사회에서 '무시할 수 있는' 존재로 살았으나 몸의 증상을 통해 자신의 성 정체성 및 존재감을 알리려 했던 것처럼 보인다. 어머니의 증상을 그대로 이어받은 도라는 자신이 어머니가 전달하는 메시지를 받아 이해했다는 것을 증명한 셈이다. 크리스티나 폰 브라운Christina von Braun의 말을 빌면 히스테리 증상이 "언어"가 되어 어머니와 딸은 서로를 이해하고 의사소통을 할 수 있었던 것이다.(199) 증상으로 나타난 몸의 언어는 어머니와 딸의 언어이며, 아버지의 언어와 의도적으로 구분되는 언어로서, '아버지의 언어'가 제공하지 못하는 것을 표현한다. 이처럼 히스테리는 사회적 조건상 언어로 말할 수 없는 것(이를테면 분노, 원한, 성적 욕구 등)을 몸으로 표현한다. 히스테리적 언어는 여성이 가부장적 사회에서 받는 억압과 불평등을 재현하는 몸의 언어다.[6]

20세기 중반에 이르러 히스테리에 관한 고전적인 논의가 정신병동과 정신분석 책들에서 사라지고, 전형적인 히스테리 증상들은 불안증, 편집증적 장애, 조울증 또는 경계선 인격장애 등으로 명명법이 새롭게 바뀐다.(Showalter 17) 히스테리 환자들은 그대로 존재하지만 명칭은 달라진 셈이다. 전형적인 히스테리에 대한 논의는 점차 거식증에 대한 논의로 대체된다. 1870년을 기점으로 등장한 거식증은 고전적 히스테리를 대신하여 정신분석가들에게 새로운 연구 영역을 열어준다. 1869년 로버트 파울러Robert Fowler는 거식증 환자 사라 제이콥Sarah Jacob을 치료하는 과정에서 그녀의 신체적 징후(특히 눈의 경련)가 히스테리 환자에게 나타나는 일반적인 징후와 유사하다고 설명한다. 19세기 의사들은 거식증 환자들을 위와 목에 신경증 증상(발작)이 집중된 히스테리 환자로 규정한다. 거식증 환자들은 소량의 음식을 섭취하면서 거의 말을 하지 않았으며 음울한 표정과 은밀하게 짜증을 내는 태도를 통해 의사 표현을 하곤 했다. 부모 또는 의사와 대화를 거부하는 것은 음식 거부로 이어지는데, 이는 거식증 환자가 식욕과 마른 몸을 의사표현의 대체물로 이용하고 있음을 보여준다.(Brumsberg 67, 165) 파울러를 비롯한 19세기 의사들은 거식증 환자들이 가족들에게 애정이나 관심을 받기 위해 음식을 거부한다고 분석했고, 그들이 '비정상의 경계'에 위치하고 있다고 강조했다. 하지만 아쉽게도 환자들이 왜 음식 거부를 통해 히스테리 증상을 드러내는지에 대한 면밀한 고찰은 이루어지지 않았다. 19세기 자료들을 살펴보면 거식증 환자들은 음식을 통제하는 것에 대단한 의지와 만족감을 보인다. 환자들에게 소량의 식사는 특별한 성취를 의미하며, 이는 또한 가족들과 친구들로부터 동정심을 유발하고 힘을 행사할 수 있는 수단이 된다. 거식증 환자들 대부분은 히스테리 환자들과 유사하게 정신적인 것에 관심이 많고 의지가 강하다. 우리는 거식증 환자의 강인한 의지로 인해 발생하는 놀라운 삶의 에너지를 주목할 필요가 있다.

19세기의 히스테리를 '몸의 증상'으로 드러나는 억압된 여성 욕망의 표현으로 정의내린다면, 거식증의 마른 몸은 20세기의 다면적이고 복합적인 여성 욕망을 극단적으로 재현하는 것이라 할 수 있다. 20세기의 히스테리 증상이 새로운 표현 형태를 거식증에서 발견한 것이다. 히스테리와 거식증의 유사점은 다양하게 나타난다. 첫째, 히스테리가 수세기 넘게 여성에게만 한정되었던 것처럼 오늘날 거식증도 여성의 병이다. 둘째, 히스테리와 거식증은 둘 다 계급적 질병이다. 19세기 중반까지 히스테리는 비교적 상류층에 한정된 병이었고, 20세기 거식증 환자들 대부분은 유복한 부르주아 가정이나 막 부르주아로 부상하는 가정 출신이다. 셋째, 히스테리 환자가 의사에게 자신의 상태에 대해 '거짓 설명'을 하여 분석가를 혼란에 빠뜨리는 것과 마찬가지로 거식증 환자들도 자신의 주변세계를 '조작한다'는 평가를 받는다. 거식증 환자들은 히스테리 환자처럼 고의적인 '악의'가 있다고 비난받거나 거짓말쟁이로 간주되는 일이 허다하다. 끝으로, 히스테리와 거식증 사이의 유사성은 환자와 병의 관계에서도 잘 드러난다. 환자는 자기의 병에 무관심하며 심지어 치료되기를 원치 않는다. 히스테리 환자들과 유사하게 거식증 환자들은 "고통스러운 상황에 대해 수도자와 같은 무감각"을 지니고 있다.(브라운 468-469)[7]

그렇다면 1870년대를 기점으로 몸의 마비나 발작, 언어장애 등 고

전적인 히스테리 증상이 사라지면서 오싹할 정도의 마른 몸을 통해 여성들이 자신의 무의식적 욕망을 표현하게 된 것은 어떤 이유에서 일까?[8] 이는 19세기 후반 빅토리아 시대 부르주아 사회의 온순하고 세련되고 철저하게 가정적인 여자가 이상적인 여성상으로 간주되던 사회적·문화적 맥락과 밀접한 연관이 있는 듯하다. 당시 음식은 여성의 성욕과 자기 절제력을 나타내는 지표였다. 여성의 식탐은 이상적인 여성상에는 전혀 어울리지 않는 것이었다. 빅토리아 시대 대중문화는 날씬한 여성의 아름다움을 강조하면서 음식 절제를 의도적으로 권장했다. 음식은 여성의 성적 욕망을 비롯하여 모든 육체적 쾌락을 나타내는 은유로 사용되었고 음식의 절제는 성적 욕구에 대한 여성의 억압과 통제를 함의했다. 이는 남성을 잡아먹는 흡혈귀 이미지로 여성을 재현하는 여성 혐오적 상상력이나 남성의 무의식적 거세 공포와 연관이 있는 듯하다.[9] 실제로 남성들은 음식을 섭취하는 것이 성적 행위의 은유가 아니라, 성적 행위 자체가 음식을 섭취하는 행위와 같다고 상상한 것이다. 당시 남성들은 여성이 성행위를 욕망하거나 주도하는 경우 여성이 욕망의 대상을 완전히 흡수하거나 파괴할 수 있다고 상상했다. 빅토리아 시대 젠더 이데올로기는 여성의 성욕이 남성의 육체와 정신을 고갈시키고 소모해버릴 수 있으므로 억압되고 통제되어야 함을 역설한다.[10] 식욕은 단순히 생물학적 욕구를 보여주는 것이 아니라 여성의 도덕성을 측정하는 기준이 되기에 이른다. 음식에 탐닉한다는 것은 통제되지 않는 성적 욕망을 나타낼 뿐 아니라 공격적인 성향까지 드러내는 것으로 해석되었다. 날씬한 몸은 여성의 고양된 정신과 영혼의 순수함을 표상했고 사회적 계급을 나타내는 기표로도 활용되었다. 여성들은 소량의 음식을 섭취하면서 성적 욕망에서 자유로워지고 나아가 더욱 확실한 계급적 정체성을 얻게 된 것이다. 다시 말해 마른 몸은 무성성asexuality과 높은 사회적 지위를 암시하고 지적 능력과 도덕성의 은유적 표현으로 자리매김한다. 부르주아 여성들은 무엇을, 어떻게 먹어야 하는지에 대한 관심이 무엇보다 높았다. 섭생의 결과가 여성성을 규정하는 중요한 특징이 되었기 때문이다. 여성은 마치 성적 욕구를 감추는 것처럼 먹고 있는 모습을 다른 사람들에게 노출시키지 않으려 애를 썼으며 자신의 식욕을 은폐하려 노력했다. 또한 지방이 거의 없는 연약한 몸을 식욕을 초월한 영성적인 것과 연관지었다. 배고픔을 부인하고 맛있는 음식을 거부하는 행위는 도덕적 확신을 함축하는 것이었고 날씬한 몸은 육체적 쾌락과 욕망으로부터 자유로워진, 영적으로 고양된 상태를 상징하는 것이었다.

후기 빅토리아 시대 부르주아 사회가 여성들의 음식 절제를 고양된 정신과 연결시킨 지점은 매우 흥미로운 사실이다. 음식을 잘 절제하는 여성을 묘사할 때 가장 자주 사용하는 어휘들은 "영성spirituality", "도덕성morality", "정신의 고양sublimity of mind" 등인데, 이는 철저하게 인간의 몸과는 무관한 정신세계를 지칭한다.(Brumsberg 49-60) 바꾸어 말하면 음식을 절제하지 못하는 여성은 도덕적으로 타락하고 성욕을 통제하지 못하며 영성이 결여된 천박한 여성인 것이다.

고전적인 히스테리 여성 환자는 히스테리 증상을 통해 무의식적으로 억압된 성적 욕망을 표출하였다. 이와 대조적으로 거식증이 보여주는 음식의 거부는 억압된 성적 욕망을 은밀하게 전시하는 것이 아니라, 오히려 몸 안에 있는 모든 육체적 욕구와 욕망을 제거하려는 노력이다. 거식증 환자에게 몸은 단순히 피부 한 겹의 허상이다. 그들은 몸을 통하여 여성성을 표현하는 것을 가소롭고 피상적인 일로 치부한다. 거식증은 변덕스럽고 불안정하고 거짓된 몸을 제거하고 명료한 정신만을 남게 하여 불멸을 욕망한다. 이는 '탈육체화'를 의미한다. 여기서 뚱뚱한 몸은 거짓말을 하는 비도덕적이고도 나쁜 육체를 의미하는 반면, 마른 몸은 참된 도덕성을 지닌 이상적 자아를 보존할 수 있는 좋은 육체를 표상한다. 거식증 환자는 비스킷 몇 개와 차 한 잔을 마시는 것만으로 일상을 영위하지만 순교자 또는 완벽주의자처럼 전혀 고통스럽다고 생각하지 않는다. 이는 음식을 섭취하지 않을수록 정신이 투명해지고 섬세해진다는 확고한 믿음 때문이다. 거식증 환자는 치아가 상하고 회복이 불가능한 불임의 상태가 될 정도로 굶으며, 피골이 상접한 상태에서조차 거울에 비친 자신의 모습이 뚱뚱하다고 여긴다. 그녀에겐 제거해야 하는 몸이 존재할 뿐이고 그녀의 몸 안에 있는 지방은 고양된 정신을 유지하는 데 방해가 되므로 없어져야 한다. 여기서 우리는 거식증이 주로 부르주아 계층의 여성들에게 나타난 계급적 질병임을 상기할 필요가 있다. 먹고 싶은 욕구를 '뛰어넘는' 능력이 도덕적·미학적 우월성을 갖게 되는 것은 오로지 다른 사람들이 식탐에 빠지기 쉬운 상황일 때만 가능하다. 맛있는 음식을 식탁에 차릴 수 없는 하층계급에게 지방이 전혀 없는 마른 몸은 죽음을 암시할 뿐 결코 초월이나 절제를 나타낼 수 없다.

이처럼 거식증 환자가 시도하는 탈육체화는 거식증이 표방하는 강한 자아 보존성과도 연관이 있다. 프로이트 정신분석학은 여성의 질병인 히스테리를 "자아 부재의 병" 또는 "자아 박약"이라고 규정하면서 히스테리 환자가 '진짜' 자아의 부재를 숨기기 위해 인위적 자아를 스스로 만들어낸다고 가정한다. 하지만 마라 셀비니 팔라졸리Mara Selvini Palazzoli는 거식증이 역설적으로 자아 보존의 변형된 형태라고 지적하며 프로이트의 논지를 반박한다. 팔라졸리는 거식증 환자들에게서 볼 수 있는 강인한 의지, 통제력, 에너지, 수행력, 정신적 민첩함 등에 주목한다. 팔라졸리의 말을 빌면 거식증 환자들은 "음식을 받아들일 수 없음"이 문제가 아니라 자신의 정상적인 생물학적 욕구에 대항해 적극적으로 투쟁하는 것이 문제다. "식욕이상"이 아니라 "몸이 마르기를 의식적으로 원하는 것"이 문제인 것이다. 거식증이 표상하는 마른 몸은 "충동을 억제하고 육체를 극복할 때" 얻게 되는 자아 보존이다.(브라운 469 재인용) 거식증 환자가 자신의 몸을 거부하는 것은 자기 자신을 거부하기 때문이 아니다. 오히려 육체성을 초월할 때 이상화된 강인한 자아를 보존할 수 있다고 확신하기 때문이다. 고전적인 히스테리 환자는 참을 수 없는 불쾌한 감정을 몸의 움직임이나 표현을 통해, 또는 타인에게 자신의 감정을 투사시켜 분출하는 것을 통해 일종의 위안을 얻는다. 이와 유사하게 거식증 환자는 몸 안으로 음식이 들어오는 것을 거부하고 몸 안에 있는 소량의 음식조차 구토나 하제를 이용해 배출함으로써 만족감을 얻는다.

나아가 거식증 환자는 자신의 몸 안에 내재된 섹슈얼리티를 없애기 위해 음식 거부를 이용하는 것으로 해석할 수 있다. 브라운은 거식증 환자에게는 음식 이면에 본래의 관심사, 즉 성(섹슈얼리티)이 위장되어 있다고 지적한다. 거식증 환자는 성의 자리에 음식을 놓은 셈이다.(477) 그녀는 음식 "먹기"를 거부함으로써 성적 대상인 "먹이"로서의 자신도 사라지게 한다. 거식증 여성 환자의 마른 몸은 풍만한 여성의 몸과는 거리가 먼, 평평해진 가슴과 엉덩이를 지닌 거의 중성에 가까운 몸을 상징한다.[11] 거식증의 몸은 임신과 출산, 수유가 불가능한 몸, 즉 모성을 실현할 수 없는 여성의 몸이다. 거식증 환자는 '어머니'라는 가부장제 사회의 표준화된 여성 이미지를 스스로 거부하는 것이다. 거식증이 탄생한 빅토리아 시대 후기에 여성의 모든 성욕은 '도착perversion'으로 분류되었고 여성의 성은 제도화된 모성을 위해서만 허용되었다. 모성을 제외한 성은 모두 비정상으로 규제되면서 여성의 성은 억압되었다. 하지만 모성은 주체의 자아 부재(또는 자아 파괴)를 동반하며 자아 정체성을 표상하지 않고 여성의 몸의 사회적 역할만을 의미한다. 가부장적 사회에서 여성을 생물학적·도덕적 기능으로 강조하는 것에 대한 강력한 저항이 히스테리인 것과 유사하게 거식증 환자 역시 이를 완강하게 거부하는 것이다. 성적 존재로서의 여성이 어머니로 변하는 과정이 거식증 환자가 저항하는 지점이다. 어머니가 되는 것을 은유적으로 거부하면서 성적 존재로서의 여성을 지키려는 것이다. 이는 앞서 언급했던 도라의 사례를 상기시킨다. 도라가 어머니와 동일한 증상을 공유하며 무의식적 억압을 드러냈던 것처럼, 거식증은 '여성'을 지키기 위해서 어머니와 경계를 긋는 것일 뿐 아니라 "어머니와 함께하는 공동투쟁"이기도 하다.(브라운 473)[12]

거식증 분석에 관한 페미니스트 비평의 비판적 고찰

20세기 초부터 거식증은 비교적 부유한 중산층 젊은 여성들 사이로 점점 더 퍼져나가 현재에 이른다. 거식증 분석에서 중요한 것은 마른 '몸'이 아니라 마른 '몸'에 투영된 '언어적 의미'이다. 히스테리 환자의 다양한 증상이 무의식 세계를 표현하는 언어가 되는 것과 유사하게 거식증의 마른 '몸'은 환자의 무의식적 욕망을 드러내는 '말하는 몸'이 된다. 거식증은 몸을 잃은 대신 보다 강력한 목소리를 얻는다. 거식증 환자의 '말하는 몸'은 가부장적 이데올로기를 위협하는 공포의 몸을 상징하는데, 이는 거식증의 마른 몸이 여성의 통제력과 의지력에 막강한 힘을 부여하면서 혐오감과 두려움을 불러일으키는 충격적 몸을 표상하기 때문이다.(Grosz 40) 거의 죽음을 연상시키는 거식증의 마른 몸은 가부장제를 무의식적으로 거부하려는 여성의 절박한 저항의 몸짓을 재현한다. 거식증 환자는 소리 없는 자기 파괴적 비명을 통하여 여성이 처한 현실을 고통스럽게 고발한다.

우리가 현대 여성의 새로운 히스테리로 거식증을 정의한다면 그것을 페미니즘 관점에서 재조명할 필요가 있다. 나는 페미니스트 이론가들이 주장하는 거식증적 몸의 정치적 함의의 중요성을 인정하지만 그것에 단지 긍정적인 측면만 있다고는 생각하지 않는다. 거식증의 마른 몸은 때때로 젠더의 이분법적 틀을 교란시킨다기보다 성 정체성을 모호하게 만들고, 주체를 죽음으로 이끌 수 있는 자기 파괴적 요소를 심각하게 포함하기 때문이다. 성장 거부나 자기 파괴를 감수하면서 '날씬함의 압제' 속에서 평생을 사는 것은 가부장 사회가 만든 여성미의 기준을 무의식에 내면화한 것과 연관이 있다. 나오미 울프Naomi Wolf의 말을 빌면, 여성은 몸에 관한 논의에서 언제나 주눅이 들어 있는데, 이는 여성의 몸이 여성 자신의 것이 아니라 사회에 속해 있기 때문이다. 여성의 몸, 특히 마른 몸이 아름답다는 규정은 여성미에 집착한 결과가 아니라 여성의 복종을 노린 결과다.(263-264) 여성이 자신의 평가 기준으로 삼고 도달하려고 노력하는 몸은 가냘프고 미숙한 청소년기의 몸, 살이나 지방이 전혀 없는 몸, 몸매 자체에 미성숙이 각인된 몸이다. 처닌Kim Chernin의 지적대로 지나친 소비문화에서 "몸을 정복하고 억제하려는 의지"는 미학적 혹은 도덕적 반란을 표현한다는 해석이 가능할 수도 있다.(*The Obsession* 47) 하지만 나약하고 유아적인 거식증적 몸은 20세기 여성성을 재현하면서, 사회가 요구하는 여성미의 표준을 충실하게 내면화하는 '유순한 몸'을 표상하는 것으로 해석될 여지도 충분히 있다.

이런 점에서 거식증을 이중적 의미로 파악하는 보르도의 입장이나 강력한 페미니스트 저항으로 해석하는 오바크의 견해, 20세기 여성성을 패러디한다는 주디스 버틀러의 이론보다는, 부정적인 징후로 비판적 분석을 하는 산드라 리 바트키Sandra Lee Bartky의 관점이 훨씬 더 설득력을 지닌다. 바트키는 다이어트나 거식증은 남성적 제도 규범이 만든 부정적인 산물로, 여성은 늘 억압적이고 불평등한 성적 종속체제에 놓여 남성적 제도 규범의 지배를 받는다고 말한다. 여성들이 날씬해지고 예뻐지기 위해 행하는 훈육의 관행들은 '훈련되고 종속된' 몸, 즉 열등한 지위가 새겨진 몸을 만들어낸다. 헤아릴 수 없는 많은 여성들이 주도적으로 나서서 아름다움의 의례를 숙달하려고 노력하는 현상을 무시할 수 없지만, 궁극적으로 훈육체계는 복종하는 여성의 신체 언어를 만들어낸다. 보르도의 견해와는 대조적으로 바트키는 몸의 통제에서 오는 쾌락까지도 기존 남성 담론의 부산물일 뿐이라고 강조한다. 바트키는 여성이 다이어트나 운동을 통해 몸을 통제하는 것은 파놉티콘에 갇혀 스스로 자기 감시를 하고 식욕을 단속하면서 가부장제의 패러다임을 수용하는 것이라고 지적한다.(149) 결국 체중조절에 강박적으로 집착하는 현대 여성은 파놉티콘의 수감자처럼 가혹한 자기 감시에 헌신하는 자아가 되고 만다. 이러한 자기 감시야말로 통제할 수 없는 식욕을 조절하는 능동적인 주체를 표상하는 것이 아니라, 문화적 강박관념과 선입견을 충실하게 따르는 순응적 주체, 가부장적 기준을 철저히 내면화하여 복종하는 주체를 상징하는 것이다.

바트키의 주장은 거식증적 마른 몸이 표상하는 정치적 의미에 대한 페미니스트들의 분석이 지닌 문제점을 정확히 지적하고 있다는 점에서 시사하는 바가 크다. 바트키는 여성의 주체성이 여성적인 몸을 구축하는 훈육의 관행을 통해 형성된다고 보고, 해방 가능성의 모색은 남성성과 여성성의 전통적인 범주 안에서만 여성성을 논의하는 한계를 뛰어넘는 데 있다고 밝힌다. 이는 "몸은 젠더를 설명하는 좋은 텍스트"라는 버틀러의 주장이 지닌 이론적 허점을 날카롭게 드러내는 것이기도 하다. 일정한 '육체적 양식'으로서의 여성성은 근본적인 해체를 이룰 수 없으며, 남성성의 대립적 상에 불과하기 때문이다. 바트키의 말을 빌면, 때론 투철한 페미니스트들조차 '영역의 분리'라는 관념에 기초한 표준적인 여성성과 전통적인 성별 분업을 비판하고 거부하면서도 여성적인 몸 보여주기의 인습적 기준들을 여전히 용납하는 경우가 있다.(143) 여성성의 보존과 그 해방을 위한 투쟁이 조화롭게 양립할 수 있다고 믿는 페미니즘은 모순적이다. 그것은 가부장적 사회구조 자체에 급진적인 변화를 요구하는 저항의 목소리로 작용하기 어렵다. 오히려 이러한 페미니즘은 표준적인 여성성의 이미지들을 점점 더 여성의 몸에 집중하게 하는 아이러니만 낳는다.

수십 년 동안 페미니스트 이론가들은 거식증을 '탈질병화'하여 가부장적 문화가 강요하는 '날씬함의 윤리'에 대항하는 저항적 실천으로 분석하였다. 페미니스트들이 거식증 환자의 참혹하게 마른 몸을 '사회적 저항'에 대한 은유로 부각시키는 것은 여성운동의 중요한 전략 가운데 하나로 자리매김한다. 여성들의 사회적 위치가 격상될수록 여성의 아름다움과 여성의 몸이 지닌 의미가 페미니즘의 중요한 주제로 부각되는 것은 부인할 수 없는 사실이다. 거식증 환자의 음식 거부가 가부장적 억압에 대해 상징적인 목소리로 저항하는 일종의 '침묵의 형식'이라는 주장은 설득력 있는 해석이긴 하지만, 거식증을 지나치게 낭만적으로 신비화시켜 묘사하는 것은 경계해야 한다. 왜냐하면 거식증 환자는 때때로 '좌절과 공포'를 나타내는 '절망에 빠진 무기력한' 개인, 가부장적 사회가 요구하는 여성의 이상적인 날씬한 몸 이미지의 덫에 갇힌 개인을 재현하기도 한다는 점을 간과할 수 없기 때문이다.

자아로부터의 비상, 에로스

최성희

21세기는 성sexuality에 대한 관심과 관용이 유례없이 높아진 시대다. '섹시함'을 키워드로 내세우는 대중문화는 이를 견인하고 전파하는 성의 홍보대사 역할을 수행하고 있다. 그것이 성적 매력이든 성적 관계든 우리는 바야흐로 '성 권하는 사회'에 살고 있다. 이를 두고 '문화의 타락'이라고 개탄하는 이들도 있겠지만, 대중문화의 성적 개방은 역설적으로 문학과 예술 분야의 언더그라운드에서 오랜 세월 축적된 '전위적' 유산이 주류 문화의 미학적·감성적 취향에 흡수 통합된 것으로 이해할 수도 있다. 스위프트, 사드, 발자크, 졸라, 아폴리네르, 조이스, 로렌스, 헨리 밀러, 앨런 긴스버그, 그리고 영화감독 베르톨루치에 이르기까지 인류 문명에 의해 억압됐던 디오니소스적 성 에너지의 발산과 포용을 줄기차게 주장했던 실험적 예술가들의 노력이 나름대로 '결실'을 맺은 것이다.

그러나 그들의 시대에 그랬듯 21세기에도 '음란obscenity'의 정의와 범주에 대한 의견이 분분하고 예술가들은 '포르노그래피'라는 사회적 금기와 비난으로부터 자신의 예술을 구별하고 보호하기 위해 여전히 포르노그래피/에로티시즘이라는 이항대립을 방패막이로 내세운다. 향락적 대중문화나 키치적 사이비 예술로부터 '진정한' 예술과 '진정한' 에로스를 보호하고 보존하기 위해 그들이 이상적 가치로 내세운 에로티시즘의 실체는 과연 있는가? 전통적인 가부장제의 인습과 규범에 복종하는 보수주의와 모든 윤리적 의무를 무화시키는 자유주의 사이에서 제3의 가치인 페미니즘 성 윤리를 모색할 방법은 무엇인가? 이러한 의문과 고민에서 출발한 이 글은 (전략적으로) '진정한' 에로스의 존재를 상정하고, 이를 재현하고 구성하려는 에로티시즘의 가치를 인정하면서 시작하려 한다. 갈 수 없고 또 알 수 없기에 아예 '없다'고 선언해버리는 것이 아니라, 아직 길을 찾지 못했고 여전히 그 실체가 불분명하다 해도 일단 있다고 믿고 '출발'하는 순간 그 믿음은 여정의 현실 속에서 분명한 '차이'를 만들어내는 효력을 발휘한다고 믿기 때문이다. 진실이 그렇고 사랑도 그러하다.

나는 「페미니스트 페다고지의 정치, 윤리, 미학」이라는 제목의 글에서 학술논문의 '로고스'를 이탈하는 '에로스'적 비상을 시도한 바 있다. 거기서 나는 아폴로의 팔루스적 질서가 아닌 디오니소스의 에로스적 축제에서 기존 질서의 전복과 해방의 실마리를 찾아야 한다고 강조했다. 또한 페미니스트 페다고지는 지배적 가치와 긴장관계에 있는 여성 스스로의 경험과 욕망을 근원적 출발점이자 생산적 동력으로 삼아야 한다고 주장했다. 몸과 정신을 연결하고, 자아와 타자를 이어주는 에로스적 페미니즘이 권위주의적인 전통 교육에 대한 대안적 페다고지가 될 수 있다는 믿음은 지금도 변함이 없다. 그러나 교실이라는 '실험의 장' 너머 대다수 여성의 현실 속에서 에로스에 대한 유토피아적 낙관주의가 미칠 실제적 영향력에 대해서는 보다 조심스러운 고찰이 필요하다는 의견에도 전적으로 동의한다. 에로티시즘은 페미니즘의 약인가 독인가? 위반과 변형, 확장과 융합의 에로스를 어떻게 소모적·파괴적·이기적 에너지가 아닌 생산적·창조적·이타적 에너지로 우리의 삶에 접목시킬 것인가? 젠더 평등의 새로운 시대를 위해 에로티시즘을 페미니즘적으로 이해하고 활용할 방법은 무엇인가?

이 글은 이러한 문제의식에서 출발하여 성과 에로티시즘에 대한 페미니즘의 입장과 시각을 살펴보고 성과 사랑, 쾌락과 윤리의 함수관계를 짚어봄으로써 여성이 성적인 존재로 살아간다는 것의 의미를 생각해보고자 한다. 이를 위해 플라톤에서 시작되는 서구 에로스 담론의 계보를 되돌아보고, 이에 대한 페미니즘의 비판과 이론적 확장을 살펴본 뒤, 결론에서는 페미니즘과 에로티시즘의 만남이 지니는 유용성을 검토하면서 페미니즘에 입각한 새로운 성 윤리의 가능성을 모색할 것이다.

왜 에로티시즘인가

'에로티시즘eroticism'을 영한사전에서 찾아보면 "호색, 색정적 경향, 성적 충동, 이상 성욕" 등 매우 감각적인 육체적 의미들로 풀이되어 있다. 한편 옥스퍼드 사전은 에로티시즘을 "성적 감정이나 욕망을 표현하거나 묘사하는 것"으로 정의하면서 욕망 그 자체보다는 '표현'과 '묘사'에 방점을 찍고 에로티시즘과 예술의 관련성을 강조하고 있다. 이는 한국에서 흔히 쓰이는 '에로틱'이라는 말의 의미가 필요 이상으로 섹스 자체에 집중되어 있음을 말해준다. 사회학자 사이먼

하디Simon Hardy에 의하면 에로티시즘은 "인간의 성적 감정과 욕망이 재현되고 경험되는 상징적 의미체계"이며 "젠더 관계를 상징적으로 재현하는 가장 중요한 방식"(80)이다.

성적 욕망과 성적 행위뿐 아니라 이와 관련된 사회제도와 규범들을 총칭하는 '섹슈얼리티'는 단순한 욕망의 차원을 넘어 인간이 성에 대해 가지고 있는 태도, 사고, 감정, 가치관, 이해심, 환상 등 '성적인 것 전체'를 포함하는 개념이다. 성 본능과 그것의 만족에 관계된 행동들의 총체인 섹슈얼리티는 성적 정체성, 이데올로기, 제도나 관습에 의해 규정되는 사회적 요소를 포함하는 역사적인 맥락을 갖는다. 광범위한 섹슈얼리티 담론의 '부분집합'이라고 할 수 있는 에로티시즘은 아직도 정확한 정의나 규정이 불가능한 모호하고 복합적인 개념이다. 이 글에서 특별히 주목하고자 하는 것은 성적 욕망에 대한 '미학적' 관심, 표현, 행위로서의 에로티시즘이며, 이는 욕망의 스펙트럼에서 충족과 완결이라는 끝이 아닌, 욕망의 생성이라는 시작점에 더욱 가까운 것이다. 고대 철학자들과 중세 신학자들이 네 가지 사랑 중 하나로 분류했던 만큼 아무리 육체적 욕망이 강조된 개념이라고 해도 에로스의 핵심적인 요소는 '사랑'이다. 플라톤의 형이상학적 세계에서 에로스는 이상적 아름다움에 대한 열정을 뜻하며, 두 몸의 만남뿐 아니라 이성적 지식과 감각적 쾌락의 결합을 의미한다.

에로스는 주체가 자아의 경계를 넘어 타자와의 융합을 원할 때 발현한다. 조르주 바타유Georges Bataille는 에로티시즘이야말로 우리 자신의 주체적·인본적 한계를 초월하게 하는 동력이자, 합리적 이성의 세계를 (일시적으로나마) 녹여버리는 위반의 에너지라고 믿었다.

물론 에로티시즘을 비판하고 경계하는 이들도 적지 않다. 그들은 타자를 대상화함으로써 주체의 욕망과 필요를 투영시키는 에로티시즘의 이기적이고 폭력적인 본질을 우려한다. 전통적으로 에로스가 우정을 의미하는 '필리아'나 자기희생을 동반하는 '아가페'보다 저급한 종류의 사랑으로 평가되어온 것도 이와 무관하지 않을 것이다. 그러나 바타유의 지적대로 인간의 에로스적 충동이 비록 개인적인 욕망에서 출발하였다 해도 궁극적으로는 자아의 경계를 와해시켜 주체를 해체시키고 탈개인화시킨다는 특징 또한 지니고 있다. 에로스와 에로티시즘이 페미니즘 윤리를 위한 '유용한' 개념 또는 틀로 사용될 수 있으리라는 나의 기대는 오히려 그 개념이 여전히 모호하고 혼돈스럽기 때문인지도 모른다. 비결정적이고 모호한 에로티시즘의 '유연한' 개념이 새로운 이론을 상상하고 구성하는 데 오히려 긍정적으로 활용될 수 있기 때문이다.

에로스 담론의 계보

서구 에로티시즘 담론의 철학적 토대를 마련한 플라톤에게 에로스는 매우 형이상학적이고 복합적인 개념이었다. "에로스에 관하여 e peri erotos"라는 부제가 붙은 『향연*Symposium*』에서 그는 에로스를 '완전한 상태'로 상승하려는 인간의 근원적 욕구이자, 진리 인식과 현실 개혁의 정신적 근원으로 설명한다. 에로스는 로고스와 대립되는 개념이 아니라 오히려 로고스와 파토스가 조화를 이룬 상태이며, 에로스적 경험이란 진리에 대한 인식과 이를 현실화하려는 '실천적' 욕구가 어우러진 것이다. 플라톤을 통해 전해지는 소크라테스의 설명에 의하면 에로스는 "올바르게 판단하지만 그 판단의 근거를 댈 수 없는 것"으로 "앎과 무지 사이에 존재하는 그 어떤 중간의 것"이다. 흥미로운 것은 그가 중간자/매개자로서의 혼성성과 모호함을 에로스의 본질로 파악했다는 점이다. "에로스의 본성, 에로스는 중간적 존재이다"라는 제목의 장에서 소크라테스는 만티네이아의 현녀 디오티마에게 들은 에로스에 관한 이야기를 들려준다. 지혜란 미적인 것에 속해 있고 에로스는 미를 사랑하기 때문에 에로스는 "필연적으로 지혜를 사랑하는 자"이며 "비존재의 상태에서 존재 상태로 나아가게 하는 원인"이다. 그러나 에로스에 대한 플라톤의 이상적 개념에서 여성은 철저히 배제되었다. 고대 그리스에서 여성은 영혼과 지혜를 충분히 소유하지 못한 존재로 인식되었고, 따라서 플라톤은 여성과의 육체적 결합을 가장 열등한 형태의 에로스로, 반면에 아름다운 육체와 정신을 모두 소유한 소년과의 사랑을 최상의 에로스로 분류함으로써 서구 에로스 담론의 출발 토대를 여성 혐오적인 남성 중심주의 위에 세우게 된다.

중세의 엄격한 기독교 사상을 거치면서 더욱 공고해진 정신/육체, 남성/여성의 이분법적인 위계 구도로 인해 오랫동안 서구의 사유세계에서 배제되었던 인간의 성은 20세기의 도래와 더불어 프로이트라는 혁명적 존재를 만나게 된다. 프로이트는 『문명 속의 불만』(1930)에서 에로스와 문명의 상관관계를 반비례로 설정한다. 개체의 욕구 충족 행위로서의 성은 사회 전체의 문명과 불화하는 위치에 놓여 있기 때문이다. 현실원칙에 복종하는 문명은 쾌락원칙을 따르는 광포한 성적 에너지를 억압하고 이를 변형시켜 문명의 목적에 순응하는 방식으로 작동한다. 그의 논리에 따르면 개인의 자아 형성 과정은 오이디푸스적인 욕망의 억압과 초자아의 내면화, 그리고 성적 리비도의 다른 차원으로의 '승화'라는 진화론적 과정을 거치게 된다. 문명의 성숙을 위해서는 에로스의 억압과 변형이 불가피하다는 프로이트의 견해는 자아의 '불만'이나 슬픔과는 상관없이 현실원칙의 지배와 억압을 문명의 진화 과정에 따른 불가피한 현상으로 정당화시키는 결과를 초래할 수 있다는 점에서 이후 페미니스트들의 비판을 받게 된다.

정치적 혁명에의 열망을 에로스적 갈망과 연결시킨 마르쿠제Herbert Marcuse는 인간의 본능을 억압하는 현재의 문명을 전복시켜 에로스의 해방적 에너지가 충만한 새로운 문명을 건설해야 한다고 주장하면서 프로이트의 문명론을 급진적인 방식으로 전유한다. 『에로스와 문명*Eros and Civilization*』(1955)에서 그는 성에 대한 우리의 '상식' 자체가 억압적 문명의 산물이라고 주장하면서 이후 섹슈얼리티 담론에 생물학적 조건이 아닌 사회역사적 토대를 마련해주었다. 생존과 문명 유지를 위해 어쩔 수 없이 쾌락과 본능에 대한 통제가 필요하다고 믿었던 프로이트가 억압의 필연성을 인정했던 것에 반해, 마르쿠제는 지배자의 이익을 위해 추가적으로 부가된 '과잉억압surplus repression' 개념을 도입하면서 억압의 역사적 필연성이 아닌 역사적으로 구성된 억압의 인위성과 가변성을 강조한다.

한편 후기구조주의를 대표하는 푸코는 우리의 본능이 억압되어 있다는 프로이트나 마르쿠제의 가설에 동의하지 않는다. 그는 성적 '본능' 자체가 아닌 개인을 훈육하고 통제하는 성 '담론'의 메커니즘에 관심을 기울인다. 푸코는 근대의 성 담론이 억압된 것이 아니라 오히려 과잉 생산됨으로써 개인을 통제하는 권력의 전략으로 사용되었다고 주장한다. 과잉 생산된 성 담론은 개인의 육체적 차원까지 침투하여 사회 전체를 통제하는 '생체 권력bio-power'으로 작동한다. 결국 성이란 교묘한 정치적 작동방식에 의해 우리 몸에 입력된 일종의 '효과'일 뿐이라는 그의 주장은 기존의 성 담론을 토대부터 뒤흔든다.

그러나 인간의 에로티시즘이 지니는 다양성, 복합성, 개별성 모두를 담론의 '통제'와 '효과'로 환원시켜 설명할 수 있을까? 푸코 자신의 '지식' 역시 경험의 실제적 차이와 개인 주체의 개입 가능성을 엄격한 로고스의 '감시' 아래 두고 있는 것은 아닐까? 푸코의 사상은 이후 권력에 접근하는 페미니즘의 태도에 중대한 영향을 미치지만, 일체의 경험적 '진정성'에서 이탈해 단지 '효과'로 해체된 여성의 정체성은 페미니즘의 근거 자체와 그 현실작용 능력을 약화시킬 수 있다는 점에서 문제가 있다. 담론의 '효과'로 환원될 수 없고 여성의 경험이 들어설 자리도 없는 푸코의 이론은 결국 페미니즘이 도전하고 극복해야 할 또하나의 '지식 권력'이 된다.

페미니즘의 분열: 에로티시즘 논쟁

주체적이고 능동적인 여성 욕망을 인정하지도, 그 가능성을 전망하지도 않는 프로이트와 푸코의 이론적 한계에 부딪친 페미니스트들은 프로이트의 '현실원칙'과 푸코의 '생체 권력'의 틈새를 뚫고 변화를 만들어낼 수 있는 여성적 에로티시즘의 가능성에 부심한다. 페미니즘이 정신분석학과 후기구조주의에 이론적으로 빚지고 있으면서도 거기에 머물지 않고 새로운 돌파구를 찾아 끊임없이 이론적 균열을 만들고 있는 이유가 바로 여기에 있다. 사실 페미니즘은 인간의 성적 욕망과 젠더의 역학관계를 다루는 에로티시즘이 가장 구체적이고 심도 깊게 논의될 수 있는 분야로, 이미 1960년대부터 페미니즘 담론의 중심에는 늘 에로티시즘에 대한 고민이 자리 잡고 있었다. 인권운동, 반문화운동과 함께 태동한 페미니즘은 무엇보다 여성 스스로의 몸에 대한 자율권을 위한 투쟁이었으며 이는 여성 자신의 성적 쾌락을 추구할 권리를 포함한 것이었다. 그러나 성해방이야말로 여성해방의 핵심 영역이라는 주장과, 에로티시즘으로 인해 페미니즘의 정치성이 퇴색되고 모호해지는 것을 비판하는 입장이 처음부터 팽팽하게 맞섰다. 에로티시즘에 대한 페미니즘 내부의 이 같은 의견 대립은 이후 낙태, 이혼, 포르노그래피, 동성애, 에이즈 등 첨예한 사회적 이슈가 등장할 때마다 논쟁의 중심축을 이루었고 담론의 최전선에 배치된 여성의 성은 사회적·정치적·윤리적 이슈들과 맞물리면서 더욱 복잡한 이데올로기 전선을 형성하였다. 이 장에서는 페미니즘 내 에로티시즘 논쟁의 핵심 주제들을 시대별로 살펴봄으로써 에로티시즘이 페미니즘의 정체성 형성과 정치적 방향 설정에 핵심 요인으로 작용하였음을 확인하고자 한다.

1) 성해방과 여성해방

여성의 성이 어둡고 은밀한 침실에서 벗어나 공적 담론과 축제의 광장으로 진출한 1960년대는 해방과 진보의 시기였다. 인간의 성적 활동에 드리워 있던 부정적인 장막을 걷어내고 여성의 몸과 쾌락에 부과된 전통적 억압과 금기를 철폐할 때 진정한 여성해방이 이루어질 수 있다고 믿었던 많은 페미니스트들은 성해방과 여성해방을 동일한 목적을 향해 비상하는 페미니즘의 양쪽 날개로 인식하였다. 그러나 페미니즘이 여타의 인권운동 및 반문화운동과의 차별화를 시도했던 1970년대에 들어서면서 여성의 성적 해방을 지지했던 제1세대 페미니즘은 안드레아 드워킨Andrea Dworkin, 에이드리언 리치, 캐서린 매키넌Catharine MacKinnon 등이 대표하는 제2세대 페미니즘에 주도권을 내주게 된다. 급진적 페미니스트로 불리는 이들은 1960년대의 성해방 이데올로기를 비판하면서 이는 결국 남성 중심의 성적, 사회적 이익에 봉사할 뿐이라는 입장을 견지한다.

급진적 페미니즘은 성을 젠더 정치학의 핵심 영역으로 지목하고 그 역시 불평등한 젠더 이익과 권력관계의 반영이자 재현이라고 주장한다. 섹슈얼리티가 노동, 문학, 과학과 마찬가지로 뿌리깊이 젠더화되어 있다는 것이다. 이들의 시각에서 보면 성기 중심의 (남성적) 섹스에만 초점이 맞춰져 있는 성해방은 '해방'의 가면을 쓴 남성 지배구조의 교묘한 술책이자 속임수다. 슐라미스 파이어스톤Shulamith Firestone은 "여성의 성 도덕을 완화하는 것은 성적 공급은 늘리면서 그 비용은 절감함으로써 결국 '그'의 이익에 봉사하게 되는 것"이라고 일갈한다.(442) 성해방 이데올로기를 여성에게 주입하고 강요함으로써 여성을 성적으로 접근하기 더 쉽게 만들지만 '해방'의 결과로 초래될 수 있는 폭력이나 임신은 고스란히 여성의 몫으로 남겨두기 때문이다.

성적 욕망 자체가 이미 젠더화된 것이라면 진정한 여성적 에로티시즘은 무엇인가? 대너 덴스모어Dana Densmore는 여성이 진정으로 추구하는 것은 "육체적 행위로서의 성교"가 아닌 "정신적 친밀감"이며, 이는 "개인주의라는 끔찍한 고립에서 흘러나와 녹아드는 일종의 자아 망각 상태"라고 말한다.(113-114) 덴스모어가 주장하는 여성의 에로스는 전체로의 융합을 지향하는 것으로 욕정, 이기적 쾌락, 지배를 추구하는 '남성적' 에로티시즘과 대조된다. 그러나 여성의 진정한 성적 환희는 돌봄과 배려의 정신적 유대가 그 기반이 될 때만 가능하다는 급진적 페미니즘의 시각은 결과적으로 매우 보수적인 여성적 성 윤리를 옹호하는 아이러니를 낳기도 한다.

흥미로운 점은 이러한 급진적 페미니즘의 성 윤리가 성해방론에 대한 신보수주의의 비판과 많은 부분 겹쳐진다는 사실이다. 1970년대의 대표적인 신보수주의 논객 미지 덱터Midge Decter는 저서 『새로운 정절과 여성해방에 반대하는 다른 주장들』에서 남성과 동일한 성적 해방과 자유가 여성에게도 주어져야 한다는 여성해방론을 비판하면서 진정한 여성해방은 성해방과 오히려 반대 방향이라고 주장한다. 의식 있는 여성이라면 성해방운동이 남성에 의한, 남성을 위한, 남성의 움직임이라는 사실을 직시해야 한다는 것이다. 성해방은 여성의 자유와 행복의 신장이 아닌, 새로운 형태의 남성 지배와 통제를 더욱 강화시키는 결과를 낳는다. 이에 대한 그녀의 대안은 "새로운 정절"이다. 이성애적 착취에서 벗어나는 길은 여성 자신 중심의 정신적 삶이라는 것이다. 새로운 정절이야말로 진정한 의미의 성(으로부터의) 해방이며 남성의 욕망과 지배로부터 벗어나는 길이다. 성해방운동이 성의 영역에 지나친 의미를 부여함으로써 성이 여성의 삶을 지배하는 중심 권력이 되어버렸다는 그녀의 주장은 오늘날 더욱 설득력을 갖는다. 그러나 남성은 육체적 쾌락에서, 여성은 정신적 삶에서 쾌락을 찾는다는 본질주의적 전제에 기반한 그녀의 금욕주의적 해결책은 그 당시에도 오늘날에도 여전히 비현실적이다.

덱터의 신보수주의와 급진적 페미니즘이 조우하는 지점은 이성애적 에로티시즘이 진정한 여성해방의 걸림돌이 된다는 주장이다. 또한 쾌락 추구가 아닌 친밀감과 유대감의 표현으로서의 성을 옹호한다는 점에서 양쪽 모두 낭만주의적인 성 윤리를 견지하고 있다. 따라서 에로티시즘을 둘러싼 페미니즘 논쟁은 '보수'와 '진보'의 구도보다는 개인의 자유와 선택을 최우선으로 하는 자유주의와 성의 정신적 국면을 강조하는 낭만주의라는 두 개의 이데올로기적 패러다임에 근거한다고 볼 수도 있다. 이때의 자유주의libertarianism는 리버럴리즘liberalism, 즉 혁명이 아닌 개인의 자유로운 선택과 경쟁으로 사회변화가 가능하다는 입장과 다소 구별되는 것으로, 개인의 자유의지를 절대적으로 존중하고 (국가)권력의 검열과 통제를 최소화해야 한다는 입장을 말한다.(Seidman 187-190) 문화적 다양성을 신봉하는 자유주의자들에게 당사자 간의 합의와 동의가 에로티시즘의 유일한 윤리적 기준이라면, 낭만주의적 패러다임은 쾌락의 질과 목적을 문제 삼는다. 쌍방 동의만이 쾌락의 유일한 윤리적 잣대가 되는 자유주의 입장의 한계는 개인의 선택과 판단에만 모든 것을 의탁할 수 없는 권력의 불균형과 힘의 남용이 엄연히 존재하는 사회적 현실을 외면한다는 데 있다. 낭만주의자들이 주장하는 성의 '질적 가치' 또한 도덕적인 '보편 기준'에 의거한 일률적 적용, 판단, 단죄의 위험을 내포하고 있다.

1970년대 페미니즘의 성 담론은 1960년대의 '가짜' 여성해방에서 깨어나 스스로의 몸과 성적 쾌락에 대한 자율적·창조적 확장을 시도해야 한다는 주장으로 요약될 수 있다. 그들은 "여성으로서, 자신의 섹슈얼리티를 스스로 통제할 수 있기"를 원했다.(Coyner 277) 여성의 성에 대한 자율적 통제는 이성애뿐 아니라 다양한 섹슈얼리티를 선택할 자유, 성적 관계의 결과에 대해 스스로 판단하고 결정할 자유, 그리고 '보수주의자'라는 꼬리표 없이 성을 절제할 자유도 포함하는 것이다.

2) '섹스 전쟁': 포르노그래피 논쟁

급진적 페미니즘은 점차 태생적 성차를 주장하는 본질주의, 여성의 문화적 분리를 요구하는 '문화적 페미니즘cultural feminism'으로 진화하면서 1980년대 페미니즘의 이데올로기적 주도권을 잡게 된다. 큰 틀에서 볼 때 여전히 급진적 페미니즘의 한 분파로 분류되는 문화적 페미니즘은 주류 사회와 지배 문화의 개혁이라는 기존의 목표 대신 별도의 여성공동체/여성문화의 구성을 강조하는 분리주의적인 입장이 더욱 강화된 이론이다. 전통적으로 여성의 속성으로 간주된 '여성적 자질'의 우월성을 역설하면서 남성 중심의 사회를 여성적 가치의 관점으로 재구성해야 한다고 주장하는 문화적 페미니즘이 가장 중점적으로 공격한 것이 바로 이성애적 에로티시즘이다. 여성의 성이 남성적 욕망과 본질적으로 다르고, 그래서 이성애적 관계에 머물러 있는 한 여성적 에로티시즘의 성취는 불가능하다는 이들의 신념은 자연스럽게 레즈비어니즘과 연결된다. 문화적 페미니즘과 레즈비어니즘의 관계는 매우 긴밀하다. 레즈비언 학자들이 문화적 페미니즘의 주류를 형성하면서 여성운동권 내에서 소외되었던 레즈비언 그룹이 페미니즘 내에 정당한 소속감을 확보했을 뿐만 아니라 여성 중심의 새로운 문화를 개척하는 선구자로서 우월한 입지를 차지하게 되었기 때문이다. 이들이 주장하는 여성적 가치란 지배와 정복을 지향하는 남성적 가치와 대치되는 것으로 자연과의 합일, 양육과 돌봄, 전체성과 유기성을 지향하며 여성적 에로티시즘 역시 이를 반영하는 것이어야 한다. 섹스의 정신적 가치를 강조한 이들의 낭만주의적 성윤리는 수만 명이 에이즈로 목숨을 잃고 '섹스'가 '죽음'과 동의어가 되어가던 1980년대의 정서에 잘 부합하는 것이기도 했다.

그러나 아이러니하게도 이러한 '여성적' 에로티시즘에 대한 비판의 목소리가 페미니즘 내에서, 특히 레즈비언 그룹에서부터 시작된다. 분리주의에 기반하여 에로스에 다시 낭만주의적 가치와 윤리를 복원하려는 문화적 페미니즘의 논리에 따르면, 이성애는 물론 쾌락의 극대화를 옹호하는 레즈비언 그룹 내의 급진적인 성적 취향 역시 폭력적인 남성 에로티시즘의 잔재이기 때문이다. 결국 1980~90년대 페미니즘 내부의 에로티시즘 논쟁은 문화적 페미니즘의 본질주의/분리주의 입장과 이에 대한 비판 사이의 전면전으로 요약할 수 있으며, 그 절정이 바로 포르노그래피를 둘러싼 첨예한 의견대립이었다.

반反포르노그래피anti-pornography 입장을 천명한 글들을 묶은 『어둠의 철회』에서 문화적 페미니스트들은 성의 전시와 몸의 노출에 무조건 반대하는 보수주의자들과의 분명한 차이를 강조한다. 그들이 반대하는 것은 에로티시즘 자체가 아니라 여성의 종속적 위치를 유지하고 유포하는 메커니즘으로서의 포르노그래피이기 때문이다. 포르노의 주제는 섹스가 아니다. 섹스는 단지 전달하려는 메시지, 즉 남성 우월과 지배의 드라마를 표현하기 위해 사용되는 매개일 뿐이다.(Russell 314) 이들은 포르노그래피가 여성을 비하하도록 남성을 길들이고, 훈련하고, 교육하고, 자극함으로써 남성적 힘의 논리와 여성에 대한 폭력적 범죄를 영속화하는 기능을 수행하며(Russell 304), 남성적 판타지의 전파·교육·선동을 통해 여성적 섹슈얼리티의 "진정한 본질true nature"을 억압한다고 보았다.(Lurie 160) 이들의 탈역사적인 본질주의는 포르노그래피 금지운동의 선봉에 섰던 드워킨의 단언, "남성적 상상력 속에서 성적 즐거움과 쾌락은 잔혹성과 분리될 수 없는 것이다. 폭력은 남성성이다"(69)에 잘 나타나 있다. 결국 포르노그래피에 대한 문화적 페미니즘의 이론적 비판은 포르노그래피의 이미지가 실제의 폭력으로 이어진다는 주장을 거쳐 국가 차원의 검열과 통제를 촉구하는 사회운동으로 확장되면서 국가 권력의 개입을 요구하는 단계로까지 나아갔다.

한편 문화적 페미니즘의 주장이 위험수위에 이르렀다고 판단한 반대편의 목소리도 더욱 커졌다. 개인의 성적 자유와 성의 다양성을 옹호했던 자유주의적 입장이 1980년대의 포르노그래피 논쟁에서 문화적 페미니즘을 비판하는 이데올로기적·윤리적 패러다임으로 재등장하게 된 것이다. 낭만주의적 성 윤리에 기반한 문화적 페미니즘이 성의 친밀감과 유대감으로부터 유리된 포르노그래피를 비인간적이고 파괴적인 것으로 단죄했다면, 자유주의자들은 인간 생명력의 핵심인 성적 에너지에 대한 건강하고 자유로운 표현으로서 포르노그래피의 가능성을 옹호하고자 하였다. 반反 검열의 입장에 선 페미니스트들이 현존하는 포르노그래피의 여성 혐오적·남성 지배적 측면을 전적으로 부인한 것은 아니다. 그러나 그들은 포르노그래피에 나타난 폭력적 재현을 여성 억압의 '원인'이 아니라 '증상'으로 보았다. 여성을 향한 폭력은 문화 전반에 여러 가지 양상으로 존재한다. 그러므로 전선의 범위를 포르노그래피로 제한하여 국가 권력의 개입을 불러들이는 것은 보수주의자들에게 칼자루를 쥐어주는 것과 다름없다는 것이 이들의 주장이다.

포르노그래피를 둘러싼 문화적 페미니스트와 비판자들 간의 논쟁은 경험적인 사실과의 부합 여부, 특히 남성 폭력과 포르노와의 상관관계에 대한 진위, 그리고 검열의 부작용에 대한 우려를 중심으로 전개되었다. 문화적 페미니스트들은 증가하는 성범죄와 성폭력이 포르노그래피와 밀접한 연관이 있음을 입증하고자 했고, 비판자들은 국가가 주동하는 검열제도라는 것이 결국은 또다른 억압기제가 되어 여성/레즈비언에게 되돌아올 것이라고 주장했다. 그러나 표면을 모두 걷어내면 결국 논쟁은 포르노그래피의 의미, 더 나아가 에로티시즘의 윤리에 대한 의견대립으로 응축된다. 문화적 페미니스트들의 반포르노그래피 담론을 분석하고 비판하는 많은 글들이 그 안에 내재하는 에로티시즘에 대한 혐오와 성에 대한 이중적 태도를 지적하고 있다. 그들의 '급진성' 이면에는 완전한 이해와 통제가 불가능한 스스로의 '몸'에 대한 두려움과 혐오가 도사리고 있다는 것이다.

에로스 자체가 아닌 왜곡된 형태의 남성 지배적 에로티시즘에 반대한다는 급진적/문화적 페미니스트들의 주장은 충분한 설득력을 갖는다. 대부분의 포르노그래피가 에로티시즘에 불을 지피기보다 찬물을 끼얹는다는 경험적 사실도 이를 뒷받침해준다. 그럼에도 불구하고 이들의 에로티시즘 해석은 지나치게 단순하다. 성차로만 분류되기에는 에로티시즘의 종류와 층위가 훨씬 더 복잡하기 때문이다. '남성적' 에로티시즘과 '여성적' 에로티시즘을 구분하여 한쪽은 검열하고 다른 한쪽은 격려하는 것은 성적 자율권과 선택권을 침해하는 억압과 배제의 또다른 통제 메커니즘이다. 문화적 페미니즘의 반포르노그래피 운동의 가장 큰 성과는 '자연스러운' 이성애를 문제화하고 새로운 시각으로 접근할 것을 요구했다는 것이며, 분명히 존재하는 성적 폭력의 실상을 폭로하고 이로부터 여성을 지켜줄 사회적 보호막의 필요성을 제기했다는 것이다. 그러나 동시에 그것은 생물학적 성이나 문화적 젠더만으로는 설명할 수 없는 에로티시즘의 폭발력과 전복성에 '남성성'이라는 죄목을 씌워 낭만주의적 성 윤리 안에 안전하게 길들이고자 하는 한계를 보여주었다. 에로티시즘을 젠더의 틀로만 재단하는 것은 젠더의 문제를 전혀 고려하지 않는 것만큼이나 제한적이다. 결국 포르노그래피 논쟁이 우리에게 남긴 것은 지배 권력의 폭력'으로부터의' 자유freedom from와 성적 쾌락의 자율적 추구를 '향한' 자유freedom to 사이에서 갈등하고 있는 여성의 현주소인지도 모른다.

3) 퀴어 이론과 에로티시즘

1990년대 중반 이후, 페미니즘이 퀴어 이론과 포스트페미니즘이라는 새로운 주도권 세력을 중심으로 재편되면서 반포르노그래피와 반검열 진영 간의 논쟁은 (적어도 학문적 영역에서는) 후자가 우세한 방향으로 진행되었다. 이들의 입장을 거칠게 요약하면 검열 없는 자유로운 에로스적 표현을 허용하는 것이야말로 이성애적 에로티시즘의 헤게모니를 분산시키고 다양하게 변화시킬 수 있는 최상의 방법이라는 것이다. 그러나 과연 성적 쾌락'으로의' 자유freedom to가 성적 폭력'으로부터의' 자유freedom from까지 보장할 수 있을까? 그렇지 않다면 개인적 쾌락과 정치적 이상 사이의 타협점은 과연 어디인가?

『격동하는 발화*Excitable Speech*』의 저자 주디스 버틀러는 포르노의 '유해한 발화injurious speech'를 금지해서는 안 된다고 주장한다. 여성을 성적 대상으로 정의함으로써 여성을 에로스적 담론 안으로 끌어들이는 포르노그래피가 무의식적으로 현재의 의미화 패턴을 전복시킬 수 있는 여성 '주체'를 형성하고 있기 때문이다. 이것은 적어도 이론적으로 가능해 보이는데 그 이유는 에로티시즘 역시 다른 담론과 마찬가지로 반복을 통해서만 그 지배적 위치를 유지하는 임의적이고 불안정한 관습적 의미작용의 집합체이기 때문이다. 이상과 현실, 기의와 기표 사이의 간극, 언제나 출발점은 그곳에 있다. 버틀러는 생물학적 팔루스를 특권화하는 정신분석학의 결정론적 패러다임을 비판적으로 재해석함으로써 욕망의 주체로서의 여성의 개입과 전복의 가능성을 제시한 퀴어 이론의 대표 논객이다. 수행성과 반수행성, 언어 표현에 잠재한 전복적 에너지에 대한 그녀의 이론적 신념은 1990년대 이후 포르노그래피 논쟁을 새로운 국면으로 이끈다. 그녀의 이론에 의하면 팔루스/상징계/이성애의 특권적 헤게모니에 대한 '내부로부터의' 담론적discursive, 수행적performative 균열을 통해 대안적인 '성적 쾌락erotogenic pleasure'의 구성이 가능하기 때문이다. 따라서 버틀러는 '외부로부터의' 통제와 감시를 요구하는 매키넌의 반포르노그래피 담론이 강화하는 것은 결국 국가의 법적 권위의 집행을 통한 개인 주체의 억압일 뿐이라고 못을 박는다. 그러나 변화를 위한 가장 효과적인 전략은 표현의 자유라는 버틀러의 '표현적 접근방식expressive approach'은 그 자체가 (푸코의 표현을 빌면) '억압적 가설'로 작용할 수 있다. 모든 종류의 다양성과 혼종성이 권력에 대한 저항이요, 표현의 자유는 본래 해방적인 것이라는 가정 자체가 담론적 '과잉'이 될 수 있기 때문이다.

사실 퀴어 이론을 포함한 최근의 많은 비평이론이 무의식의 해방성에 지나치게 관대한 것은 라캉의 정신분석학이 대세가 된 이후의 학문적 풍토와 관련이 깊다. 실제로 포르노그래피를 옹호하는 많은 여성 학자들이 라캉의 무의식과 실재 개념에 기대고 있다. 포르노그래피적 이미지를 초자아의 규범적·도덕적 감시에 의해 억압된 실재의 귀환으로 보는 린 시걸Lynne Segal은 "정신분석학적 읽기를 통해 우리의 상상적 삶의 기이한 포르노그래피적 본질을 이해할 수 있다"고 말한다.(57) 억압된 판타지의 우회적 표현기제라는 그녀의 가정을 받아들이는 순간 포르노그래피는 일정한 '진정성'을 확보하게 된다. '격동하는 발화'에 대한 버틀러의 지향점 역시 전前오이디푸스 단계pre-Oedipus에서 망각/억압된 동성애적 욕망으로, 이는 억압된 실재의 귀환이라는 라캉적 틀거리에서 크게 벗어나지 않는다. 사회적 정체성과 무의식의 억압된 원초적 자아의 대결구도를 유지하면서 무의식 속에 억압된 동성애적 욕망을 '격동하는 발화'의 전복적 에너지로 보는 것이다. 그러나 과연 '억압된 것들의 귀환'은 모두 해방적인 것일까?

후기자본주의 시대의 에로스

에로티시즘을 무의식의 몫으로 환원할 때 그것의 사회적인 맥락과 역사성은 사라지며, 개별적이고 개인적인 특성 또한 간과될 수 있다. 권력은 섹슈얼리티 담론 '안'에 존재하기도 하지만 그 '위'에 군림하기도 한다. 그런 점에서 시장논리에 흡수된 에로티시즘에 대한 네오마르크시즘의 비판은 경청할 만하다. 그들의 주장에 의하면 오늘날의 성해방은 자본주의의 '독창적 계획'이다.[1] 성에 과도하게 집착하는 자유주의가 시장과 자본의 함정에 걸려든 것이다. 성이 자기 발견과 자아실현을 위한 필연적 본능이라는 과잉 기대는 실망과 불안, 그리고 과장된 외로움을 양산하고 이를 상쇄하고 만회하기 위한 필사적인 노력은 다양한 상품 구입과 소비로 이어진다. 성과 성의 이미지를 사고파는 새로운 시장을 개척한 자본주의 시스템은 대중문화의 '섹스 마케팅'을 통해 욕망과 소비를 연결시킴으로써 개인의 몸, 감정, 자본을 더욱 총체적으로 통제할 수 있게 되었다. 욕망의 생산을 주도하면서 동시에 욕망을 포획하는 것이 후기자본주의가 욕망을 통제하는 방식이다.

끊임없이 '새로운 욕망'을 창출하는 자본주의의 속성은 '새로운 제물'을 필요로 한다. 한편으로는 '신체를 보존할 정도의 최저 임금'을 강요하며 욕망의 체념과 금욕을 주장하면서, 다른 한편으로 보다 많은 상품에 대한 욕망과 사치를 부추기는 자본주의의 이율배반에 의해 인간의 욕망은 분열되고 이중화된다. 마르크스는 필요욕구need와 자본주의에 의해 조작된 욕망desire을 구분함으로써 진정한 욕구를 결핍한 '텅 빈 신체'가 아니라 생명과 삶으로 충만한 노동자의 신체가 결국 자본주의에 저항하리라고 믿었다. 그것은 '생산'을 욕구하는 인간의 몸이 종국에는 자본주의가 부추기는 '생산물product'에 대한 소비 욕망을 조절하고 제압할 수 있으리라는 희망이었다.

가타리Fellix Guattari 또한 『욕망과 혁명』에서 '자본주의적 욕망을 어떻게 재배치할 것인가?'를 화두로 삼는다. 그는 혼재된 여러 가지 욕망 속에서 순환할 수 있는 건강한 욕망 에너지와 이를 방해하는 자본주의적 욕망의 구분을 촉구하면서, '결핍으로서의 욕망'에 조응하는 소비를 통한 일시적 '쾌락'으로 (진정한) 욕망을 상쇄하려는 태도를 경계한다. 인간의 에로스적 욕망이 자본주의라는 문화공장의 기계 속에서 그 본래적인 생명력을 잃고 재가공된 것이 오늘날의 성 산업이다. 자본주의의 성 산업은 몸의 욕망을 기계적으로 노예화함으로써 에로스적 욕망을 파편화된 대체물로 전도시킨다. 사랑의 '파편'만을 절단하여 '상품'으로 판매하는 자본주의의 욕망 산업은 대중의 몸으로부터 진정한 소통과 연대의 에로스를 비워내고 그것을 '텅 빈 신체'로 만들려 한다. 텅 빈 신체에는 삶의 다양한 욕망이 나타나지 않고 약간의 외피적 변형만을 걸친 제한적 욕망만이 반복적으로 재현될 뿐이다. 가타리가 이상으로 삼았던 1968년 혁명은 욕망, 쾌락, 상상, 직접성, 자율성이라는 원칙을 통해 삶의 욕망을 "에로스적으로 증식시키는 방식으로 형성"되었다.(82) 그들은 혁명과업을 절규하면서 선동하고 선전하는 것이 아니라 페스티벌과 카니발을 통해 욕망을 '놓아'주었다. 제도화된 로고스의 언어 대신 춤추고 노래하고 놀고 저항하면서 새로운 욕망을 생성시켰으며, 전통적인 제도에서 억압되었던 자신들의 모습을 자유롭게 변용된 형태로 표출하면서 직접행동과 자기 가치에 대한 신뢰를 보여주었다.

페미니즘의 에로티시즘 논의는 급진적/문화적 페미니즘의 젠더 이론과 퀴어 이론의 정신분석학을 중심으로 진행되어왔으며 마르크스주의를 기반으로 한 연구는 상대적으로 매우 취약한 편이다. 그나마 존재하는 유물론적 연구의 대부분이 여전히 쾌락과 질서, 욕망과 윤리라는 이항대립적 구조에 기반해 있다. 이들은 근대적 이성에 의해 억압되었던 에로스를 페미니즘의 새로운 에너지로 전유하고자 하는 학자들의 입장을 단지 "리비도 페미니즘" 또는 "루딕 페미니즘ludic feminism"으로 축소, 폄하, 비판한다.(Ebert 795) 그런 점에서 후기자본주의 시대의 혼재된 욕망들 속에서 욕망의 '차이'를 분별해내고 자본주의의 기계적 욕망을 몸의 에로스적 욕망으로 재배치할 것을 촉구하면서 정치와 미학, 욕망과 혁명을 아우르고자 했던 가타리의 통합적 개념과 확장된 시각은 앞으로 전개될 페미니즘의 에로스 담론이 특별히 주목해야 할 부분이라고 생각한다.

에로스적 경험과 페미니즘적 유용

엘리자베스 그로츠Elizabeth Grosz는 욕망의 문제를 지나치게 추상적·개념적·이론적 틀로 접근해온 페미니즘의 태도에 문제를 제기한다. 그녀는 "여성의 욕망을 학문적·과학적·담론적 현미경의 분석적 렌즈 아래 눌러두고 파헤치면서 그 욕망을 길들이고 표준화하는 결과를 초래"한 것을 반성하고, "능동적이고 강인한 여성의 성적 욕망을 설명하지도 인정하지도 못하는 정신분석학의 참패"를 인정했다. 그리고 "이제 여성의 욕망은 정신분석학이라는 좁고 어두운 집에서 떠날 때가 되었다"고 선언한다.(274-275) 프로빈Elspeth Probyn 역시 여성 자신이 느끼는 '실제적' 욕망이야말로 모든 엄격하고 고정된 '기원'으로부터 떠나게 하는 추동력임을 강조하면서 욕망의 묘사에서 욕망의 생산으로, 더 나아가 욕망의 유용성으로 페미니즘의 관심을 옮겨야 한다고 주장한다. "이를 위해서 나는 욕망을 나의 출발점이자 안내자로 삼을 것이다. 그 어떤 엄격하고 고정된 기원이라도 거기서 나를 떠밀어 출발하게 하는 것은 이론이 아닌 나 자신의 욕망이다."(4-5)

에로스에 대한 메타 분석과 이론적 설명에서 개인의 실제적 경험과 그 유용성으로 관심을 옮긴다는 것은 과연 어떤 의미인가? 대다수의 여성이 일상 속에서 경험하는 에로스는 어떤 '유용성'이 있는가? 생물학적 성, 문화적 성, 실제적 성행위 중 어느 하나로 분류될 수 없고, 그 총합만으로도 설명될 수 없는 에로티시즘은 문화적·심리적·개인적 차이를 동반하기에 더욱 복잡한 지형을 형성한다. 성적 경험을 "타인의 몸과의 접촉을 통해 자신 안에 쾌락을 생산하는 행위"(267)로 요약한 앨런 골드만Alan Goldman의 '최소한'의 정의 역시 또다른 문제와 의문들을 제기한다. 반드시 몸의 '접촉'이 필요한가? 이때 '몸'에는 살아 있는 인간만 포함되는가? 동물이나 죽은 이의 몸이 욕망의 대상이 될 수 있는가? '쾌락'이 에로스의 궁극적 목적 혹은 결실인가? 개념은 정의될 수 있지만 경험은 그렇지 않다. 에로스와 섹스는 분명한 상관관계를 지니지만 이 상관관계가 에로틱한 것the erotic과 섹슈얼한 것the sexual을 동일화하지는 못한다. 성적인 것이 에로스의 충분조건이 될 수 없다면 어떤 요건들이 특정 경험을 '에로틱'한 것으로 만드는 것일까?

실체가 계속 미끄러지면서 의미와 욕망의 연소/소진이 '차연'되는 것은 에로틱하다. 앞서 말했듯 욕망의 스펙트럼에서 에로스는 충족이라는 끝이 아닌, 욕망의 생성이라는 시작점에 위치한다. 또한 성적 쾌락이라는 '궁극적' 욕망에 예속되어 있거나 욕망의 충족을 위한 사전 준비단계로 축소될 수 없다. 에로스는 반쯤 열린 문이다. 그런 의미에서 완전한 부재/거절은 에로스의 대상이 아니다. 균열의 틈새로 보이는 미지의 공간에 존재할지 모르는 상처와 파멸의 가능성에 자신을 던진다는 점에서 에로스는 자기애와도 구별된다. 정해진 경계를 넘는 모험과 위험을 감수하는 에로스는 위반과 반역을 내포한다. 그러므로 에로스적 절정('엑스터시ecstasy'의 어원적 의미는 '자기 밖에 서기 standing outside of oneself'이다)은 현실원칙에 지배되는 자아로부터의 비상이다. 자아의 밖에 서서 나 아닌 다른 것으로 '되기'가 에로스적 충동이라면, 에로스는 현실 정체성과 구별되는 축제적·수행적 '퍼포먼스'를 필요로 하는 개념이다. 그런 점에서 에로스는 '연기acting'를 수반한다. 연기란 '아직 되지 않은 것yet-to-be'의 상상적 체현이자 개별적 자아의 경계를 넘는 '타자되기'이므로 앞서 설명한 '차연'과 '경계 넘기'라는 두 가지 요건과 중첩된다.

정의할 수 없는 잉여이자 끝없이 되돌아오는 에로스의 문화적·정치적 특성은 페미니즘에 잘 부합된다. 제한적 현재와 유토피아적 미래의 매개자이자 로고스와 파토스의 중간자인 에로스는 차연을 통한 경계 넘기와 '퍼포먼스'를 통한 현실 변화의 속성을 가지고 있기 때문이다. 대표적인 페미니즘 학자 벨 훅스에 의하면 에로스는 "마음뿐 아니라 몸도 함께 느끼고 알게 하는 열정"이며,(199) 단순한 성적 의미를 넘어서는 "자아실현을 위한 인간의 총체적 노력을 추동하는 힘"이자 "무엇을 어떻게 알아야 할 것인가에 대한 인식론적 토대"이다.(195) 훅스는 주체 간間 연결과 연대뿐 아니라 주체 내內 분열된 몸과 정신을 통합시키는 생生과 몸의 에너지, 에로스를 침체 상태에 빠진 페미니즘에 새로운 피를 수혈할 영감이자 에너지의 원천으로 사용할 것을 제안한다.

바타유의 라스코 동굴벽화 연구에 의하면 후기 구석기시대 말 인류의 역사에서 전쟁이 시작되기 전, 성은 자유롭고 평등하고 해방적인 것이었다. 전쟁의 탄생은 노예제도와 계급의 탄생으로 이어졌고, 전쟁으로 인해 물리적 힘이 중요해지면서 남성에 의한 여성의 지배가 구조화되었다. 이로 인해 평등하고 자유로웠던 원래의 에로티시즘이 계급, 젠더, 자본의 위상에 종속되고 만다. 바타유는 존재의 불연속성 속에 내던져진 개체, 현대인에게 남아 있는 존재의 연속성과 보편적 실재에의 향수가 에로티시즘으로 나타난다고 말한다. 에로스는 차이와 배제라는 이성의 질서 속에 호명된 사회 주체인 우리에게 존재의 연속감을 불러일으켜 자아와 타자, 삶과 죽음의 상호 융합을 지향하게 한다는 것이다. 그러므로 정상 상태로부터 에로티시즘 상태로의 추이는 개인 주체의 불연속적 질서와 이성적 거리를 와해시킨다.

그러나 동시에 바타유는 에로티시즘의 핵심이 삶과 현실의 질서에 대한 '위반'과 '경계 넘기'에 있음을 강조한다. 그러므로 로고스의 질서는 에로티시즘의 반대가 아니라 공존해야 할 짝패이다. 질서에 의해 파생되는 금기가 주는 두려움과 고뇌가 위반을 '완성'함으로써 에로티시즘을 통한 초월과 비상의 체험이 가능해지기 때문이다. 후기 자본주의와 포스트모더니즘이 주도하는 피상적인 자유와 해방의 물결 속에서 오히려 '진정한' 에로티시즘은 사라지고 생식과 성욕의 메커니즘이 문화 전반을 주도하려 하고 있다. 거리에서, 스크린에서, 브라운관에서, 인터넷에서 현실과 판타지가 서로 경쟁하듯 옷 벗기에 열중하고 있음에도 불구하고 많은 경우 아무런 충격도, 해방도, 에로티시즘도 없는 이유가 바로 여기에 있다. 신성도, 금기도, 고뇌도, 죄악도 없는 음란에는 진정한 의미의 위반도, 에로티시즘도, 환희도, 승화도 없기 때문이다. '과잉' 또는 '가짜' 해방의 시대를 사는 우리에게 필요한 것은 에로티시즘에 대항하는 페미니즘도, 에로티시즘에 봉사하는 페미니즘도 아닌 그 안에서 권력을 문제화하고 쾌락의 질을 고민하는 윤리적 성찰이다. 퀴어 이론가인 주디스 버틀러가 최근 저서를 통해 정치적 문제에서 윤리적 문제로 관심을 옮기고 있는 것도 이와 같은 성찰과 무관하지 않을 것이다.

새로운 성 윤리를 향하여

여성과의 성적 결합을 가장 저급한 형태의 에로스로 규정한 플라톤 이후, 에로스를 박탈당한 (혹은 특정한 형태의 제한적 에로스로만 규정된) 여성의 섹슈얼리티는 속되고 위험하며 비정상적인 것으로 간주되었다. 여성의 섹슈얼리티는 여성의 몸/욕망에 대한 주류사회의 불안이 투영된 문화적 기호였으며, 가부장의 통제와 감시를 추동하는 은유이자 상징으로 작동하였다. 1970~80년대의 급진적 페미니즘은 가부장적 사회가 구성한 성과 사랑의 억압적 이데올로기를 비판하면서 이성애적 에로티시즘을 페미니즘의 장애물이자 함정으로 인식한다. 그러나 1990년대를 전후로 욕망과 쾌락에 대한 고정적·억압적 개념으로부터 탈출을 시도하는 페미니즘의 새로운 움직임이 활발하게 전개되면서 여성의 욕망을 단순한 '결핍'이 아닌 생산과 창조를 가능하게 하는 역동적 에너지로 파악하는 이론들이 대거 등장한다. 포르노그래피를 둘러싼 페미니즘 내부의 첨예한 대립과 논쟁은 바로 이러한 욕망과 에로티시즘에 대한 입장 차이로 인해 촉발된 것이다.

본문에서 살펴본 바와 같이 에로티시즘에 대한 페미니즘의 복합적이고 때로 모순된 입장은 페미니즘의 복수성을 잘 드러내 준다. 남성의 폭력적 에로티시즘으로부터의 자유와 방어를 선택한 문화적 페미니스트들이 에로티시즘에 지나친 젠더적 짐을 부과했다면, 그 짐을 덜어주려던 성 자유주의자들은 상호 간의 동의라는 최소한의 윤리만을 남겨둔 채 성을 탈젠더화시키고자 했다. 결과적으로 그들은 모든 성적 관계에 엄연히 존재하는 젠더화의 구조적 문제를 간과하거나 과소평가하고 여성을 페미니즘으로부터 '해방'시킴으로써, 도처에 널려 있는 현실적 위험에 대한 대책 없이 '자유'의 광장으로 여성들의 등을 떠밀었다. 오늘날 여성의 성은 그 어느 때보다 혼란스럽고 모호한 위치에 놓여 있다. '사랑'이라는 안전장치와 '가족'이라는 사회적 인정을 보장해주는 이성애적 낭만주의에 매여 있거나, 성적 폭력, 원치 않는 임신, 사회적 낙인 등의 위험을 감수하면서까지 성해방 이데올로기에 경도되거나, 그것도 아니면 둘 사이에 어정쩡하게 끼어 초자아가 주는 죄책감에 시달리고 있기 때문이다.

그렇다면 이에 대한 페미니즘적인 대안은 무엇인가? 절대적·객관적 기준이 아닌 구체적 역사를 갖는 개별 행위자가 스스로 주인임을 선언하는 윤리적 입장은 가능한가? 허라금은 이에 대한 해답의 단초를 '자기 성실성integrity'의 윤리에서 찾고 있다. 그가 말하는 자기성실성의 개념은 일반적인 기준이나 규범을 잘 고수한다는 의미라기보다, 사회적 기준이나 규범과 갈등을 일으킬지도 모르는 '개인적 이상'을 의미한다.(121) 스스로에 대한 정직성과 진실성을 중심 개념으로 하는 자기 성실성은 행위의 결과나 특정한 행위의 종류에 의해 결정되는 것이 아니다. 따라서 어떤 이가 성실하다고 합당하게 인정되기 위해서는 그 자신의 원칙-관습적 원칙과 일치하는 것이든 아니든 간에-에 대한 헌신을 요구한다. 그러므로 자기 성실성은 행위자를 언급하지 않고는 이해될 수 없는 가치로, 자신에 대한 "진정성"을 뜻하기도 한다.(122) 그러나 이때의 인격적 통합성은 일원적 가치체계를 의미하지 않는다. 갈등 가능한 둘 이상의 가치에 개입하는 것, 즉 다원적인 가치들에 개입하는 것과 자기 성실성의 내적 정합성은 양립할 수 있다.(131)

모든 사람들이 따라야 한다고 생각하지는 않지만 그 자신이 따르고자 결단한 원칙을 성실하게 따를 때 얻어지는 자기 성실성의 윤리학은 전통적인 가부장적 인습과 규범에 복종하는 보수주의도, 모든 윤리적 의무를 무화시키는 자유주의도 아닌, 21세기 여성의 성 윤리가 나아갈 방향을 예시하고 있다. 우리의 정체성을 구성하는 원칙이나 가치관은 선험적으로 주어지는 것이 아니라 삶 속에서 만들어지고 변해가는 일종의 과정적 성격을 갖기 때문에 윤리적 원칙 자체도 변할 수밖에 없다. 그러나 그 어떤 순간에도 상충하는 가치들 사이에서 심사숙고하는 자기 성실성이 기본 원칙으로 남아 있는 한 자기 성실성의 윤리는 본능적인 충동이나 변덕스러운 감정에 충실한 것과 분명히 구별된다. 중요한 것은 '심사숙고'의 진정성이다. 인습적 허위에 쉽게 타협하거나 지적 허영의 키치적 유희에 휩쓸리지 않고 자신을 정체화해주는 삶의 가치나 원칙에 근거해 행위를 선택하고자 할 때, 비록 그 선택이 특정 도덕 원칙에 위배되는 경우라 해도 자기 성실성은 위배되지 않는다. 개인적인 역사와 그러한 역사로부터 이루어진 특별한 감정들을 제거하고는 의미를 가질 수 없는 자기 성실성은 타인의 행동에 대한 윤리적 판단과 처방을 내리는 데 있어서도 개개인의 개성을 존중하고 그가 처한 상황을 고려할 것을 요구한다.

20세기 초 미국의 페미니스트 혁명가 엠마 골드만Emma Goldman은 "나를 춤추게 하지 않는 혁명에는 참여하지 않겠다"고 선언했다. 가타리의 주장처럼 혁명과 축제, 에로스적 열정과 정치가 하나이어야 한다면 현재 페미니즘이 겪고 있는 침체는 논리나 명분의 부족이 아닌 '과잉' 때문인지도 모른다. 높게 쌓아올린 이론의 탑은 새로운 논리를 주입시킬 수 있을지 몰라도 우리를 춤추게 하진 못한다. 에로스적 욕망은 한 몸이 다른 몸을 만나 삶의 생명력이 더 강렬하게 생성되기를 원하는 것이다. 에로스는 개별 신체의 새로운 '특이성'이 발견될 때 그것을 배제하거나 제압하여 통합시키지 않고 각각의 특이성에 의해서 공통관념을 끊임없이 증식시키는 신체 간 관계를 요구하는 것이기도 하다.

21세기 페미니즘은 전통적·가부장적·낭만주의적 에로티시즘과 충동적·해방적·자유주의적 에로티시즘 사이에서 제3의 가능성을 만들어야 할 시대적 요청에 직면해 있다. 새로운 페미니즘은 혼재하는 욕망들과 상충하는 자유들 사이에서 담론적 양극화와 이데올로기적 재생산을 넘어서는 새로운 성 윤리의 가능성을 모색해야 한다. 페미니즘적 성 윤리는 성이 개인의 취향이자 선택의 문제임을 인정함과 동시에 그 취향과 선택이 구성되고 결정되는 역사적 조건과 문화적 맥락의 중요성을 인식해야 한다. 또한 담론과 이데올로기의 구성적 결정력을 인정하되 차이에 대한 존중과 개인 주체의 개입 가능성에 대한 믿음 또한 견지해야 할 것이다.

노년 여성을 위한 나라는 없다

타자, 노년 여성, 페미니즘

연점숙

내 속에서 그녀는 어린 소녀를 익사시켜버렸다. 그리고 내 속에서 한 늙은 여자가 그녀를 향해 날마다 솟아오른다. 끔찍한 물고기처럼.

— 실비아 플라스 「거울」

"노년 여성은 그대의 미래이다."

— 노년 여성 프로젝트의 티셔츠 문구, 2001

노년, 그 억압의 정치적 위치

인간의 노화는 살아 있는 모든 생명의 공통점인 변화의 법칙에 기인한다. 이 변화는 불가항력적이며 점진적으로 인간을 불리하게 만든다. 한 노인학 의사의 정의대로 "노화란 일반적으로 시간의 흐름과 관계가 깊고, 성숙기 이후 뚜렷해져서 마침내는 확고부동하게 죽음에 이르는 불리한 변화의 점진적 과정"이다.(보부아르 20 재인용) 노인됨의 현상은 이 점진적 과정 안에서 일어나는 청년의 연장 상태이다. 이 과정이 너무나 완만하기 때문에 당사자가 그 변화를 알아차리지 못할 뿐이다. 그렇기 때문에 노년의 진실은 객관적으로 정의되는, 타인에게 보이는 나의 존재와 그것을 통해 내가 나 자신에 대해 갖는 자의식 사이의 변증법적 관계라고 시몬 드 보부아르는 『노년*La Vieillesse*』에서 논한다.(393) 즉 나 자신에게 나이를 먹어가는 사람은 내가 아닌 타자인 것이다. 그러므로 젊다는 내적 감정이 생생하게 살아 있는 한 나이라는 객관적인 진실은 이질적으로 느껴지고 마치 이상한 가면을 빌려 쓴 것 같은 느낌이 든다. 캐슬린 우드워드Kathleen Woodward 역시 『나이 듦과 그 불만들*Aging and Its Discontents*』에서 라캉의 거울단계 개념을 전유해 노년의 타자성을 설명한다.(67) 나이 든 사람은 자신의 모습을 거울에서 볼 때 통합된 모습이 아닌 분열된 모습을 보며 나이 든 이미지에서 소외감을 느낀다는 것이다. 그것은 자신의 몸에서 거리를 느끼며 몸이 자신을 배반하고 있다는 모순적 감정이다.

사람은 자신이 느끼는 것만큼만 나이를 먹는다. 그것은 자기 스스로 엄밀히 측정할 수 없는 그 무엇이다.(대부분의 사람들이 스스로를 숫자상의 나이보다 젊게 느낀다는 것이 많은 현장연구에서 보고되었다.) 나이란 자신의 마음상태 위에 생물학적 현상과 사회적 구성요소가 더해져 생성되는 것이다. 주관적이고 개인적인 나이 위에 숫자로 계산되는 나이와 몸의 건강상태를 나타내는 생물학적 나이가 통합되므로 나이란 생물학적 현상이자 문화적 구성물이다.(Woodward 149) 자신이 느끼는 주관적인 나이와 사회가 부여하는 객관적인 나이가 노년의 범주에 들어간다는 사실을 갑자기 통고받을 때 오는 충격은 개인의 중후반 생애 주기에 주체성의 혼돈을 낳는다.[1] 이때 당사자는 충격과 더불어 상실감과 패배감이 혼합된 부정적인 감정을 느끼게 된다. 젊음과 생산성만을 우위에 둔 현대의 사회문화 구조 속에서 자신의 존재가 타자화되고 주변화되었다고 인식하기 때문이다. 한국처럼 저출산과 고령화가 동시에 빠르게 진행되는 사회에서 노인의 존재는 과거 어느 때보다 사회가 힘겹게 부양해야 하는 '짐'이자 '잉여적 존재'로 간주된다. 따라서 (혜택 받은 소수를 제외하고) 노인은 '죽을 가능성을 제외하고는 아무런 가능성이 없는' 천덕꾸러기 천민과 다름없는 위치를 부여받는다.

'노년 차별' 혹은 '노인 차별ageism'이라는 용어는 노년 전문 정신과의사 로버트 버틀러Robert Butler 박사가 1975년에 만든 것으로 사회 구성원 속에 깊숙이 자리한 노년과 노년 단계에 대한 부정적인 태도를 일컫는다. 그는 이 노년 차별이 한편으로는 노화와 노년을 두려워하는 사회적 공포의 은닉에 기인한다고 보았다.

> 노년 차별이란 마치 인종차별과 성차별이 피부색과 젠더 때문이듯 나이가 많다는 이유로 나이 든 사람들을 조직적으로 정형화stereotyping하고 차별하는 과정으로 볼 수 있다. 나이 든 사람은 망령스러우며, 생각과 태도가 완고하고, 기술과 유행에서 뒤쳐진 것으로 분류된다. 노인차별은 젊은 세대로 하여금 나이 든 사람들을 자신들과는 다른 인간으로 보게 만들고 나이 든 어른들과의 인간적인 동일시를 거부하게 만든다. (243)

이렇듯 노년 차별은 세대 간의 반목과 갈등의 여지를 지니고 있다. '노년 여성 프로젝트The Old Women's Project'라는 운동을 시작했던 바버라 맥도널드Barbara MacDonald와 신시아 리치Cynthia Rich는 자신들의 경험을 토대로 여성운동을 하는 젊은 페미니스트들이 무의식적으로 노년 차별주의적인 모습을 보인다고 지적했다. 이들은 여성운동이 '자매애'를 설파하자 어머니나 할머니 같은 나이 든 여성들은 축출되었다며 여성운동 안에 있는 이 같은 노년 차별이 어떻게 가부장적 가치를 은연중에 내면화했는지를 비판한다.(35-36) 같은 맥락에서 바바 코퍼Baba Copper 역시 '여성의 여성에 대한' 노년차별적 태도에서 어떻게 젊은 여성이 노인 여성을 학대하고 착취하는지를 고발한다.(60) 그녀는 젊다는 이유로 고용시장에서 유리한 위치를 점하는 젊은 여성이 자신의 위치를 유지하기 위해 노년 여성의 저임금이나 가족제도 안에서 발생하는 무임금 등 노년 여성이 처한 불평등한 사회적 조건을 외면할 수도 있다는 것을 예로 들었다.

그러나 노년/노인 차별은 다른 종류의 차별과 한 가지 두드러진 차이점이 있다. 인종 차별과 성차별을 수행했던 개인은 평생 그런 차별의 대상이 되지 않지만 노년 차별의 주체는 그가 불운하게 단명하지 않는 한 후일 예외 없이 차별의 대상이 된다는 것이다. 다만 남성에서 여성으로 성전환한 자의 경우는 예외일 수 있다. 그러나 인생의 후반기인 노년에 대한 연구와 담론은 여타의 분야에 비해 현저히 빈약한 편이다. 20세기 후반부터 쏟아진 몸에 대한 수많은 담론에서 몸은 대부분 젊은 여성의 몸, 특히 임신이 가능한 여성의 몸을 암묵적으로 지칭한다. 갱년기 여성의 몸과 몸의 현상은 노인학과 의학이 비교적 상세히 다룬 편이지만, 생애 후반기에 자리한 노인/노년의 몸은 그 어디에서도 존재를 찾을 수 없는 비가시적인 무엇이다. 그러나 노년으로의 예정된 여정은 모든 인간의 존재론적 숙명이기 때문에 노년에 대한 부정과 억압은 궁극적으로는 자신에 대한 억압이며 부정일 뿐이다. 그러므로 노년에 대한 홀대, 부정, 침묵, 억압은 상호관련성을 가질 뿐만 아니라 여타의 억압과도 관련 있다. 이런 맥락에서 바라볼 때 현재의 노년은 여러 문제가 얽혀 있는 정치적 지점이다. 특히 노년 여성은 더 복잡한 권력망 구조에 의해 주변화되고 타자화된 존재이다.

20세기 후반 열정적으로 등장한 페미니즘이 그때까지 남성 중심적인 문화에서 침묵된 타자로 위치했던 여성들을 복원하려는 노력을 기울여왔음은 주지의 사실이다. 그러나 그 여성들의 중요한 일부인 노년 여성에 대한 무관심, 배제, 침묵, 억압의 문제는 그동안 페미니즘 안에서도 거의 공백상태로 남겨졌다. 페미니즘이 약자에 대한 억압의 문제에 닿아 있다면 노년과 노년 차별 문제를 간과해온 것 자체가 페미니즘과 현장의 짐이자 문제다. 나이에서 비롯되는 노년 불평등의 구조, 노년층 특히 노년 여성의 불이익에 기반한 비노년층의 특권 등에 이르는 관계망을 이론화하지 않는 것은 페미니즘의 직무유기다.(Calasanti, *Age Matters* 3) 마틴 루터 킹Martin Luther King 목사가 「억압에 응답하는 세 가지 방법Three Ways to Responding to Oppression」에서 갈파했듯 억압에 대한 침묵과 묵인이 억압에 동조하는 결과를 야기한다는 것을 상기한다면, 노년 차별에 대한 연구와 이론 만들기의 간과는 약자에 대한 윤리라는 페미니즘의 명분과 대치될 수밖에 없다. 비록 지금까지 이러한 연구가 산발적으로 있었다 해도 그것은 항상 부수적이며 주변적인 '기타 등등'의 범주에 있었으며, 마치 모두가 이 문제를 잘 알고 있다는 가정을 하게 하면서 오히려 문제의 핵심에서 멀어지게 만들기도 했다.(*Age Matters* 1)

이 글은 그동안 페미니즘에서조차 주목의 대상이 되지 못했던 노년 여성에 관한 이슈와 연구들을 점검하고 과연 여성에게 '성공적인 나이 듦'의 함의는 무엇인지를 살펴보고자 한다. 특히 자유주의 페미니즘을 대표하는 시몬 드 보부아르, 베티 프리던, 저메인 그리어Germaine Greer가 노년과 여성의 나이 듦에 관해 논한 내용을 통해 나이 듦의 진정한 의미와 도전, 그리고 문제점을 짚어보고자 한다.

젠더와 여성의 나이 듦: 이중 잣대

피에르 부르디외Pierre Bourdieu의 용어를 빌어 표현한다면 현대사회에서 젊음은 그 자체로 '상징 자본'이다.(129) 그러므로 이 상징 자본을 박탈당하는 노년의 도래는 거부와 혐오를 수반한다. 현대의 항抗노화antiaging 산업은 이러한 노년 공포와 혐오를 발판으로 엄청나게 번성해왔다. 하지만 다가오는 노년을 저지하고 젊음과 생기를 유지할 수 있다는 이 산업의 슬로건은 노년의 입지를 더욱 취약하게 하는 억압기제로 작용한다. 수많은 영양제, 성장호르몬, 성형수술, 화장품, 염색약, 피트니스 시설은 나이의 흔적을 지울 수 있다고 강조한다. 그러므로 늙음은 (이러한 제품이나 서비스를 사용할 능력과 조건이 없음을 나타내어) 그 자체로 개인의 낮은 신분의 표지가 된다. 노년이라는 것 자체가 질병 또는 육체적·정신적 쇠퇴와 동일시되는 사회 분위기에서 대책 없이 노년이 되는 것은 무능함의 소치이므로 그의 권리와 권위는 축소되어도 마땅한 것이 된다. 그러나 노년 혐오의 문화코드에 따라 나이의 흔적을 지우는 것은 한 개인의 정체성과 힘, 그리고 역사를 지우는 것이 될 수도 있다.(Wolf 83)

젊음과 미를 여성의 이상적인 기표로 보는 사회에서 노년의 도래는 여성에게 더욱 커다란 상실감과 굴욕감을 안겨준다. 나이 든 여성들은 자신들이 더이상 성적인 존재가 아닌 것으로 간주된다는 사실을 인식한다. 이런 맥락에서 여성의 노년 진입 시기는 남성보다 심리적으로 훨씬 빠르게 다가온다. 이 시점은 성차별과 노년 차별이 이중적으로 겹치는 '굴욕'의 장이다.

> 여성은 남성에 비해 성적인 존재로서의 자격을 매우 일찍 잃는다. 남성은 추남이라 할지라도 나이가 들어서까지 성적인 존재로 남을 수 있다. 젊고 매력적인 여성의 파트너로도 용인될 수 있다. 그러나 여성은 미모를 지녔다 할지라도 (아주 나이 많은 남자들의 파트너를 제외하고는) 훨씬 더 이른 나이에 무자격자가 된다. 그러므로 대부분의 여성들에게 나이를 먹는다는 것은 점진적으로 성적인 자격을 잃어가는 아주 굴욕적인 단계이다. (Sontag 31-32)

여성에게 적용되는 젠더의 이중 잣대에 대한 수전 손택Susan Sontag의 신랄한 비난은 고용 문제에서 여성에게 부여되는 불리한 조건들에도 적용된다. 남성에게는 경험이 많다는 것이 그의 가치를 향상시키지만 여성의 가치는 순진함과 성적 매력에 달려 있다는 사회학적 연구 또한 손택의 비판을 뒷받침한다.(Itzin 107) 이러한 사회에서 여성이 효용가치를 인정받을 수 있는 기간은 상대적으로 짧기 때문에 이는 여성의 생애 주기 전반을 놓고 볼 때 경제적 취약점으로 작용한다. 따라서 노년 여성의 경제적 자유는 남성에 비해 제한적일 수밖에 없다.

여성의 나이를 최대한 은폐하라고 명하는 소비문화의 이미지와 메시지의 홍수 속에서 여성은 공허한 전투로 소진될 운명에 처한다. 젊음이 여성에게 부여하는 권력은 일시적이므로 그녀는 해가 감에 따라 권력을 잃게 된다. 서른 살의 여성은 스무 살이 아니어서 권력을 잃고, 마흔 살의 여성은 서른 살이 아니라서 그만큼의 권력을 상실한다. 영화나 TV에서 남자 배우나 뉴스진행자는 오랜 시간 그들의 역할을 유지하는 반면 여성의 경우는 보다 빨리 사람들의 시선에서 사라지는 현상이 이를 증명한다.

남성의 매력은 여러 가지 요인에 달려 있다. 그것은 그의 업적과 공적 세계에서의 경험, 돈과 권력을 포함하여 나이가 들수록 증가될 수 있는 것들이다. 그러나 이러한 요인들은 여성의 매력을 증진시키는 데 도움이 되지 않는다. 비록 여성이 고용시장의 차별을 극복하고 어느 정도 성공을 했다 해도 그것은 그녀를 성적으로 매력 있는 존재로 만들어주지 않는다. 대부분의 남성들이 강한 여성에게서 성적인 매력을 느끼지 못하고 오히려 위축된다는 사실은 그녀들을 '성적인 대상'으로 다루기가 힘들기 때문이라고 손택은 진단한다.(32) 여성의 섹슈얼리티에 대한 젠더의 이중 잣대 또한 가부장제 사회의 관습을 위반한 여성을 감시와 처벌로 대한다. 나이 든 남성이 자신보다 훨씬 어린 파트너와 결혼할 때 사회는 비교적 관대한 시선을 보내는 반면, 나이 든 여성이 아주 어린 남성과 결혼할 때 그녀는 탐욕스럽고 이기적인 여성이라고 비난받는다.(Arber and Ginn 43) 젠더의 이중 잣대에 의해 여성은 나이 듦에 따라 효용가치가 급격히 하락하고, 노년 여성은 끔찍하고 한심한 존재로 간주된다. 노년 여성의 성취 또한 젠더 코드 아래 무심코 격하될 수 있다. 신시아 리치는 2002년 미국의 저명한 컬럼니스트 앤 랜더스Ann Landers가 사망했을 때 NBC 저녁뉴스 남성 진행자가 그녀를 전문 직업과는 상관없는 "앤 랜더스 할머니granny"라고 지칭하는 것을 예로 들었다. 그녀는 만약 저명한 노년 남성이 사망했다면 "누구 할아버지"라고는 칭하지 않을 것이라며 사회문화가 가진 젠더의 이중 잣대를 비판했다.(Lipscomb 7)

비교적 젊은 층의 여성 페미니스트들은 노년 여성에 가해지는 이러한 불평등과 모독 등의 문제에 시선을 돌리지 못했다. 노년에 대한 관심은 페미니즘의 토대 구축과 여성해방운동에 상당한 영향력을 끼쳤던 여성들이 생애 후반을 향하면서 새롭게 인식하게 된 또하나의 불평등의 장이었다. '여성은 여성으로 태어나는 것이 아니라 만들어진다'는 유명한 명제와 함께 여성의 타자성을 논한 『제2의 성*La*

Deuzième Sexe』을 썼을 당시 서른일곱 살이었던 시몬 드 보부아르는 예순이 되어서 『노년』을 출판했다. 1963년 그 유명한 『여성의 신비*The Feminine Mystique*』를 세상에 내놓음으로써 미국 사회에 여성해방운동의 불을 붙였던 마흔두 살의 베티 프리던 역시 그로부터 30년이 지난 1993년, 일흔 두 살의 나이에 『나이의 샘*The Fountain of Age*』[2]을 세상에 선보였다. 20세기 후반 강력한 페미니스트 목소리를 견지한 호주 태생의 저메인 그리어 역시 여성 순종성의 젠더 정치학을 분석한 『여성 내시*The Female Eunuch*』 출판 후 52세가 되던 1991년 『변화: 여성, 나이 듦 그리고 폐경*The Change: Women, Ageing and the Menopause*』을 통해 여성과 나이 듦의 문제에 천착했다. 페미니즘 연구와 운동에서 이정표가 되는 저서들을 펴낸 여성들조차 그들의 전성기에는 노년의 문제를 관심 밖에 두었다는 사실은 페미니즘에서 노년 여성에 대한 연구와 관심이 얼마나 부진했는지 말해준다. 생애 주기에서 젊음이라는 특권을 누리고 있을 때 노년의 제반 불평등의 문제는 잘 드러나지 않는다. 여기서 '개인적인 것은 정치적이다'라는 페미니즘의 구호가 다시 한번 적용된다.

노년(여성)의 신비: 타자로서의 나이 듦에서 선구자적 성숙으로

여성을 중심에서 떨어진 주변에 위치한 남성의 '타자'로 명명한 것은 보부아르가 처음이었다. 여성의 불평등을 다룬 『제2의 성』에서 보부아르는 '왜 여성은 남성과 동등한 권리와 의무를 갖지 못하고 열등한 위치에 처하게 되었는가'를 분석한다. 그녀는 여성이 여성으로 태어나는 것이 아니라 만들어진다는 명제로 축약되는 성의 사회문화적 구성요인을 해석한다. 1권은 '사실과 신화', 2권은 '체험'으로 이루어진 이 방대한 저서는 생물학적·역사학적·인류학적·정신분석학적 준거틀로 남성 중심적인 역사와 문화가 어떻게 여성을 열등한 지위에 위치시켰는가를 설명한다. 여성을 '타자'로, 남성을 '주체'로 규정할 때 더 나은 급여나 사회적 특혜 등은 주로 남성을 그 수혜자로 삼는다. 이러한 패러다임을 합리화하기 위해 여성의 열등함이 증명되어야 했다는 것이 보부아르의 입장이다. 그녀는 육아, 평등교육, 피임, 낙태에 관한 사회 구조의 변화를 역설했으며, 무엇보다도 남성에게서 독립할 수 있는 여성의 경제적 자유의 중요성을 강조했다.

『제2의 성』에서 '여성은 여성으로 태어나는 것이 아니라 만들어진다'라고 주장했던 보부아르는 후기의 역작 『노년』에서도 노년의 사회구성물적 성격을 지적했다. 그는 "노년의 지위는 결코 자신이 정복해서 쟁취하는 것이 아니라 그에게 주어지는 것"이라고 말한다. 또 나이 든 성인들은 자신의 진정한 나이 듦을 경험하기가 쉽지 않다고 설명한다. 항상 현재 상태에서 자신의 나이 듦을 스스로 깨달아야 하는데, 대부분의 사람들은 자의식 속에서 이전의 자신, 즉 젊은 시절의 자신과 동일한 연장선에 있다고 느끼기 때문이다. 노화 혹은 노쇠란 사회가 규정해왔고 그것이 항상 외부의 관점이었기 때문에 나이 듦을 개인적으로 인식하기란 쉽지 않다. 이런 맥락에서 보부아르는 사회가 나이 든 성인에게 가하는 제재를 비판한다. 강제 은퇴를 그 예로 들 수 있다.

> 사람들은 퇴직생활이 자유와 여가의 시간이라고 이야기한다. 그러나 이것은 염치없는 거짓말이다. 대부분의 노인들에게 사회가 부과하는 생활수준은 너무나도 비참해서 '늙고 가난한'이라는 표현은 이제 중복 표현에 불과하다. 극빈자의 대부분이 노인들이다. 여가시간이 많다고 해서 퇴직자들에게 새로운 가능성이 열리는 것은 아니다. 한 개인이 마침내 여러 구속에

서 해방되는 순간, 그는 그 자유를 활용할 수단을 빼앗긴다. 쓰레기 신세가 된 그는 고독과 권태 속에서 그럭저럭 목숨을 부지하는 수밖에 없다. (15-16)

『노년』의 1부에서 보부아르는 외부의 관점에서 생물학, 인류학, 역사, 사회학을 동원하여 노년을 천착하고, 2부에서는 노년의 체험과 실례를 들어 이 문제를 파헤친다. 이 책을 두 부분으로 나누는 것에 대해서는 서문에서 다음과 같이 그 이유를 밝힌다. "모든 인간의 상황은 보는 관점에 따라 외면성과 내면성, 두 가지 관점에서 고찰될 수 있다. 외면성이란 그 상황이 다른 사람에게 어떻게 보이는가 하는 것이며, 내면성이란 주체가 어떻게 그것을 받아들여 초월해 나가는가 하는 것이다."(19) 보부아르는 사회가 노년을 어떻게 부정적으로 취급하는가를 비판하며 동시에 늙고 나이 든다는 것에 대한 노년의 두려움과 실상을 실존주의자답게 거침없이 드러낸다. 늙는다는 것은 불명예처럼 느껴지는데, 건강을 잘 관리했던 사람들에게서도 신체적인 노쇠는 쉽게 드러나기 때문이다. 보부아르는 "인간이라는 종種은 살아온 햇수에 따른 변화가, 구경거리로 삼을 만큼 아주 두드러지는 부류"(13)라며 이것이 동물과 상이한 점의 하나라고 설명한다.

보부아르는 이 사회의 노년 정책은 거의 '추문'에 가까울 정도로 열악하다며 노년에 대한 페미니스트와 사회 전체의 변화 필요성을 역설한다. 단지 더 나은 노년 정책, 예를 들면 더 높은 연금, 좋은 주택, 그리고 계획된 여가뿐만 아니라 사회 모든 구조가 바뀌어 삶 자체의 변화를 가져와야 한다고 주장한다. 인간은 계산 가치로만 환산될 수 없기에 노년을 또하나의 '타자'로 차별하지 않는 유토피아적 사회의 구축을 제시한다.

결론 부분에서 보부아르는 노년이란 의미 있고 창조적인 계획과

일, 타인들과 관계하는 시간이 되어야 한다고 주장한다. 또 노년이란 무엇보다도 권태로운 시간이 아니라 정치적·사회적 맥락에서 지속적으로 참여적인 인생을 사는 기간이어야 한다고 말한다. 그렇게 되기 위해서는 노인들을 포함해 사회 전체가 인간이 이익을 창출할 때만 가치 있는 존재가 아니라는 생각을 가져야만 한다. 다시 말하면 개인과 사회 모두 한 인간의 가치와 인간성이 나이에 영향을 받지 않는다는 것을 인정해야 한다.

노년을 사회의 '문제'나 '짐'으로 보는 사회의 시각이 문제라면 조만간 노년을 맞을 수밖에 없는 모든 개인은 나름대로 당당히 의미 있는 생애 후반을 준비해야 한다.

> 노년이 이전 삶의 우스꽝스럽고 하찮은 모방이 되지 않게 하기 위한 해결책은 단 하나밖에 없다. 그것은 우리의 삶에 의미를 주는 목표들을 계속하여 추구하는 것이다. 모든 환상이 사라지고 생명의 열기가 식었다 하더라도, 계속 삶에 밀착하기 위해서는 차라리 노년에 대해 너무 생각하지 말고, 정당하고 참여적인 인생을 살아가는 것이 낫다. (757-758)

『노년』에서 보부아르는 노년 여성의 변화하는 신체에 초점을 맞춘 것 외에는 여성 문제에 대해 많은 지면을 할애하지 않았다. 그러나 보부아르는 노년에 관한 당시의 연구가 여성을 소홀히 하고 있음을 인식하고 있었다. 보부아르는 노년 여성을 간과하는 연구자들을 비판하면서 남성 중심적인 사회 분위기에 쐐기를 박는다. 노년은 남성뿐 아니라 여성의 관심 영역이기도 하거니와 평균적으로 여성이 남성보다 더 오래 살기 때문에 더욱 특별한 관심이 필요하다. 그러나 노년 연구가 주로 남성의 관점에서만 진행되어온 것이 문제라는 것이다.(79)

그러나 보부아르의 『노년』은 보통 사람들이 아니라 교육을 많이 받은 유명한 사람들에게만 초점을 맞추었다는 비난을 받았으며 많은 노년학 학자 역시 나이 듦에 대한 지나친 부정적 묘사를 비판했다. 하지만 『노년』에 대한 여러 비판에도 불구하고 남성과 비교하여 여성의 타자성과 불평등을 선명히 드러내고, 사회 변화를 도모하는 여러 계획에 노년의 관점을 포함할 것을 제안했다는 점에서 그녀의 목소리는 선구적이었다. 그녀가 원했든 원하지 않았든 '페미니즘의 어머니'라는 칭호를 부여받은 그녀가 이룬 토양은 다음 세대 페미니스트들의 출현과 불가분의 관계에 있다.

페미니즘 제2의 물결의 선봉에서 여성 및 사회연구에 많은 영향을 끼친 베티 프리던과 저메인 그리어 역시 여성과 나이 듦에 대해 천착한 저서 『나이의 샘』과 『변화: 여성, 나이 듦 그리고 폐경』을 통해 중년을 지나 노년으로 가는 여성의 나이 듦의 여정을 논한다. 그들이 제시한 여성의 '긍정적인 나이 듦'을 살펴보자.

페미니즘의 상징적 고전이 된 『여성의 신비』의 저자 베티 프리던도 보부아르가 『제2의 성』에서 그랬듯이 여성의 열등한 위치가 생물학적 결정론에 기인한다고 보지 않았다. 보부아르가 『노년』에서 노화의 하강을 실존적 현실로 조망한 것과 달리 프리던은 『나이의 샘』에서 60세 이후 생애 후반의 잠재력에 초점을 맞추었다. 미국 교외의 안락한 중산층 주부였으나 '무엇이라 명명할 수 없는 병'을 앓고 있던 자신에게 변화의 동기를 주기 위해 『여성의 신비』를 썼듯 『나이의 샘』 역시 노년을 맞아 정체성의 위기를 맞은 자신을 위해 쓴 책이기도 하다. 이 책의 서문은 프리던 자신이 애초에 가졌던 노년 공포와 혐오를 드러내는 에피소드로 시작한다. 프리던은 동료들이 자신의 60세 기념 깜짝 생일파티를 열었을 때를 다음과 같이 술회한다.

나는 그들 모두를 죽이고 싶었다. 내가 공적으로 예순 살이 되었음을 세상에 공표하여 나를 인생에서 밀어내고 경기에서 밀어내는 그들의 건배는 악의적으로 보였다. 전문 분야에서, 정치적으로, 개인적으로, 성性적으로. 나를 삼십대, 사십대, 오십대의 나 자신에서 축출하는…… 파티가 끝난 후 나는 이방인이 된 느낌으로 수주일간 우울했다. 나는 예순이 된 나 자신을 받아들이기 힘들었다. (13)

10년의 준비 기간을 들였던 저술 초기에 그녀는 '여성의 신비'보다 '노년의 신비'가 더 깨뜨리기 어려운 힘든 주제라는 것을 인식하며 노년의 도래라는 개인적 현실을 부인하는 것이 차라리 더 현명하고 더 건강한 것이 아닌가 갈등을 토로하기도 한다. 후일 그녀가 노년 연구에 본격적으로 착수했을 때도 그녀는 이 주제를 대하는 사람들의 반응이 연민, 혐오, 마지못함이라는 것을 알고 공적으로 토론하는 것을 삼갔다. 그녀는 나이에 관한 부분을 연구에서 최소화하여 자신이 "나이에 관심 있는 게 아니라 60세가 지난 사람들 중 왜 어떤 사람들은 계속 성장·성숙해 가고 또 어떤 사람들은 악화되는지에 관심이 있을 뿐"(27)이라고 강조했다. 노년에 관한 심리적 거부의 단계를 극복한 후 프리던은 '생산적이며 성공적으로' 나이 들어가는 사람들을 중점으로 긍정적인 나이 듦의 패러다임을 조사했다.

『나이의 샘』은 사람들이 잘못 해석했거나 간과했던 사회적 이슈를 다룬다는 점에서 『여성의 신비』와 유사하게 구성되어 있다. 프리던은 『나이의 샘』 첫 장을 『여성의 신비』를 전유하여 '나이 듦의 신비' 라는 소제목을 두었고 나이 들어감을 개인적이며 사회적인 문제와 현상으로 그려냈다. 여기서 그녀는 현실과 신화 사이의 모순을 지적한다. 노년을 부정적으로 비추는 미디어와 상업광고의 이미지, 병리학의 대상으로만 다루어지는 노년의 이미지와 이에 반해 나이가 들어가면서도 발전과 성숙을 지향하는 또다른 노년을 대비시켜, 어떻게 노년을 둘러싼 신화가 그들의 삶을 제한하는지를 비판한다. 그리고 자신의 논지를 객관화하기 위해 문헌연구, 인터뷰, 개인적인 경험을 들어 나이 듦의 긍정적인 면을 제시한다.

프리던은 노화에 따른 하강과 쇠퇴를 강조하는 '나이 듦의 신비'를, 노년 인구가 목적의식을 가지고 활동적인 삶을 지향하면서 타인의 삶에도 공헌할 수 있는 '활기 있는 나이 듦'으로 대체하고자 했다. 또한 나이 듦과 권력의 관계를 자연스럽게 포착하여 여성의 나이 듦이 더 광범위한 사회적 관계망과 연결되어 있다는 사실에도 주의를 기울일 것을 강조했다. 일례로 그녀는 모든 여성의 이슈인 폐경에 관한 의료치료의 과도한 강조는 여성 건강에 대한 진정한 관심과 배려에서라기보다는 폐경기 여성들을 거대한 의료시장으로 간주하는 상업적 시각에 기인한 것은 아닌지 의혹을 제기한다. 여성의 주된 정체성을 여성의 재생산 기능에 둔 기존의 통념에 반대했던 여성운동가답게 의료계가 강조하는 폐경과 여성호르몬 요법 주장에 설득당하지도 않았다. 그녀는 폐경을 치료해야 할 질병이 아니라 생애 주기의 자연스러운 한 장으로 보아야 한다는 주장을 펼쳤다. 여성의 삶의 질과 중요한 관련이 있는 돌봄에 관해서도 프리던은 젠더를 의식한 비판의 시선을 던진다. 노년 여성이 생애 주기 후반에서도 배우자에 대한 돌봄으로 소진될 수 있다는 것을 그녀는 다음과 같은 구체적 질문을 통해 드러낸다. "조는 아내 수전이 일을 그만두고 그를 수년간 돌보지 않았더라도 그의 생애 최후 지점에서 그렇게 훌륭한 죽음을 맞을 수 있었을까?"(548)

『나이의 샘』이 노년 여성에게 제시하는 중요한 항목들은 진정성, 성장과 성숙, 노년을 규정하는 새로운 언어의 필요성이다. 여기서 진정성이란 남성 중심적인 역사와 문화가 오염시킨 노년 여성에 대한 부정적인 이미지와 언어를 버리고 노년 여성 자신이, 자신의 언어로 스스로를 규정해야 함을 의미한다.[3] 서구문화가 노년 여성에 대해 가진 고정적 이미지를 불식시키고 여성과 여성을 연결하는 잃어버린 목소리를 들으며 여성들의 이야기를 재구성해야만 한다는 것이다. 그녀는 자신 역시 진정성에의 소망은 있었으나 젊음에 대한 집착 어린 추구로 인해 (성공적인) 나이 듦의 명제에 대한 인식이 부족했음을 토로한다. "아무도 가지 않은 영역을 탐구하며 노년의 영역에 우리를 위한 새로운 자리를 만들어야만 한다고 깨달았다"(381)고 말하면서 그녀는 인생의 마지막 단계에 대해 걱정으로 일관하기보다는, 유의미한 인생을 창출하기 위해 자기 스스로 규정한 변화를 자신의 인생에 시도해야 한다고 주장한다. 이것은 삶의 질을 더 높일 수 있는 시도이고, 여성 스스로 새로운 역할을 창출하는 것이며, 여성을 희생자로 보는 견해를 뛰어넘어 앞으로 나아가는 것이다.

프리던의 노년 연구에서 두드러진 점은 생애 주기 후반을 인지능력 하강, 연약함, 타인에의 의존으로 보는 기존 태도를 거부했다는 데 있다. 오히려 그녀는 노년의 도전을 성장과 성숙에서 찾는다. 여기서 노년은 자신이 살아온 생의 이익을 미래 세대에게 전달하려는 소망에 근거한 생애 후반의 성장 혹은 성숙을 의미한다. 프리던은 노년 여성의 공헌과 힘을 인정하여 사회에 알릴 필요성을 역설하고, 현존하는 노년 여성뿐만 아니라 앞서 갔던 노년 여성과의 연속과 연결의 필요성을 강조한다. 또한 진정한 페미니즘적 저항을 위한 새로운 언어 창출을 강조했던 뤼스 이리가레의 주장처럼 노년 여성을 우스꽝스럽고 가련한 존재로 비하하는 언어가 아닌 그들을 존중해줄 새로운 언어의 필요성을 제시한다. '쪼그랑할멈, 노파, 괴팍한 늙은이, 마귀할멈' 등 노년 여성을 지칭하는 기존의 부정적 언어들이 새롭게 변화되어야 한다고 지적한다. 이렇듯 노년 연구의 변화에 대한 모색은 『나이의 샘』 후반에서 프리던으로 하여금 스스로의 나이 듦에 대해 "수용하고 긍정하고 더 나아가 그것을 기리게" 만들었으며, "미지의 미래"를 향해 나아갈 수 있는 용기를 갖게 되었다고 밝히기에 이른다.(638)

보부아르의 『제2의 성』이 평범한 사람의 예를 든 것이 아니라고 비판받은 것처럼 프리던의 노년 연구와 인터뷰 대상은 교육받은 중산층 이상의 백인으로 이루어졌다는 점에서 비판을 받았다. 초기 페미니즘 연구가 다양성에 대한 고려를 결여하여 비난을 받았던 것과 마찬가지로 『나이의 샘』은 노년 여성을 이루는 인종, 계층, 성적 취향 등의 다양성을 무시함으로써 균형을 잃었다는 평가를 받았다. 하지만 다른 일군의 학자들은 『나이의 샘』이 지닌 중요한 의미와 책의 존재 자체를 백안시했던 학계 페미니즘의 고답적 태도를 힐난했다. 루스 레이Ruth Ray는 『나이의 샘』이 출판되자마자 6주간 베스트셀러 1위를 차지하고 좋은 서평을 받고 노년학 전공자들에게 환영을 받았음에도 학계 페미니스트들로부터는 외면당했다는 사실을 지적했다. 그녀는 노년 연구에 관한 고질적인 무관심을 서구문화에 자리한 노년 공포증으로 해석한다. 또 학계에 있는 페미니스트들조차 노년 연구를 무시 혹은 간과했던 것을 『여성의 신비』가 출현하기 전 여성들이 젠더 문제에 무관심했던 현상에 비유한다.(41) 이런 점에서 노년에 관한 연구 역시 '개인적인 것이 정치적인 것'과 맞닿아 있는 사례로 볼 수 있다.

보부아르와 프리던이 노년을 위해 사회가 변화해야 함을 제시하고 그 변화를 가져올 수 있는 노년의 활동성과 적극성을 옹호한 반면, 저메인 그리어는 내면으로부터의 적극적인 변화를 노년이 지향해야 할 지점이라고 주장한다. 『변화: 여성, 나이 듦 그리고 폐경』에서 그리어가 지칭하는 노년 여성은 보부아르와 프리던이 의미하는 노년보다 생애 주기의 더 젊은 지점에 위치한다. 그리어는 자신의 책이 나이 듦을 부인하는 사람을 위한 책이 아니라 "나이 듦을 끌어안아" 포용하는 사람을 위한 책임을 선언하면서 나이 듦을 환영하고 긍정한다. 여성의 노년은 여성이 진솔해지는 시기이며 평온과 재생, 영적인 성장과 힘을 갖게 되는 유리한 시기라는 것이다. '노년이 됨'은 사회적으로 영향을 받고 규정되는 현상이기도 하지만, 그보다도 스스로 자기 자신에 대한 개인적인 자유와 해석을 요하는 개인적인 경험이어야 한다고 그녀는 역설한다. 그러므로 여성이 자신에게 진솔하지 못할수록 그녀는 가부장제가 부여하는 남성 중심적인 가치를 내면화하게 된다. 여성의 나이 듦은 어떻게 자신이 그동안 재생산의 능력과 성적 매력에 근거해서만 인정받아왔는가를 인식하는 기회가 된다. 생애 후반기를 맞아 생물학적 기능에서 보다 자유로워진 노년 여성은 자신의 정체성을 스스로 구성할 수 있어야 한다. 이러한 인식의 토대 위에서 나이 든 여성은 활동적인 상태를 벗어나 명상적이고 수동적인 상태로 진입하게 된다. 그리어에 따르면 이는 여성을 진솔한 자신으로 돌아오게 하는 변화다. 나이 든 여성이 청춘 중심의 소비문화로 규정된 옛 이미지를 떨쳐낼 때 그녀는 자신이 잃어버린 힘과 가능성을 발견하면서 명상적이고도 평온한 노년을 맞을 수 있게 된다. 그리어가 보기에 노년을 맞는 여성이 발견할 수 있는 커다란 기쁨은 자유, 우정, 영성이다. 그녀는 나이 듦을, 여성의 생애 주기 후반에서 처음으로 진정한 자유를 맛보게 하는 기제로 본다. 해가 갈수록 세상이 여성을 주변으로 밀어낸다는 사실을 인식하는 것이 '자유의 시작'이기 때문이다.(372) 이는 남성 우월주의 문화가 부여해온 여성성의 허구를 해체하여 인식하는 지점이다. 물론 그녀는 이러한 인식 과정에 수반되는 씁쓸한 애도의 기간이 있음을 인정한다.

또한 그리어는 폐경기의 시작을 복되고 축하해야 할 시점으로 간주한다. 이는 더이상 해명하지 않아도 되는 시점의 시작이며 진정한 여성이 드디어 나타나는 시기이다.(387) 그녀는 한 화장품회사가 내건 '나이 듦의 흔적과 끝까지 싸우라'는 광고 문구의 폐해를 지적한다. 여성을 본연의 존재로 존재하게 하고 나름의 힘empowerment도 지니게 하는 생애 후반기에 들어서기를 거부하며 그 어떤 대단한 화장품에 의지한들 여성은 결국 청춘 중심의 소비문화로부터 버림받을 수밖에 없기 때문이다.

나이 듦에 대한 그리어의 조망은 변화, 성숙, 영성, 그리고 내면의 도전으로 요약된다. 그러나 그녀의 이러한 견해는 물적인 토대인 경제적·사회적·정치적인 면을 너무 외면했다는 평가를 받는다. 가난과 질병으로 얼룩진 환경에 처해 있는 노년 여성이 과연 평온, 영성, 고독, 명상의 차원에 이를 수 있을지는 의문이다. 그러나 그것은 그리어가 나이 듦과 여성의 문제를 구조적인 문제로 다루지 않고 내면적인 것으로 조망한 데 기인한다.

자유주의 페미니즘을 대표하는 보부아르, 프리던, 그리어는 부정적인 노년(여성)에 대한 고정된 이미지를 타파할 가능성과 대안적 이미지를 제시했다는 점에서 고무적이다. 그러나 현대의 페미니스트 학자들은 프리던이 제시한 '성공적으로' 나이 든 여성의 경우는 중산층의 기준에서 본 것이기 때문에 오히려 더욱 노년 차별적일 수 있다고 질책한다.(Cruishank 147) 시간이 지남에 따라 변화하는 몸을 항상 젊게 간직하기 위해 노년(여성)의 몸은 전략적으로 훈육되어야 하는데, 이는 건강과 경제력이 있는 노년만이 가능하다는 것이다. 보부아르가 제시한 활동적인 노년도 질병으로 고통받거나 정적인 것을 체질적으로 선호하는 노년을 배제할 수 있다는 면에서 마찬가지다.

노년(여성) 차별과 불평등의 문제는 사회주의 페미니즘이나 마르크스주의 페미니즘, 급진적 페미니즘조차도 미처 대처하지 못한 문제다. 콜레트 브라운Colette Browne은 종래의 페미니즘 연구가 여성 억압의 핵심이라고 간주한 관점들(사회주의/마르크스주의 페미니즘의 경우 자본주의와 가부장제, 급진적 페미니즘의 경우 여성의 생물학적 성)을 조명하면서 인종, 계급, 이성애주의의 문제들은 심도 있게 다루었으나 나이 듦과 불평등은 제대로 살피지 못했음을 지적한다.(120) 깁슨Diane Gibson 역시 사회주의/마르크스주의 페미니스트와 급진적 페미니스트의 노년 여성에 대한 관심 부족이 노년 여성을 사회문제로 간주하고 불평등을 초래하는 결과로 이어졌다고 분석한다.(445) 사회주의 페미니스트들은 이제 막 노년 여성의 문제에 눈길을 돌려 은퇴, 배우자 사별 후의 삶, 연금 수혜 등과 같은 문제에 관심을 갖기 시작했다.(Browne 151) 이러한 맥락에서 볼 때 앞서 논의한 세 명의 자유주의 페미니스트들의 노년에 관한 연구와 관심은 각각의 논지의 한계점과 문제점에도 불구하고 노년 여성 연구의 중요한 초석이라 할 수 있다.

노년 여성 연구의 방향과 미래

지금까지 살펴본 것처럼 노년 차별의 문제는 성차별의 문제와 상당부분 유사하다. 여성운동에서 페미니스트들이 문제로 지적했던 여성의 타자화, 여성에 대한 무관심과 침묵 등은 노년 연구에도 그대로 적용된다. 또한 성차별을 극복하기 위한 여러 페미니즘적 기제들도 노년 차별 극복에 적용될 수 있다. 획일적이며 억압적인 이미지 타파, 노년에 의한 노년의 경험 서술, 말하기, 노년의 서사 듣기, 다른 세대 간의 연대, 편견과 억압이 없는 새로운 언어의 필요성 등이 그것이다. 성이 생물학적인 것만이 아니라 사회적으로 구성된 것이듯 노년 또한 사회문화적으로 구성된 것이라면, 타자로서의 노년의 위치는 다시 해체되어 재구성이 가능한 지점이 된다.

이러한 해체와 재구성을 위해서는 교육이 그 해결의 실마리를 쥐고 있다고 바버라 바넷Barbara Barnett은 역설한다. 노년 차별주의에 대한 성찰을 위해 젊은 학생들로 하여금 텍스트와 미디어에 나타난 고정적인 노년 이미지를 인식하게 하고, 그것을 분석하게 함으로써 미래 세대에게 변화 모색의 기회를 제공하는 것도 한 방법일 수 있다. 이처럼 21세기의 전 지구적 고령화 사회에서 노년에 대한 새로운 의식화 작업은 페미니스트적 페다고지에서 힌트를 발견할 수 있다. 페미니스트 이론과 프락시스는 모든 형태의 지배를 비판적으로 점검하게 하는 장점을 지닐 뿐만 아니라(Browne 87), 벨 훅스의 지적대로 여러 한계에도 불구하고 교실이야말로 가능성의 장이기 때문이다.(*Teaching* 207) 그뿐 아니라 노년(여성) 차별주의에 대한 의식화는 다른 여성과 억압받는 사람들과의 연대를 가능하게 하는 기회가 될 수도 있다. 왜냐하면 나이 듦은 결국 모든 사람이 공유하는 경험이기 때문이다. 노년 차별주의에 대한 문제의식은 인종차별주의, 계급 차별주의, 성차별주의에 대한 관심과 집중만으로는 사회를 변화시킬 수 없다는 것에 대한 이해를 돕게 할 것이다.

'개인적인 것이 정치적이다'라는 초기 페미니스트의 기치는 페미니즘 안팎에 타자로 남아 있는 노년 여성의 문제에 다시 적용될 수 있는 구호이다. 모든 문제가 여성의 이슈라면 노년 여성의 억압적 현실 또한 여성의 중요한 이슈일 수밖에 없으며, 노년 여성은 바로 모든 비노년 여성의 미래이기 때문이다.

'꽃미남'과 '식스팩'

대중문화 속 오늘의 남성성[1]

윤조원

대중문화 속 젠더 표상

2009년 가을 인기 남성그룹 '2PM'의 리더 박재범이 한창 인기를 누리다가 갑자기 한국을 떠나게 된 일이 있었다. 데뷔하기 전 연습생 시절 그가 친구들과 소통하는 인터넷 소셜네트워크에서 했다는 이른바 '한국 비하 발언'이 알려진 것이 그 이유였다. 재미교포인 그가 한국을 존중하지도 않으면서 한국에서 돈을 벌고 있다는 비난이 퍼지면서 팬들의 분노가 들끓자 그는 사과성명을 냈지만 사태는 수습되지 않았고, 2PM의 소속사 대표 박진영은 재빨리 그를 미국으로 돌려보냈다. 이 사건이 며칠 동안 대중매체를 떠들썩하게 하자, 도대체 무엇 때문인지 궁금하다는 생각이 들었다. 소녀그룹 원더걸스와 제작자 박진영의 시장 전략에 대해 글을 한 편 썼던 인연도 있는 터라[2] 박재범과 2PM을 유심히 살펴보았다. 2PM은 가요 프로그램의 차트 상위권을 점령하고 텔레비전 오락 프로그램에 수시로 등장하는 인기 절정의 스타군단이라는데, 솔직히 비슷한 유형의 남성그룹들이 너무 많아 누가 누구인지 구분하기조차 어려웠다.

실제로 2PM뿐 아니라 소녀그룹들과 나란히 '아이돌'로 군림하는 남성그룹들은 최근 우리나라 대중음악계와 매체 문화에서 주목해볼 만한 특징적 현상이다. 비교적 먼저 슈퍼주니어와 빅뱅이, 곧이어 2PM과 2AM, 샤이니 등이 등장했다. 그 뒤로 엠블랙, 비스트, 포커스, 유키스, 심지어 제국의 아이들이라는 이들까지, 누가 먼저라고 순서를 따질 수도 없을 정도로 여러 팀들이 있다. 춤을 빼고 제자리에 선 채로 악기를 연주하면서 차별화 전략을 펴는 그룹도 있긴 하지만 그들 역시 연주 실력보다는 미모와 패션이 강점이다. 이 남성그룹들은 대부분 여러 명이 한꺼번에 잘 다듬어진 몸매와 잘생긴 얼굴, 뛰어난 춤 실력을 과시하며 유사한 공연을 펼친다. 무대 위에서 공연을 하든 오락 프로그램에 출연하여 잡담을 하든, 틈날 때마다 단단한 복근, 이른바 '식스팩'(여섯 개짜리 음료수 캔 묶음처럼 뚜렷하게 발달된 복근)을 과시하는 것은 필수이다. 근육으로 다져진 몸을 가졌지만 여자 못지 않게 얼굴이 예쁜 데다 곱게 화장도 하고 패션의 첨단을 달린다. 춤을 추지 않을 때도, 몸매가 잘 드러나도록 옷을 차려입은 맵시가 가수인지 모델인지 헷갈릴 지경이다.

이른바 가요계의 '아이돌'들은 그 문화를 소비하는 대중의 욕망을 반영하는 동시에 그 욕망을 생산·변형하는 이중적 작용의 주축을 이룬다고 해도 과언이 아니다. 소녀그룹들이 표상하는 이상화된 욕망의 대상으로서의 여성의 이미지를 통해 우리 대중문화 속에서 작동하는 남녀 간 역학의 한 단면을 읽을 수 있다면, 최근 더욱 증가한 남성그룹들도 마찬가지로 분석의 대상이 될 수 있다. 그들은 소녀그룹의 거울 이미지일까? 사실 필자가 남성 아이돌 현상에 관심을 가지게 된 것은, 남자들이 꽃다운 소녀들을 보며 즐기듯 여자들도 '꽃미남'

이니 '초콜릿 복근'이니 하는 말로 지칭되는 젊은 남자들의 모습에 군침을 흘리니 모두가 마찬가지 아니냐는 이야기를 여러 번 들었기 때문이기도 하다. 그 이야기에 고개를 약간 끄덕이다가도 이내 갸우뚱했던 것은, 이런 단순한 논리가 상정하는 이성애적 짝짓기 구도가 헤게모니적 성 역학과의 관계로 볼 때 대칭적이지도 않거니와, 이 아이돌들이 규범화된 젠더 이미지와 교섭하는 방식 또한 대칭적이지 않기 때문이다. 여성 아이돌의 매력이 '소녀' 이미지 속에 함축된 전통적 여성성의 특징과 크게 다르지 않은 요소에 의존하는 데 비해, 남성 아이돌이 표상하는 남성성은 전통적 남성성과는 다른 방식으로 가시화된다. 소녀그룹의 인기가 수동적이고 유아적인 여성을 성애화하는 일종의 문화적 퇴행, 회귀 욕구의 반영이라면, 여성스러워 보이는 남성 아이돌의 인기는 어떻게 설명할 수 있을지 분명치 않다.

최근 가요계를 주름잡는 남성 가수들의 잘 가꾸어진 얼굴과 몸매, 멋진 춤을 보노라면, 그들의 노래가 그다지 훌륭하지 않다는 것은 잠시 잊을 수도 있다. 아니 그들의 노래가 이미 중요하지 않음을 깨닫게 된다. 실상 이것이 의미하는 바는, 우리 대중가요의 상당 부분이 이제는 귀로 듣고 감상하는 음악이 아니라 눈으로 보는 광경spectacle으로 기능한다는 사실이다. 그렇다. 성별을 떠나 요즘 가수들에게는 생김새와 외양이 제일 중요하다. 노래는 잘하지만 미모가 부족해서 음반 계약에 어려움을 겪었다든지, 소속 연예기획사의 사장이 성형수술을 강권했다든지 하는 고백은 여성 가수들에게서만이 아니라 남성 가수들에게서도 종종 들을 수 있다. 물론 이런 변화는 대중문화의 다른 영역에도 팽배해 있다. 여성 가수들뿐 아니라 이제 남성 가수들에게서도 두드러지는 외모 지상주의적 경향은 우리 문화에서 남성성을 수행·수용하는 방식에 일어난 변화를 가장 극단적·감각적인 이미지들로 전시하는 창구이다.

이 글은 남성성이 대중문화, 특히 대중가요계에서 시각적인 대상으로 부각되는 현상을 확대경으로 삼아, 남성성을 표현하고 실천하고 소비하는 양상의 변화를 짚어보고 그 의미를 가늠해보려는 시도이다. 여성의 경우 남성의 시선에 의한 성적 대상화의 구도가 너무도 긴 역사를 지니므로, 최근의 두드러지는 경향은 예외상태라기보다는 변동하는 문화·경제적 맥락 속에서 이루어지는 일종의 변주로 볼 수 있다. 그런데 남성의 몸이 시각적인 대상이나 성적 상품으로 부쩍 대두되는 것을 어떻게 이해할 수 있을까? 성 상품화의 논리에서 이제 남성도 예외는 아니라는 사실을 말해주는 부정적 양성평등의 한 증상인가? 혹은 욕망의 주체로서의 여성 대중의 존재를 긍정하고 그들의 욕망과 취향을 대중문화의 큰 원동력으로 인정한다는 점에서 바람직하게 평가할 수 있을 것인가? 대중문화의 현장에서 뚜렷이 감지되는 새로운 남성성의 수행방식에서 신자유주의 포스트모던 시대 우리 사회의 젠더 정치학과 '욕망의 경제'의 흥미로운 일면에 접근하는 통로를 찾을 수 있다고 생각한다. 꽃미남과 식스팩은 이 변화의 분열적이고도 모순적인 특성을 집약적으로 말해주는 핵심어다.

'메트로섹슈얼': 포스트모던 시대의 남성

이전 세대와는 뚜렷이 구분되는 용모를 내세워 활동한 남성 아이돌 그룹은 1990년대 말부터 있었다.(그 당시 등장하여 소녀팬들을 구름떼같이 몰고 다녔던 오빠들, HOT, god, 신화 등을 떠올려 보라) 2000년대 들어서는 곱상하고 갸름한 서구적 얼굴에 도회풍의 스타일을 연출하는 배우들도 TV와 영화에 대거 등장하여 꽃미남 열풍을 함께 만들어냈다. 비슷한 유형의 남성 스타들이 이후 지속적으로 누리는 인기는 대중적 상상 속의 남성상이 일관되게 변화하고 있음을 반증한다. 이 시기 이후 최근까지 대중에게 인기를 얻은 많은 남성 스타들은 이전 세대에서 흔히 남자답다고 여겨지던 것과 달리 작은 얼굴에 눈망울이 크고 피부가 고운, 비교적 여성스러운 외모를 지닌다. 이들은 남성 신체에 적용되는 미적인 기준 자체를 크게 바꾸어놓았다. 외모뿐 아니라 행동이나 정서에서도 다감하고 낭만적이며 여성에게 친절한, 예쁘고 부드러운 남성상이 한층 부각되었다. 외적으로는 서구적 미의 기준과 행동의 코드가 이상화되어 영향을 미친 탓도 있지만, 전반적으로 남녀평등의 기류가 확산되면서 권위적이고 힘 있는 남성상의 문화적 헤게모니에 균열이 일어난 것도 사실이다.

1990년대 후반 이후 기존의 남성상과 다른 파격적인 머리 모양이나 화장, 의상을 사용하는 남성 연예인들이 유난히 많아졌다. 연예인이 아닌 일반 남성들에게도 실제로 그러한 풍조가 많이 수용되었다는 것은 의미심장하다. 이전 세대와는 다르게 남성들도 외모에 공을 들이며 머리모양, 옷차림, 화장품, 장신구 등에 많은 소비를 하는 경향이 1990년대 이후 우리 사회에서 뚜렷이 나타났다는 것은, 민주화의 격동기를 거치면서 이전의 경직되었던 사회 분위기가 많이 완화되었다는 점, 상당한 경제성장을 이루어 사회적 부의 수준과 함께 소비 수준도 향상되었다는 점, 서구의 소비문화가 훨씬 더 자유롭게 수입되기 시작했다는 점 등과 모두 연관이 있을 것이다. 기존의 남성 젠더 역할이 노동과 생산에 치우쳤던 데 비해, 점차 남성들도 취미활동이나 여가생활, 그리고 자신을 위한 소비에도 관심을 갖게 되었다. 이런 이유들이 복합적으로 작용하여, 특히 1990년대 말 이후 세대는 자기 표현에 있어서도 관습보다는 개성을 택하고, 젠더 정체성을 경험하고 표현하는 데서도 과거의 규범적 형식에 얽매이지 않는다.

비슷한 시기에 영국과 미국을 비롯한 서구문화에서도 남성성의 경험과 표현양식에 가시적인 변화가 있었다. 의식적인 외모 관리를 통한 신체 자본의 강조, 최신 풍조의 소비행위 등을 통해 남성성을 새로이 수행하는 방식이 공감대를 형성하는 가운데, 영국의 축구선수 데이비드 베컴David Beckham을 대표적인 아이콘으로 널리 유행하기 시작한 '메트로섹슈얼metrosexual' 열풍이 바로 그것이다.[3] 메트로섹슈얼은 1990년대 말에서 2000년대 초를 기점으로 크게 유행한 새로운 남성형을 가리키는 당시의 신조어다. 이는 "유럽, 특히 영국 언론에서 주목한 현상으로, 도시적이고 사회적으로 성공하고 세련된 매너와 잘 다듬어진 외모를 갖춘 현대적 남성 이성애자"를 가리킨다.(Shugart 283) 메트로섹슈얼은 남성 동성애자들의 생활양식이나 행동패턴 중에서 외형적·감각적 스타일이라는 측면이 이성애적 남성성의 수행적 차원에 개입하여 전통적인 남성다움의 개념과 표현을 변화시킨 결과라고 흔히 평가된다. 매끈하게 다듬어진 용모와 최신 감각의 패션으로 스타일을 강조하여 외모를 가꾸는 동시에 세련된 문화적 취향과 감수성을 갖추고 표현함으로써 기존의 규범적 남성성과는 다소 다른 남성성을 지향하고 실천하는 것이다. 메트로섹슈얼이라는 말은 영국에서 먼저 유통되었지만, 당시 여러 문화의 경계를 가로질러 널리 감지되던 현상을 이르는 적절한 용어로 수용되어 미국을 비롯한 세계 곳곳으로 퍼져나갔다. 메트로섹슈얼리티를 표상하는 스타들이 각별히 주목을 받자 메트로섹슈얼 스타일의 연출방법을 설명하는 교본들이 출간되는가 하면, 메트로섹슈얼 미학을 설파하는 텔레비전 프로그램들이 인기리에 방영되기도 했다.[4] 메트로섹슈얼은 남성성을 자연적인 것, 주어진 것, 고정된 것으로 보던 통념을 깨고 문화적 구성물 혹은 수행적 젠더로 인식하게 하는 중요한 계기로 작용했다. 또한 최근의 젠더 연구, 특히 남성성 연구의 관점에서도 상당한 주목을 받았다.

헤게모니적 남성성이 변동하는 문화적 맥락과 상호작용하는 방식들에 관해서는 최근의 젠더 연구에서 많은 논의가 있었다.[5] 후기산업사회의 헤게모니적 남성성의 '위기론'이라는 맥락에서 메트로섹슈얼리티는 특히 흥미로운 논제가 된다.[6] 남성성의 현대적 '위기'에 대한 인식은, 기존의 규범적 남성성이 지녔던 권력에 여러 면으로 의문이 제기되고 전통적 위계질서에 대한 페미니즘의 도전이 일정한 성과를 거두면서 남성의 가부장적 특권이 상대적으로 축소 혹은 제한된 데 대한 반작용의 일환으로 볼 수 있다. 기존의 남성적 특권이 남성성과 여성성 사이의 본질적·자연적 차이에 대한 믿음을 기반으로 삼았다면, 이 기반에 담론적·실천적으로 비판이 가해지면서 남성이 고유의 남성성을 유지할 기반을 상실한다는 인식, 그리고 사회 전체가 여성화한다는 인식이 남성성의 위기론에 일조한다. 젠더 정체성의 안정적 경계를 무너뜨리는 듯한 메트로섹슈얼의 외형적·정서적 실천은 남성성과 여성성, 이성애와 동성애의 상투적인 구분 방식에 일견 혼란을 야기한다. 그렇다면 메트로섹슈얼은 남성성의 위기의 산물인가? 혹은 남성성을 위협하여 더 큰 위기에 처하게 하는 원인인가?

남성의 여성화나 남성성의 위기에 대한 논의들은 남성성이 상업적으로 대상화되고 이용된다는 사실과 밀접하게 연관되어 있다.[7] 남성성의 대상화, 상업화는 전통적으로 사회적·경제적 가치 창출의 주체로 인식되어온 남성의 지위에 일어난 변화라 할 수 있다. 소비주의 문화의 팽배에 따른 소비 패턴의 변화가 남성성의 규정과 수행에도 깊숙이 관여하게 되었다는 점이, 아직 남아 있는 규범적 남성성의 이념과 남성성의 현실 사이에 간극을 만들어낸다. 남성성의 상업화에는 소비주의 문화 확산의 통로로 기능하는 대중매체 산업의 역할이 무엇보다 크게 작용했다. 상업화된 남성성은 서구에서 남성패션이 산업으로 부상하고 남성 독자들을 겨냥하여 세련된 생활양식을 강조하는 대중잡지들이 1980년대 이후 많이 등장하여 남성성이 대중의 시선 속에 대상화된 '볼거리'로 부각되면서 특히 대두되었다.(Shugart 282) 하지만 과거의 과시적 소비conspicuous consumption가 소비의 민주화 속에서 부유층의 특권적 경제력을 더욱 극적으로 가시화하는 수단이었던 데 비해[8] 오늘날 소비행위를 통한 남성성의 수행적 재구성은 이상화된 도시적·현대적 삶의 지향과 더불어 계급 간의 경계를 초월하여 널리 일어나는 현상으로, 그야말로 변모한 남성성의 한 지표이다. 약간의 시간차가 있지만, 우리나라에서는 1990년대 중반 이후, 즉 1970~80년대 눈부신 경제성장의 혜택을 누리면서 자라난 세대가 성인이 된 무렵에 유사한 현상이 나타난다. 화장품, 옷, 장신구, 피부미용, 몸치장, 건강관리 등을 중심으로 한 소비습관에 의존하는 이러한 경향은 단순히 한때의 유행에 그치지 않는다. 이는 1990년대 말 경제위기를 겪으면서도 크게 변하지 않고 젊은 남성들의 자기 표현과 생활양식의 중요한 일부가 되었다. 대중매체에서 꽃미남이 유독 부각된 것도 같은 맥락에서다.

메트로섹슈얼리티는 변모하는 사회에 대응하면서 생겨난 포스트모던 남성성의 한 양태다. 동시에, 상품을 매개로 욕망을 생성하고 소비습관을 통해 남성성을 새로운 방식으로 구성하는 일종의 문화적 명령이기도 하다. 메트로섹슈얼리티는 남성성을 성적으로, 상업적으로 대상화한다는 점에서 기존의 규범적 남성성에 대한 일종의 도전으로 기능한다. 특히 외모에 치중하는 심미적 자기계발이나 자기 표현, 몸의 전시, 성 상품화 등 역사적으로 주로 여성에게 해당되었던 방식들이 남성성의 구현과 수행에 사용된다는 점에서 남녀 간의 성차, 젠더 정치학의 문화적 표층이 현대 사회에서 분명히 재조정되고 있다는 것을 알려준다. 스타일의 미학을 중요시하는 메트로섹슈얼리티는 남성의 몸에 새삼 주의를 환기한다. 성형수술까지 동원하여 외모를 보정하는 꽃미남들이 특권을 누리는 우리나라의 대중문화에서 남성의 몸은 어느 때보다도 주목받고 있다. 호칭은 다를지라도 21세기 우리나라의 젊은 남성들 중에서 무수히 많은 메트로섹슈얼들을 발견할 수 있다. 유럽과 미국의 문화 지형에 일대 파란을 일으켰던 메트로섹슈얼은 문화의 경계를 넘어 한국에서도 위력을 발휘하며 기존의 남성성을 변화시키고 있는 것일까?

대한민국의 '메트로섹슈얼', 꽃미남

한국의 메트로섹슈얼리티 혹은 조금 더 광범위하게 포스트모던 남성성에 대해서 생각해보기 위해서, 가수 비(본명 정지훈)의 경우를 살펴보겠다. 비는 물론 별다른 재주 없이 소속사의 전략에 의해 가수로 무대에 반짝 섰다가 다른 길로 들어서는 흔한 남자 연예인들과는 구별된다. 그의 활약은 여러모로 2000년대 한국 대중문화의 특성들을 요약한다. 현란한 춤으로 근육질의 몸을 과시하면서 섹시한 남성의 표본으로 입지를 굳혔고, 가수인 동시에 연기자로 활동하면서 대중문화의 장르 간 경계를 허무는 최근의 경향을 선도하여 큰 성공을 거둔 대표적 인물이기 때문이다. 국내 시장뿐 아니라 아시아 지역에서도 이름을 떨치고 미국의 음악시장이나 영화계에까지 진출하여 활약하는 그 나름의 업적 또한 고려하지 않을 수 없다. 하지만 가수 비는 무엇보다도 '눈으로 보는 음악'이라는 우리 대중가요의 주도적 흐름을 본격적으로 탄생시킨 인물이라는 점에서 흥미롭다. 비는 가수지만 그의 노래는 중요하지 않다. 그는 남성의 몸을 시각적으로 전면 부각시킴으로써 음악보다도 얼굴과 몸의 매력으로 대중을 사로잡아 대중음악의 판도를 바꾼 장본인이다.

비의 트레이드마크는 조각처럼 단련된 몸과 귀여운 얼굴이다. 무대 위에서 화려한 안무를 펼쳐 보이며 얄궂게 상의를 들어올리다 결국 셔츠를 찢어버리곤 하는 그의 공연은, 남성의 몸도 욕망의 대상이나 감각적 향유의 대상이 될 수 있다는 지극히 단순하지만 중요한 사실을 깨우쳐주었다. 게다가 그의 몸은 그림이나 사진에서 보는 정지된 몸이 아닌 역동적으로 움직이는 몸이며, 앳된 얼굴과 묘하게 짝을 이룬 그 몸이 극적으로 현시하는 역동성은 남성적 권위를 상징하는 물리적 힘과는 다른 육체의 유혹을 암시한다. 이전에 대중문화의 중앙무대를 장악했던 남성 스타들은 대부분 비육체적 특성-중후함, 부성성, 낭만성 등-에 기반을 둔 남성성을 연출했다. 몸으로 승부한 스타, 잘생기고 춤 잘 추는 남성 가수들도 있었지만, 그들은 외모와 춤을 위주로 승부하지는 않았고 설령 그랬다 해도 비만큼 선풍을 일으키며 여러 연령층의 여성들에게 고루 인기를 끌지도 않았다. 또한 우리나라 대중문화에서 새로운 유형의 남성성을 재현하고 그것을 전파하는 한 국면을 연 대표적 아이콘으로 비를 꼽은 것은 그가 단지 예외적인 존재인 것만은 아니기 때문이다. 비가 한참 인기를 얻기 시작하던 무렵 그와 유사한 남성성을 구현하여 스타가 된 배우로 권상우가 있다. 권상우 역시 소년 같은 얼굴과 잘 단련된 몸매의 소유자로, 출연하는 영화나 드라마에서 (운동하는 장면 등을 동원하여) 조각 같은 근육을 한껏 과시했다. 비와 권상우가 정상의 인기를 얻은 이후, 몸매를 일정 수준 이상으로 가꾸고 드러내는 데 정진하지 않은 남성 스타는 없을 것이다. 이들의 등장과 인기가 2000년대 초반 대한민국을 휩쓴 몸짱열풍과 맞물린다는 사실은 우연이 아니리라.

비를 비롯한 메트로섹슈얼 스타들은 남성에게도 '육체'가 있다는 사실, 그것이 아름다울 수 있다는 사실, 그리고 그것을 아름답게 연출하여 상업적으로 이용할 수 있다는 사실, 게다가 여성이 욕망의 주체로서 그 육체를 보고 탐할 수 있다는 사실을 상기시켰다. 비가 스타로 등극한 것은, 남성의 몸을 시각적 대상으로 최대한 활용하여 대중문화 속 남성 이미지의 새로운 시대를 열었고 그에 조응하는 여성 대중의 욕망이 있다는 시나리오를 효과적으로 활용했기 때문이다. 비의 중요성은 두 가지로 요약할 수 있다. 첫째, 기존 가요시장의 주요 소비자가 아니었던 일반 성인들에게도 남성의 육체성을 시각적으로 향유하게 함으로써 남성의 몸에 대한 통념을 크게 바꿨다. 둘째, 대중문화의 지형을 움직이는 성적 에너지의 경제를 변화시켜 남성의 몸을 문화산업의 값비싼 자본이자 상품으로 부각시켰다. 주로 능력, 성공, 권위 등 추상적 가치로 남성성을 정의하고 평가하던 문화적 풍토에서 비가 부각시킨 남성의 육체성은 이후 남성성이 대중적으로 구성·표상되는 방식에 강력한 영향을 미쳤다. 이후 무수한 남성 연예인들에게 그는 선망과 모방의 대상이 되었다. 일상적 차원에서도 젊은 남성들의 자기계발이나 자기 표현에서 육체성이 중요한 요소로 참조되었다.

비가 뚫어놓은 통로를 지나 그의 뒤를 잇는 무대 위의 남성 스타들은 하나같이 비슷한 용모의 미소년들, 미청년들이다. 그들 역시 음악보다는 춤으로 승부한다. 멜로디나 가창력보다는 리듬에 의존하는 음악을 배경으로 몸과 얼굴이 공연의 주인공이 된다. 비가 솔로가수로서 '보는 음악'의 장르를 개척했을 만큼 새로운 이미지 창출에 성공했다면, 이후의 남성 가수들은 솔로보다는 그룹으로 활동하면서 비의 퍼포먼스와 이미지를 차용·전유하여 그 효과를 증폭시키는 데 주력한다. 이들의 인원수는 음악적 효과가 아니라 시각적 효과를 극대화하기 위한 것이다. 체력 소모가 큰 춤을 추며 노래를 감당하기가 수월치 않기 때문에 춤을 추면서 한 소절씩 노래를 나눠 부르는 일종의 분업을 하는 것을 보면 알 수 있다. 이 분업은 다른 방식으로도 효과를 본다. 소녀그룹과 마찬가지로, 여러 명이 팀을 이루어 함께 활동하면 비슷하면서도 조금씩 다른 이들의 외모가 팬들의 각기 다른 취향을 골고루 충족시켜 팬층을 두텁게 확보하는 데 도움이 된다.

그리고 (보디빌더 등에게서 볼 수 있듯) 물리적 힘을 압도적으로 강조하는 남성 육체의 표상과는 사뭇 다르게 여성적인 얼굴, 미적으로 조율된 의상과의 조합을 통해 매개되는 이들의 육체성은 남성의 성을 표면화하면서도 그것을 젠더 이미지의 전통적 위계 구도에서 탈구시킴으로써 위협적이지 않은 것으로 만든다. 간혹 '짐승남'이니 '육식남'이니 하는 호칭을 통해 야성적 남성성에 대한 향수가 유희적으로 표출되기도 하지만, 철저히 연출된 그들의 남성성에 '야성'은 역설로서만 존재한다. 그들의 몸이 표상하는 성적 매력은 스타일이라는 포장을 통해 굴절되고 순정만화의 정서로 낭만화된다. 팬이라면 누구나 그룹 구성원들 중 한 명을 자신이 가장 선망하는 이상형으로 지목하는 가운데 대한민국의 이상적 남성상은 꽃미남과 식스팩의 이미지로 수렴된다. 이와 더불어 남성성/여성성, 주체/대상, 능동성/수동성의 이분법을 규정하는 경계가 재협상된다. 비를 비롯한 메트로섹슈얼들의 대거 등장은 그들을 소비하는 여성팬들의 존재를 함께 부각시켰고, 여성팬들의 취향과 욕망은 남성성을 규정하는 데에도 참여하게 된다. 이전 시대 남성 스타들의 팬층이 대부분 그들을 열성적으로 따라다니며 '빠순이'라는 부정적인 이름으로 호명되던 일부 소녀들로 대표되었다면, 이제 대한민국의 메트로섹슈얼 스타들은 그들에게 '꽃미남', '완소남', '훈남' 등의 이름을 부여하며 개별화된 취향에 맞게 그들을 소비하는 익명의 다수 대중과 마주하게 된다.

화장化粧한 남성들의 '젠더벤딩'

비가 우리 대중문화의 대표적인 메트로섹슈얼 아이콘이라면, 동방신기를 비롯하여 더 최근의 샤이니나 2AM 같은 그룹들에서는 비의 메트로섹슈얼리티와 유사하면서도 조금 다른, 한층 더 여성스러운 남성들을 볼 수 있다. 짙은 눈화장에 가냘픈 몸으로 춤을 추는 이들은 그들보다 한 세대 위인 필자의 고정관념에서 보면 비 같은 메트로섹슈얼이 젠더 간 경계를 다소 재조정한 것에서 한걸음 더 나아간 신종 젠더벤더gender bender, 즉 젠더 정체성을 파괴하는 이들이 아닐까 생각될 정도다. 오락 프로그램에 여장을 하고 나타나기도 하는 2AM의 조권 같은 인물이 대표적이다. 핑크색 옷에 여성성이 본질적으로 내재하는 것도 아니고, 아이라인이나 립스틱이 여성만의 전유물이어야 할 이유도 없다. 문화의 무의식 속에 고정된 젠더 재현의 코드들을 교란하는 것이 젠더벤딩이 아니고 무엇이랴. 가수들만이 아니라 배우들 가운데서도 장동건, 정우성, 이정재, 배용준 등의 초기 메트로섹슈얼들에서 권상우, 원빈, 강동원, 이준기 등을 지나 더 젊은 장근석, 유승호 등으로 이어지는 흐름을 보면 점점 더 고운 얼굴과 감성적인 표정, 여성적 패션에 의존하는 더욱 여성적인 양태의 남성성이 발견된다. 물론 이들을 '여성적인' 혹은 '여성스러운' 남성으로 간주하는 것도 여성성과 남성성에 대한 본질론적 가정에서 벗어나지 못하는 발상이기에 곤란할 수는 있다. 하지만 더 나은 표현과 사고틀을 당장 떠올리지 못하는 것을 필자의 한계로 치고, 무어라 달리 표현하기 어려운 이들의 여성스러운 남성성을 일단 젠더벤딩으로 고려해보려 한다. 이들의 젠더벤딩은 젠더 정체성에 대한 고정관념을 얼마나, 어떻게 파괴하는 것일까?

결론부터 말하자면, 여성스러운 행동이나 외모 등을 거리낌 없이 차용하는 듯 보이는 이 신종 메트로섹슈얼들은 스타일의 차원에서 전통적인 남성 이미지의 경계선을 넘나들면서도 성 정체성, 섹슈얼리티의 규범들에 대한 진지한 질문을 하지 않는다는 점에서 기존질서를 비판하는 시도로서는 한계를 지닌다. 1970-80년대 글램록glam rock이 유행하던 시절 영국과 미국에서 데이비드 보위David Bowie 같은 인물들이 기존의 젠더 경계를 넘는 이미지를 만들고 유행시킨 적이 있었다. 글램록은 단순한 외모의 치장에 그치지 않고 섹슈얼리티의 차원에서 대안적 정체성을 실천하거나 긍정하면서 논쟁을 부추겼고, 주류 문화의 이성애 규범적 담론에 도전하면서 동성애를 적어도 그 문화적 어휘의 하나로서 각인시키는 시험대 역할을 했다. 최근 우리나라 대중문화의 남성성 표상에서 나타나는 메트로섹슈얼리티는 수행자의 차원에서나 소비자의 입장에서나 섹슈얼리티 논의를 공적으로 거의 허용하지 않는다는 점에서 글램록과는 매우 다르다. 또 글램록의 젠더벤딩이 (물론 그것 역시 상업적 목적과 불가분의 관계에 있긴 했지만) 음악적 실험의 기반 위에서 행해진 예술적 탐색과 수행의 한 형식이었던 반면, 현재 우리 대중음악계의 화장한 남성들은 음악적 완성도나 독자적인 예술의 추구와는 거리가 먼, 소속사들의 시장전략에 의해 완벽하게 기획되고 대량생산된 인형 같은 존재들이라는 점에서도 큰 차이가 있다.

앞에서 잠시 언급했지만 메트로섹슈얼은 그 기원에 있어, 이성애적 남성성이 이른바 '게이 문화'의 스타일을 차용한 데서 유래한다. 메트로섹슈얼은 게이처럼 보일 수는 있지만 게이가 아닌 남성들로서, 일견 동성애자와 혼동될 수도 있기에 구분되어야 하는 도시적 이성애자, 헤테로섹슈얼을 지칭하기 위해 그것과 유사하게 만들어진 용어다. 그러므로 그것은 "동성애적 패닉homosexual panic"을 내포하는 기호이기도 하다.[9] 동성애 자체에 정치적인 유효성도, 긍정적인 가치도 부여하지 않는 한국의 문화풍토에서 메트로섹슈얼의 상업적·소비주의적 남성성이 젊은 세대 남성들의 자기 표현과 생활방식에 널리 퍼져 있음에도 정작 메트로섹슈얼이라는 용어가 사용되지도 않고 반드시 적절하지도 않은 것은 바로 이런 이유에서다. 번역하기 껄끄러운 단어 자체의 문제도 있을 테지만, 굳이 동성애와 유사하면서도 구분되는 이성애적 남성성의 한 유형임을 구체적으로 명시하게 하는 문화적 압력이 (적어도 가시적으로는) 없기 때문이다. 우리나라 젊은 남성들의 패션과 스타일에는 '게이'로 의심받을지 모르므로 스스로 그런 혼동을 차단하려 하는 불안한 충동의 흔적이 거의 없다. 수많은 한국의 메트로섹슈얼들이 여성스러운 스타일을 차용하여 자유롭게 자신을 가꾸고 표현할 수 있는 것은 아마도 그 때문일 것이다. 태권도로 연마된 체력과 한 여학생을 향한 순정을 두루 갖춘 말죽거리 남학교의 권상우는 뽀얀 미소로 화관을 머리에 쓰고 화장품 광고에 등장해도 거리낄 것이 없는 한국형 메트로섹슈얼이다. 현대 남성성의 한 유형으로서 메트로섹슈얼은 21세기 세계 도처에서 발견되지만, 흥미롭게도 문화의 경계가 구획하는 성 정치학의 지배적인 성향에 따라 다른 양상으로 이해되고 실천되고 있다. 아이러니하지 않은가? 젊은 연예인들이 동성애 혐의를 우려하지 않고 마음껏 동성애 코드를 이용할 수 있는 것은 바로 한국 대중문화에서 동성애가 너무나 억압되어 남성 정체성의 유효한 가능태로서 나타나지 않기 때문이다.

신세대 남성그룹의 젠더벤딩은 남성들 간의 동성사회적homosocial 혹은 동성 친화적 유대를 강조하면서도 이성애규범성heteronormativity에 철저히 의존한다는 점에서 전복적이라고 보기 어렵다. 남성그룹들은 동성사회적 남성 유대를 최대한 과시하는 형태로 유지되는 남성들 간의 기획이다. 물론 여성들은 이 남성 스타들을 소비하는 소비자로, 팬으로, 시장으로 존재한다. 하지만 SM이나 JYP 등 거대자본으로 성장한 연예기획사를 보면 알 수 있듯, 이 새로운 유형의 남성들은 철저히 남성 독점적 문화권력으로 운영되는 대중문화산업에 의해 기획되고 생산된다. 서구문화에서 메트로섹슈얼은 궁극적으로 이성애적 남성임을 강조하지만, 그 과정에서 동성애적 요소를 통제하는 동시에 동성애를 이성애와 인접한 것으로서 끊임없이 상기시키는 이중적 작용을 한다. 우리나라의 경우 메트로섹슈얼과 남성 동성애자들과의 관계는 유사성이든 차별성이든 수면 위로 떠오르지 않는다. 그 대신 여성 대중과의 유착을 최대한 이상화·낭만화하는 전략을 통해 이성애의 규범을 의심이나 선택의 여지가 없는 남성성의 기반으로 견고히 유지한다.

비의 등장이 여성팬들의 욕망과 상호작용하는 구도를 최대한 시장화하여 성공을 거두었다는 점에서 알 수 있듯이, 비의 남성성은 여성팬들을 직접적이고도 유일한 타깃으로 가정하여 그들을 생산하고 재현했으며 그 뒤를 이어 수많은 남성 스타들이 유사한 방식으로 시장을 공략하고 있다. 열광하는 여성팬들의 존재를 보편사실화하는 대중매체의 재현방식이나 연예인 자신의 퍼포먼스도 마찬가지다. 한창 인기 좋은 남성 연예인, 그중에서도 특히나 메트로섹슈얼다운 스타들이 〈우리 결혼했어요〉라는 가상현실 프로그램에 재빨리 투입되는 것도 이와 무관하지 않다.

국경 너머의 메트로섹슈얼

다시 비의 이야기로 돌아가보자. 우리나라에서 비의 시장화 전략이 기존의 남성성을 위협하는 듯하면서도 이성애규범성을 공고히 하여 성공한 반면, 비의 미국시장 진출은 우여곡절이 많았다. 만국공통어라는 음악의 생산과 소비도 문화의 경계를 넘는 과정에서 예측하기 어려운 변수들에 좌우되는데, 음악으로 승부하지 않는 가수가 다른 문화권을 공략하기란 얼마나 어렵겠는가. 가수로서 비가 미국시장의 문을 두드리는 동안 소속사가 비의 광고에 들인 노력은 상당할 것이다. 하지만 이미 남성의 성적 대상화나 성적 주체로서의 여성의 욕망에 우리보다 먼저 익숙해진 미국의 대중에게 똑같은 전략은 실효를 거두기 어렵다. 비가 미국에서 예정했던 콘서트가 연거푸 취소되어 큰 낭패를 보았던 것도 무리는 아니다. 하지만 비의 할리우드 진출은 미국 음악 시장으로의 진출보다는 일단 더 성공적이었다. 그런데 비의 재능과 노력이 바탕이 되었다는 사실을 부인하거나 폄하할 의도는 없지만, 여기엔 다소 비의 뜻과 다를 수 있는 역학관계도 개입했다고 생각한다.

2008년 5월, 미국 텔레비전의 한 코미디 채널 토크쇼 〈콜베어 리포 Colbert Report〉에 비가 등장한 것을 기억하는 사람이 있을지도 모르겠다. 여기서 사회자 스티븐 콜베어는 비를 "한국의 팝스타"로 소개했고, 『타임*Time*』 인터넷판에서 선정한 2008년 "세계에서 가장 영향력 있는 100인"에 비가 자신보다 높은 순위에 오른 것을 언급하면서 짐짓 질투하는 듯한 제스처를 취했다. 그뿐 아니라 그는 춤으로 실력을 겨루자며 자신의 프로그램에 비를 불러들였고, 이 초대는 두 사람의 춤 대결을 극화한 짧은 패러디 뮤직비디오가 토크쇼에서 방영됨으로써 실현되었다.[10] 이 뮤직비디오에서 콜베어는 빨간색 스키니바지, 꽉 끼는 셔츠에 목걸이 등을 하고 비와 함께 춤을 춘다. 은회색과 검은색으로 조화를 이룬 정장에 긴 머리를 묶고 선글라스를 낀 비의 세련된 모습과 대조적으로, 콜베어는 매우 촌스러운 남성 동성애자의 전형적 모습을 연출했으며 그의 춤 역시 매우 희극적이었다. 당시 일부 국내 팬들은 한국 비하 운운하며 이것을 논쟁거리로 삼았는데, 콜베어의 뮤직비디오는 실상 한국을 비하한다기보다는 비를 동성애적 욕망의 대상으로 노골화하는 데 초점을 두었다. 뮤직비디오의 마지막 부분에서, 떠나는 비를 향해 한 손을 뻗으며 "레인!"(Rain은 비가 외국에서 사용하는 예명이다)을 외치는 스티븐 콜베어의 과장된 표정과 몸짓은 비의 매력에 흠뻑 빠진 게이 남성의 욕망을 희화화하는 상투적 표현이다.

비가 이처럼 동성애적 욕망의 대상으로 재현된 것은 한국과 다른 인종, 섹슈얼리티의 축들을 따라 복합적으로 작용하는 성 권력의 역학 때문이다. 한국에서 그냥 '남성'인 비는 미국에서는 인종적으로 규정된 '아시아 남성'이다. 게이 문화에 대한 공식적인 고려나 인종적 정체성에 대한 의식을 그다지 요구하지 않는 우리 문화에서 비의 남성성은 남녀의 이성애 규범적 구도 안에서 비교적 수월하게 그 이성애적 남성성을 확인받을 수 있다. 하지만 인종적 위계질서와 성적 권력의 교착이 긴 역사를 지니는 곳, 거기에 섹슈얼리티의 다양성에 대한 인식이 더해져서 젠더 및 성 정체성의 전형들을 다변적으로 생산하고 유통시키는 미국 사회에서, 문화적 표상으로서의 비가 암시하는 바는 우리나라에서와는 사뭇 다를 수 있다. 철저한 이성애의 구도에서 위력을 발휘하는 비의 메트로섹슈얼리티가 국경을 넘으면 그 안의 헤테로섹슈얼리티를 지탱하는 기반이 약화될 수 있는 것이다.

서구, 특히 미국의 대중매체에서 아시아계 남성이 '여성화'된 이미지로 재현되는 것은 20세기 초 아시아계 이민의 증가와 더불어 생겨난 이른바 '황색위험yellow peril'에 대한 반감, 이후의 냉전시대, 그리고 전 지구화 시대의 자본 및 노동력 이동과 관련하여 계속되어온 외국인, 특히 아시아인에 대한 경계심 등 역사적 맥락과 궤를 같이하는 현상이다. 아시아계 이민의 유입에 따른 노동시장의 침식에 대한 불안감, 그리고 인종적 혼혼混婚에 대한 불안감이 함께 작용하면서, 미국의 대중문화가 재현하는 아시아계 남성들의 이미지에는 아시아계 남성성을 성적으로 통제하거나 왜곡하는 요소가 개입한다. 인종적 위계질서가 성적 위계질서와 겹치면서 비주류 인종을 여성화하여 권력을 상징적으로 박탈하는 것이다.[11] 최근에는 아시아계 미국인들의 공적 지위가 개선되고 주체적인 목소리가 커지면서 대중매체의 문제적 재현양식을 비판하고 동양인에 대한 문화적 전형화를 해체하려는 시도가 적극적으로 이루어졌다. 그러나 전통적인 시각에서 상당히 '남성적인' 이미지로 대중문화 속에서 인기를 얻은 아시아계 남성들도 미국 대중문화 매체에서는 탈남성화되는 경향이 지속되는 것이 사실이다.[12]

아시아계 남성을 여성화하면서 이들의 남성성을 열등하거나 불완전한 것으로 정의하는 것이 이성애 중심적 사회에서 동성애를 불완전한 남성성으로 여기는 경향과 중첩되면서, 아시아계 남성성을 동성애적 남성성과 동일시하는 현상으로도 이어진다. 아시아계 남성은 사내답지 못하고 '게이스러운' 남성으로 이미지화되는 것이다. 여기서 여성적 코드의 멋들어진 차용을 통해 세련된 외모를 강조하는 아시아 남성의 메트로섹슈얼리티는 동성애적 남성성과 쉽게 혼동될 수 있고, 동성애적 욕망의 대상으로 쉽게 상업화될 수 있다.[13] 아시아 문화에 대한 이런 전형적인 묘사는 일단 아시아계 미국인을 미국 밖의 아시아와 동일시하면서 이국적인 것으로 만들고, 이를 통해 미국의 주류에서 아시아계를 배제하는 논리로 이어진다. 이미 '이국적'인 것으로서 '미국적'인 것에서 배제된 아시아계 남성성은 '동성애적'이라고 정의되면서 다시 한번 타자화된다.

미국에서 비가 음악보다 영화로 조금 더 성과를 거둘 수 있었던 데는 이러한 역학의 작용이 크다. 2009년 개봉했던 할리우드 영화 〈닌자 어새신Ninja Assassin〉에서 비가 맡은 배역은 바로 그러한 인종적 성

대상화의 논리에 충실하다. 다른 닌자들이 모두 검은 도복과 두건, 마스크로 철저히 몸을 가리고 싸울 때 혼자서 상의를 벗고 싸우는 주인공 라이조는 이국적인 아시아 남성의 아름다운 몸을 감상하게 해주는 매개가 된다. 영화의 예술성이 떨어질수록 성적 대상으로서 라이조의 위상은 더 커진다. 다만 라이조를 성애화하고 그에게 욕망을 투사하는 시선이 누구의 시선인지는 확실치 않다. 우정 반 로맨스 반으로 이루어진 흑인 여주인공과의 어정쩡한 관계는 영화 속 비(라이조)의 이성애적 남성성을 보장해주지 않으며, 주류 백인 관객의 동일시를 적극적으로 요청하지도 않는다. '헤테로'가 애매해진 비의 메트로섹슈얼리티는 동성애를 포괄하는 다중적인 욕망의 대상이 될 수 있다. 하지만 이를 시장전략으로 적극 활용하려면 우리문화에서 부정적으로 평가되는 요소들을 비의 인종적·성적 정체성의 일부로서 부각시킬 수밖에 없다.

꽃미남과 식스팩의 분열증적 경제학

젠더 정치학의 지형이 변하면서 남성 동성애자들의 특징적인 생활습관이나 자기 표현 방식이 그들만의 하위문화에 머무르지 않고 남성 이성애자들의 주류 문화 안에 침투하여 남성성을 실천하고 표상하는 대중적 방식에 가시적인 영향을 미치게 되었다는 점에서 메트로섹슈얼은 큰 의미를 지닌다. 하지만 자아실현, 사회경제적 성공, 이성애적 매혹이라는 궁극적 목표가 헤게모니적 남성성의 지향점과 큰 차이가 없다는 점에서 보면, 메트로섹슈얼리티는 남성성의 위기에 대한 인식 속에서 여성성 및 동성애적 남성성과 경계를 교섭하여 남성적 특권을 유지하고자 하는 문화적 전략이기도 하다. 전형적인 메트로섹슈얼로 데이비드 베컴이나 브래드 피트가 늘 언급되는 것은 그들이 훌륭한 외모뿐 아니라 직업 분야에서의 남다른 성공, 행복한 결혼생활, 모범적인 아버지 역할 등 전통적인 남성적 성취를 함께 상징하는 인물이기 때문이다.

하지만 일상의 차원에서 메트로섹슈얼리티는 신자유주의의 문화지형 속에서 남성성의 상업화, 대상화를 정당화하는 기제로 작용하며, 노동과 상관없이 남성의 몸을 신체자본으로서 자본주의 시장경제 안으로 편입시킨다. 물론 소비행위와 미적 치장을 통해 얻을 수 있는 감각적 쾌락의 중요성을 부인할 수는 없다. 하지만 남성의 몸은 이제 과거의 과시적 소비행위에서처럼 이미 획득된 특권적 경제력을 행사하는 주체가 아니라, 앞으로의 성공을 위해 관리하고 다듬어야 할 대상이다. '세련된 남성으로 인정받으려면' 혹은 '여성들에게 인기가 있으려면', 심지어 '좋은 직장에 자리를 잡으려면' 몸과 관련된 특정한 스타일을 완성하는 편이 좋다는 문화적 명령이 이미 상식처럼 퍼져 있다. 욕망을 불러일으키는 남성의 외형적 특성, 미래의 성취에 걸맞은 스타일을 미리 몸에 투사하여 자신을 치장하는 것은 순서가 뒤바뀐 것처럼 보이지만, 이제 감각적 쾌락을 주는 자기 만족 행위를 넘어 필수적인 자기 관리의 일부가 되었다. 성형수술과 비인간적인 식이습관, 훈련으로 다듬어진 스타들의 외모는 그 비현실성과 획일성에도 불구하고 대중의 상상 속에서 남성의 몸과 얼굴을 평가하는 표준으로 점점 더 확고히 자리잡았다.

하지만 이미지와 현실 사이의 괴리는 쉽게 봉합되지 않는다. 메트로섹슈얼과 호모섹슈얼의 인접성은 쉽게 간과되거나 지워지지 않으며, 메트로섹슈얼과 헤테로섹슈얼의 차이도 언제나 자명한 것은 아니다. 이성애 로맨스의 신화 또한 언제 어디서나 보편적 호소력을 지니는 것이 아니니 말이다. 그룹 2AM 조권의 독특한 행동이나 유난히 여성스런 외모와 태도에 근거하는 '조권 게이설'이 인터넷상에 유포된 것은 최근 남성성의 표현 방식이 기존의 성별 표상 코드와 차별화되면서 성 정체성 논란으로까지 확대된 경우다. 인터넷매체에서 이것을 보도했고 이후 조권 본인이 인터뷰에서 공개적으로 그것을 언급하며 억울함을 호소하기까지 했다는 점에서 이례적이긴 하지만, 이와 유사한 논란이 비공식적으로는 여러 건 있었고 언제든 더 있을 수 있다.

꽃미남과 식스팩의 젠더벤딩은 때로 예기치 않은 곳에서 그 분열적 역학과 한계점을 드러낸다. 서두에서 언급했던 그룹 2PM의 리더 박재범의 '한국 비하 발언'은 한국이 마음에 들지 않는다는 단편적인 인상을 미국의 십대들이 흔히 쓰는 속어로 표현한 것이었는데, 정확히는 "Korea is gay"라는 말이었다. 당시 수많은 언론매체들은 이 말을 보도하면서도 그 표현의 어원적 함의에 대해서는 전혀 설명하지 않았다. 구어적으로 'gay'라는 표현이 마음에 들지 않는 것, 좋지 않은 것을 모두 가리키며, 동성애와 무관하게 사용되기도 하는 것은 사실이다. 하지만 그 용례는 분명 동성애공포증에 기원을 두고 있다. 박재범이 동성애와 관련된 의미에서 그런 표현을 썼는지는 불분명하다. 다만 비가 우리문화의 경계를 벗어나 우리에게 익숙하지 않은 다른 이미지로 각인될 수 있듯이, 경계를 넘어온 박재범에게 우리 대중문화를 지배하는 표상들이 다른 의미로 읽혔을 가능성도 있다. 그러나 자신의 눈에 "gay"해 보였던 한국 가요계에서 박재범은 식스팩을 자랑하는 또다른 꽃미남 아이콘이 되었고, 자신을 성공시킨 바로 그 이미지에 대해 부정적인 발언을 했던 업보 때문에 결국 무대를 떠나야 했다.

에드워드 사이드Edward Said는 "표상들이 어떻게, 무엇을 목적으로, 누구를 위해 구성되었는지" 살펴보아야 한다고 강조한다.(314) 표상들, 그리고 그것들을 만들어 사용하는 문화의 재현행위는 중립적이지 않으며, 다양한 축들을 중심으로 작동하는 권력의 역학을 반영한다. 표상들은 특정 대상을 정의하고 통제하는 힘을 가지며, 다양한 문화적·인종적 범주들의 경계를 구획하고 안과 밖을 가르는 역할을 한다. 정체성은 역사를 통해 축적되고 경험된 내용을 단순히 반영하는 것이 아니라 사회의 경계들을 규정하는 가변적이고 유동적인 행위들을 통해 구성된다. 정체성의 구성과 그 변화 가능성의 표출을 대중매체의 재현행위보다 더 잘 보여주는 장은 없을 것이다. 문화적 정체성은 "표상들 밖에서가 아니라 그 안에서" 생겨나고 유지된다.(Hall 69) 대중문화의 표상으로서 남성그룹들이 단적으로 보여주는 것은, 오늘날 성공하기 위해서 가장 필요한 것 중 하나가 얼굴과 몸을 기반으로 하는 스타일이라는 점이다. 비로 상징되는 남성적 몸의 함의와 그 파급효과는 대중문화 속에서 재생산되는 꽃미남과 식스팩의 표상들을 매개로 지속적으로 유지되고 산포된다. 비를 만들어낸 제작자 박진영은 그 후로 2PM과 2AM을 만들어냈고, 비는 박진영의 그늘에서 벗어나 독립적인 활동을 하며 그룹 엠블랙 같은 자신의 클론들을 생산했다. 한국의 메트로섹슈얼들을 양산하는 대중문화 산업은 박재범 논란이나 조권 게이설로 그 분열증적 징후를 노출했지만, 오늘도 대한민국은 메트로섹슈얼을 둘러싼 경계와 함정에 눈을 감은 채 그들의 식스팩에 열광하며 '월드스타' 비의 광휘에 취해 있다.

2부

지구화 (탈)민족 여성의 삶

민족경계 안팎의 여성과 남성

민족주의와 젠더

박미선

이 글은 우리 시대 전 지구화globalization의 맥락에서 새롭게 재구성되고 있는 민족국가의 역할과 기능, 그리고 초국가적 담론의 부상을 이해하기 위해 기존의 민족주의 담론을 페미니즘 관점에서 재검토한다. 21세기 민족주의는 전 지구화 및 다문화주의 담론과 함께 작동한다. 전 지구화는 국가의 역할을 재조정하도록 요구한다. 점점 더 많은 이주민이 국가와 민족의 경계를 넘어 이동하면서 민족의 경계는 끊임없이 재규정된다. 이러한 재규정 과정은 젠더, 인종, 섹슈얼리티의 선을 따라 진행된다.[1] 이 글은 주류 민족주의 연구에 비판적으로 개입해온 최근 페미니즘 연구에 기반을 두어, 민족을 본질적 실체로 접근하기보다는 근·현대 시기에 개인적·집단적 정체성을 형성해온 강력한 사회적 기제로 본다. 일부 주류 문헌에서 논의된 대로 민족이 하나의 발명된 허구라 할지라도, 민족이라는 관념은 그 경계 내부의 다양성을 올바로 재현하지 못한다. 남성과 여성은 민족 '공동체'와 서로 다른 방식으로 관계를 맺는다. 대체로 여성은 민족을 상징하는 존재로 규정되며 남성은 민족사의 주체로 설정된다. 민족사의 주체로 설정되는 남성은 민족의 경계 안에서 살아가는 모든 남성이 아니라 특정한 일부 남성들이다.

나는 민족주의를 남성과 여성, 중심과 주변 양자의 시각에서 검토하면서 민족주의가 남성과 여성을 구성해내는 각기 다른 방식을 살펴고자 한다. 이를 위해 1부에서는 대표적인 남성 이론가들의 연구를 재검토한다. 2부에서는 1980년대 이후 진행된 페미니즘의 민족 연구를 소개하면서 민족주의가 남성 중심적인 담론으로 구성되어왔음을 논의한다. 이를 통해 기존의 민족주의 담론을 재검토하는 데 페미니즘적 분석이 어떠한 이론적·정치적 함의를 지니는지 보여줄 것이다. 3부에서는 민족 정체성과 남성성의 구성과정이 서로 연결되는 지점을 살펴본다. 페미니즘의 민족 연구에서도 남성성 문제가 비판적으로 검토되지 않은 채 남아 있기 때문이다. 남성성은 민족 연구에서 여전히 규범으로 설정되어 있다. 민족 연구에서 남성성이 누리는 이런 특권적 지위는 비판적으로 해체되어야 한다. 마지막으로 전 지구화 시대의 민족주의와 국민국가를 둘러싼 페미니즘의 연구 방향을 짤막하게 제시한다.

남성·이성애 중심적 '공동체'로서의 민족

민족주의는 역사적·지역적으로 다른 양상을 띠기는 하지만 민족 내부 혹은 한 국가 안에 거주하는 여러 민족/집단 사이의 이질성을 억압하면서 민족과 국가를 일치시키려 한다. 이러한 노력은 근대 국민국가가 형성되고 발전하는 과정의 일부였다. 민족주의는 대체로 문화, 역사, 혈연, 지역, 언어 등의 공통성과 문화적 독특성을 강조하면서 정치적 자율성이나 국가 단위의 정치적 주권을 주장하는 이데올로기이다. 민족주의에 대한 일부 논의는 근대 계몽주의 기획을 뿌리로 하는 유럽 민족주의를 '진보적'인 것으로 가정한다. 이러한 담론은 서구의 민족주의와 민주주의를 '보편적' 규범으로 가정하면서 식민주의를 경험한 나라들의 저항의 역사를 서구 중심적 헤게모니에서 나온 담론으로 포섭한다. 나는 식민주의와 제국주의야말로 민족주의가 맹렬히 발흥했던 비옥한 지반이었다는 여러 논의들(Enloe 1990; Grewal and Kaplan 1994; McClintock 1995; Mufti 1997)에 동의한다. 이 글은 민족주의를 "근대 이전에 존재했던 인간 공동체와 그 네트워크의 부재 혹은 분열에 따른 공백을 메우는 그 어떤 메커니즘"으로 보는 정현백의 논의(「민족주의와 여성주의」 16)에서 출발하여, 이 메커니즘이 젠더와 섹슈얼리티 정치를 통해서 작동했음을 구체적으로 보여주고자 한다.

민족주의에 대한 최근 30여 년의 연구는 주로 2차대전 후 아시아와 아프리카 등에서 탈식민 상황 및 냉전과 더불어 갱신되고 부상한 현대 민족주의를 주요 배경으로 한다. 최근 민족 연구에서 가장 널리 인용되는 남성 이론가들인 에른스트 겔너Ernst Gellner, 에릭 홉스봄Eric Hobsbawm, 베네딕트 앤더슨Benedict Anderson, 조지 모스George L. Mosse, 호미 바바Homi K. Bhabha는 민족이 이질성과 다양성을 지닌 여러 집단을 역사와 운명을 공유한 공동체로 묶어내는 끊임없는 자기 발명 과정을 통해 유지된다고 본다. 홉스봄과 앤더슨은 근대의 민족 형성 과정에서 엘리트 남성 민족주의자의 역할을 강조한다. 겔너는 민족이 불변의 본질을 지닌 실체가 아니라 민족주의 이데올로기에 기반을 두고 끊임없이 발명되는 것이라고 보았지만 발명을 부정적인 것, 즉 작위적 허위와 연결시켰다. 민족을 근대의 특수한 산물로 보는 앤더슨은 발명을 허위로 본 겔너의 논의를 비판하면서 발명의 긍정적 힘을 인정하는 데서 출발한다. 앤더슨에게 민족은 보편적인 현상이 아니라 인쇄 자본주의 출현의 결과이자 인쇄 자본주의에 힘입은 민족주의 이데올로기의 정치적 산물이다. 즉 기술 혁신으로 인쇄 자본주의가 확립되고 난 뒤 민족이 발흥했다는 것이다. "민족주의는 민족이 없는 곳에 민족을 발명해낸다."(25) 앤더슨은 민족이 남성들 사이의 "심오하고 수평적인 형제적 동지애"라는 아교로 접착된 "상상의 공동체imagined community"라고 정의한다.(27)

그렇지만 앤더슨은 민족주의가 남성 중심적이고 인종차별주의적인 구성물이라는 점을 인식하지 못했다. 민족주의 이데올로기에 의해 전파되는 민족 이미지는 남성들 사이의 결연, 즉 자매애가 아닌 '형제애'를 강조하며 서로 알지 못하는 사람들을 하나로 묶어낸다. 앤더슨의 틀에서 민족 이미지를 통해 "심오하고 수평적인" 공동체로 묶이는 이들이 남성들뿐이라는 점에서 민족은 성적으로 상상된 공동체다. 이렇게 남성 중심적으로 젠더화된 "상상의 공동체"에서 여성은 민족사의 주체로 간주되지 않는다. 여성은 민족의 상징 혹은 민족주의 이데올로기가 가장 빈번히 사용하는 수사 중 하나인 "위기에 처한 모국을 구원할 아들들"(Mayer 11)을 지지하고 뒷받침해주는 역할만을 부여받는다. 이러한 특정 역할에 해당되지 않는 여성은 민족의 구성원으로 여기지 않는다. 민족주의는 실제 여성들을 모성이나 특정 역할로만 환원하면서 여성을 상징적인 존재로 간주한다. 여성성을 모성에만 등치시키는 민족주의는 여성이 어머니로서뿐만 아니라 다른 역할을 통해서도 민족의 역사에 참여한다는 것, 이러한 참여는 어머니가 아닌 다른 여러 정체성을 통해서도 가능하다는 것을 은폐한다. 여성의 다양한 주체적 역할과 입장을 부정한 채 모성만 부각시키는 민족주의는 남성 중심적인 관점에서 구축된 것이다.

반면 남성은 민족을 구원하거나 발전시켜야 할 시민으로 가정된다. '어머니 조국'과 같은 모순어법에서 잘 표현되듯 민족은 '여성'의 이미지로 표상되지만, 이 '어머니 조국'을 구원할 주체로 호명되는 것은 남성이다. 여기서 주목할 점은 민족의 주체로 호명되는 남성이 민족의 경계 안에 존재하는 모든 남성들이 아니라 일부 남성들에 불과하다는 점이다. 예컨대 동성애 남성이나 민족의 주변부에 존재하는 여러 소수집단 남성들은 이 민족'공동체'에 부적합한 존재로 간주된다. 민족을 구원하고 발전시키는 '훌륭한' 시민의 역할은 일부 이성애자 남성이나 다수집단 출신의 남성에게만 부여된다. 이런 의미에서 민족은 여성, 동성애자 남성, 소수집단 출신 남성에게는 온전한 구성원 자격을 부여하지 않는 남성 중심적·이성애 중심적·성차별주의적·다수자 중심적 '공동체'다.[2] 요컨대 민족주의 이데올로기는 사람들을 하나의 민족으로 묶어내는 기능을 수행하지만 민족의 구성원 자격을 놓고는 특정 남성과 여성 일반을 제외시킨다.

한편 겔너와 홉스봄, 앤더슨 등 주류 민족이론에는 민족 주변부, 식민지 민족주의의 발흥과 그 정치적 여파, 이론적 함의에 대한 설명이 누락되어 있다. 탈식민주의 이론가인 바바는 이러한 문제의식에서 출발한다. 바바는 앤더슨의 통찰에서 출발하지만 제국과 민족의 주변부에 존재하는 주체들의 입장과 경험에 초점을 맞춘 민족이론을 제시한다.[3] 민족 주변부에 존재하는 주체들의 경험은 민족의 경계가 이데올로기적 구성물임을, 본질이 아닌 허구임을 드러낸다. 또한 이러한 주체들이 생산하는 대항서사는 민족의 통일성보다는 혼종성hybridity을 그 특징으로 한다. 예컨대 여러 민족/문화 사이에서 태어난 혼종적 주체들과 원주민은 자신들을 국민국가의 경계지대로 몰아내는 지배 이데올로기에 맞서 대항서사를 생산함으로써 민족의 통일성을 확보하려는 국민국가의 경계 정치politics of boundary-making를 드러낸다. 그러면서 이들은 이러한 경계들이 인위적이며 유동적이라는 점을 보여준다. 바바는 "민족의 주변부는 중심을 바꾸어놓는다. 경계 지역의 겨레들은 민족의 중심인 거대 도시의 역사와 이야기를 다시 쓰며 되돌아온다"고 지적한다.(*The Location* 6) 그래서 통일성을 가정하는 민족문화는 "심오한 재정의 과정에 놓이게 되며" 민족서사는 "사회적·정치적 권리를 박탈당한 소수자의 시각으로" 다시 쓰이곤 한다.(*The Location* 5-6) 대항서사와 헤게모니적 서사가 서로 경합한다는 점은 민족의 경계가 끊임없는 정치적 경합에 열려 있다는 점을 보여준다.

이렇듯 바바는 민족의 경계를 둘러싼 문화 정치에 주목하고 민족의 혼종성을 강조하면서 여러 서사들의 경합을 통해 민족의 경계가 종종 위반되고 지워진다는 점을 논증한다. 그렇지만 아이러니하게도 바바는 혼종적 주체의 능동적 행위주체성agency을 인정하는 데는 인색하다. 이것은 부분적으로, 바바가 주목한 혼종성이 피식민주체의 적극적인 행위라기보다는 식민주의 침략의 부산물이기 때문이다. 바로 이 지점에서 나는 혼종적 주체에 대해 바바와는 다른 관점과 틀을 제시하는 글로리아 안잘두아Gloria Anzaldúa를 바바와 더불어 읽을 것을 제안한다. 바바가 혼종적 주체를 파편화된 개인으로 가정한다면 치카나Chicana(멕시코계 미국인) 페미니스트 안잘두아는 혼종적 주체의 역사성과 집단적 행위주체성을 강조한다.(Yuval-Davis, *Gender* 61) 안잘두아가 말한 "메스티자 의식mestiza consciousness"[4]을 지닌 혼종적 주체는 현재의 시각에서 혼종적 과거를 재평가하면서 혼종적 주체의 역사성과 집단성을 긍정한다. 또한 이들은 식민화의 한 결과인 혼혈인 mestizo/a을 멕시코계 미국인 역사의 주체로 규정한다. 무엇보다 여성들을 민족의 '순수성'을 '오염'시킨 존재로 간주해온 남성 중심적 민족주의Chicano nationalism에 맞서 이 혼종적 주체인 여성들mestiza은 자신들이 멕시코계 미국인의 역사에서 핵심적인 역할을 담당했다는 점을 역설한다. 바바의 혼종적 주체가 무력하게 파편화된 개별 타자로 존재한다면 안잘두아는 혼종적 주체의 생존과 저항의 역사에 주목하면서 집단적 저항의 역사로부터 이들의 행위주체성을 도출해낸다. 안잘두아는 이러한 집단적 행위주체성을 체현한 주체로 혼혈여성을 설정하고 그녀들의 저항의 역사를 강조함으로써 멕시코계 미국인의 역사를 다시 쓴다. 이처럼 여성 중심적 저항의 역사를 지닌 혼종적 주체의 힘 기르기empowerment를 중시하는 안잘두아의 혼종적 민족이론은 바바의 주체 없는 대항서사 이론의 약점을 극복하고 남성 중심성을 해체하는 데 매우 유용한 틀을 제공한다.

주류 민족 연구에 대한 페미니즘의 개입

페미니즘 연구는 대략 1980년대 중반부터 주류 민족 연구에 비판적으로 개입하면서 젠더와 섹슈얼리티를 중요한 분석 범주로 도입하였다. 이러한 연구는 앞서 언급한 남성 이론가들을 위시한 주류 민족 연구가 민족을 무성적인genderless 것으로 간주한다는 점을 논증하면서 출발한다. 그리고 기존의 주류 민족 연구에서 누락된 점, 즉 민족의 주변부에 위치한 여성들과 소수집단이 민족주의와 맺어온 관계를 분석해나간다.

이러한 페미니즘의 개입은 크게 세 분야로 나뉘어 수행되었다. 첫 번째 연구 경향은 문화 재현물을 통해 드러나는 민족의 이미지에 젠더 분석틀을 적용하여 민족 정체성이 구성되는 방식과 민족 형성과정에서 섹슈얼리티 및 재생산을 둘러싸고 일어나는 젠더 정치를 밝힌다. 또한 주로 지역별, 국가별 실증적 사례 연구 및 국제적 틀을 사용한 비교학적 연구를 통해 남성과 여성이 민족주의에 서로 다르게 참여한다는 점도 밝힌다. 두번째 경향은 주로 민족과 민족주의를 근현대의 페미니즘 실천과 관련해서 검토한다. 이 경향은 근현대 시기의 민족문제와 여성문제를 길항관계로 설정한다. 세번째 경향은 국가의 기능과 역할을 여성의 시각과 경험에서 재검토하면서 국가에 대한 페미니즘적 이론화를 시도한다.[5] 여기서는 두번째 연구 흐름에서 나타나는 쟁점을 중심으로 살펴보기로 한다. 이는 페미니즘 이론과 실천이 민족주의와 주류 민족 연구에 개입해온 여러 방식들을 살피면서 이러한 개입이 향후 젠더 연구에 시사하는 이론적 함의를 더욱 명확하게 파악하기 위해서다.

내가 관찰하기에, 위에서 언급한 세 유형의 연구 흐름을 형성했던 가장 강력한 동인 중 하나는 근현대 시기에 민족주의 운동과 페미니즘 실천이 서로의 모순에 개입하지 못하도록 남성 중심적으로 형성된 역사이다. 물론 이러한 역사는 지역이나 나라에 따라 문화적 특수성과 차이를 띠기는 하지만, 여성(운동)을 남성(중심적 민족주의 운동)에 종속시키면서 남성 특권과 남성 지배를 유지해온 가부장제 역사라는 점은 공통적이다. 여성들이 주체의식을 가지고 민족주의 운동에 적극적으로 참여했음에도 남성 민족주의자들은 여성 관련 문제들을 종종 부차적인 것으로 간주했다. 심지어 여성 관련 문제를 진지하게 고려해야 할 의제라고 주장하는 것이야말로 민족주의를 침해하는 행위라고 보았다.(Herr 135) 20세기 여성운동의 역사가 보여주듯 "지금은 아니고 나중에"는 민족주의, 공산주의, 반인종차별주의를 포함한 여러 사회변혁 운동에 적극적으로 참여했던 수많은 여성들의 귓전을 울렸던 남성 중심적인 수사이다.(Enloe 62; McClintock 385)[6] 이는 민족주의가 여성의 종속을 당연시하며 여성의 침묵 위에서 작동한다는 점을 보여준다.

앞서 언급한 첫번째 연구 경향을 보자면, 이 경향은 민족과 민족주의의 젠더화된 성격을 밝히는 데 주력한다. 예컨대 인로Cynthia Enloe는 「민족주의와 남성성」이라는 글에서 민족주의 연구는 여성의 시각과 경험을 그 출발점으로 삼아야 한다고 주장한다. 민족의 주체를 남성으로만 설정하는 민족주의의 남성 중심적 편향은 유럽뿐만 아니라 반식민주의 성향의 식민지 민족주의에서도 관찰된다. 인로는 민족사의 피해자이자 주체로서 여성의 시각에서 다시 보는 것이야말로 민족주의를 비판적으로 재검토하기 위한 유용한 출발점이라고 제시한다.

> 상징으로서의 여성, 노동자로서의 여성, 양육자로서의 여성은 식민 사업 전반과 탈식민 민족주의 기획에 중요했다. 그렇지만 민족주의 운동은 어떻게 한 겨레가 식민화되는가, 어떻게 한 겨레가 식민주의의 물질적이고 심리적인 지배의 족쇄를 벗어던지게 되는가를 이해하고자 여성의 경험을 진지하게 다룬 적이 없다. 오히려 민족주의는 전형적으로 남성 중심적인 기억, 남성 중심적인 수치, 남성 중심적인 희망에서 솟아나왔다. (Enloe 44)

민족주의가 "전형적으로 남성 중심적인 기억"과 "수치심", "희망"에서 나왔다는 인로의 관찰은 여성이 민족경계 안팎에서 이중으로 배제되어 있음을 시사한다. 여성은 실제로 식민 폭력의 희생자로서 민족사의 일부를 구성한다. 그렇지만 여성에게 가해진 폭력은 남성에게 민족을 지켜내지 못한 "수치심"을 떠올리게 하기 때문에 망각되어야 한다. 다른 한편 "노동자로서의 여성, 양육자로서의 여성"은 "민족의 어머니"라는 모성 기능으로만 환원된다. 이러한 과정에서 여성들도 실제로 민족사의 주체였다는 점은 "남성 중심적 기억" 속에서 망각된다.

인로의 통찰에 힘입어 유발데이비스Nira Yuval-Davis는 여성을 민족사의 주체로 재정의하는 연구로 나아간다. 유발데이비스는 『젠더와 민족*Gender and Nation*』에서 여성의 행위주체성에 초점을 두어 여성이 민족사에 참여하는 다양한 방식을 구체적으로 분석한다. 유발데이비스에 따르면, 민족주의는 종종 공적 정치 영역의 일부로 논의되었기 때문에 공적 영역에서 배제되었던 여성은 민족주의 담론에서도 배제되곤 했다. 그렇지만 실제로 여성은 민족 인구를 유지하고 성장시키는 재생산자로서, 민족문화를 전수하는 문화적 재생산자로서, "위기에 처한 모국을 구원할 아들들"을 호명하는 상징으로서, 민족의 정치적·경제적·군사적 투쟁의 적극적인 참여자로서 민족사의 중요한 구성원이었다.(Yuval-Davis 21-25) 유발데이비스는 여성의 참여방식을 관찰하면서 민족과 국민국가가 여성과 남성을 다르게 규율한다는 것을 밝혀낸다. 유발데이비스는 여성이 단순히 남성 중심적인 민족사의 수동적인 피해자만은 아니라는 점 역시 강조한다.

그렇다면 민족사에 참여한 여성의 책임은 무엇일까? 아쉽게도 근현대의 민족사에서 여성들의 책임에 초점을 두고 접근한 페미니즘 연구는 아직 미진하다. 대신 많은 페미니즘 연구가 근현대 국가에서 민족주의가 위험한 방식으로 여성과 결합하는 과정에 주목하였다. 이러한 연구 경향은 민족주의와 페미니즘의 교섭 관계를 재검토하는 데 주력한다. '모두'를 포함하는 수평적 공동체를 약속하는 민족주의의 결함은 민족의 주변부에 놓인 여성과 소수자의 입장에서 보면 더욱 분명하게 드러난다.(Kim-Puri 137) 식민주의의 쌍둥이인 반식민주의적 민족주의 및 탈식민 민족주의 운동이 활발했던 한국의 경우 이러한 민족주의의 결함이 극명하게 드러난다. 민족주의는 국내적으로는 남성들로 구성된 정치적인 연대다. 국제적으로는 남성들로 구성된 집단적 경쟁 중 가장 분명하고 두드러진 양상이다.[7] 남성들의 국내적 연대를 강화하고 국제적 경쟁에서의 승리를 확보하기 위해 여성은 적극적으로 동원되지만 여성들의 참여는 인정받지 못한다. 민족 집단으로서 남성들이 서로 벌이는 경쟁 과정에서 여성의 몸을 두고 폭력이 발생하는데, 이 경쟁에서 패한 남성 집단의 경우 민족의 "수치"로 여겨지고 망각된다.[8]

흥미롭게도 여성의 침묵을 강요하는 남성 중심적 민족주의의 주술을 깨고 여성들이 말하기 시작하자 여성들의 목소리는 민족주의에 반대하는 목소리로 규정되었다. 여성들 또한 민족사의 참여자로서 자신들의 책임을 따지기보다는 민족주의의 남성 중심성을 근거로 민족주의와 결별하곤 했다. 이것은 페미니즘 이론사에도 잘 반영된다. 이른바 "여성주의와 민족주의의 불행한 결합"(정현백, 「민족주의와 여성주의」 35)을 분석하는 데 주력하는 페미니즘 연구 경향은 이를 잘 보여준다.

젠더와 민족의 길항관계 및 여성들이 민족주의와 교섭하는 방식은 20세기 한국의 상황에서도 잘 관찰된다. 일레인 김Elaine Kim과 최정무가 편집한 『위험한 여성들: 젠더와 한국의 민족주의』는 반식민주의, 민족주의, 반군부독재 민주화 투쟁, 여러 사회변혁 운동의 성과에도 불구하고 이 투쟁들이 의도했던 여러 변혁이 궁극적으로 실패할 수밖에 없었던 요인으로 가부장적 남성주의를 꼽는다. 『위험한 여성들』에서 드러나는 것처럼 민족의 역사에 대한 선별적 기억과 망각에 기반을 둔 민족주의 담론은 여성들의 경험과 역사에 대해서는 말하지 않는다. 젠더화된 망각과 침묵이 강력하게 작동하는 민족주의 담론 안에서 여성들은 "말할 수 없다". 그렇기 때문에 여성 자신의 경험에 대해 말하는 것을 억압하는 민족주의에 맞서서 말하는 여성은 민족주의 담론을 균열시키는 주체가 된다. 남성 중심적 체계가 여성에게 요구하는 침묵에 저항하고 "남성 중심적 망각"을 깨기 때문이다.

이는 일본군 위안부 생존자들의 증언에서 잘 나타난다.

여성운동과 민족주의의 갈등관계를 분석한 많은 연구와 달리 정현백(2001)은 서구와 아시아의 많은 여성운동과 페미니즘이 민족주의 운동을 그 모태로 하거나 민족주의가 영향을 미치는 장 안에서 성장하였으며, 이 둘의 연대가 "해당 사회 여성들의 지위를 월등히 향상시키는 데 기여했다"(29)는 점을 강조한다. 정현백은 한국의 분단 현실을 진지하게 고려하여 현재 한국의 여성운동은 민족, 민족주의 운동을 쉽사리 무시할 수 없음을 지적한다.(13, 43, 46) 민족주의와 페미니즘이 서로에게 생산적이고 건설적인 영향을 주었던 사례들을 비교사적으로 고찰한 정현백의 연구는 최근 한국 밖에서 수행된 여러 연구들을 보완한다는 점에서 의의가 있다. 페미니즘도 민족주의를 하나의 의제로 진지하게 다루어야 한다는 정현백의 주장은 페미니즘 연구의 유의미한 출발점이다. 오늘날 전 지구화의 압력하에서 페미니즘은 지역과 세계를 매개하는 상상계로서 현재의 민족에 대한 이론화 기획을 시도하기 때문이다. 이는 전 지구화 시대의 민족주의와 적극적으로 교섭하는 페미니즘적 실천을 필요로 한다.

남성성과 민족

페미니즘 연구는 여성의 몸을 중요한 분석 대상으로 삼아 기존의 민족주의 연구가 젠더화된 담론임을 논증하였다. 이러한 연구의 대부분은 여성의 주변성과 행위주체성에 초점을 맞추었기 때문에 사회적으로 구성된 범주로 남성을 분석하는 데까지는 나아가지 못했다. 이는 부분적으로 젠더 연구와 여성학이 주류 담론에서 무시당하거나 주변화된 여성의 시각에서 여성의 경험을 주요 연구 대상으로 삼기 때문이다. 이 결과 민족 구성과정에서 여성과 마찬가지로 특정한 방식으로 구성되는 남성성에 대해서는 연구가 미진한 상황이다. 남성성은 여전히 특권적인 규범으로 작동하고 있다.

사람들을 한 민족으로 "통일"시키는 것은 간단한 과정이 아니며 이러한 과정은 단순히 남성 대 여성의 문제가 아니다. 인로가 지적한 대로 민족 정체성을 확립하는 것은 "모든 이가 아니라 누군가의 이미지 속에 민족 공동체를 만들어내기 위해 젠더를 사용하는" 과정을 포함한다.(1993, 250) 나는 "누군가의 이미지 속에서" 외관상 "통일된" 민족 공동체 관념이 대부분 전쟁과 죽음을 통해서 가능하다는 점을 역설하고자 한다. 즉 근현대에 민족 정체성을 규정하는 1차적 범주가 남성성이라면 민족 정체성에 부합되는 남성성을 구성하는 과정은 주로 전쟁과 죽음을 통해서였다. 이 점은 남성들이 민족사의 주체로 호명되는 과정에서 치러야 하는 대가가 있음을 뜻한다. 민족주의가 특정한 남성성을 규범으로 구축하는 과정에서 일부 남성들은 실제로 상처를 입는다.

민족주의가 특정한 남성성을 규범으로 설정하고 남성들을 훈육하는 방식을 살펴보기 위해서 나는 앤더슨의 『상상의 공동체』를 모스의 『내셔널리즘과 섹슈얼리티』(1985)와 대결시켜 읽어보고자 한다. 『상상의 공동체』는 무명의 군인묘지가 지닌 문화적 의미를 지적하며 시작된다. 군인묘지는 사람들에게 동일한 민족 정체성을 환기하고 재각인하게 만드는 의미심장한 장소다. "근대 민족주의의 문화상징으로 무명용사의 기념비나 무덤보다 더 인상적인 것은 없다. ……이 같은 기념비의 문화적 의미는 무명의 마르크스주의자 무덤이나 실패한 자유주의자를 위한 기념비를 상상해보면 더욱 명백해진다."(앤더슨 29-30) 이 인용문은 근대사회에서 군대가 성별, 계급, 지역, 나이 등의 차이를 가로질러 민족의 유대와 애국의 중심지였음을 시사한다.

식민주의뿐만 아니라 서구의 국민국가 형성과정에서 빈번하게 발발했던 200여 년 동안의 크고 작은 전쟁들은 민족주의 이데올로기를 발흥시킨 비옥한 지반이었다.

그렇지만 전쟁으로 인한 죽음과 그 흔적인 군인묘지를 보면서 왜 전쟁의 참혹함을 우선적으로 떠올리지 않는가? 이 질문에 대한 앤더슨의 대답은 "형제애"다. "지난 2세기 동안 수백만의 사람들로 하여금 그렇게 제한된 상상의 공동체들을 위해 남을 죽이기보다 기꺼이 스스로를 죽게 만들 수 있었던 것은 궁극적으로 이 형제애"다.(앤더슨 27) 앤더슨은 민족주의와 전쟁 혹은 죽음의 연관성보다는 "대규모 희생"을 통한 "심오한 수평적 동료애"에 초점을 맞추고 있다. 그렇지만 앤더슨과 다른 식으로 읽자면 이 인용문은 남성이 전쟁과 죽음을 통해 민족의 일부가 된다는 점을 보여준다. '조국'을 위해 이름 없이 죽어간 병사들에 대한 엄숙한 애도는 민족 정체성을 강화하기 위해서라기보다는 전쟁과 그 상처에 대한 기억을 억제하기 위한 방어적 감정기제에 기인한다. 동시에 이는 민족주의가 실제 남성들에게 입힌 상처를 비판적으로 볼 수 있게 해준다.

모스는 『내셔널리즘과 섹슈얼리티』에서 전쟁과 민족주의는 서로를 강화한다고 지적한다. 전쟁이 진행되는 기간은 민족주의가 가장 융성하는 시기고, 전장이야말로 민족주의가 구축한 남성성이 가장 강렬하게 실행되는 곳이다.(223) 남성들의 전쟁 참여를 독려해야 하는 전시에 민족주의는 남성들에게 자신의 남성성을 증명하라고 촉구한다. 이런 식으로 결합되는 전쟁과 민족주의는 남성성을 인정해주는 사회적 기제가 된다. 모스의 논의에서 흥미로운 점은 전쟁과 민족주의가 규범적인 혹은 모범적인 남성성을 구축하기 위해 핵심적으로 활용하는 것이 바로 남성의 섹슈얼리티라는 점이다.[9] 모스는 근대 서구에서 남성들 사이의 성애를 탈성애화하면서 남성들의 유대를 강화하는 기제가 민족이었다고 분석한다. 민족주의 이데올로기는 동성애에 대한 공포 없이 남성 간의 유대를 가능하게 한다.

나는 모스의 통찰을 확장하여 다음과 같이 주장한다. 이성애 규범과 결합하여 형성된 근대의 민족은 남성들이 자신의 남성성을 인정받기 위해 사투해야 하는 투쟁의 장이었다. 따라서 스스로를 민족(사)의 주체로 여기는 남성들도 민족의 남성성을 체현하려고 노력하는 과정에서 종종 상처를 받는 주체가 된다.

남성성과 민족이 서로 맞물려 구성되는 과정에서 민족주의는 규범적 남성성을 확립하고 퍼뜨리는 기제가 된다. 남성주체는 민족의 온전한 구성원으로 인정받기 위해 스스로의 남성성을 공적으로 증명해야 한다. 모스가 관찰한 대로, 이러한 남성성의 경쟁과 인정을 강력하게 주도하는 것은 민족주의다.(43) 모스의 논의는 19세기와 20세기 초 대부분의 군 입대가 민족(적 동지)애를 표면적 수사로 사용하여 남성들로 하여금 남성성을 경쟁적으로 증명하게 만드는 중요한 기제였다는 점을 보여준다. 사회적 규범인 이성애를 위반한 남성주체들은 자신들의 남성성을 증명하고자 군에 경쟁적으로 입대했다.(모스 2장, 6장) "동성애자 남성은 여자나 마찬가지다"라는 관념에서 벗어나 자신이 남성임을 입증하기 위해서였다. 파시즘이 발흥하던 시기는 이성애 중심적인 민족주의 이데올로기를 통해 특정한 성적 규율이 남성들 사이에서 실천되는 방식을 단적으로 보여준다. "동성애자들은 직업 군인과 관련해서 남성으로서의 자신의 정력과 능력을 강조함으로써 사회적 소속감을 갖고자 노력"하였다.(모스 261)

> 심지어 유대인 역시 사회에 편입되기를 원하고 사회적 규범을 수용하고자 애썼다. 그들은 체통과 남성다움에 대한 책임감을 강조함으로써 사회가 자신들에게 덮어씌운 아웃사이더의 표상으로부터 벗어나고자 했다. 독일

유대인들은 시민정신을 증명하기 위해서뿐만 아니라 자신들의 영웅심과 남성다운 태도를 증명하기 위해서 독일의 전쟁에 적극 참여했다. (모스 71)

남성성을 입증함으로써 민족의 구성원으로 인정받으려는 이러한 노력은 특정한 남성성을 규범으로 퍼뜨리는 이데올로기 정치가 섹슈얼리티 규범과 실천을 능가한다는 점을 보여준다. 특정한 남성성이 해당 민족의 모든 남성이 지녀야 하는 남성다움으로 규범화되는 것은 민족주의 이데올로기가 남성의 몸을 매개로 남성들을 특정한 방식으로 훈육하기 때문이다. 동성애자 남성과 유대인, 그리고 민족의 주변부에 존재하는 수많은 남성이 경쟁적으로 군 입대를 자원하고 많은 이들이 전쟁에서 죽어갔다는 사실은 다음 두 가지를 잘 보여준다. 첫째, 특정한 남성성의 강조를 통해 남성들의 공동체로 상상되는 민족은 그 자체로 남성에게 특권을 부여하는 지점이다. 둘째, 이와 동시에 민족은 일부 남성의 주체성과 남성성을 승인하지 않음으로써 그들에게 상처를 입히는 지점이 될 수도 있다.

규범적인 남성성을 통한 민족주의의 남성 훈육이 주로 전시에 국가에 대한 충성을 요구하고 군 입대를 장려하는 것과 관련된다는 점은 남성의 민족적 행위주체성 역시 끊임없이 성취되어야만 하는 것임을 시사한다. 모스는 제1차 세계대전의 전시 민족주의를 분석하면서 다음과 같이 언급한다.

1914년 세대는 전쟁 발발과 함께 현역으로 군대에 참여하게 되었으나, 남성성에 대한 탐색은 그들 모두에게 영향을 미친다. ……전쟁은 삶에 있어서 특별한 일, 즉 모험을 찾는 데 이바지했다. 그것은 남성들을 부르주아 사회의 규제와 책임으로부터 벗어날 수 있게 해주었다. (200-201)

위 인용문은 1차대전 당시 전쟁에 참여하는 것이 곧 "남성성에 대한 탐색"이며 체면을 중시하는 "부르주아 사회의 규제와 책임으로부터 벗어"나는 것이라는 이데올로기가 유포되었음을 보여준다. 또한 이 이데올로기는 전쟁을 "원시적인 강인함과 남자다움"을 경험할 수 있는 기회라고 선전한다.(모스 201) 이러한 이데올로기적 선전을 통해 전쟁의 실재는 은폐되고, 전쟁 경험에 대한 신화화된 이야기가 널리 퍼진다. 신체적 폭력과 정신적 상처, 심지어 전후에도 계속되는 상처를 동반하는 전쟁 경험은 민족주의 이데올로기를 통과하면서 신화화된다. 동지애 신화가 그 대표적인 예다. 전쟁에서의 동지애는 이중적 현실의 필요에 의해 신화 수준의 서사, 전설로 만들어진다. 그렇지만 군대와 전쟁에서의 남성성을 전설적 서사로 둔갑시키는 민족주의 이데올로기는 더 많은 희생과 상처를 낳는다. 특정 민족이 구현하는 '민족다움'은 허구적 여성성을 창조함으로써 유포되는 이데올로기적 구성물이다. 그것은 동지적 형제애, 여성을 보호할 힘이 있는 남성미와 같은 특정한 남성다움을 강화함으로써 유지된다. 양차 세계대전에서 유럽의 민족주의는 전쟁을 "남성다움으로의 초대"로 강조하였다.(모스 197) 이러한 "초대"는 곧 죽음과 상처로의 초대이며 인간성과 남성다움을 대립항으로 설정하는 동시에 동일시하는 폭력으로의 초대이다. 이러한 초대를 거부하는 남성은 민족 구성원으로서의 자긍심을 누리지 못한다. 1990년대 후반 이후 테러와의 전쟁을 명분으로 강화되는 미국과 유럽의 민족주의가 보여주듯 민족주의가 폭력과 남성성을 등치시키고 국제적인 남성성 경쟁을 부추기는 방식으로 작동할 때, 남성은 '진정한' 남성보다는 상처 입은 주체가 더 되기 쉽다. 이는 민족 정체성과 동일시된 남성성이 보편적 남성성이 아니라 매우 특정한 유형의 남성성이기 때문이다.

전 지구화 시대의 민족주의와 페미니즘 연구 의제

민족은 남성성, 다수자 집단, 이성애의 헤게모니적 영역으로 구축되며 젠더 차이를 제도화하고 성적 실천을 위계화하는 주요한 장이다. 근대뿐만 아니라 21세기 현재에 더욱 점증하는 민족주의를 보다 정교하게 이해하기 위해서는 특정한 남성성이 민족주의와 결합하는 지점에 대한 구체적인 연구가 필요하다. 특히 전 지구화와 민족주의의 상호작용을 젠더, 인종, 성 정치의 관점에서 검토하는 연구가 절실하다. 최근 더욱 가속화되는 전 지구화 체제는 지엽적인 민족주의의 새로운 갱신을 요구한다. 경제체제가 전 지구화되고 그에 따른 대규모 인구 이동이 일어나면서 국가 차원의 시민권 규율방식도 새로 바뀌고 있다.

이러한 상황에서 민족주의는 국가 관리 이데올로기로 요청된다. 아프리카에서 지속되는 종족 전쟁, 반세기 넘게 전쟁이 계속되는 중동의 상황, 1990년대 후반 이후 동유럽에서 벌어지는 크고 작은 내전은 민족의 국가권statehood과 자기 결정권이 국제 정치 무대에서 정당화의 강력한 원천이자 필요사항이라는 점을 일러준다. 무엇보다 21세기 전 지구화의 압력 속에서 끊임없이 재구성되고 있는 민족 공동체와 관련해서는 더욱 풀기 어려운 문제들이 생겨나고 있다. 예컨대 전 지구화는 여성 빈곤을 양산하고 대규모 이주를 촉진한다. 남성에 비해 여성이 상대적으로 더 빈곤해지는 상황에서 민족 '공동체' 내부의 여성은 온전한 성원권을 가질 수 있는가? 민족경계의 바깥쪽 주변부로 밀려나는 이주민, 사회의 여러 소수자들, 하위주체들이 제기하는 문제는 '민족'이라는 관념 혹은 정치체를 통해 해결 가능한 것인가? 민족과 국가의 경계 너머 초국가적인 경험이 잦아지는 21세기 현재의 민족 정체성은 우리가 누구인가를 정의하는 핵심 잣대로 기능한다. 지역과 지역이 강하게 결속되어 있는 전 지구화 경제 속에서 민족은 지역과 전 세계를 매개하는 상상계로 작동한다. 경제의 지역적 경계가 사라지면서 국민을 구성할 새로운 상상계를 필요로 하기 때문이다. 향후 민족과 국가에 대한 페미니즘 연구는 지역과 세계를 매개하는 상상계로서의 민족을 더욱 정교하게 이론화하고, 새롭고도 낡은 민족주의가 전 세계 경제·문화·정치 네트워크 속에서 작동하는 방식과 그것이 수행하는 젠더 정치를 더욱 세밀하게 분석해야 할 것이다.

베일 속에는 이슬람도, 여성도 없다

오은경

우리는 이슬람 여성 하면 베일[1]을 쓴 여성의 이미지를 가장 먼저 떠올린다. 머리부터 발끝까지 부르카를 뒤집어 쓴 여성은 사뭇 삼엄하고 억압적으로 보이기도 하고, 까만 차도르 속의 매혹적인 눈빛은 유혹적으로 보이기도 한다. 이슬람 여성들이 착용하는 베일은 의복의 차원을 넘어 이슬람을 상징하는 기호이자 정체성이 되었다. 최근 이슬람 여성들이 착용하는 베일이 정치적인 쟁점이 되고 있다. 다인종·다문화 사회로 구성된 서구에서 무슬림 이민자와 서구인 사이의 갈등은 여성의 베일 착용을 중심으로 확산되는 추세다. 이슬람 여성의 베일은 왜 그토록 중요한 쟁점이 되었는가? 베일이 사티(남편이 죽으면 아내를 함께 태워 죽이던 인도의 풍습)처럼 논쟁을 일으키는 이유는 무엇인가?

이 글에서는 이슬람 여성의 베일이 역사적으로 어떤 성적 장치와 담론 속에서 어떻게 해석되어왔는지 정리해보고, 쟁점과 논쟁의 이면에 숨겨져 있는 베일의 진정한 의미는 무엇인지 알아보고자 한다.

문화 발명품에서 성적 통제 수단으로

베일은 원래 고대 메소포타미아 지방에 존재하던 하나의 풍습이었다. 메소포타미아 지방의 여성들은 강한 햇볕과 모래바람을 피하기 위해 머리에 베일을 둘렀다. 베일은 자연환경에 적응하기 위한 문화 발명품이었다.

그러나 국가가 기틀을 잡고 가부장 권력이 정착하면서[2] 베일에 대한 법조항이 마련되고, 베일의 의미는 변질된다. 이는 여성의 몸에 적용되는 남성 미시권력의 법제화를 의미하기 때문이다. 남성들이 조직한 국가는 여성의 개인 생활을 법으로 통제하기 위해 베일을 이용했다. 가장 대표적인 것이 아시리아법이다. 국가의 기틀을 완전히 갖추면서 출현한 아시리아 제국은 여성의 베일 착용에 대한 규정을 법으로 자세히 명시했다. 그 내용은 다음과 같다.

> 군주의 아내와 딸은 베일을 써야 한다. 첩들도 베일을 착용해야 한다. 종교적 의미로 신전에 바쳐진 '성창聖娼'으로서 이미 결혼한 여성도 베일을 착용해야 한다. 그러나 매춘부나 노예는 베일을 쓸 수 없다. 만일 불법으로 베일을 착용하다가 적발될 경우에는 태형에 처하거나 귀를 자른다. (Lerner 51)

위의 조항을 보면 베일은 단순히 여성의 '계급'을 표시하는 기호는 아니다. 베일을 썼다고 해서 상류층 여성을 뜻하는 것은 아니다. 베일 착용의 기준은 '존중받고, 보호받을 만한' 여성인가 아닌가였다. 즉 남성의 보호 아래 있는 여성인지 아닌지를 구분하는 기호였다. 베일 착용은 어느 남성에게 속하는 여성인지 알게 하는 기호체계로서, 당시 성 문화와 질서를 유지하려는 의도에서 비롯된 제도였다. 가부장제 사회를 유지하기 위해서는 '존중받고 보호받을 만한' 여성과 그렇지 않은 여성의 이분화가 필요했기 때문이다.(Ahmed, *Women* 15)[3]

아시리아 법은 초기 국가와 제도가 가부장 권력과 결탁하면서 여성의 몸과 섹슈얼리티를 어떻게 훈육하고 통제해왔는가를 보여준다. 이때 베일이라는 상징적인 매개체는 여성의 섹슈얼리티를 통제하기 위한 기본 장치로 사용되었다. 여성의 섹슈얼리티를 통제하는 것은 민족/종족화 과정의 핵심이므로, 국가와 국가의 법적 행정 장치에 의해 강요될 수밖에 없었다.(Yuval-Davis 1480-1483)

성적 통제 수단에서 이슬람 여성의 정체성으로

베일 착용으로 시작된 여성의 섹슈얼리티에 통제는 더 막강한 가부장제를 구축하는 데 기여한다. 사산 왕조 시기 메소포타미아에서 여성은 증인으로 법정에 설 수 없을 정도로 지위가 급격히 하락한다. 무슬림의 정복이 이루어지기 전까지 메소포타미아는 페르시아의 바빌론 점령에서부터 알렉산더 대왕의 정복, 무슬림 직전 메소포타미아의 주인이었던 사산 왕조 등 잦은 문화 교체를 겪었다. 이렇게 다양한 문화 교류가 진행되었지만 여성에 대한 제도와 규정은 더욱 강화되었다.

여성의 감금 및 베일 착용은 모든 지역으로 확산되고, 사회의 기본 관행으로 고착되었다. 이와 더불어 여성의 몸과 섹슈얼리티를 둘러싸고 여성의 몸은 '가려야 하는 수치스러운 것'이라는 관념이 생겨난다. 이는 이라크나 페르시아 등 지중해 중동지역의 기본적인 사유 틀을 형성했으며, 여성의 몸에 대한 폄하와 섹슈얼리티를 '악'으로 규정하는 여성 비하 의식으로까지 발전한다.(Ahmed 17-18) 여성의 몸과 섹슈얼리티가 '악'으로 설정된 것은 가치 평가의 주체에서 여성이 배제되었던 당시의 현실을 반영한다.

이슬람이 제도화되고 주변국과의 문화 교류가 이루어지면서 여성의 베일 착용이 아라비아 반도에 전해지고 이슬람의 여성관을 형성하는 데 영향을 미친다. 이는 '여성보호관' 입장에서 수용되었다.[4]

이슬람 개혁은 7세기 아라비아 반도에서 부계적 통합 방식에 의해 이루어졌다. 메카는 기존 유목민의 상업적 질서에 따라 변화하고 있었다. 특히 이란인이 유입되면서 커다란 문화 변동이 일어났다. 시리아, 비잔틴 제국, 에티오피아, 예멘 등을 오가는 이란인이 아라비아 반도에 침투하면서 이웃 국가들의 사회 및 젠더 구조를 참조하게 되었다. 지역사회 층위에서 이루어진 여성의 배제와 여성 지배의 한 기제로 기능했던 '격리'는 당시 그 지방에 이미 고착된 풍습이었다. 이러한 사회 분위기에서 이슬람의 여성관이 형성되었고 혼인, 이혼, 상속, 베일 착용 관련 다양한 사항이 코란에 명시되었다. 이 조항의 대부분은 여성을 보호하려는 의도에서 만들어졌다. 문제는 남성과의 차이를 강조하는 여성유별관과 여성보호관의 규정이 이슬람 법에 명시된 가부장 권력의 효력 범위 내에서 형성되었다는 점이다.

여성의 격리와 베일 착용도 같은 맥락에서 이해할 수 있다.[5] 이는 여성의 몸과 섹슈얼리티를 성적 자극을 촉발하는 매개체로 규정하는 의식에서 나온 것이다. 그러므로 비록 여성의 베일 착용이 이슬람의 여성보호관과 여성유별관의 입장에서 의무화되었다고 해도, 결과적으로는 여성의 몸을 '악마화', '타자화'하는 데 기여하게 되었다.

이슬람의 상징에서 담론 경합의 장으로

1) 근대 민족주의와 서구 식민주의의 경합

중세 이슬람은 세계사에서 찬란한 이슬람 문명의 꽃을 피웠지만, 산업혁명을 통해 과학기술의 급속한 발전을 이룬 서구가 중동을 식민화하는 사이, 대다수의 중동 국가는 둘로 분리된 노선을 취하게 된다. 바로 이슬람 부흥운동과 세속주의이다. 이슬람 부흥운동을 꾀한 대표적인 나라는 사우디아라비아이고, 세속주의 노선을 따른 대표적인 나라는 터키다.

세속주의 노선을 취했던 대부분의 나라에서는 근대화의 물결이 일면서 여성의 베일 착용에 대한 반론이 제기된다. 서구 문명의 영향을 받은 진보적 성향의 계몽주의자들은 여성의 격리와 베일착용 폐지를 이슬람 사회의 개혁을 위해 반드시 필요한 것으로 받아들였다. 이집트인 카심 아민Qassim Amin은 『여성해방론*The Liberation of Women: Tahrir Al-Mara*』(1899)에서 기존 이슬람법에 따른 사고를 현실에 입각하여 해석하는 노력이 필요하다고 주장했다. 더불어 여성의 초등교육과 일부다처제, 이혼법의 전면 개정을 요구하고 나섰다. 카심 아민이 일차적으로 주력한 작업은 상징적 개혁으로서 베일 착용을 폐지하는 것이었다.

카심 아민의 작업은 일반적으로 아랍 문화권 최초의 페미니즘 논의로 받아들여진다. 그의 저서는 아랍 여성에 대한 논쟁을 촉발시키는 중요한 단초가 되었다. 베일 착용에 대한 논쟁은 여성의 지위 문제로까지 확산되었다. 그러나 여기서 중요한 것은 아랍 사회의 대부분이 서구의 식민지배하에 놓여 있었다는 점이다. 따라서 베일 문제는 서구와 피식민지 논쟁의 차원에서 거론되었을 뿐 여성의 권익 문제는 다루어지지 않았다.

터키의 경우도 마찬가지였다. 터키는 가장 적극적으로 세속주의를 추진했으며 여성의 베일을 법적으로 금지하기도 하였다. 그러나 당시의 여성 개혁은 여성이 아닌 남성들의 주도하에 이루어졌다. 유럽에서 유학을 마치고 귀국한 진보적 지식인 남성들은 자신들이 흠모하던 유럽의 도시여성을 개혁의 모델로 삼았다.[6] 남성들은 베일을 벗은 '신여성'을 원했다. 터키 공화국의 초대 대통령인 국부國父 케말 파샤 아타튀르크Kemal Pasha Ataturk도 여성 개혁을 감행했다. 그는 여성의 베일 착용을 금지했으며, 이혼법과 상속법에서 여성에 관한 부분을 전면 개정하여 여성의 지위 향상에 직접적인 영향력을 행사했다. 그러나 터키에서의 이런 개혁도 서구와의 대립구조에서 여성의 지위 향상이 국익에 도움이 된다는 판단에 따라 추진된 것이었다.[7] 베일을 벗은 '신여성'은 근대적 신문물에 불과했으며, 터키의 근대화를 과시하는 기호에 지나지 않았다.

반대로 이슬람 전통을 고수하는 이슬람 전통주의자들은 이슬람 여성의 정체성을 부각시키기 위해 베일을 이용했다. 알제리에서 그 구체적인 예를 볼 수 있다. 프랑스는 알제리 식민통치 정책의 하나로 여성의 베일 착용을 전면 금지하고 베일 벗기기 작업에 착수하였다. 그러나 여성들은 서구에 대한 저항의 수단으로 베일을 활용하였다. 알제리 여성들은 알제리 독립운동에 크게 기여했는데, 이는 그들이 프랑스 군대의 감시와 검열을 피하기 위해 베일 속에 정치 문서나 무기를 숨겼기 때문이다. 알제리 독립 후에도 여성의 베일 착용은 서구와 식민국가 간의 갈등 구도 차원에서만 문제시되었다.

이렇듯 남성과 여성의 관계를 규정하는 기호였던 이슬람 여성의 베일은 근대 초기에 이르면 서구와 식민국가의 정체성과 갈등의 표상으로 읽히기 시작한다. 이렇듯 베일 착용이 단순히 하나의 '표상'으로 사용될 때 여성의 억압 문제는 또다시 배제될 수밖에 없다. 이슬람 국가에서 근대성과 함께 대두된 섹슈얼리티에 대한 문제 제기와 규정 변화는 남성과 여성의 성을 둘러싼 관계의 변화라기보다는 민족의 근대화 의지를 환기시키는 차원에서 추진되었기 때문이다.

2) 페미니즘을 가장한 민족주의 경합

중동 국가 대부분에서의 페미니즘 역시 민족주의라는 한계 상황을 극복하지 못했다. 근대적 남성 주체가 여성 개혁을 민족주의 틀 안에서 실현하면서 진정한 여성해방의 논의에 이르지 못했듯이 페미니즘도 그 안에 머물 수밖에 없었다.

이슬람 전통주의와 세속주의의 두 노선으로 갈라졌던 중동 국가 분열 이후 이슬람 부흥운동과 근본주의 세력이 강화되었고, 식민시대에 민족주의와 노선을 함께했던 여성운동은 이슬람의 전통적인 문화 속에서 그 방향을 정하게 되었다.[8] 이들은 이슬람교의 원천인 코란과 하디스를 재해석하여 이슬람 안에서 여성의 의미와 지위를 점검하려고 했다. 이슬람 원리주의 운동 이후 이슬람 여성의 권리 투쟁은 서구의 모방이 아닌, 이슬람이 보장한 여성의 권리에 대한 재인식과 여성의 재정적 권한의 회복에 기초한 것이었다. 이것이 이슬람 페미니즘의 기본 사상이며 이슬람 여성의 고유하고도 독특한 정체성 회복을 위한 노력이자, 1980년대 이후 아랍 및 이슬람 문화권에서 일고 있는 페미니즘 물결이었다. 이러한 노력의 일환으로 엘리트 여성을 중심으로 한 베일 착용 운동이 번지기도 했다. 이는 베일 착용을 통해 이슬람 여성의 정체성을 고수하고자 하는 시도였다.

이집트의 사례를 보면 이러한 분위기를 보다 명확히 알 수 있다. 1967년 이스라엘과의 전쟁에서 완패를 경험한 이집트인은 당시 강력한 사회주의 정권이었던 나세르Nasser 정부에 심각한 반감을 갖게 되었다. 이집트의 패배 원인이 이슬람 교리에 맞지 않게 살았던 자신들과 세속주의 정책에 있다고 믿었기 때문이다. 이는 이슬람 세력이 강력한 권력 기반을 갖는 계기가 되었다. 심지어 사우디아라비아와 리비아의 석유 자본이 이집트 내 이슬람 세력의 정치자금을 조달해주고 있으며, 여성들에게 '이슬람 복장'을 하도록 돈을 주면서 독려한다는 소문까지 무성했다.

여성의 베일 착용은 이미 나세르 정권 이전에 금지되었으므로 지방 소도시나 외곽 지역을 제외하고는 그 모습을 찾아볼 수 없었다. 대신 머리에 스카프를 쓰는 형태가 규범처럼 자리잡고 있었다. 이렇듯 사회 전반적으로 이슬람에 대한 각성이 이는 분위기 속에서 카이로나 알렉산드리아 같은 주요 도시의 대학 내부에서 복장 변화가 일기 시작했다. 여성의 '베일'은 이제 '이슬람 복장(Mutahajbat, 베일을 쓴 사람)'으로 명명되었다. 그들은 발목까지 오는 외투를 착용했는데, 이는 현대적인 의미에서 이슬람 베일을 뜻하는 것이었다. 대체로 품이 헐렁하고 느슨하며 손목을 덮는 긴소매의 이 옷은 몸의 형태가 전혀 드러나지 않았다. 이슬람 복장의 착용은 얼마만큼 이슬람주의에 연루되어 있는지를 알려주는 사회적인 코드였다. 한편 이슬람 페미니스트들은 이슬람 복장이 경제적인 면에서 비용을 절약할 수 있다는 점, 이슬람 복장을 한 여성을 대하는 대중의 태도가 보통의 여성에게 대하는 것과는 다르다는 점, 이 복장 착용으로 남성들의 성희롱으로부터 보호받을 수 있다는 점 등을 장점으로 꼽았다.

이는 무엇보다도 도시 중산층 여성이 중심인, '서구'의 세속적이고도 엘리트 중심적인 '페미니즘'에 대항하는 또하나의 목소리였다. '베일로 돌아가자'는 구호는 이슬람과 베일의 언어로 재현된 민중들의 자주적인 움직임으로 보였다. 한마디로 '전통으로의 회귀'가 아닌 '서구와의 조화'이며, '저항'이 아닌 '과도기'의 표현이라는 것이다. 이슬람 복장은 '모더니티'를 향한 출발 신호이자 기호로 읽혀야 한다는 것이 전통적 페미니스트들의 베일 담론이었다.

베일을 둘러싼 다양한 입장 차이는 페미니즘 진영의 노선 차이를 반영하는 것이기도 하다. 터키의 경우 두 페미니즘 노선의 차이가 분명하게 대립한다. 터키를 비롯한 이슬람 국가의 세속주의 페미니스트들은, '베일로 돌아가자'는 구호와 이슬람 안에서 방향을 모색하자는 전통주의자들의 입장이 모두 동일한 민족 담론을 함축하며, 이슬람주의라는 방향성 자체가 문화 민족주의를 고수하는 이슬람 국가의 한계를 반영한다고 비판한다. 그들에 따르면 이슬람 국가에서 합법적으로 진행될 수 있는 페미니즘 담론은 고작 한두 가지 방향뿐이다. 첫째는 상품화되고 성적인 착취를 당하는 서구 여성과 보호받는 이슬람 여성의 위험을 대립시키는 것이다. 이는 물론 '악마화'된 타자에 의존하는 전략이다. 둘째는 현재의 차별화된 성적 실천이 이슬람적이지 않다고 비난하면서 타락하지 않은 원래 이슬람의 황금기 신화에 의존하는 것이다. 첫번째 전략이 보수적이고 두번째 전략이 진보적인 듯 보여도 이 둘은 결국 동일한 담론 공간을 증식할 뿐이라고 비판한다. 그것은 남성과 여성에 의해 동일하게 재생산되는 민족주의의 지도가 이미 그려져 있는 공간이다. 전통주의 이슬람 페미니즘은 민족주의의 또다른 얼굴일 뿐 진정한 페미니즘이 아니라는 것이 세속주의 페미니스트들의 비판이다.

여러 탈식민 국가들이 민족주의 전통을 강조하는 것에 대해 세속주의 페미니스트들은 다음과 같은 이유에서 반론을 제기한다. 그들은 페미니즘을 서구 문화제국주의의 아류로 보는 시각에 반대한다. 세속적 담론으로서의 페미니즘을 포기하는 것은 여성에 대해 단일한 시각을 고수하는 근본주의 입장을 받아들이는 결과로 이어진다. 이는 지난 세기 페미니스트들이 축적해온 중요한 성과의 정당성을 상실하게 만든다.

이슬람의 상징에서 페티시로

이슬람 전통주의자들의 베일 담론에는 하나의 기표가 하나의 기의를 갖는다는 본질주의적 사고가 반영되어 있다. 즉 민족의 기표로 베일을 읽는 것에는, 하나의 기표가 하나의 기의를 갖는다는 권위주의적이고 본질주의적인 텍스트 읽기 방식이 전제되어 있다. 가부장적인 문화구조와 민족 담론에 의해 형성된 베일을 이슬람 여성의 정체성 구성이라는 측면에서 해석하는 것 또한 상상적 허구를 재구성하는 작업에 지나지 않는다. 물론 여성들 자신의 현실적 경험이 지배적인 문화 담론과 충돌할 때 그 현실을 다르게 읽어내는 것은 쉽지 않다. 다른 담론으로 현실을 새롭게 구성해야 하기 때문이다. 이런 정치적인 부담을 감당하기란 쉬운 일이 아니다. 지배적인 문화 관념인 민족 담론을 해체하고 페미니즘 담론에 맞게 베일을 읽어낸다는 것은 어려운 일이다.

지배적인 서구문화에 대한 대항 담론으로 이슬람 여성의 베일을 읽은 것은 서구문화의 지배로 인해 배제당한 이슬람 전통을 복구하는 데 기여하는 결과로 이어졌다. 베일이 이슬람 문화에서 지켜져야 할 문화와 정체성의 원형으로 재발견되었기 때문이다. 그렇다면 우리는 여기서 베일에 대해 몇 가지 질문을 던져볼 수 있다. 왜 베일은 베일을 쓰는 여성의 경험이 아니라 이슬람을 지키려는 무슬림 전반의 경험으로 읽히고 받아들여지는가? 왜 베일 착용이 '이슬람'의 가장 중요한 가치로 선택되는가? 왜 이슬람 여성의 목소리는 어디론가 사라진 채 이슬람 여성의 베일 착용 자체가 목적으로 설정되는가? 이슬람 여성의 전통과 문화 정체성을 계승하는 데 있어 왜 여성이 주체 아닌 대상으로 그 역할을 감당해야 하는가?

민족 담론은 가부장제의 공사 개념을 지배 담론의 영역으로 가져오면서 남녀의 성역할을 탈역사화시킨다. 따라서 공적인 영역에서의 여성 배제는 담론의 장에서도 그대로 재현된다. '우리/그들'로 나누는 민족 담론에서 경계를 나누는 일은 민족을 유지하고 재생산하는데 중요하고, 이 경계에서 민족을 상징하는 여성의 순결은 매우 중요하다. 이슬람 여성의 베일 역시 이 지점을 명확히 보여준다.

이때 이슬람 여성이 착용하는 베일은 페티시fetish이자 어머니의 팔루스phallus 부재를 은폐하는 가면이다. 이는 여성에 대한 순수성/완전성의 이데올로기를 지속하고자 하는 남성의 나르시시즘을 드러내고, 남성 자신도 완전하다는 이데올로기를 지속시킨다. 집단의 정체성을 구성하는 공동체적 차원에서 볼 때, 베일에는 사회문화적 권력인 팔루스를 소유했던 신화적 어머니, 즉 이슬람 공동체를 상징질서 내에서 가시화시키고자 하는 욕망이 투사되어 있다. 이를 통해 과거 이슬람의 찬란했던 황금신화 속 전前오이디푸스 단계를 현대사회에서도 지속시키고자 하는 것이다. 남성의 관점에서 베일을 쓴 여성은 팔루스를 가진 여성을 의미한다. 베일이 팔루스의 대체물인 셈이다. 이것은 물론 남성적 환상의 산물이다. 완전한 여성이 손상되지 않도록 보호하고자 하는 환상이기도 하다. 팔루스를 가진 어머니를 보호하고자 하는 남성 주체의 나르시시즘과 환상이 동시에 작동하고 있는 것이다. 팔루스가 없는 여성이 드러났을 때 팔루스를 가진 여성으로 만들기 위해 발생하는 조작과 폭력이 바로 명예살인이다. 이는 살인을 통해서라도 여성의 명예(완전성)를 지켜주려는 남성들의 환상의 산물이다.

이슬람 문화권에서 여아의 경우 9세 전후에 베일을 착용하기 시작한다. 여성은 베일 착용을 통해 스스로의 여성성을 받아들이고 대타자The Other로부터 그것을 승인받는다. 여자아이들에게 베일의 첫 착용은 성년식의 의의를 갖는다. 이슬람 여성의 베일은 여자를 여성으로 존재하게 하는 표식이다. 이 표식은 여성의 본질적인 특성을 나타낼 수 없다. 이슬람 여성을 베일로밖에 상징화할 수 없다는 것 자체가 베일로 이슬람 여성과 여성의 몸, 몸의 본질을 완전히 포섭할 수 없다는 것을 보여준다. 남성의 경우 이슬람 고유의 가치와 상징으로 베일을 추구하게 된다. 이때 자신의 결핍을 메우는 베일은 자신의 완전성을 유지하고 보존시키는 팔루스, 완전성을 상징하는 기표이다. 남성은 자신의 완전성을 유지하고 존재를 보존하기 위해 여성성으로 드러나는 결핍과 결여를 가리고 몰아내려 한다.

환상을 가리는 스크린으로

서구의 논리는 이슬람 여성의 베일 착용을 인권억압이라고 비난하면서 이슬람 사회의 가부장적 논의로부터 이슬람 여성을 '구하고자' 했다. 이슬람 사회는 여성들이 자발적으로 베일을 착용하고 있다며 이를 반박한다. 어디까지를 자발성으로 보아야 하는지가 중요한 쟁점이 될 수도 있지만, 여기서는 여성 스스로 베일 착용 여부를 선택할 수 있는 이슬람 국가가 적지 않다는 것만 짚고 넘어가기로 하자. 이때 여성은 자신의 몸을 팔루스로 만들어 권력을 획득하는 것이 가능하다. 에로틱하게 성애화된 여성의 몸은 베일로 가려지면서 이슬람 사회의 팔루스가 되기 때문이다. 이슬람 사회에서는 베일을 착용한 여성을 보다 정숙한 여성으로, 보호해야 할 여성으로 받아들인다. 이 때문에 결혼을 잘하기 위해 베일을 착용한다고 고백하는 여성도 적지 않다. 여기서 남성들이 베일을 착용한 여성을 존중한다는 의미는 물론 여성 자체가 아니라 이슬람을 존중한다는 의미로 해석해야 할 것이다. 따라서 남성들이 베일을 욕망한다는 것은 이슬람의 완전성이라는 팔루스를 욕망하는 것이 된다. 베일을 욕망하는 남성의 시선 속에서 이슬람 여성은 베일을 통해 팔루스가 된다. 베일은 이런 방식으로 조작된 환상을 제공한다.

이슬람 사회에서 베일은 욕망을 생산하는 금기인 동시에 위반을 제공하는 환상이기도 하다. 즉 베일이라는 금기만 제거하면 완전한 사회가 도래할 것이라는 환상을 제공하는 동시에, 완전한 사회의 불가능성을 가리고 권력을 지속시켜주는 기제로 작동하는 것이다. 이슬람 남성 주체의 입장에서 볼 때 베일은 이상적인 상의 불가능성을 가능성으로 바꾸는 기제다. 이슬람 사회의 욕망 차원에서 접근하자면 그것은 가부장적 질서에 의해 작동되는 완전한 사회의 구현이 가능하다는 것을 확인시켜주는 가시적인 지표이자 환상적인 재현물이다. 그러므로 베일은 가부장적 사회의 완전성에 대한 환상을 유지하고 통제하는 장치가 될 수 있다. 역으로 베일 착용만 철폐하면, 혹은 여성 자신도 베일만 벗게 되면 해방이 오리라는 환상을 만들어내기도 한다. 금기 때문에 완전한 사회에 도달하지 못한다는 환상은 위반을 시도하게 한다. 완전한 사회는 불가능하다는 불가능성을 은폐하는 것이다. 이슬람 사회에서 베일은 이렇듯 금기와 위반의 대상으로 기능한다.

베일 속에는 아무것도 없다

자연에 적응하기 위한 발명품이었던 베일은 고대국가가 기틀을 잡아가면서 제도화되었고, 여성의 성을 통제하고 가부장적 국가를 수립하는 데 필요한 성적 장치로 이용되었다. 그후 이슬람이 태동하고 제도화되는 과정에서 베일은 이슬람의 상징을 조작하는 젠더 정치의 작동방식이 되었다. 또한 근대에 접어들면서는 서구와 식민지 간의 갈등이 드러나고 증폭되는 계기로 작용했다.

이슬람 여성의 베일은 여성의 몸에 행사되는 남성들 사이의 권력 관계와 갈등구조를 압축적으로 보여준다. 그러므로 서구의 민족주의와 이슬람 남성의 민족주의가 베일을 통해 논의될 때 진정한 의미로 이슬람 여성들에게 출구는 없다. 서구식 페미니즘에 의거하여 베일을 단순히 '여성의 억압'으로 보는 시각 역시 이슬람 여성들이 서구식 인권과 성차별주의 속에서 어떤 행보를 취해야 하는지에 대한 의문을 갖게 한다.

베일을 쓴 민족주의, 이슬람의 가부장제는 정치, 경제, 사회 전반에서 서구와 대면해야 하는 현실 속에서 여성의 베일로만 핑퐁 게임을 하고 있다. 베일이 담론의 장에서 경합의 대상으로만 논의될 때 여성에게는 베일을 쓸 것인지 말 것인지 외에는 선택의 여지가 없다. 그러나 이슬람 여성에게는 종종 베일을 착용하거나 거부하는 문제가 생명을 건 선택이 될 만큼 강력하고 치열한 투쟁이 되기도 한다.[9] 페미니즘 시각에서든 민족주의 시각에서든 이슬람 여성의 베일 착용을 단순한 희생으로만 볼 수는 없다. 베일을 착용하거나 거부하는 이슬람 여성의 행위 속에는 이슬람 사회 내에서 생존 전략으로 교섭을 시도하는 존재로서의 여성, 교섭 행위로서의 선택이라는 지점이 있음을 놓치지 말아야 한다.

결론적으로 이슬람 여성이 베일을 쓰고 안 쓰고는 그리 중요한 문제가 아니다. 베일 속에는 이슬람도, 여성도 없기 때문이다. 제국과 식민지의 권력관계, 민족, 국가, 종교의 남성 권력과 환상의 메커니즘 속에서 베일이 환상을 조작하는 기제로 작동했음을 인정하고 받아들이는 것, 그것이 문제 해결의 출발점이 될 것이다.

이주여성 노동자의 주변화와 행위주체성

이선주

이 글은 이주여성의 문제 중에서도 노동에 초점을 맞추어 이주여성 노동자의 노동 형태와 특성을 살펴보고자 한다. 본국에서 특별히 직업을 갖지 않았더라도 대부분의 이주여성들은 낯선 사회적·경제적 상황 속에서, 생존을 위해 필연적으로 노동 현장에 서지 않을 수 없다. 아니 대부분의 여성은 일거리를 찾아, 즉 노동에 최우선순위를 두어 이주를 결심한다.

자국에서 일하는 제3세계 여성 노동자나 제3세계에서 미국으로 이주한 이주여성 노동자라는 사회 주체와 연관된 문제는 오늘날 페미니즘 연구에서 크게 주목을 받고 있다. 제3세계 여성들이 가정 내 노동이 아닌 가정 밖 임금 노동자로 활동하기 시작한 데는 미국의 직접투자가 큰 역할을 했다. 1970년대부터 국제 경쟁이 심화되어 미국 사업자본의 이윤율이 점진적으로 하락하자 미국의 대기업들은 생산의 일부를 노동력이 풍부하면서도 저렴한 제3세계 국가로 이전했다. 해외로 이전한 산업은 봉제나 신발처럼 생산공정 자체가 쉽사리 기계화될 수 없는 노동 집약적인 산업, 전자나 자동차처럼 자본·기술 집약적인 동시에 노동 집약적인 산업들이다. 미국 정부의 세제 혜택 및 수출 주도 산업화 정책을 추구하는 제3세계 국가들의 특혜 등으로 미국 기업들의 해외공장 이전은 급속히 진전되었다. 이러한 국제하청 또는 직접투자 형태를 통한 산업의 재배치는 낮은 임금을 찾아 흘러가는 자본의 이동 흐름을 보여준다. 그리고 여기에 제3세계 여성들은 최적의 노동력으로 동원된다.

제3세계 여성 노동은 미국의 자본투자로 인해 글로벌 시장경제 속으로 빠르게 흡수된다. 이는 대략 세 가지 방식으로 진행된다. 첫째, 아시아의 자유무역지대나 수출단지에 있는 초국가기업의 대규모 제조공장에서 단순노동자로 일하는 수많은 여성들이 있다. 둘째, 이 공장에서 좀 떨어진 곳에 위치한, 훨씬 더 많은 소규모 단위의 작업장에는 이 공장에서 하청받은 일을 하는 여성들이 있다. 이들은 주로 공장 주변의 날림 작업장에서 생산공정의 일부에 대한 품삯만을 받는 비공식적 노동에 종사한다. 일감을 배분받아 가정에서 일을 끝낸 뒤 개수당 품삯을 받는 불안정한 개수노동piece work을 하기도 한다. 전통적으로 여성이 생산하는 생산품들은 대개 해당 사회에서 소비된다. 그러나 생산자는 더이상 구입 능력이 없다. 여성의 노동력은 글로벌 시장경제 속으로 통합되어 시장체제를 위한 생산을 담당한다. 셋째, 수출작물 생산을 위한 농작물을 재배하거나, 차나 커피를 생산하는 플랜테이션에서 일일노동자로 일하는 여성들, 그리고 임금 없는 생계형 농사를 짓는 여성들이 있다. 식량이나 기호식품 생산업계에서 가장 중요한 역할을 하는 이들 또한 낮은 임금을 받으며 글로벌 시장경제에 투입된다.

그런데 자국의 자유무역지대 공장이나 그 언저리에서 일하던 아시아 여성들이 점차 미국으로 이주하기 시작한다. 두 나라 간의 어떠한 사회·경제적 여건 때문에 이 여성들은 다시 일자리를 찾아 미국으로 떠나는가? 미국에 도착한 제3세계 여성들은 어떤 노동을 하게 되는가? 제3세계 국가의 수출단지와 유사한 형태의 노동착취공장이 미국의 의류공장과 캘리포니아 실리콘밸리의 전자제품 산업단지에서 나타난다. 노동착취공장sweatshop은 실업자 보험이나 연금, 건강보험 같은 추가 부담 등의 규제를 피해 불법적으로 운영된다. 임금조건이나 노동환경이 열악하다보니 노동자의 대부분이 여성이며 이 가운데 대다수는 아시아나 카리브해 연안에서 온 이주여성이다. 달리 선택의 여지가 없는 빈곤한 제3세계 여성들이 미국의 경제적 번영의 기반이 되는 힘겨운 노동에 내몰리고 있다. 한국의 수출자유지역인 구로공단에서 일하던 여성들처럼, 미국 뉴욕 뒷골목의 노동착취공장에서 일하는 한국의 이주여성은 똑같이 "봉제는 여성의 직종"이라거나 "제3세계 여성들은 더 순종적이며 끈기가 있다"는 인종적·성차별적 정형화에 묶여 있다.

찬드라 모한티Chandra Mohanty는 모성과 가사노동에 대해 역사적으로 뿌리내려온 젠더 차별 이데올로기가 제3세계 여성 노동에서 젠더와 인종차별 이데올로기로 덧씌워지고 있음을 지적한다.(116) 이런 의미에서 미국의 이주여성 노동을 가장 착취받는 주변적인 노동으로 위치시킨 물질적·문화적 이데올로기를 드러내보이는 작업은 매우 중요하다. 나는 제3세계 여성이 미국으로 이주하게 된 요인을 개인적 차원만이 아닌 전 지구적 경제, 사회의 맥락에서 살펴보고자 한다. 그 다음 젠더와 인종의 이중 차별이 일상화된 이주여성 노동의 착취 현실을 은폐하면서 그들의 노동력을 최대로 이용하기 위해 이데올로기가 어떤 방식으로 형성되고 조작되고 작용하는지를 살펴보고자 한다. 이 점은 이주여성이 가장 많이 일하는 노동착취형 작업장과 가사노동으로 나누어 분석할 것이다.

이주여성 노동연구에서 또하나 생각할 점은 이주여성의 행위주체성과 사회적 주체 형성을 통한 임파워먼트empowerment 가능성에 대한 모색이다. 제3세계 이주여성에 대한 대부분의 연구는 이주여성을 다국적 자본의 희생자로 파악하는 경향을 보인다. 구속과 착취의 정도가 각기 다른 이주여성의 주체적 행위나 사회적 행위의 가능성을 타진하는 데까지 나아간 경우는 그다지 많지 않다. 그러나 최근 고국을 떠나 이주국에서 경제적·문화적으로 분투하는 디아스포라들의 주체 형성과 연대 가능성에 많은 관심이 쏟아지고 있다. 나는 국가의 경계에 선 이주자들이 열악한 상황 속에서도 자신이 행위의 주체임을 인식하고 이주여성을 하나의 사회적 세력으로 부각시켜가며 사회적 주체의식 형성을 어떻게 모색하고 있는지에 대해서도 살펴보고자 한다.

미국으로 대량 이주를 촉발한 요인

캘리포니아 주립대학 교수인 레이첼 파레나스Rhacel Parreñas는 세계적으로 여성 이주자가 가장 많은 필리핀 출신 여성들에게 왜 이주했는지 물어보았다. 거의 모든 여성들이 "가난해서" 혹은 "가정을 책임져야 해서"라고 대답했다. 곧 파레나스는 필리핀 여성들의 이주에는 가난뿐 아니라 가정 내 구타, 남편의 외도 같은 여성 억압적인 가부장제 문화에서 벗어나고자 하는 의도가 숨겨져 있음을 알게 되었다.(63) 특히 단독으로 이주한 여성의 경우, 통화가치 등의 차이로 더 큰 임금을 벌 수 있는 나라로 단기 이주하여 고국으로 송금하기 위한 목적과 여성 억압적인 가정에서 벗어나고자 하는 변화 욕구가 함께 작용한 사례가 많다. 이처럼 고국을 떠나 타국으로 이주하여 살고자 하는 결정은 개인이 몸소 겪는 가난이나 학대와 같은 개인의 실질적인 고통에서 비롯된다.

개인의 이주 결정이 이렇듯 개인적이고 구체적인 일상에서 기인하는 것만은 아니다. 이주는 또한 경제적이고 정치적인 구조에서 파생되는 압력에 대한 개개인의 반응이기도 하다. 나나 오이시Nana Oishi는 최근 "서구 선진국으로의 이주뿐 아니라 아시아 내에서 경제 여건이 더 나은 이웃 나라로의 이주가 두드러진다"고 밝히면서 이주가 자국의 빈곤과 직접적인 상관관계를 보이지는 않는다고 말한다.(9-12) 그 예로 아시아 내의 최빈국인 캄보디아, 방글라데시, 파키스탄 같은 나라에서는 이주 현상이 그다지 많지 않은 반면 경제사정이 좀더 나은 필리핀, 스리랑카, 인도네시아의 많은 여성들이 아시아 내의 다른 나라로 이주하는 현상을 든다. 경제적으로 발전되어 있고 인구성장률도 낮은 한국에서 미국으로의 이주가 두드러진 것도 같은 현상이다. 이주는 가난이나 여성 억압 등 개인의 문화적 경험만으로는 설명될 수 없다. 그보다는 자국과 이주국 사이의 관계, 전 지구적 경제현상의 변동 속에서 개인이 받는 압력의 소산으로 설명되어야 할 것이다.

이민에 대한 미국 사회의 편견을 살펴본 아비바 촘스키Aviva Chomsky의 『그들이 우리의 일자리를 빼앗아간다*They Take Our Jobs!*』라는 책이 보여주듯 이주 문제는 미국에서도 즉각적이고 예민한 반응을 불러일으킨다. 미국인들은 '이민의 나라'로서 자부심을 즐겨 표명하지만 먼저 도착하여 정착한 사람들은 새로운 이주자에 대해 배타적이 된다. 미국의 정책입안자와 대중들은 이주의 원인을 해당 국가의 가난, 경기침체, 인구의 과밀현상 등으로 섣불리 규정해버린다. 이런 맥락으로 보면 이주민 문제는 굳이 미국이 책임을 느껴야 할 필요는 없는 단지 인본주의적 문제가 된다. 이민자들을 관대한 마음으로 적정 수준까지 수용할 뿐 이주 문제를 해결해야 할 특정한 경제적 동기나 정치적 책임이 미국에게 있다고는 생각하지 않는다. 이주 문제에 대해 경제·사회적으로 구조적인 접근을 시도하는 사스키아 사센Saskia Sassen은 미국의 이러한 태도가 두 가지 중요한 사실을 간과한 데서 비롯된다고 말한다. 먼저 자국으로의 이주를 불러오는 미국의 정치적·경제적 힘을 인식하지 못했으며, 아울러 더 많은 인력을 필요로 하는 미국의 수용능력을 스스로 낮게 평가했다는 것이다. 즉 이주 현상을 야기하는 요인의 상당 부분이 미국에 있다는 것, 저임금 이주여성 노동자에 대한 수요가 크다는 것을 미국인이 인지하지 못하고 이주민을 배척한다는 것이다.(*Globalization* 31)

미국은 오늘날 전 지구적 경제시스템의 발전에 주도적인 역할을 한 국가다. 1960년대 이후 미국은 제3세계 국가들에 자본을 직접 수출하여 수출제조업을 세우고 그 나라들과 정치적·군사적으로 긴밀한 유대를 형성한다. 한국전쟁 이후 미국은 한국과 그 주변국을 정치적으로 안정시키기 위한 방법의 일환으로 동남아시아의 경제발전을 적극적으로 도모했고 미국 군대를 한국, 필리핀, 인도네시아 등에 주둔시켰다. 이때 이들 국가와 미국 간에 형성되었던 경제적·군사적 이해관계는 훗날 미국으로의 대규모 이주 흐름을 만들어내는 계기가 된다.

수출상품 생산을 위한 외국의 직접투자로 높은 고용 수준을 보이던 나라에서 왜 대규모 이주가 생겨났는지를 이해하기 위해서는, 그러한 직접투자가 저개발국가의 경제와 노동구조에 미친 영향을 살펴야 한다. 외국 투자가 낳는 부정적인 효과는 사람들의 전통적 생존방식을 뿌리째 없애버린다는 데 있다.(Afshar & Barrientos 5) 농업의 대규모 농장화는 자급자족하던 농부들의 터전을 흡수하고 그들을 농업

임금노동자로 만든다. 농촌에서 생계를 잇기 힘든 이들은 더 나은 일자리를 찾아 도시로 이주한다. 도시의 수출 중심 자유무역지구에서는 공장의 대규모 가동을 위해 농촌의 여성인력을 모집한다. 여성을 집중적으로 채용하는 가장 뚜렷한 이유는 비용 절감이다. 그 외에도 외국 고용주들이 보기에 가부장사회의 어린 여성들은 순종적이어서 인내와 정밀함을 요하는 일에 적합하고, 선진국 노동자들이 참지 않을 열악한 작업조건에도 군말이 없다.

농촌 여성들의 노동 형태가 가내 무보수 노동에서 도시의 임금노동으로 전환되면서 농촌의 경제활동에 큰 차질이 생긴다. 농촌 경제는 전통적으로 여성이 수행하는 다양한 활동에 의존해왔다. 여성은 가족을 위한 생필품을 생산하여 지역시장에 판매하기도 했고, 가사노동과 베틀짜기 등 생활을 꾸려가기 위한 노동을 도맡았다. 여성들이 도시로 이주한 후 더이상 생계를 꾸려나갈 수 없게 된 가부장제 남성들도 농촌을 떠나갔다. 젊은 여성들이 가족의 생계를 위해 공장으로 들어가면서 남성들의 일자리가 상대적으로 줄어드는 결과도 빚어졌다.

수출 중심의 노동이 전통적인 생계형 노동을 대체하면서 남성과 여성은 모두 임금노동자가 되었고, 잦은 노동자 교체로 인해 해고된 사람들은 돌아갈 고향이 없어졌다. 전통적 생존방식을 잃어버린 사람들은 '노동 유효기간'이 지나 더 어리고 건강한 노동자가 자신의 자리를 차지하거나 외국 제조업체가 생산지를 더 저렴한 나라로 옮겨 실직할 경우를 대비하여 이주 문제를 진지하게 고려하게 된다. 이는 부분적으로 미국의 자본투자가 낳은 이데올로기적 효과이기도 하다. 사센에 따르면 외국 투자는 전통적인 노동구조를 부식시키고 잠재적인 이민자들을 생산한다. 또한 매일 일과를 통해 서구화를 경험하는 근로자들이 서구의 관행이나 사고방식을 받아들이면서 이데올로기적 효과가 창출된다.(38) 그러면서 미국은 물자가 풍족한 기회의 땅이라는 이미지가 널리 확산된다. 이는 예상했던 것과는 정반대의 결과다. 미국이 자본을 수출하여 제3세계 국가에 수출 자유무역지대를 만들면 해당 개발도상국의 경제를 성장시키고 고용을 확대하여 외국으로의 이주를 지연시킬 것이라는 예상이 지배적이었기 때문이다.

생산의 전 지구화가 미국으로의 노동 이주 흐름을 촉발시키는 계기가 되었다면, 계속해서 증가하는 이주 현상은 미국 내부의 경제구조 조정과 직접적으로 관계된다. 그리고 이 구조 조정이 이주민들의 대도시 밀집 현상을 설명해준다. 산업 생산시설이 외국으로 이전되면서 미국의 전통적인 제조업단지는 침체되었고 일부는 노동착취형 제조작업장으로 바뀌었다. 이렇듯 열악한 작업장은 정규직 기능공이 아닌 비정규직, 비기능직으로 채워진다. 성장세를 이어가는 백화점이나 레스토랑 등의 서비스업계도 저임금 직종을 양산한다. 제조업이 쇠퇴하고 서비스업이 증가하면서 임시직이나 시간제 일자리 등 사회의 어떤 보호도 보장되지 않는 비공식적 노동이 점차 늘어난다. 여기에 점차 사회활동이 늘어난 미국 여성들의 가사노동과 육아를 대신 맡아줄 노동력이 크게 필요해진다. 이렇듯 비공식적이고 비가시적인 노동시장의 확장이 외국 이주자들의 유입을 가속화한다. 후기 산업경제의 특징 중 하나인 제3세계 이주 노동자, 특히 여성 이주자에 대한 대도시의 엄청난 수요가 그런 이주를 끊임없이 유발한다.

이주여성 노동 형태와 주변화 이데올로기

1) 노동착취형 작업장의 노동 형태와 이데올로기

여성 노동의 저임금 착취와 최저임금 이하의 임금 지불 등 아시아의 수출자유지역과 인근의 하청작업장에서 행해졌던 노동 형태가 이제는 미국의 한복판에서 이루어진다. 캘리포니아 북부 실리콘밸리의 전자부품 조립공장을 비롯해 뉴욕의 의류상가 지역, 맨해튼과 퀸즈의 코리아타운에는 착취적 작업장이 밀집해 있다.[1]

첨단 과학기술을 자랑하는 실리콘밸리이지만 부품 조립라인은 자동화가 어려운 섬세한 육체노동과 노동 집약적 작업을 요구한다. 이 일에는 "온순하고 인내심 있고 무엇보다도 싸서" 고용주가 선호하는 아시아계 이주여성들이 많이 투입된다. 갓 이주한 여성들은 영어를 못하는 자신들에게 달리 선택의 여지가 없다고 생각하면서 지역의 조립공장에 상당한 이윤을 안겨준다. 노동자의 눈과 손을 혹사시키는 노동착취형 작업장은 뉴욕의 도심 한가운데 위치한 차이나타운이나 코리아타운의 의류봉제 작업장에서 압축적으로 이루어졌다. 미국의 대형 의류회사들은 아시아 지역의 대규모 생산공장뿐 아니라, 급속히 변화하는 디자인 경향과 시장수요에 긴밀히 대응하기 위해 제조업자와 판매업자, 소비자 간의 근거리 소통이 가능한 시스템이 필요했다. 이런 시스템하의 작업장에서는 반응이 좋은 최신 스타일의 옷을 신속히 재봉하여 1~2주 내로 제조업자와 대형마트, 판매업자에게 전달한다. 미국 의류 제조업자들은 근거리에 전문 생산지를 두어 수요 변화에 빨리 대응하고, 시즌 중 새로운 생산라인을 도입해 최신 인기 스타일의 옷을 제때 공급하는 환상적인 생산라인을 갖추게 된다.(Hu-Dehart, "Asian Women Immigrants" 211)

이러한 생산구조가 가능했던 것은 이주여성 노동자들 덕분이었다. 제아무리 대자본의 미국 제조업자라 하더라도 밀물처럼 들이닥치는 아시아계 이주여성이 없었더라면 이 같은 환상적인 생산라인을 실현시키지 못했을 것이다. 뉴욕 의류산업의 부활은 아시아와 라틴아메리카에서 온 수많은 이주여성이 있었기에 가능했다. 전통적인 농업이나 수공업의 생산방식이 대량 생산방식과의 경쟁에서 밀려나고, 1965년 미국 이민법이 완화되자 아시아와 라틴아메리카 여성들의 대규모 이주가 시작되었다. 갓 이주한 여성들은 같은 동족이 모여 사는 지역으로 찾아가 그들의 도움을 받는다. 그리고 주로 동족인 남성 하청업자를 소개받는다. 하청업자는 저임금과 초과근무를 통해 자신의 수하에 있는 여성 노동인력을 얼마만큼 혹사시키느냐에 따라 수당이 달라진다.(Louie 4)

이 노동착취형 작업에는 이주여성 노동자들이 '딴생각' 말고 일에만 매진하도록 유인하기 위한 인종 및 젠더 차별적 이데올로기가 필수적으로 작동한다. 나오미 카츠Naomi Katz와 데이비드 케미니처David Keminitzer는 노동착취형 공장 운영의 이데올로기적 기제에 대해 탁월하게 분석하고, 모한티는 이 둘의 연구를 모태로 이론을 정립한다. 카츠와 케미니처는 특히 실리콘밸리의 전자부품 조립라인으로 이주여성을 유인하여 노동력으로 활용하는 이데올로기를 살핀다. 자동차 공장과 같은 고임금 중공업에서 불황을 맞아 임금동결의 압력을 넣어야 할 때, 자본가는 노동자에게 어려운 시기인 만큼 고통을 분담하자고 요청하는 방법을 택한다. 부품 조립공장에서는 일에 대한 어떤 모호한 장점을 내세워 긍정적인 이미지를 심어주거나 귀에 거슬리는 인종적·젠더적 고정관념을 부각시키는 방법이 동원된다. 이렇듯 어르고 달래며 선심 쓰는 듯한 이데올로기적 기제는 노동자들이 대부분 여성이라는 점, 특히 산업 사다리의 맨 아래 발판에 서 있는 제3세계 이주여성이라는 점 때문에 애용된다.(Katz & Keminitzer 333) 산업적인 갈등 상황에 처한 고용주가 계급보다 젠더와 민족특성ethnicity을 강조하는 것은 노동자 의식 형성을 막고 관리를 용이하게 하기 위한 전략으로 볼 수 있다.

고용주는 저임금 일자리에 이주여성을 유인하기 위한 방책으로 여성에 대한, 그리고 인종차별적인 고정관념을 사용한다. 고용주는 우선 조립라인 작업이 기술이 필요 없는 쉬운 일임을 강조한다. "이 일은 정말 쉽고 레시피처럼 따라하기만 하면 된다"(335)고 말한다. 유일하게 필요한 기술은 손동작인데, 특히 아시아계 여성들은 바느질과 뜨개질에 능숙하고 장시간 앉아 있는 습관이 있으니 더욱 적합하다고 설득한다. 이 지루하고 쉬운 일이 가정주부에게 특히 좋은 까닭은 그다지 피곤하지 않아 귀가 후 가사일을 모두 감당할 수 있기 때문이라는 것이다. 또한 본인이 편리한 시간으로 교대근무를 선택할 수 있는 이상적인 '부업'이라는 것이다.

이 일이 가족 생계부양자가 아닌 여성에게 알맞고 가계에 보탬이 되는 정도의 보수를 주는 적당한 부업이라는 이데올로기는 여성 노동자의 승진 기회를 박탈하는 구실로 작용하기도 한다. 관리자들은 일에 대한 여성들의 욕구를 결혼할 때까지라든가 냉장고 할부를 다 갚을 때까지 등 일시적인 것으로 상정한다. 임시직이기에 여성에게는 당연히 단순 노무 이상의 훈련을 받을 기회도 없다. 그러나 저임금 탓에 실질적 가장인 여성은 일주일 내내 초과근무를 하지 않을 수 없다. 이처럼 쉬운 일이며 부업이라는 유인 이데올로기는 특정 젠더와 인종을 노동 현장의 맨 하단에 위치시키는 작용을 한다.

모한티 역시 시키는 대로 따라하기만 하면 되는 미숙련 노동의 개념과 지루한 일을 잘 참아내는 민족이라는 개념에 젠더와 인종 차별이 깔려 있다는 데 동의한다. 이러한 논리는 "제3세계 여성을 미개발 상태로 간주하고, 지루함과 참을성이라는 토착민 담론을 비서구적·농업 중심적·전근대적·아시아적 문화의 특징으로 간주하기 때문이다."(Mohanty 234) 형편없는 임금과 엄한 작업장 규율이라는 노동 환경이 아시아 여성의 독특한 존재론적 속성에 기인하고, 또 거기서 귀결된 산물인 것처럼 조작된 이데올로기가 작동한다. 마리아 미즈Maria

Mies가 지적하듯, 인도의 나사푸르 지역 레이스 직조공들 대부분이 생계부양자로서 고된 노동을 하는데도 그것을 주부들의 여가활동 정도로 폄하하여 비가시화하는 것(135)과 마찬가지로, 세계에서 가장 부강한 국가 미국의 뉴욕에서도 직장을 여성들의 보조작업장으로 주변화하는 전략은 여전하다.

이주여성에 대한 또하나의 착취 논리는 "밑바닥에서부터 배워 올라간다"는 자립 신화에 근거한다. 박봉이지만 봉제와 바느질 기술의 습득은 아메리칸드림을 이루는 첫 단계라는 것이다. 휴드하트Evelyn Hu-Dehart는 캘리포니아의 한 공장장의 말을 인용한다. 공장장은 그곳이 봉제기술을 익혀 더 나은 직장을 얻게 하는 발판이며, 자식에게 대학교육을 시켜 더 나은 직장을 갖게 하는 꿈을 이룰 수 있는 곳이라며 노동자들을 독려한다.

> 우리는 초보자의 일감을 멕시코계 여성들에게 제공한다. 이 여성들은 다른 선택의 여지가 없다. 그들은 이 일이 아니면 설거지를 할 수밖에 없다. 재봉공장에서 일을 하면 기술을 습득할 수 있다. 그런 이점이 있지만 선택은 그들이 하는 것이다. 어느 누구도 그들의 머리에 총을 겨누지는 않는다. 그들은 최소의 임금을 받는 대신 기술을 얻고 자식들을 대학에 보낼 수 있다. 이것이 위대한 아메리칸드림이다. ("Surviving Globalization" 91)

여성 노동자들은 이를 어떻게 받아들이고 착취적인 직장에서 어떤 의미를 찾는가? 카츠와 케미니처는 이러한 성공 욕구의 자극이 상당히 효과적이었다고 지적한다. 여성 노동자 스스로도 생산노동을 평가절하하는 사회의 전반적인 분위기에 영향을 받았기 때문이다. 물질적인 결핍보다 더 견디기 힘든 것은 다른 사람들에게 받는 낮은 평가와 그로 인해 상처 입은 자존심이라는 것을 이 연구는 보여준다.(339) 따라서 이주여성들은 기술을 배워 가게를 차리겠다는 입신양명 신화에 상당히 설득당했다는 것이다. 모한티 역시 비슷한 주장을 펼친다. 이러한 여성들은 노동착취적 노동을 자신의 삶을 향상시키기 위한 전략의 일부로 받아들였기 때문에, 이 일이 한편으로는 개인의 꿈과 주체의식 형성을 자극하는 긍정적인 역할도 했다는 것이다.(236) 그러나 다른 한편으로 이 입신양명 이데올로기는 미국 경제에 필수불가결한 이주여성 인력이 자신들을 유인하고 착취하는 경제 운용 방식에 대해 비판적인 시각을 갖지 않고 오직 성공을 위해 일에만 매진할 수 있게 하는 기능을 한다.

2) 가사노동의 국제적 전이와 이데올로기

가사노동은 전 지구적 자본주의 체제에서 여성이 수행하는 일 중 가장 중요하면서도 억압적인 형태의 노동이다. 가사노동은 가정 유지를 위한 온갖 육체적 노동을 비롯해서 육아, 노인 돌보기, 자녀교육, 가족의 사회적 관계 유지 등을 포괄한다. 가사노동은 생산노동력을 지속하는 데 필요한 노동이므로 재생산노동이라고도 불린다. 여기서는 가사노동을 무임금의 무력한 노동으로 주변화시킨 이데올로기와 특히 현재 제3세계 여성들이 미국 및 선진국 직업여성들의 가사노동을 떠맡는 가사노동의 국제적 전이 현상을 살펴보려고 한다. 가사노동에 초점을 두면 왜 젠더가 전 지구적인 노동 이주의 주된 요인인지, 어떻게 젠더가 유입국의 국제적 노동 분화에 있어 큰 작동 요인agency이 되는지 드러난다.

미국과 선진국은 가사노동 영역에서 위기를 맞고 있다. 가정 내의 모든 허드렛일을 처리하고 어린이와 노인까지 돌봐줄 인력에 대한 수요는 점점 증가하고 있다. 이전에는 집안의 어른이나 친지의 손길을 빌릴 수 있었으나 핵가족화와 세대 변화로 그러한 기대는 할 수 없다. 가사노동 일손의 부족이 공적 이슈가 된 이유는 정치적으로 영향력 있는 중산계급 가정에서 그 문제가 불거져 나왔기 때문이다. 남성 혼자 생계를 부양하고 여성은 가사일에 전념하는 것은 어느새 사치가 되었고, 불안정한 고용조건과 평생직장의 부재로 중산계급에게도 맞벌이는 필수가 되었다. 문제는 취업여성의 증가가 가사노동의 감소 없이 진행된다는 데 있다. 오늘날 많은 여성들은 직장일과 집안일을 모두 감당하느라 고군분투한다. 더구나 신자유주의적 자본주의 경제체제에서는 육아나 노인복지의 비중이 축소되어 그 부담을 개별 가정이 고스란히 떠안아야만 한다.

미국 중산층 가정에 고용된 가사노동자의 대부분은 이주여성이다. 무엇보다도 이주여성의 인건비가 미국 시민권자보다 훨씬 저렴하기 때문이다. 이주 가사노동자들은 육체가 온전할 때까지는 일을 한 만큼만 받고 나이가 들거나 병이 들면 어떠한 사회보장 혜택도 받지 못한다. 이블린 글렌Evelyn N. Glenn은 가사노동 중에서도 특히 돌봄노동의 불공평성을 살핀다. 글렌은 가사노동이 어떠한 이데올로기를 통해 평가절하되었고 불공평한 대우를 받아왔는지를 역사적으로 점검하고, 이 불공평의 기제가 이주여성의 가사노동 유입으로 연결되는 지점을 밝힌다.

종종 가사노동은 노동 그 이상의 것이라고 칭송된다. 어머니의 일은 사랑의 발현이므로 어머니의 사랑에서 나온 일과 노동은 구별된다는 것이다. 돌봄노동 같은 가사노동은 사랑이자 관계 맺기일 뿐 노동은 아니라는 것이다. 글렌은 소외되지 않은 노동의 본래 상태에 돌봄노동이 적합할 수도 있다고 지적한다. "개인이 자연의 물질을 새롭고 유용한 어떤 것으로 변모시키는 활동이 인간의 노동이다. 이런 노동은 궁극적으로 자기 표현의 한 형태가 되기 마련이며 개인은 노동을 통해 사물의 세계 및 다른 사람들과 연결된다."(48) 돌봄노동은 사람을 육체적·정서적·사회적 존재로서 창조하고 재창조하는 일이며, 매일 일상에서, 세대 상호 간에 이루어지는 활동이다. 하지만 글렌도 지적하듯이 실제 각 가정에서 이루어지는 가사노동은 끝이 없고 매일 반복되며 그 결과가 눈에 보이지 않는다. 이 지난한 가사노동을 사랑의 행위라고 이상화시켜 노동에서 제외시키는 것은 그 노동자를 정치경제적인 맥락에서 지워버리는 것이다.

가사노동에 대한 또하나의 일반화된 이데올로기는 그것이 사적인 활동이라는 것이다. 집 밖에서 공적인 일을 통해 돈을 벌어오는 정식 노동이 아니라 가정 안에서 개인적인 욕구와 필요를 충족하기 위해 개인적으로 행하는 일상생활이라는 것이다. 이러한 이분법은 공적 영역의 합리성·보편성·객관성·추상성에 반해 사적 영역을 감성·특수성·주관성·구체성으로 지정하고 둘을 대립시키는 사고방식이다. 본격적인 산업사회가 시작되면서 공과 사의 이분법, 남성 영역과 여성 영역 간의 분리는 더욱 심화되었다. 급속한 산업화와 도시화로 다양한 사회 병폐가 나타났고, 더이상 공공 영역은 미덕과 연관될 수 없는 것처럼 보였다. 각박한 공적 영역과는 달리 가정이라는 사적 영역은 여성의 사랑으로 채워지고 마음의 위안을 주는 장소로 승화된다. 그러나 가정 영역에 도덕적 우월성이 주어진다고 해서 여성의 독립이 증진된 것은 아니었다. 오히려 여성의 가사노동을 노동에서 지워버리는 결과를 낳았다. 사적 영역으로 규정되어 괄호 안에 넣어짐으로써 가사노동은 노동시장에서의 고용과 달리 공적인 사회적 기여로 인정받지 못한다. 19세기에 백인 남성들이 선거권을 요구한 근거가 임금고용이었던 것처럼 임금고용은 시민의 권리와 의무의 근원이었다.(Glenn 49) 임금고용인에게만 투표권, 연금, 건강보험, 사회보장제, 실직수당이 주어진다. 사적인 책임을 수행하는 무보수 가사노동자는 피부양자로만 정의되며 시민으로서의 그 어떤 권리도 부여되지 않는다.

무보수 가사노동을 시민의 권리 영역에서 제외시켜 괄호 안에 넣은 것은 고용된 가사노동에까지 악영향을 미쳤다. 1974년 공정노동기준법을 둘러싼 논란에 대한 이블린 글렌의 설명은 어떻게 임금 가사노동까지 노동 영역에서 배제되는지를 잘 보여준다. 원안에서는 가사 서비스의 많은 형태들이 노동에 포함되었지만 국회의원들은 사적인 가정을 작업장으로, 가사일을 하는 사람을 가족의 일원이 아닌 노동자로 대하는 것에 대해 불만을 토로했다. 최종안에서 베이비시터는 노동자로 인정받지 못했고, 등록증이 있는 "훈련된 인력"에 의해 수행되는 서비스가 아닌 한 우애서비스companionship services를 제공하는 것으로 규정하여 모든 가사노동을 법의 보호망에서 제외시켰다. 이로써 수십만 명의 가사·돌봄노동자들은 공적 노동의 영역에서 비가시적인 존재가 되었다.(55) 가사노동이 정치적·경제적 시스템 바깥에 위치하는 것으로 정의되자 이는 결국 자본의 이익에 기여하게 된다. 가사노동이 노동력을 유지시키고 생산을 지속시키는 기능을 한다는 것을 부정함으로써 사용자와 투자자는 가사노동에 지불할 사회비용을 회피할 수 있다. 또 가사노동을 날 때부터 여성이 해야 할 일로 규정함으로써 남성의 계급적 이익에 기여할 수 있다.

법적으로 노동의 범주에 끼지도 못하는 가사노동에 유입되는 대다수의 인력은 제3세계에서 온 이주여성들이다. 레이첼 파레나스는 미국과 이탈리아로 이주한 필리핀 가사노동자의 노동 형태를 통해 미국 중산층 여성과 필리핀 이주여성, 그리고 필리핀에서 그 이주여성의 아이를 돌보는 여성 간에 이루어지는 가사노동의 3단계 국제적 전이 현상을 살핀다. 필리핀 이주여성이 가사노동으로 유입되면서 재생산노동의 국제적 분화가 일어난다. 미국 중산계급 여성은 이주 가사노동자의 저임금 서비스를 구매하고, 이주 가사노동자는 필리핀에 남겨둔 가정을 위해 더 가난한 여자의 더 저렴한 노동서비스를 받는다.

> 육아의 국제적 전이는 뚜렷한 노동 분화 양상으로 나타난다. 필리핀 가사노동자는 선진국 특권층 여성들의 재생산노동을 대신하면서 자신의 아이는 필리핀의 다른 여성들에게 맡기는 형태를 취한다. 이 국제적 노동 분화는 두 국가 여성들 간에 이루어지는 재생산노동의 3단계 전이라고 말할 수 있다. 이때 각 단계별 여성 그룹은 유입국의 중산계급과 상층계급 여성, 필리핀인 이주 가사노동자, 너무 가난하여 이주할 수 없는 필리핀 내의 가사노동자로 구성된다. (72)

가사노동의 이러한 국제적 전이 현상은 세계화 속에서 일어나는 젠더 구속의 초국가적 전이이기도 하다. 미국의 노동시장에서 여성들의 참여가 크게 증가했음에도 여성들은 여전히 가사노동을 책임진다. 직업과 가사의 과도한 이중부담에 시달리던 여성들은 가사일을 대신해줄 이주여성을 고용한다. 필리핀 여성들은 전통적 가부장제의 젠더 이데올로기 아래서 살아왔다. 그들 상당수는 가정 내에서 남편의 폭력이나 외도에 시달렸고 아예 남편이 가정을 떠나버려 생계를 책임져야 하는 경우도 많았다. 여러 통계가 보여주듯 이주여성은 그 나라의 최하위계층이 아니라 어느 정도 이주할 만한 경제적 여건을 갖춘 집단이다. 특히 필리핀 이주여성의 경우 여성의 일자리가 드문 필리핀에서 교사나 간호사 등 여성에게 허용된 좋은 직종에 종사하던 경우가 많다.(Parreñas 72) 앞에서도 언급했듯 이들이 가족의 생계를 위해 미국 등으로 단독 이주한 경우 경제적 어려움 때문만이 아니라 젠더 구속을 일정 부분 거부하는 과정으로도 볼 수 있다. 이주를 할 경제적 여건이 되지 않는 여성은 이주여성의 가사일을 대신 맡아 외국에서 송금받은 임금으로 자신의 가족을 부양한다. 필리핀 여성의 이주 과정은 필리핀에서 젠더 역할의 경감과 위임의 구조를 통해 이루어진다. 필리핀 이주여성은 산업국가에서 자신을 고용한 여성의 젠더 구속을 경감시키고 자신의 젠더 역할은 필리핀에 있는 여성에게 위임한다. 그러므로 여성의 이주는 송출국과 이주국 모두에서의 젠더 불평등 체계와 글로벌 자본주의가 맞물린 결과다.

가사노동의 국제적 전이는 가사노동의 가치 저하를 촉진한다. 돌봄은 "어머니가 수행할 때는 모성이라 불린다. 돈 주고 고용한 사람이 수행할 때는 미숙련직이라 불린다."(Parreñas 73) 상품화된 재생산 노동은 저임금 노동일 뿐 아니라 국제적 전이 현상으로 인해 현저한 가치 하락을 거친다. 돌봄이 상품이 되면서 더 부유한 여성들은 가족을 위해 높은 '품질'의 돌봄을 구매할 수 있다. 미국의 중산계층은 보다 저렴한 노동력인 유색의 이주여성에게 돌봄을 떠맡긴다. 이주여성은 미국 가정의 입주 가정부로 일해서 번 돈으로 고국에 두고 온 자녀들을 가난한 친지에게 맡긴다. 이주여성의 아이를 돌보는 가장 가난한 하위주체 여성의 돌봄노동은 최저임금으로 하찮게 평가받는다. 그 하위주체 여성의 아이들은 어떻게 건사되는지 언급조차 없다. 앞에서 살펴보았듯 역사적으로 늘 평가절하되었던 가사노동이 유색 이주여성의 역할로 전이되면서 가사노동은 인간의 노동 중 가장 평가받지 못하는 '허드렛일'로 고착된다. 아울러 미국의 가사노동을 제3세계 여성들이 떠맡게 되자 미국 여성인력이 임금노동 시장으로 보다 자유롭게 유입되었고 이것이 국가 발전에 큰 동력이 되면서 국제적인 경제 불균등은 더욱 심화되었다.

이주여성 노동자의 행위주체성 배양

이주여성에 대한 경제적·문화적 분석이 이주여성을 착취당한 피해자로 제시하는 데 그치지 않으려면 임파워먼트와 사회적 주체 형성의 가능성을 생각해야 한다. 임파워먼트는 '권력 배양'을 의미한다. 이상화는 페미니즘적 권력 개념을 다음과 같이 고찰한다. "권력을 대체로 지배권 혹은 통제권과 동의어로 이해해온 것과는 달리 페미니즘적 권력 개념에서 권력은 공유하고 나누는 그 무엇으로 정의되거나 다른 사람의 힘을 고양시키는 어떤 것으로 이해된다."(10) 이상화는 권력을 억압적 지배와 동일시해서는 안 되고, 페미니즘에서도 자원이나 의사 결정권 혹은 특정한 사태를 통제할 수 있는 권력을 배양해야 한다고 촉구한다. 그렇다면 어떤 여성들보다 '권력' 아니 '힘'이 부족한 이주여성들에게 임파워먼트는 어떻게, 그리고 어느 정도 가능한가? 상당수의 이주여성은 선택할 수 있는 자원 자체가 부족하다. 그런 의미에서 나일라 카비어Naila Kabeer의 개념 정의가 적합한 출발점으로 보인다. 카비어에 따르면 "임파워먼트란 선택할 능력을 부정당한 사람이 그러한 능력을 획득하는 과정을 지칭한다."(19) 다시 말하면 임파워먼트는 삶의 전략을 주도적으로 선택할 수 있는 능력을 부정당한 상황에서 그 사람이 그러한 선택을 할 수 있도록 능력을 확장하는 것이다. 상당수 이주여성에게는 일차적으로 심리적인 힘을 갖추는 임파워먼트의 배양이 필수적이다.

이주문제 연구자들은 이주가 '힘을 부여하는empowering' 효과와 '힘을 잃게 하는disempowering' 효과를 모두 가져온다고 말한다. 그러나 연구자들은 주로 여성들이 이주국에서 부딪치는 혹독한 노동 조건이나 육체적·정신적 학대와 착취 등 '힘을 잃는' 효과에 주로 초점을 둔다. 일단 이주여성들은 하위직종에 집중되므로 모국에서의 삶보다 큰 신분적 하락을 경험한다. 특히 인신매매적인 이주의 경우 모집자와 고용주가 이주여성에게 막대한 권력을 휘두른다. 당국에 발각되면 바로 추방당하기 때문에 이 여성들은 학대와 수모를 견뎌낼 수밖에 없다. 이주여성은 가사노동자, 성 산업 노동자, 공장 노동자 같은 저임금 노동이나 노조가 부재하는 열악한 일에 종사하기 때문에 어떤 사회적 힘도 갖기 어렵다. 이런 이유로 상당수의 연구가 이주여성을 무력한 희생자로만 묘사한다.

이주여성의 생활 여건이나 환경이 취약한 것은 사실이나 그 때문에 이주여성이 '힘을 상실'한다는 의미는 아니다. 나나 오이시는 시드니로 이주한 태국 성 산업 노동자들이 이주 경험을 통해 스스로 자신감을 얻었다고 생각하며, 미국에서 가사노동자로 일한 사람들 또한 이주 경험이 자신을 변화시키는 중대한 요인이 되었다고 증언하고 있음을 밝힌다.(189) "필리핀인과 스리랑카인 65퍼센트 이상이 이주가 긍정적인 경험이었다고 말했다."(189) 그들 중 반 이상이 성적 학대나 임금체불로 쉼터에 있었던 것을 감안하면 매우 높은 수치이다. 이주 노동을 계속하기를 원하는 사람들도 많았다. 외부인에게는 '힘을 잃게 하는' 경험으로만 보이는 일이 이주여성 당사자에게는 독립심과 자신감을 증진하는 긍정적 효과를 발휘했음을 보여주는 연구이다. 또한 스스로 결정하고 통제력을 발휘하는 능력을 체험하고, 새로운 언어와 문화를 습득하면서 자긍심을 갖게 되는 내적인 임파워먼트를 인정하는 연구이다.

이는 이주여성이 자신의 생활이나 노동에 대해 선택권과 통제력을 갖는 완전한 행위주체성을 얻는다는 의미는 아니다. 그들 대부분은 이주 경험이 전반적으로 자신의 삶에 긍정적인 영향을 주었다고 인식하며 나쁜 상황을 겪은 사람들도 그러했다. 일부는 고용주를 대할 때 직접적으로든 간접적으로든 협상을 시도하거나 저항하는 전술을 쓰기도 했고 제도 권력이나 외국인 고용주와의 문제에서도 억압을 받은 채로 마냥 있지는 않았다. 자신의 행위주체성을 행사한 것이다. 오이시는 그런 행위주체성이 이주여성의 임파워먼트의 중요한 부분을 구성한다고 강조한다.(191) 모든 젠더적·인종적 불공평에도 자신이 행위주체임을 인식하고 목표를 스스로 정하고 결정하여 행동하게 한다는 점에서 내적인 임파워먼트는 중요하다.

이주 경험은 행위주체성 면에서 남성과 여성에게 다른 양상으로 나타난다. 자기 나라에서 훨씬 나은 직종에 종사하던 남성들도 이주하면 대부분 신분하락을 경험한다. 이주남성은 글로벌 경제의 전략적 부문의 서비스나 하청업계에서 비가시적이고 비공식적인 노동력이 된다. 비정규직 노동자들에게는 노동조합을 결성하여 집단적 교섭력을 갖는 조직적 임파워먼트가 훨씬 힘겨워진다. 이에 비해 자기 나라에서 경제적 자립이 힘들던 여성들이 이주국에서 임금노동의 기회를 갖는 것은 주체 형성 및 자율성 획득과 긴밀하게 연결된다. 가정경제나 가정사 관련 결정에 있어 여성은 더 많은 권한을 갖는다. 가정 내에서뿐 아니라 이민 공동체 활동이나 사회생활에서 여성은 남성보다 더 적극적으로 참여하여 타협하는 기술을 발휘한다.(Sassen 1998, 92) 이러한 참여성과 적극성, 임금접근성이 이주여성을 더 '힘 있는' 행위주체로 부각시키고 노동시장에서의 역할도 더욱 가시화시킨다.

조직적·집단적 임파워먼트는 "의식과 역량을 고양하여 불리한 권력관계를 변화시키기 위한 집단의 실천"과 같다.(Andersen & Siim 15) 이주여성은 어떻게 공동의 이해관계에 기반하여 노동자로서 자신의 생활을 변혁하는 방식을 찾아낼 수 있을까? 공동의 이해관계를 위한 실천 정도는 가사노동자와 노동착취형 작업장의 노동자 간에 차이가 있다. 가사노동자를 집중적으로 연구한 파레나스에 따르면 개별 주택에서 단독으로 일하는 가사노동자의 경우 집단적 대응이 훨씬 어렵다. 파레나스는 미국과 이탈리아로 이주한 필리핀 여성에게서 나타나는 공통점은 가족과의 이별과 신분 하락, 미등록자와 같은 "탈위치dislocation"의 경험이라고 본다.(252) 때로 이들이 고용주에 항의하거나 분노를 표출하고 동족끼리 힘을 합쳐보기도 하지만, 그러한 대항 행위는 '힘을 부여'한다기보다 '기운을 회복'시키는 효과에 그친다고 본다. 이에 비해 노동착취형 공장의 노동자는 작업의 성격상 집단적으로 모여 있기 때문에 일찍이 노조를 만들었으며 다른 진보단체의 지지를 받아왔다.

최근 진보조직과 대학생들이 연합하여 '노동착취형 작업장 감시단Sweatshop Watch'과 '국가노동위원회' 같은 단체를 만들었는데, 이는 세계 각지의 노동착취형 작업장을 중심으로 세계화의 횡포를 폭로하기 위한 것이다. 이들의 목표는 노동착취형 노동을 전 세계적으로 철폐하는 것이다. 휴드하트는 이주 노동자 문제를 '유출-유입' 요소라는 전통적인 이주 패러다임 내에서 보지 않고 전 지구적 자본주의에 의한 국제적인 노동문제로 보려 한다. 이주여성 노동자들의 노동조합 결성이나 국제적 연대 결성을 촉구하는 저서들도 많다. 『노동착취형 공장의 전사들-이주여성 노동자들이 글로벌 공장을 차지하다』라는 책에서 미리엄 루이Miriam Louie는 "새로운 분야의 개척자"라는 그들 실제의 모습이 아니라 피해자로서만 말할 것을 요구받는 이주여성 노동자에게 자신의 책을 바친다고 썼다. 그녀는 노동시장과 이주 공동체 등 유사한 경험을 공유한 이주여성 노동자들이 국가를 초월한 연대와 조직을 형성해야 한다고 주장한다.[2]

리사 로Lisa Lowe는 기업이나 국가의 초국가 지향성이 자본의 이동에서뿐만 아니라 자본에 대항하는 세력의 개입과 조직화된 저항에서도 명백히 드러난다고 말한다.(161) 로는 초국가적 자본에 의해 삶과 노동에 직접적인 타격을 받게 된 유색 이주여성들은 초국가적 조직을 결성하면서 저항해야 한다고 주장한다. 유색 이민여성과 제3세계 여성 간의 동맹 필요성은 그들의 비공식적 노동 형태가 전 지구적 자본주의라는 조건하에서 유래했다는 데 기인한다. 이 조건하에서는 로스앤젤레스 의류 작업장에서 일하는 이주여성이나 아시아와 남미에서 일하는 여성이나 다를 게 없다. 미국 도심에 위치한 의류 작업장은 아시아와 남미에서 온 이주여성을 고용하고, 그 이주여성의 모국은 자국의 '유연한' 여성 노동력으로 미국의 초국가 기업들이 출자한 수출용 부품공장을 운영한다. 국경을 넘어왔음에도 전 지구적 자본주의라는 조건하에서는 이전과 마찬가지로 주변화된 비공식적 노동을 담당할 수밖에 없다는 이주여성의 자각이 제3세계 여성과의 연대의식을 불러일으킨다.

다른 한편, 미국 시민권을 획득한 아시아계 미국 여성들도 여전히 인종과 계급과 젠더의 3중차별을 체험한다. 자본의 전 지구적 구조조정의 뚜렷한 특징 중 하나는 성별화되고 인종화된 노동의 차별화를 통해 이윤을 높이는 능력이다. 즉 공식적으로는 평등한 시민이나 실제적으로는 차별대우를 받는 아시아계 미국 여성들은 본국에서든 이주국에서든 근본 조건은 바뀌지 않았다는 자각을 통해 아시아계 이주여성과 공감대를 넓혀간다. 로는 샌프란시스코의 항만 지역에 있는 AIWA(Asian Immigrant Women Advocates)를 아시아계 미국 여성들이 이민 온 아시아 여성 노동자들의 권익을 위해 일하는 대표적인 초국가·초계급 조직으로 소개한다. AIWA는 아시아계 미국 여성들이 국적과 계급, 언어와 배경이 다른 여성들의 권익을 위해 함께 일하는 조직이다. 이 조직은 노동자의 권익뿐만 아니라 육아와 건강, 언어와 문화습득 같은 관심사도 다룬다. 로는 AIWA가 노동자 위에 간부를 두거나 이민 여성 위에 아시아계 미국 여성을 두는 전통적인 위계구조로 되어 있지 않다고 지적한다.(166) 국가 경계를 가로지르며 호혜적 수평 관계를 지향하는 여성 노동조직은 초국가적 자본주의 현장에서 개척자로 살아가는 이주여성 노동자를 위하여 적극적인 개입 전략을 모색하여야 한다.

사회적 주체로 부상하기 위한 노력

이주여성의 노동은 공식적으로는 전 지구적 자본주의라는 상상계에서 배제되어 있지만 호텔과 백화점, 노동착취형 작업장, 그리고 미국의 수많은 가정들은 이들의 비가시적 노동에 의해 유지되고 있다. 제3세계 여성들이 미국으로 이주하게 된 요인은 단순한 개인적 빈곤의 차원뿐 아니라 미국의 자본수출로 인한 제3세계의 전통적 생계 기반 붕괴와 서구화 이데올로기의 파급효과로 볼 수 있다. 동시에 미국에서 저임금의 비정규직 노동에 대한 엄청난 수요는 미국 경제의 구조적 변화와 맞물려 있다.

역사적으로 여성 노동은 주부의 여가활동이거나 기껏해야 생계부양자가 아닌 사람의 부업으로 치부되어왔다. 이주여성 노동에는 이와 같은 여성차별 이데올로기에 인종차별 이데올로기가 더해진다. 남성 중심의 중공업에서는 '고통분담'이나 '노사합일'과 같은 명분으로 근로자를 달래고 생산성을 부추김으로써 어쨌든 근로자를 협상의 상대자로 인정해준다. 반면 이주여성의 경우 "여성의 손쉬운 여가활동", "제3세계 여성의 끈기 있는 손재주"라는 식의 젠더와 민족 특성을 강조하는 이데올로기로 근로자를 달래며 생산성을 부추긴다. 이주여성을 노동자로 인정하지도 않는 통제기제는 각 가정에서 개별적으로 수행되는 가사노동의 경우 더욱 심각하게 진행된다. 무보수 가사노동은 사적인 돌봄으로 치부되고, 시민권의 범위에서도 배제된다. 이것이 가사노동을 무가치하게 보는 이데올로기를 확산시키고 국제적인 경제불균등을 심화시킨다.

이주여성의 착취적 상황에 대한 경제적·문화적 분석을 시도한 이 글은 압도적인 억압의 기제에도 불구하고 이주여성 노동자들이 사회적 주체로 부상하고 있음을 염두에 두었다. 전 지구적 자본주의라는 현 상황에서 가장 많이 착취당하는 계층임에도 불구하고 이들은 이주 경험을 통해 자아의식과 자기 선택권을 넓히는 상당 수준의 내적 임파워먼트를 갖게 되었다. 현재 민족의 경계를 넘어 공통 분모를 가진 이주여성들 간에 연대 모색이 실제로 이루어지고 있으며, 사회적 주체로서 이들의 당위성을 뒷받침하는 담론들이 학계에서 활발히 진척되고 있다.

'아시아 여성주의 문화연구'를 구축하기[1]

비교문화적 사유와 상상력

태혜숙

왜 '아시아 여성주의 문화연구'인가?

이 글에서 나는 한국의 문화연구 영역이 단일 민족국가의 틀을 넘어 '아시아'라는 지평에 놓이면서 또한 여성주의적이어야 함을 주장하고자 한다.[2] 먼저 여기서 사용하는 '아시아'는 1930년대 일본의 대동아 공영권 개념에 의해 강화된 패권적 정체성에 대한 거부가 용해된 개념이다. '아시아'는 냉전 시대에 미국의 이익에 부합하게 세계를 포섭하려는 기획이었던 지역학 연구Area Studies에 함축된 자족적이고 완결된 '지역들' 중 하나로서의 아시아를 비판한다.[3] 1990년대 이후 아시아 각국에서 부상하기 시작한 아시아 담론은 예전의 아시아 상像을 버리고 탈냉전 시대에 필요한 하나의 의미 있는 권역region[4]으로 새롭게 구축되어야 할 아시아에 대한 지향과 상상을 담는다. 말하자면 미국 중심인 신자유주의 세계체제의 지구화 흐름에 맞서는 세력으로 재구성된 '아시아'는 탈민족-국가·탈제국·탈식민을 실천하려는 비판적 권역주의critical regionalism[5]의 새로운 가능성을 담보하고자 한다.

이 움직임은 1990년대 아시아에서 개최되었던 두 번의 아시아 문화연구 관련 국제학술대회를 계기로 창간한 『인터-아시아 문화연구 *Inter-Asia Cultural Studies*』에 의해 구체화된다.[6] 창간호가 나온 2000년부터 지금까지 『인터-아시아 문화연구』는 아시아에 진지를 둔 지식인들과 아시아계 디아스포라 지식인들을 중심으로 11권까지 발간되었으며, 아시아 대중문화, 소비문화, 아시아의 새로운 정치·경제 쟁점들, 섹슈얼리티, 월드컵 등을 폭넓게 다루고 있다. 편집인 천광싱에 따르면 『인터-아시아 문화연구』는 "좀더 집단적이면서 협력하고 서로 비교하는 실천"[7]을 통해 "지금도 우리의 현재를 적극 형성 중인 식민적·제국적 문화 상상을 탈구하여"(3) 지역적·권역적·지구적 수준 모두에서 정치, 사회, 문화 관련 담론과 인식에 기여하고자(xii) 노력해왔다. 그렇다면 지금까지 진행된 『인터-아시아 문화연구』의 작업을 점검해볼 필요가 있겠다.

나는 우선 『인터-아시아 문화연구』가 내건 비판적 기치에도 불구하고 그것이 지역 지식인들의 남성 흐름male stream이라는 주류main-stream에 편승한다는 느낌을 받는다. 그래서 『인터-아시아 문화연구』의 기획이 그다지 비판적이거나 탈식민적인 것으로 보이지 않는다. 이러한 판단의 근거는 두 가지다. 첫째는 자본주의, 가부장제, 이성애 중심주의, 자인종 중심주의, 신식민주의 등 지배의 공통구조들을 모두 함께 열거하며 말하는 습관이다. 둘째는 식민적 동일시를 극복하는 해결책으로서 포스트식민적 동일시postcolonial identification를 위해 제시되는 '비판적 조합주의critical syncretism'다. 이제 천광싱과 관련하여 이 두 가지 논점을 좀더 자세히 살펴보고자 한다.

『인터-아시아 문화연구』 창간호의 권두논문 「탈식민화의 문제」에서 천광싱은 지리적·민족국가적·권역적 경계들을 가로지르는 중심 범주로 "젠더, 섹슈얼리티, 인종, 민족성ethnicity, 계급"(7)을 설정하고 우리의 주체성 구축에 연루된 식민주의적 동일시를 깨뜨리기 위해 '비판적 조합주의'가 필요하다고 주장한다. 그의 설명에 따르면 '비판적 조합주의'는 "식민적 권력관계, 가부장제, 자본주의, 인종주의, 쇼비니즘, 이성애주의, 민족주의적 외국인혐오증 등에 의해 역사적으로 구축된 경계들과 분리적 입장들을 넘어서기 위해 타자들의 요소를 자아의 주체성 속에 적극적으로 내면화하는, 타자들 되기"(25)이다. 천광싱에게 이러한 '넘어서기'의 이론적 기초는 "이제 더이상 편협한 계급정치에 기반을 두지 않고 게이와 레즈비언, 양성애와 트랜스섹슈얼, 여성주의자, 노동자와 농민, 환경, 선주민aboriginal, 반인종주의, 반전 집단의 범좌파 사회운동이 함께 작업해야 할"(28) 새로운 종류의 마르크스주의이다.

여기서 이해하기 어려운 점은 왜 천광싱은 자신이 비판하는 "민족주의nationalism, 토착주의nativism, 문명론civilizationalism", 그리고 마르크스주의의 서구적 인식소 및 이론의 기저에 놓인 가부장적 무의식을 비판적으로 성찰하지 않는가 하는 것이다. 그의 이론적 시야는 마르크스주의의 틀을 여성주의적으로 재구축할 여지를 거의 남겨두지 않는다. 이는 가부장제에 기반을 둔 현 단계, 지구적 자본주의가 유지하는 현 국가 체제에 그의 의도와는 별개로 영합하고 있다는 뜻이다. 서로 병행하거나 등가이거나 다원화된 억압의 축들을 죽 나열하는 태도는 억압과 착취의 지구적 구조들에 도전하거나 식민적 문화 상상the colonial cultural imaginary[8]을 탈구하는 작업을 진척시키기 힘들게 만든다. 여기서 감지할 수 있는 것은 자화자찬격인 대항성과 그것과 똑같이 자기 잇속을 챙기는 진보성이다.

여성주의 관점에서 보자면 가부장적인 것은 식민적 문화 상상의 핵심이다. 그래서 아시아 남성 이론가들의 심리와 상상적 지평의 가부장적 구조를 깨뜨리지 않고 현재의 지배적인 상상을 넘어선다는 것은 어불성설이다. 그러므로 아시아에 진지를 둔 남성이론가들은 일상의 삶 속에 깊숙이 스며들어 있는 가부장적 상상에 대한 자기성찰을 필요로 한다. 가부장적 기제는 식민주의의 잔재와 민족주의의 재부상, 지구적 자본주의의 힘과 맞물려 있으며 우리 삶의 구조들에 광범위하게 포진되어 있다. 이 부분을 먼저 끊임없이 비판적으로 성찰하면서 자기변혁으로 나아갈 때 가부장제 기제와 맞물려 있는 제국주의적 지구화에 맞설 인식틀이 갖추어진다.

『인터-아시아 문화연구』는 일견 여성주의적 관심사와 범젠더적 운동을 향해 열린 구조를 갖고 있다. 하지만 그렇다고 해서 그 이론적 지향이 자동적으로 여성주의적인 것이 되지는 않는다. 『인터-아시아 문화연구』는 여성주의를 하나의 중요한 범주로 다루지 않고 그저 여성과 여성주의자들, 성적 소수자들이 떠맡아야 할 식민화의 한 부문으로만 인정한다. 『인터-아시아 문화연구』가 여성주의 및 트랜스/젠더 연구를 간헐적으로 끼워넣고 전시하는 이유는 그 영역들이 이 저널의 진보성과 급진성을 담보하는 '구색 맞추기' 역할을 톡톡히 하기 때문이다. 나는 여성주의에 저항했던 서구(영국) 문화연구와 달리 아시아의 문화연구는 여성주의를 초석으로 삼고 있다는 주장(Niranjana 211)에 동의하지 않는다. 이 저널의 기본틀인 '변형되지 않은 마르크스주의'를 통해 고스란히 재생되는 아시아 남성주의를 실제로 변혁시켜 이론과 문화연구에 반영해보려는 어떠한 실질적인 노력 없이, 선심 쓰는 듯한 여성연구의 수용은 문제적이며, 아시아적 인식 구조와 상상의 새로운 형성을 가로막는 장애물이 된다. 여성주의 의제와 관심사를 요란하게 포용하는 태도는 상당히 동화주의적 assimilative이고 전유적이기 때문이다.[9] 그리하여 이 저널이 애초에 내건 운동성과 진보성은 상당 부분 상실되고 만다.

젠더는 특별한 경우나 사례에서만 중요한 요소라기보다 일반적인 분석도구이자 비판적인 범주다. 젠더는 (탈)근대 체제의 제반 시스템(자본주의와 민주주의)을 지탱하고 구성하는 범주로서, 주체화의 역사적 과정에 대한 탐구에서, 또 신자유주의 체제의 지배 및 착취 연구에서 반드시 필요한 분석 영역이다. 사실 식민주의, 제국주의, 자본주의, 민주주의, 신자유주의 자체가 재생산(자원, 인간, 노동력) 영역에서의 거래가 아니고 무엇이겠는가? 이러한 문제의식들이 하나로 통합된 장으로서 '아시아 여성주의 문화연구'를 구축할 수 있다면, 현 아시아 남성 중심의 지식 생산에 좀더 효과적으로 개입해 그 틀을 바꾸어내는 선봉장 역할을 할 수 있을 것이다. 이것이 가능하려면 그동안 각국에서 나름대로 다양하게 비판적인 활동을 해온 아시아 여성주의자들이 서로 소통하고 개입하고 간섭하는 네트워크를 형성하여 새로운 토론과 연결의 지점들을 적극 생산해낼 필요가 있다. 이 글에서 '아시아 여성주의 문화연구'의 장을 주장하는 것도 바로 그러한 필요성에 부응하면서, '젠더'를 일반적인 범주이자 개념으로 다시금 상기하고 부각시키기 위해서다.

아시아 여성학회의 여성주의

나는 2007년 6월 9일 고려대학교에서 열린 한국영미문학페미니즘학회 제4차 국제학술대회에서 '아시아 여성주의 문화연구'를 구축하자고 주장한 바 있다. 이 주장은 2007년 11월 16일 한국을 비롯한 아시아 각국의 여성학자들이 대거 결집한 가운데 이화여자대학교에서 열린 〈아시아 여성학회 창립식 및 국제학술대회〉의 큰 주제 '지구화

시대 아시아 여성학의 발생Engendering Asian Women's Studies in the Age of Globalization'에서 논의된 취지와 상통하면서도 다르다. 나는 그 다름을 밝히는 일환으로 당시의 발표문 중 '아시아 여성학'에 대한 의미 규정을 하고 있는 「'아시아'적인 것의 의미 생산과 아시아 여성학」을 검토해보고자 한다. 그 글에 따르면 새로운 지식 생산의 패러다임으로서 아시아 여성학이 말하는 '아시아'는 "아시아를 구성하는 단위들 혹은 부분들 사이의 동일성 혹은 통합성이 결핍되어 있지만 아시아인들이 공유하는 그 무엇, 공동의 경험을 함의"하는 "진행 중인 관념으로서 맥락에 따라 지속적인 의미 생성을 허용하는 기표"[10]라고 정의된다.

아시아의 범위를 어디까지로 두느냐에 대해서는 의견이 분분하며, 아시아를 구성하는 국가들 사이에도 엄청난 이질성과 다양성이 존재한다. '아시아'가 고정된 단일한 정체성이 아니라 지속적으로 해체와 생성이 가능한 기표임은 분명하다. 그런데 최근 아시아 담론의 부상은 주로 경제적인 측면에서 두각을 나타내는 몇몇 아시아 국가 중심으로 이루어진 것이다. 이 경제발전은 신자유주의적 글로벌 자본주의, 미국 중심의 다국적 경제에 편승해 획득한 것이며, 이를 환호하는 무리들이 그 대열에서 뒤처진 국가들, 또 자기 나라 내부에서 탈락자들을 배제하는 승리자들 위주의 것이다. 그러므로 "서구 여성주의로부터 탈식민화하려는 의도"(48)와 "지적 식민성"(58)에 대한 자각에서 나오는 공동의 경험을, 이질적이고 다양한 아시아에서 나오는 "각기 다른 양상의 식민화 역사와 경험"(61)과 어떻게 연결시켜 말할 것인가 하는 것이 '아시아 여성학' 기획의 핵심 의제로 떠오른다.

'아시아 여성학'에서 보는 아시아 여성은 "아시아에서 이론적으로 그리고 실천적으로 수행되고 있는 여성주의 정치학의 전략적 개념으로서, 아시아 내의 이질적인 여성들 간의 연대성과 연합을 구축할 수 있는, 집단적 권력 형성을 위한 실천적이고 전략적인 범주로서 의미를 갖는다"(51)고 한다. 그런데 이 대목에서도 아시아 여성의 탈식민화라는 큰 목표 외에는 구체적으로 무엇을 위한 연대와 연합인지 파악하기가 힘들다.

그렇다면 "아시아인들이 공유하는…… 공동의 경험"이라는 것이 어느 층위의 무슨 경험인지에 대한 좀더 구체적인 해명이 필요하다고 하겠다. 최근 아시아의 부상은 제3세계로서 아시아가 갖던 비판적 입장을 약화하는 대가를 치르면서(John 165-173) 가부장적 자본의 전 지구적 흐름에 편입되는 현상과 밀접한 관련이 있다. 그러므로 이 현상에 비판적 거리를 둘 필요가 있다. 여기서 이 현상이 배제하는 것은 제3세계로서의 '아시아'에 대한 규정에 내포되어 있던 비동맹 중립노선과 사회주의 노선이 함축하는 다른 발전의 길[11]임을 파악할 수 있다. 이 배제된 것들의 여정을 밝힌다면 현재 아시아 담론을 주도하는 동아시아 담론이 아시아적 관계상에 대해 갖고 있는 인식이 얼마나 제한된 것인가도 드러날 것이다.

'아시아 여성학'의 취지에서 아시아라는 권역과 관련된 지구화에 대한 입장을 표명하는 것은 중요한 사안인데, 일단 여기서는 그것이 분명하지가 않다. 이러한 모호함은 '아시아 여성학'의 개념, 범주, 전망을 작동시키는 근간의 원리로 제시되는 '현장 여성주의locational feminism'를 통해서도 해소되지 않는다. 여기서 '현장' 개념은 "지역적 분할에 의거한 공간 개념이 아니라 동질성과 이질성이 끊임없이 교차하며 다양한 차이가 생산되는 장소, 정황으로 정의된다."(51) 이 발표문의 51쪽 각주 5번을 보면 '현장 여성주의'는 에이드리언 리치의 '현장의 정치학politics of location'에서 파생된 것이라며 리치의 사상에 대한 설명이 나온다. 하지만 그 설명을 통해서도 'location'을 '현장'이라고 규정한 취지가 정확하게 파악되지 않는다. 오히려 주체가 다양하게 처해 있는 구체적인 위치 혹은 지역으로서의 'location'에다 이론이나 개념과 구분되는, 실제 현실 층위에서 살아 움직이는 현장의 활동성을 함의하는 '현장field'이라는 용어를 갖다 붙임으로써 개념상의 혼란을 초래한다.

사실 리치를 비롯해 미국의 급진적 여성주의자들이 주장하는 '위치의 정치학'은 그러한 현장성에 대한 강조보다는 존재론적인 의미를 강하게 내포한다. 미국의 급진적인 여성 시인이자 섹슈얼리티 이론가인 리치 사상의 핵심은 이성애주의의 강제성과 억압성을 벗어나 여성들끼리 정신적 기쁨을 나눈다는 레즈비언 연속체lesbian continuum 개념을 통해 여성해방의 의미를 존재론적으로 심화하는 데 있다.[12] 「'아시아'적인 것의 의미 생산과 아시아 여성학」에서 언급된 리치의 글 「피, 빵, 시: 시인의 위치」는 이성애주의를 벗어나는 자유로운 섹슈얼리티를 마음껏 그려보고 싶지만 가부장적 언어체계를 사용할 수밖에 없는 시인의 위치에 대한 안타까움을 표현한다. 만약 아시아의 여성 주체들이 다양한 지역에서 그들 사이의 차이와 동일성을 사유하기 위한 'location'이라면 그것에 더 부합하는 것은 오히려 모한티의 사유와 개념이라고 생각된다.

게다가 「'아시아'적인 것의 의미 생산과 아시아 여성학」에서 말하는 'location'은 결국 "구체적인 경험의 현장"(61)이라고 강조됨으로써 '아시아 여성학'이라는 주제에 대해 비판적으로 이론적 성찰을 하려는 원래 목적을 견지하지 못하고 경험주의로 떨어질 위험을 노출한다. 또한 "수입이론이 아닌 자생적인 이론화 작업"(58)이라는 데서 보듯 서구/아시아의 이분법을 전제하고 있다. "동일성과 차이의 오랜 이분법을 청산하고 차이/생성의 정치학이라는 관점에 서서"(54)라는 대목을 봐도 동일성/차이의 이분법은 청산하고 싶다고 해서 곧바로 청산되는 게 아니며, '차이'를 들이민다고 해서 바로 폐기되는 것도 아니고 계속 우리의 사유를 틀 짓는다는 점을 고려하지 못한다는 것이 드러난다. 두 항목의 위계적 구분과 고정된 경계를 깨뜨리고, 분리를 연결로 새로 관계 짓는 과정을 통해 기존의 이분법과는 다른 관계 설정을 제시하는 것이 오히려 생산적인 대안 아닐까.

이렇듯 이론적이고 개념적인 혼란을 넘어 출범하는 아시아 여성학자들의 학문공동체에서는 "구체적인 현장에서 다양한 실제적 이슈를 중심으로 연대하는 실천을 활성화하면 할수록, 여성들은 그 과정에서 자신의 고유한 문제를 포착하는 더욱 강력한 정치적 감각을 지닌, 또한 전 지구적 과제에 구체적이고 섬세하게 반응하는 공감 능력을 지닌 여성 주체로 탄생할 것이다. 아시아 여성학회가 우리 모두에게 다종다기한 여성주의적 투쟁과 실천과 자신의 실천을 접속시키는 실험의 장"(61-62)이 될 것이라는 희망적인 전망이 가능하게 된다. 이러한 전망은 신자유주의적 지구화가 아시아 여성들에게, 특히 엘리트가 아닌 아시아 여성들에게 행사하는 영향력에 대한 치밀한 비판 인식이 결여된 제도권 아시아 여성학자들의 강단 아카데미즘으로, 이른바 투쟁과 운동으로 점철된 현장을 접수하고 그 운동성을 전유하려는 무의식적 자기 확장 욕구에서 나온 것으로 보인다. 이러한 전유의 근간에는 "영미권 유학파들의 영어 헤게모니에 기반한 글로벌한 문화적 동맹주의의 강화"(이동연 105)와 "일부 지식인들 간의 상층부 교류에만 치중해온 관행의 반복"(강내희 410)이라는 현상이 깔려 있다. 따라서 각국 내부의 지역 문화운동과 사회운동 주체들이 모색하는 대항적 지구화 흐름과 접속되지 않은 엘리트 여성들의 배타성을 극복하면서 아시아 여성들 사이의 소통을 아래로부터 실천하는 다양한 통로를 만들어가는, 아시아 여성들의 초국가적 연대와 교류라는 문제의식이 필요하다고 생각된다. 이 문제의식을 반영하는 '아시아 여성주의 문화연구'를 구축하기 위해 필요한 논점으로 비교라는 관점과 방법, 젠더화된 하위주체subaltern 여성의 위치와 시각에 대해 살펴보고자 한다.

비교라는 관점과 방법

'아시아 여성주의 문화연구'에서 '아시아'라는 단어는 민족국가들과 주체들 사이를 움직이며 그 사이를 흘러다닌다. 이때 '아시아'는 하나의 고정된 실체가 아니라 일련의 변화하는 실천 집합체다. 이 '아시아'는 여러 경계를 가로지르는 공통성과 유사성을 지니지만 동일한 하나는 아니다. 그것은 결코 전체화될 수 없으며, 아시아 혹은 아시아에 진지를 둔 여성주의 지식인들과 하위주체들이 만들어내는 특정한 관심사와 적절한 문제틀을 통해 동아시아, 동북아시아, 동남아시아, 남아시아, 아시아태평양, 중앙아시아, 서아시아 등으로 구획될 수밖에 없다. 그러므로 여성주의 의제들에 따라 '아시아'를 새로 정의하는 것은 국가들이나 지점들을 구체적으로 서로 비교하는 작업을 요구한다.

이러한 비교 작업에는 비교의 기준과 축을 어떻게 형성할 것인가 하는 문제가 뒤따른다. 냉전시대 아시아 지역학 연구에서 사용된 비교 방법의 진정한 초점은 민족국가였고, "피할 수 없는 비교의 충동은 지정학적 특권에 기초한 기준들에 따른 전략과 뒤섞여 있었다." (Harootunian 39)[13] 이 지정학적 특권은 서구적인 것이었으며, 그것은 아시아와 서구 사이의, 또 아시아 국가들 사이의 "공존의 관계"나 "차이 속의 함께함"을 배제시켜왔다.[14] 이 배제된 것을 추적하는 가운데 비교의 새로운 기준을 구축하려면 무엇을 어떻게 해야 하는가?

머프티Aamir R. Mufti는 '지구적 비교주의global comparativism'를 제안하

면서 "우리의 학문을 위해, 비교의 축을 유럽 혹은 서구로부터 행성planet으로 치환하고 재정렬하기 위해, 우리가 전통적으로 지녀왔던 문화적·지적 범위와는 다른 것을 요청해야만 할 것"이라고 주장한다.(487) 나는 우리의 해석적·상상적 지평으로서 행성성planetarity이라는 축에 일단 동의하지만, 비서구 식민국가들뿐만 아니라 비영어권 포스트식민 텍스트들에 대해 '지구적으로 인가된 무지'를 먼저 비판할 필요가 있다고 생각한다. 우리는 그 텍스트들에 관심을 기울이면서 아시아의 국가적 경계들을 가로지르는 문화적 표현들을 생산적으로 비교할 수 있고 다중적(서구 제국주의, 일본 제국주의, 중국 중화주의가 겹쳐진) 식민화의 아시아적 형태를 파악해낼 수 있으며, 복잡하게 얽혀 있는 식민주의의 잔재, 민족주의의 재부상, 지구적 자본주의 가부장제와 문화정치적 협상을 벌이는 아시아 여성들을 가시화할 수 있다.

그때 언어들, 분과학문들, 문화들, 역사들 사이에서 그것들을 여성주의화하는 번역 과정, 말하자면 일종의 '비교주의'가 있을 수 있다. 이 비교주의 작업은 아시아 여성들이라는 우리 사이의 교차지점과 분기점, 병행과 불연속성을 추적하고, 근접성과 파열의 지점들을 보여주며, 차이와 더불어 동일성을 찾고 동일성 내부의 차이를 찾는 구분선을 다중화하는 과제들로 이루어진다. 이러한 과제들은 우리가 따로 떨어져 작업할 때 쓸 수 없었던 복합적이며 정밀한 방법들로서 새로운 문제제기를 가능하게 한다. 이 역동적인 과정을 통해 다양한 차이들이 서로 상충하면서 협상을 벌이는 풍부한 공간을 열어낼 수 있다.

그 공간을 확보하기 위해 우리는 경제적·정치적·사회적 힘들의 다층적인 물질적 작동을 역사화하고, 아시아의 포스트 식민국가들 내부 혹은 사이에서 우리의 현 권력관계에 미치는 이전 식민주의자들과 신식민주의자들의 다중적인 영향을 인식할 필요가 있다. 이러한 역사적 비교 작업은 아시아 포스트식민 국가들을 "포스트식민 민족문화"를 추구하는 "하나의 특정한 물질적 포스트식민 구성체"로 보는 데서 가능하다.(Watson 14) 우리는 그 작업에 아시아의 포스트식민 국가들의 서너 지점들 사이를 오가며 움직이는 '수평적 접근'이라는 용어를 붙일 수 있다. 이 수평적 접근법은 포스트/식민적 차이를 지워왔던 수직적 접근과는 대조되는 방식이다.

이러한 접근법으로 구체적인 분석 작업을 해나가기 위해 필요한 것은 한마디로 비교문화적 사유이다. 그동안 비교문화적 사유는 동양 대 서양, 미국 대 비미국, 서구 대 아시아 등 서로를 타자화하는 방식으로 진행되었다. 아시아 내부로부터의 비교문화적 사유는 아시아를 '제3세계'로 동질화시키지 않으면서 정치적 연대 권역으로서 이질성을 품고 함께 움직이는 아시아로 다시 상상할 수 있게 한다. 본격적인 지구화 시대에 국가들 사이의 경계를 가로지르는 초국가적 상황에서 국가들 사이의 대화의 장을 새로운 방식으로 열어가기 위해 '아시아 여성주의 문화연구'는 비교문화적 사유를 바탕으로 구축되어야 한다.

아시아의 젠더화된 하위주체 여성의 위치와 시각

식민주의 시절 이래, 구전이든 문자든 비영어권의 수많은 언어와 문학 전통은 세계문학 및 문화 체계로 진입하면서 환호받건 왜곡되건 주변화되거나 하위화되었다. 이 하위화subalternization는 제3세계나 남반구라는 규정과 연계된 아시아 국가들의 비서구 주체들에게 여전히 행해지고 있다. 그중 아시아의 젠더화된 하위주체gendered subaltern인 여성의 시각에서 볼 때 트랜스식민적 차이transcolonial difference는 현

제국주의적·가부장적 지구화에 대항하는 가능성의 조건으로 구체화될 수 있다.

'인도 하위주체 연구회'의 라나지트 구하Ranajit Guha는 하위주체 개념에 대해서 "'민중'과 '하위계급'이라는 용어는 동의어로 사용되었고…… 이 범주에 속하는 사회집단과 구성인자는 우리가 엘리트라고 묘사해온 모든 사람들과 전체 인도 인구 사이의 인구학적 차이를 나타낸다"고 정의한다.("On Some Aspects" 44) 이 정의는 젠더, 인종, 섹슈얼리티, 민족성 등 종속과 억압에 관련된 다양한 사회적 범주와 권력구조를 포괄하므로, 마르크스주의와 민족주의의 해방서사에 의해 무시되어온 다양한 종류의 저항과 투쟁을 가시화한다. 말하자면 하위주체 개념은 약점이자 강점이 되는, 느슨함과 포괄성을 동시에 지닌다.

하위주체 개념과 관련해 강조해야 할 또다른 점은 하위주체가 헤게모니 담론과 권력체계 바깥에 있지 않다는 것이다. 오히려 하위주체는 지배체계 내부에 봉쇄되어 있거나 지배체계에 의해 오염되어 있다. 달리 말해 하위주체는 전 지구적 자본주의 가부장제라는 헤게모니 구조 안의 바깥, 바깥의 안에 위치해 있다. 이는 하위주체가 전유되지 않은 타자성을 보전할 수 있는, 생존 가능한 주체가 될 가능성을 여전히 담보한다는 것을 뜻한다. 이 때문에 하위주체는 하나의 통합된 본질을 갖는 '민중'의 자명한 현존과 대조된다. 하위주체의 저항 양식은 일관되거나 연속적이거나 단일 논리라기보다 유연하고 잠정적이며 다중적인 경향을 갖는다.

하위주체에 대한 이러한 개념화는 제국주의 문화에서 상당히 떨어져 있던 식민적 하위주체보다 포스트식민 시대의 '새로운 하위주체'[15]에 더욱 적합하다. 새로운 하위주체는 신자유주의 체제 속에서 힘겹게 살아남은 잔여물조차 공략하는 지구적 자본, 또 거의 모든 트랜스식민적 문화 차이들을 흡수해버리는 자유주의적 다문화주의에 크게 영향을 받고 있다. 이러한 국면에서 대항지구화라는 의제를 아시아 여성주의 입장에서 어떻게 제안할 것인가?

나는 대부분의 아시아 여성을 새로운 하위주체로 위치시킨다. 그들은 교묘한 젠더화와 인종화에 의한 초국가적 문화 환경 속에서 경제적·문화적으로 점점 더 하향하고 있다. 아시아의 젠더화된 하위주체 여성들의 경험과 관점은 점점 더 비가시화되거나 특정 측면만 피상적으로 가시화되고 있다. 그들의 위치와 관점을 대항지구화 운동의 핵심축으로 가시화하는 '아시아 여성주의 문화연구'는 탈식민적 실천으로서 비판적인 동시에 운동적인 관점과 접목될 가능성을 갖는다.

'아시아 여성주의 문화연구'를 담당할 아시아의 제도권 여성주의자들은 아시아의 젠더화된 하위주체 여성들보다 자본과 국가에 더 깊이 연루되어 있으며 사회적 상향 이동성에 사로잡힐 여지가 더욱 크다. 국가와 자본의 지배를 더 많이 받고 국가와 자본에 더 크게 공모한다는 것은 아시아의 강단 지식인 여성들에게 잠재된 비판 능력을 약화하고 거세하는 효과를 갖는다. 그러므로 자신들의 분석과 지식에 대한 자기성찰적 평가와 비판이 아시아의 엘리트 여성들에게 요구된다. 물론 아시아의 젠더화된 하위주체 여성들 또한 지배체계에 속해 있고 그들의 정확한 위치에 대해 잘 알기 힘들며, 기존 체계에 간섭하거나 도전하고자 할 때조차 혼란과 침묵의 압력에 자주 시달린다. 이 와중에도 아시아의 젠더화된 하위주체 여성들은 각기 저마다의 특정한 위치에서 일상적 경험과 실천에 대해 온전하거나 완벽하지는 않아도 말을 함으로써 비판적 의식과 전망을 담아내고자 한다.

그렇지만 누군가 이들의 이야기를 귀 기울여 듣고 그 내용을 문화정치학적으로 정교하게 다듬어 헤게모니적·국가주의적·가부장적 담론들 속에 지속적으로 산포시켜야만 아시아의 젠더화된 하위주체 여성들의 말하기가 하나의 의미 있는 여성주의 담론으로 결집될 수 있다. 그렇게 될 때 아시아의 젠더화된 하위주체 여성들은 아시아적 포스트/식민적 근대성을 규정해온 힘들에 대해 말하고 협상하는 주체가 될 수 있다. 그렇다면 아시아의 젠더화된 하위주체 여성들의 말하기가 자본주의적이고 가부장적인 우리의 문화 상상 속에 끼어들 수 있는 방법들을 모색해야 할 것이다.

그러한 방법들은 무엇보다 그들을 여성주의적 분석의 손쉬운 대상으로 삼지 않고, 양방향 소통과 교환을 통해 엘리트 여성과 하위주체 여성 사이의 거리를 줄이는 가운데 서로 함께 말하려는 다양한 시도들 속에서 발견될 것이다. 주체와 대상이 아니라 주체와 주체의 만남은 결코 동화주의적인 것도 전유적인 것도 아니다. 엘리트 여성과 하위주체 여성 사이의 공유된 만남들로 양자 모두 풍성해지고 변화 경험이 가능해지며 거기서 만들어지는 이야기가 새로운 역사herstory를 쓰게 될 것이다. 그 과정을 통해 아시아의 젠더화된 하위주체 여성들은 새로운 역사의 주체가 될 수 있고, 아시아 여성주의 지식인들은 더이상 현재의 분과학문적 제국주의에 조종당하지 않고 제도화된 분과학문 체계를 재규정하는 주체로 설 수 있다. 이러한 양방향 교섭을 통해 진정으로 해방적인 아시아 여성 주체성을 생성해내는 작업이야말로 아시아라는 권역의 특정 지역들에 안착해 있는 전 지구적 자본주의의 가부장적 상상을 바꾸어나가는 원동력이 될 것이다.

이 생성 작업은 아래로부터의 경험과 문화를 배우고 그것을 언어화하고자 하는 여성주의 지식인들의 거듭된 노력을 요청한다. 여성주의 지식인들이 그동안 배제되어온 하위주체들의 다른 사고틀과 인식소, 다른 시각과 비전, 다른 개념들에 다가가려고 노력하면서 하위주체와 함께 말하기를 실천한다면, 이것이 새로운 여성주의 지식 생산으로 이어질 것이다. 이 지식은 "하위주체와 주변화된 사람들의 행위주체성을, 서구를 지배하는 엘리트의 상상, 기준, 지식, 실천이 명령하는 것과는 다른 발전의 길을 따를 권리"를 긍정하는 데 활용되며, "구체적이고 지역적인" 색채를 띤다.(Barlow 226-227) 아시아의 여성주의 지식인들과 아시아의 젠더화된 하위주체들은 다양한 만남과 교섭을 통해 소통 가능한 공간과 영역을 만들어가는 가운데 인식소적이고 감성적인 변화를 겪을 것이다. 이러한 동시적 변화야말로 비교문화적 상상력으로 수행되는 문화연구가 관여하고자 하는 바이다.

이와 같은 지식 생산은 '학계'의 연구로 인정받지 못할지도 모르지만 중요한 것은 변화를 가져오도록 돕는 일이다. 아시아 지식인 여성들 사이의 교류와 네트워크 형성에 있어 젠더화된 하위주체 여성을 대항지구화의 핵심 주체로 놓고, '아시아 여성주의 문화연구'를 통한 지식 생산이라는 분명한 입장을 견지하면서 이를 추진해야 할 것이다. 그때 우리의 연구와 지식이 젠더 정의와 윤리의식을 바탕으로 아시아와 세계의 여러 지역에서 일어나야 할 변화를 촉진하는 계기가 되리라고 생각된다.

번역, 이산 여성 주체의 이언어적 받아쓰기

테레사 학경 차의 『딕테』[1]

이명호

'말하는 여자'의 받아쓰기

테레사 학경 차Theresa Hak Kyung Cha의 『딕테*Dictee*』(1982)는 "멀리서 온" 한 여자의 이야기다.(*Dictee* 1) 먼 곳의 언어와 이곳의 언어, 그리고 그녀가 거쳐온 여러 언어 사이에서 그녀는 '받아쓰기dictation'를 한다. 받아쓰기는 1차 언어와 2차 언어 사이의 등가관계를 가정하는 행위지만, 이 텍스트에서 두드러지는 것은 이런 등가관계에 기초한 의미의 투명한 전달 불가능성에 대한 자의식이다. 받아쓰기는 말하는 것과 의미하는 것이 일치하지 않는 언어행위다. 사카이 나오키Sakai Naoki의 지적처럼, 받아쓰기는 "말하려는(의미하는) 것을 말하는 것이라기보다는 오히려 말하려는 것(의미하는 것) 없이 말하도록 기대된 것을 말하는" 행위다.(82) 그것은 맥락에서 분리된 말하기이고 수행적 기능이 결여된 발화행위다. 의미가 소거된 '모방'이자 '흉내'로서의 받아쓰기는 말하는 화자로 하여금 불충분함과 불편함, 그리고 불안정성을 느끼게 한다. 의미의 자연스러운 안착을 방해하는 이런 불편한 이물감을 드러냄으로써 『딕테』는 말하는 것과 의미하는 것이 일치할 수 없는 이민의 나라에서 이주민으로 산다는 것이 무엇인지 질문한다. 모어mother tongue의 박탈과 낯선 언어의 습득은 "멀리서" 장소를 옮겨온 한 '한국계 미국인' 여성의 삶의 조건이다. 그녀가 '말하는 여자diseuse'로 입을 열기 시작할 때 그것은 다언어, 다문화, 다장소를 횡단하는 '복수의 혀'로 말하는 것일 수밖에 없다.

이 복수의 혀를 통해 말하는 여자는 그리스 여성 시인 사포를 불러들이고, 뮤즈 여신에게 시적 영감을 내려줄 것을 기원한다. 텍스트는 아홉 명의 뮤즈의 이름을 딴 아홉 개의 장으로 구성되어 있다. 서구문명의 창조적 잉태기라 할 수 있는 고대 그리스의 여성 뮤즈와 여성 시인을 불러들이며 서구적 장르를 차용하고 있지만, 이 텍스트가 서구 문학 형식에만 경도된 것은 아니다. 한국계 미국 이산여성인 화자 자신을 포함하여 유관순, 화자의 어머니 허형순, 잔다르크, 성 테레사 수녀, 바리데기 등 여러 국가의 여성들이 주요 인물로 등장하여 여성적인 계보를 형성하고 있다. 또 사진, 서예, 지도, 드로잉, 편지, 육필, 인체해부도, 빈 여백 등 다양한 매체와 양식이 혼합되어 있고 영어, 불어, 한국어, 그리스어, 중국어 등 다섯 개의 언어가 사용되고 있다. 다양한 언어, 매체, 장르, 형식을 가로지르는 일종의 '시적 산문poetic prose'으로서 『딕테』는 아방가르드 문학으로 분류할 수 있는 난해한 실험적 텍스트이다. 정확한 영어 문법을 의도적으로 파괴하는 비문과 중단된 문장들, 짧은 단어들의 연속적 병치, 표기법의 교란, 시간적 순서를 방해하는 비연속적 서사 등은 고정된 주체의 위치에서 이루어지는 손쉬운 교감과 소비적 독서에 저항한다.

공간의 이동이 야기하는 언어적·감정적·육체적 혼란과 분열 체험에 접근하기 위해서는 새로운 글쓰기가 요구되고, 그것을 읽어줄 인내심 있는 독자가 필요하다. 작가가 "먼 친척"(르발렌 14 재인용)이라 부른 관객은 의미의 손실 없는 전달이라는 환상에 빠지지 않으면서 "멀리서 온" 여자의 이야기를 들을 수 있어야 한다. 그녀가 복수의 혀를 통해 말하는 낯설고 혼란스러운 이야기를. 이 글은 궁극적으로 "먼 친척"일 수밖에 없는 관객의 한 사람으로서 한국계 미국 이산여성 작가가 들려주는 문화 번역의 이야기를 듣고 그것을 다시 '받아쓰는' 작업이다. 이 비평적 받아쓰기 끝에 남성의 역사에 빈 구멍이자 잉여로 존재해왔던 여성의 계보를 다시 이어붙이고, 제국주의의 침탈로 모어를 잃고 타국을 떠돌아야 했으며 전쟁으로 분단된 나라에서 또다시 독재체제와 민중학살의 어두운 시기를 겪은 후 낯선 땅으로 흩어져야 했던 한국계 미국 이산여성들의 상처입은 육체와 조각난 기억, 그리고 이들의 입에서 흘러나오는 "말과 비슷한 것, 노출된 소음, 신음"(『딕테』 13)을 비평적 언어로 옮길 수 있기를 기대한다.

번역, 모방적 반복과 혼종적 주체화 기술

『딕테』는 외국어 학습 시간의 받아쓰기 장면으로 시작한다.

> Aller à ligne   C'était le premier jour   point
> Elle venait de loin   point   ce soir au dîner   virgule
> les familles demanderaient   virgule   ouvre les guil-
> lements   Ça c'est bien passé le premier jour   point
> d'interrogation   ferme les guillemets   au moins
> virgule   dire le moins possible   virgule la réponse

serait   virgule   ouvre les guillemets   ouvre les guille-
mets   Il y a quelqu'une   point   loin   point   ferme
les guillemets

Open paragraph   It was the first day   period
She had come from a far   period   tonight at dinner
comma   the families would ask   comma   open
quotation marks   How was the first day   interroga-
tion mark   close quotation marks   at least to say
the least of it possible   comma   the answer would be
open quotation marks   there is but one thing   period
There is someone   period   From   a far   period
close quotation marks (1)

문단 열고   그날은 첫날이었다   마침표
그녀는 먼 곳으로부터 왔다   마침표   오늘 저녁 식사 때
쉼표   가족들은 물을 것이다   쉼표   따옴표 열고
첫날이 어땠지   물음표   따옴표 닫을 것   적어도 가능한 한
최소한의 말을 하기 위해   쉼표   대답은 이럴 것이다
따옴표 열고   한 가지밖에 없어요   마침표
어떤 사람이 있어요   마침표   멀리서 온   마침표
따옴표 닫고 (국역본 11)[2]

불어를 영어로 받아쓰는 이 외국어 학습장면에서 특이한 점은 학습자의 받아쓰기가 그야말로 '자구 그대로' 이루어진다는 점이다. 학습자는 불어로 된 구술 문장을 영어로 옮기면서 낱말이나 문장만이

아니라 쉼표, 따옴표, 마침표 같은 구두법 지시까지 그대로 받아쓴다. 이렇게 구두법 지시사항까지 고스란히 옮겨지면서 불어 원문 텍스트의 완전성은 훼손되고 의미의 자연스러운 전달도 방해받는다.

받아쓰기라는 행위 자체는 '의미하는 것'과 '말하는 것'이 일치하지 않는 발화행위다. 학습자는 자신이 받아쓰는 언어에 의미 부여를 하지 않으며, 할 수도 없다. "그녀는 말하는 시늉을 한다. 말과 비슷한 것을."(13) 번역 연습 속의 발화는 오스틴J.L.Austin이 '형태행위phatic act'라 부르는 '소리를 내는 행위'이지 '의미를 나타내는 행위rhetic act'로 볼 수 없다.[3] 주체의 의미 생산 능력이 배제된 소리내기로서의 받아쓰기는 발화 상황 속에서 의미를 만들어내는 것으로 진지하게 받아들여지지 않는다. 그 결과 이런 발화는 말하는 주체가 특정 상황에서 누군가에게 영향을 미쳐 변화를 일으키는 수행적 기능이 결여된 것처럼 보인다. 대신 발화주체는 구술 문장을 기계적으로 발화함으로써 원문을 있는 그대로 반복한다. 주체적 의미 변용이 없는 단순한 복제행위를 통해 학습자는 원문에 종속되고 원문의 규칙을 내면화하게 된다. 외국어 학습행위의 일종인 받아쓰기가 단순히 언어습득 모델을 넘어 지배 문화의 명령을 주체의 내면에 새겨넣는 이데올로기적 지배와 복종의 모델이 되는 것은 이 때문이다.

『딕테』의 받아쓰기 장면은 외국어 학습에 내재된 이런 이데올로기적 상황을 전면에 드러내면서 그것에 '비판적 변형'을 가하고 있다. 이 장면은 받아써서는 안 되는 것까지 받아씀으로써 받아쓰는 행위가 일어나는 맥락 자체를 전경화한다. 학습자는 교수자의 구두법 지시사항까지 옮겨 적음으로써 이것이 '지시와 복종'이 일어나는 규율적 상황임을 드러낸다. 원문의 의미가 학습자와 독자에게 전달되려면 이런 구두법과 문법적 명령은 생략되어야 한다. 하지만 생략되어야 하는 것을 생략하지 않음으로써 받아쓰기 행위가 특수한 상황에서 이루어지는 특수한 언어행위라는 사실이 가시화된다. 학습자는 자신이 말하는 내용을 의미하지 않고 그저 '흉내'낼 뿐임을 보여주면서 문화적 동화assimilation의 실패를 드러내고, 이 실패를 통해 주체는 받아쓰기가 의도하는 규율적 목표에서 벗어난다는 점을 암시한다. 쉼표, 마침표, 따옴표 같은 구두법 표기들은 말해진 것과 의미 사이에 메울 수 없는 거리가 존재한다는 것을 나타내는 가시적인 표지다. 그것은 발화행위가 의미의 투명한 전달이라는 목적지에 도달하지 못하고 발성기관을 동원한 '흉내'에 지나지 않는다는 것을 보여줌으로써 동화주의적 기획을 위험에 빠뜨린다.

여기서 눈에 띄는 것은 소리를 내는 발성기관, 즉 신체에 대한 주체의 자의식이다. 『딕테』에서 말을 할 수 있게 하고, 발화의 틀로서 기능하며, 그것을 지탱하는 발화자의 신체는 사라지기를 거부한다. "그녀는 정확성을 재는 것을 망설이기 때문에 입으로 흉내내는 짓을 할 수밖에 없다. 아랫입술 전체가 위로 올라갔다가는 다시 제자리로 내려앉는다. 그리곤 그녀는 두 입술을 뾰족이 내밀고 무엇을 말할 듯 숨을 들이쉰다."(3) 숨을 들이쉬고 입술을 올렸다 내리는 육체적 움직임은 주체가 외국어를 완전히 내면화할 수 있고, 그럼으로써 외국어가 투명한 존재가 될 것이라고 상상하는 것을 방해하는 물질적 현존으로 출현한다. 이 방해세력으로서의 육체의 존재를 드러내기 위해 작가는 발화과정에 개입하는 생리적 현상을 세밀하게 묘사한다. "혀를 깨문다. 이 사이로 삼킨다. / 깊숙이 더욱 깊숙이. 삼킨다. 다시 더욱 더. / 더이상 몸의 기관이 남아 있지 않을 때까지 / 기관이 없다 더이상 / 외침들."(85) 그리고 발성현상을 가리키는 구두법의 표시들, 이를테면 "쉼표들, 마침표들, 그 / 멈춤들."(85)에 주의 깊은 관심을 기울이고, 이 관심은 급기야 해부학 서적에서 따온 발성기관 그림표를 텍스트에 삽입하는 것으로 이어진다.(74)

발성기관과 구두법에 대한 이런 관심과 함께 앞서 인용한 받아쓰기 장면은 원문에 변형을 가함으로써 원문의 충실한 반복이라는 번역의 목적을 탈구시키고 있다. 영어 번역본의 마지막 3행에는 불어 원본엔 있는 구두법이 세 개 빠져 있고, 불어 원문의 "어떤 여자quelqu' une"가 중성대명사 "어떤 사람someone"으로 바뀌어 있다. 이런 미세한 차이는 단순한 표기법상의 오류가 아니라 '동일성의 반복'이라는 번역의 이상을 배반하고 있다. 특히 여성 인칭대명사의 중성화는 여성이라는 젠더가 번역될 수 없는 '특수성'의 지표임을 드러냄으로써 영어에 존재하는 성차의 삭제 현상을 가시화한다.

등가적 이동에 저항하는 이런 번역 불가능한 요소들의 가시화는 번역에 대한 작가의 비판적 자의식과 연결되어 있다. 테레사 학경 차는 언어적·문화적 경계를 이동해야 하는 이주민들에게 번역이란 피할 수 없는 생존 조건임을 인식하고 있다. 식민지 지배로 모어를 강제로 박탈당하고 제국의 언어를 받아들이지 않을 수 없었던 식민지인들에게 여러 언어 사이를 옮겨다니지 못한다는 것은 생존 불가능을 의미하는 것이다. 하지만 번역은 평등한 언어들 사이에서 자유롭게 일어나는 언어적 이동이 아니다. 국가 간에 존재하는 불균등한 힘의 역학관계에서 언어와 언어, 문화와 문화는 제국/식민, 중심/주변이라는 위계적 구도 아래 배치되어 있다. 형식적 해방을 이룬 이른바 포스트식민 상태에서도 이 이분법적 구도는 변형된 형태로 지속되고 있다. 중심(제국)언어에서 주변(식민)언어로의 번역은 중심에서 형성된 의미가 주변으로 전달되는 지배의 통로이다. 이른바 중심의 의미를 주변에 전달하여 주변인들을 중심에 동화시키는 것이 번역의 과제 중 하나다. 이런 동화적 번역이 완벽하게 이루어질 때 주변 문화의 차이는 지워지면서 번역은 사실상 종료된다. 주변부의 타자가 중심 자아 속으로 흡수되어 똑같아짐으로써 이른바 '균질적 보편주의

homogeneous universalism'라 불리는 현상이 일어나면 지배가 완성된다. 동일성의 반복이라는 지배적 번역 관념에 대한 테레사 학경 차의 의심과 비판, 그리고 번역될 수 없는 것에 대한 자각은 번역이 수행하는 문화적 흡수기능에 대한 경계심과 연관되어 있다.

하지만 번역에 대해 이런 경계심을 갖고 있다고 해서 작가가 모어라는 민족적 기원으로 돌아가자고 주장하는 것은 아니다. 물론 작가는 일제 식민지 지배하에서 한국인이 겪어야 했던 모어의 박탈을 고통스럽게 기억하고 있으며, 모어에 대한 한국인의 그리움과 향수, 모어를 지키려는 목숨 건 투쟁도 이해하고 있다. 화자의 어머니 허형순은 일제 치하 만주에서 일본어를 사용해야 했다. 그 어머니에게 모어는 금지된 언어였다. "어둠 속에서 비밀스럽게 당신은 모어를 말합니다." "말 한마디를 발설하는 것은 죽음을 무릅쓰는 특권입니다." "모어는 당신의 망명지입니다. 당신의 고향입니다. 당신의 존재 자체입니다."(56) 어머니는 모어에 대한 그리움을 '마음'에 담고 망향의 슬픔을 담은 노래 〈봉선화〉를 부른다. 화자는 모어에 대한 어머니의 그리움을 보여주기 위해 〈봉선화〉의 노랫말을 영어로 번역해 싣고 마음을 한국어 발음 그대로 'MAH-UHM'으로 표기한다.(45) 하지만 이런 애타는 마음에도 불구하고 어머니 "당신은 두 언어 사용자이자 세 언어 사용자가 되었어야 했다."(45) 어머니는 한국어, 중국어, 일본어가 동시에 쓰이는 만주라는 다언어 환경에서 "난민들, 이민들, 망명자들"(45)과 더불어 태어났다. 미국에서 화자가 난민이자 이민자이고 망명자인 것과 마찬가지로 화자의 어머니도 언어적 망명자였고 그것을 되돌릴 수는 없다. 다언어 환경에 노출된 망명자에게 모어라는 기원 언어로 돌아가는 것은 불가능한 일이다. 화자가 어머니의 언어를 찾으려고 할 때 그것은 모어의 박탈뿐 아니라 어머니의 언어의 다언어성도 복원하는 것일 수밖에 없다. 한국계 미국인으로서 화자는 영어와 한국어, 그리고 고등학교 시절 배운 불어를 함께 사용하는 다언어 사용자이면서, 동시에 "갈라진 언어"(75) 혹은 "깨어진 언어"(158) 사용자이기도 하다. 다언어 사용이라는 것은 단순히 여러 개의 언어를 말한다는 의미만이 아니라 여러 언어가 뒤섞이고, 부서지고, 갈라지고, 쪼개진, 작가가 "피진어"(75)라 부르는 '잡탕의 언어'를 쓴다는 의미이기도 하다.

『딕테』는 다언어 환경에서 이루어지는 '혼종적 번역'의 가능성을 실험하고 있다. 한국계 미국 이산여성으로서 화자는 한국문화에도 미국문화에도 온전히 속하지 않는 문화적 접경지대에 위치해 있다. 이런 소속감의 부재를 보여주기 위해 텍스트는 화자의 미국 시민권 획득 장면과 한국 공항 검사대 통과 장면을 병치시키고 있다.

> 나는 서류들을 가지고 있습니다. 서류, 증명, 증거물, 사진, 서명. 어느 날 당신은 오른손을 들어 맹세하고 미국인이 됩니다. 그들은 당신에게 미국 여권을 줍니다. 미합중국. 어디에선가 누군가가 나의 정체를 빼앗고 대신 그들의 사진으로 대치시켰습니다. 다른 것. 그들의 서명 그들의 날인들. 그들 자신의 이미지. (국역본 68)

자신의 것이 그들의 것으로 바뀌는 이런 정체성의 대체과정을 거친다고 해서 화자가 온전히 그들 중 하나가 되는 것은 아니다. 미국 여권을 받아 공식적으로 미국인이 되지만, 화자에게 그것은 새로운 정체성의 습득이 아니라 "그들의 것"을 대체한 것에 지나지 않는다. 그들과 나 사이에는 여전히 메울 수 없는 간극이 존재한다.

하지만 미국 시민으로의 동화 실패가 화자를 한국인으로 만들어 주는 것도 아니다. 한국을 방문했을 때 화자는 또다시 자신이 "그들 중 하나가 아님"을 발견한다.

당신은 돌아가지만 그들 중의 하나가 아니고 그들은 당신을 냉담하게 취급합니다. 그들이 뭐라고 하는지 당신은 언제나 알아들을 수 있습니다. 그러나 서류는 당신을 폭로해버립니다. 10피트 거리마다 그들은 당신의 정체를 묻습니다. 그들은 당신이 당신의 국적에 대해 진실을 말하는지 아닌지를 문제 삼습니다. 그들은 당신이 말하는 것과 달라 보인다고 말합니다. 마치 당신이 당신 스스로가 누구인지를 모른다는 것처럼. (국역본 68-69)

화자는 한국 세관원이 말하는 한국어를 알아들을 수 있지만, 서류에 쓰인 미국인이라는 표시는 그를 "그들 중 하나"로 만들어주지 않는다. 화자는 서류에 기록된 국가의 정체성으로 호명되고, 말과 외모가 일치하지 않는 외국인 취급을 당한다. 이런 외국인 체험은 18년 만에 고국에 돌아온 화자 자신이 스스로에 대해 느끼는 감정이기도 하다. "18년 만에 처음으로 나는 여기에 왔습니다. 어머니. 우리는 이 기억이 아직 생생할 때, 여전히 새로울 때 이곳을 떠났습니다. 나는 다른 언어, 제2의 언어로 말합니다. 이것이 내가 얼마나 멀리 있나를 나타냅니다."(85) 언어의 차이는 화자와 한국인 사이의 '거리'를 만들어내고 그로 하여금 한민족이라는 동질적 정체성을 받아들이지 못하게 한다. 더욱이 그가 조국에 돌아온 1980년은 그의 오빠를 거리로 내몰았던 4·19 학생운동 때처럼 군인의 총칼 아래로 시민들을 내몰던 시절이다. 최루탄 냄새 자욱한 거리, 도망치는 시위대 한가운데서 화자는 한국을 떠난 그날과 달라진 것은 아무것도 없다는 사실을 발견한다. 화자가 발견한 것은 "우리는 정지 상태입니다"라는 고통스런 사실의 확인이다. 일본 제국주의에서 해방된 후 화자의 어머니는 모든 것을 버리고 조국으로 귀향했지만, 6·25 전쟁은 조국을 두 동강내버렸고 4·19 학생운동은 그의 아들을 사지로 몰아넣었다. 아들을 살리기 위해 다시 타국으로 떠나야 했던 화자의 어머니와 당시 어린 나이였던 화자는 18년 만에 고국에 돌아와 변한 것이 아무것도 없는 분열과 갈등의 나라를 만난다. "전쟁은 끝나지 않았고 우리는 똑같은 전쟁과 싸우고 있습니다."(81) 만주에서 서울로, 미국으로, 그리고 다시 서울로 돌아오는 이 공간적 이동에서 화자는 "우리의 목적지는 찾기를 위한 끊임없는 운동에 고정되어 있습니다. 그것의 영구한 망명 상태에 고정되어 있습니다"(81)라는 사실을 발견한다. 귀향의 목적지는 끝없이 멀어지고 남아 있는 것은 그것을 찾기 위한 주체적 운동일 뿐이다. "영구한 망명 상태"에 떨어진 자로 스스로를 정체화하는 화자에게 자기 자신은 한국인으로도 미국인으로도 온전히 쓰여질 수 없는 "멀리서 온" 낯선 잉여적 존재로 경험된다.

동질화하는 번역에 저항하는 이 잉여의식은 민족적 계보로부터 이탈된 '이산인' 혹은 '이주민'으로 이어진다.[4]

> 먼 곳으로부터 온
> 어떤 국적
> 혹은 어떤 인척과 친족관계
> 어떤 혈연
> 어떤 피와 피의 연결
> 어떤 조상
> 어떤 인종세대
> 어떤 가문 종친 부족 가계 부류
> 어떤 혈통 계통
> 어떤 종 분파 성별 종파 카스트
> 어떤 마구 튀어나와 잘못 놓여진
> 이것도 저것도 아닌 제3의 부류
> Tombe des nues de naturalized

어떤 버려져야 할 이식 (20)

이 구절은 '거리'("먼 곳으로부터 온")에서 시작해 '거리'("이식")로 끝난다. 이런 지리적 이동을 통해 이주민은 민족적 계보에서 이탈한다. 그는 특정 국적, 혈연, 계통에서 "마구 튀어나와 잘못 놓여진", "이것도 저것도 아닌 제3의 부류"이자 "버려져야 할 이식"이다. 잘못 심어진 이식이자 잉여로서의 이주민은 온전한 계보를 확인해주는 '이것이나 저것either-or'으로 분류될 수 없지만, 이것과 저것 모두를 거부하는 '이중부정neither-nor' 행위를 수행할 수 있는 존재다. 그가 거주하는 곳은 문화적 경계가 위반되고 포개지는 접경지대다. 그곳은 본국 문화로도 거주 문화로도 환원할 수 없이 두 문화가 뒤섞인 잡탕의 공간, 이른바 '안사이in-between' 공간이다. 안과 밖을 선명히 가를 수 없는 접경지대에서 이루어지는 혼종적 번역은 이것도 저것도 아닌 제3의 가능성을 불러들인다. 그것은 본국 문화와 거주 문화 모두에 억압되어 실현되지 않은 어떤 이질성, 호미 바바가 '이국성foreignness'이라 부른 낯선 타자성otherness을 불러들이는 '이언어적 행위heterolingual act'가 될 수 있다.(Bhabha 227) 혼종적 번역은 단순히 양 문화를 피상적으로 혼합하는 것이 아니라 양 문화의 신성성을 해체하는 신성모독 행위인 동시에 양 문화에 존재하지 않았던 어떤 '새로움newness'을 불러들이는 창조적 행위가 될 수 있다.(이명호 244-245) 벤야민Walter Benjamin이 '순수언어pure language'라 불렀던 '번역 불가능한 요소the untranslatable'는 바바의 해석을 통해 문화적 차이를 만들어내는 '이국성'으로 번역된다. 그것은 원본과 번역본의 위계적 이분법을 해체하고 원본으로 환원되지 않는 일종의 잠재적 가능성으로서의 이국성을 해방시키는 작업이다. 문화적 경계를 월경하고 번역 불가능한 이국성을 해방시킴으로써 새로움을 불어들이는 '수행적 행위performative act'가 바로 이주민이 문화적 안사이 공간에서 수행하는 혼종적 문화 번역이다. 이런 점에서 혼종적 문화 번역은 일각에서 비판하듯이 이미 있던 것들을 절충적으로 뒤섞는 것이 아니다. 스마다 라비Smadar Lavie와 테드 스웨덴버그Ted Swendenburg는 『탈장소, 디아스포라, 정체성의 지형학*Displacement, Diaspora, and Geographies of Identity*』에 붙인 편자 서문에서 혼종화가 모국과 제국 사이의 불평등한 착취구조에 대한 인식을 약화시킴으로써 포스트식민주체에게 수동적인 흉내내기를 부과하는 효과를 생산한다고 비판한다.(8) 호미 바바가 주장하는 혼종적 흉내내기가 불평등한 권력관계에 대한 인식을 얼마만큼 철저하게 갖고 있는가에 대해서는 문제를 제기할 수 있지만, 그의 혼종성 개념 자체가 수동적 모방이자 절충적 혼합이라는 비판은 과녁을 잘못 설정한 것으로 보인다. 무엇보다 접경지대는 양문화가 섞이는 공간일 뿐 아니라 양 문화에 억압되어 일종의 유령으로 존재하는 낯선 이질성이 위협적으로 출몰하는 공간이기 때문이다. 흉내내기는 모방을 통해 이 부재하는 낯선 유령을 불러들임으로써 새로움을 창조해내는 행위라는 점에서 "해방적emancipatory"인 동시에 "부상적emergent"이다. 그것은 본국 문화와 이주 문화 모두로부터 절대적 단절과 탈동일시를 주장하는 관념적 급진성을 넘어 문화적 접촉지대에서 새로움을 창조하는 실천적 작업으로 평가될 수 있다. 이주민-번역가의 비결정적 '안사이 공간'에서 이루어지는 혼종적 번역은 민족적 기원이나 본질로 돌아가는 것이 아니라 그 기원을 탈구시키는 제3의 존재로서 '디아스포라적 주체'를 출현시키는 주체화 기술이다.

기억, 누락된 역사적 파편의 수집 행위

버려져야 할 '이식'이자 '잉여'로 자신을 정체화하는 이주민들에게 역사는 식민화의 단절과 훼손 이전에 존재했던 것으로 가정되는 온전한 상태로 돌아가는 것이 아니며, 민족해방이라는 미래의 목표를 향해 일직선으로 나아가는 것도 아니다. 복원의 서사와 발전의 서사는 방향은 다르지만 하나의 목표를 향해 움직이는 선조적 운동이라는 점에서 공통점을 갖고 있다. 하지만 계보에서 떨어져 나온 사람에게 역사를 쓴다는 것은 지배자의 관점에서 기술된 연속적이고 목적론적인 서사에서 누락되고 상실된 것을 쓰는 것이다. 그에게 "현재의 형상은 정면으로 대면해보면 빠진 것, 부재하는 것을 드러낸다. 말해져야 할 나머지. 기억. 그러나 나머지가 전부다."(38) 기억은 기록된 역사에서 빠진 것, 부재하는 것, 나머지를 되찾는 행위다. 따라서 계보에서 떨어져 나온 이주민들에게 과거를 기억한다는 것은 상실과 부재와 누락에서 대안적 역사의 흔적을 수집하는 것이다. 이런 점에서 기억하는 사람은 상실을 애도하는 사람이면서 누락된 역사의 파편을 수집하는 사람이다. 그는 벤야민이 클레의 그림에서 찾아낸 '역사의 천사'처럼 역사의 잔해에서 구원의 흔적을 수집하는 사람이다. 진보의 바람에 떠밀리면서도 천사는 과거에 죽은 자들을 불러 일깨우고 부서진 잔해들을 모아 다시 하나로 결합하고 싶어한다. 수집가처럼 천사도 역사의 파괴에서 나온 잔해 더미에서 귀중한 파편을 긁어모아 그 파편들에서 죽은 자들을 불러일으키는 메시아적 계시의 흔적을 읽어내려고 한다. 역사의 천사가 안겨줄 구원의 가능성은 공허하고 동질적인 시간의 연속체를 폭파하여 위기의 순간 역사적 주체에 예기치 않게 나타나는 과거의 이미지를 붙잡는 것이다. 이 순간 정치적으로 폭발적인 과거의 이미지가 현재와 성좌를 형성하며 진리의 빛을 발한다. 발전의 서사에서 누락된 역사의 잔해를 주워 그로부터 새로운 역사적 이야기를 만들려는 정치적 욕망, 이것이 『딕테』를 추동하는 강력한 에너지이다.

"또하나의 다른 서사시로부터 또하나의 다른 역사. 빠져 있는 이야기로부터. 수많은 이야기들로부터. 상실. 역사의 기록들로부터. 또하나의 다른 이야기를 하기 위한, 또다른 낭송들을 위한."(81) 다른 역사를 기술하기 위해서는 빠져 있는 것을 찾아야 하고, 빠진 것을 복구하겠다는 의지와 욕망이 있어야 한다.

『딕테』는 한국 역사의 지워진 흔적을 보여주는 수많은 파편들을 수집하고 있다. 이 파편들은 역사적 문건뿐 아니라 육필, 서예, 사진 등 다양한 시각적 이미지로 제시되어 일본 제국주의에 의한 식민지배, 해방, 미국의 통치, 한국전쟁, 4·19 의거, 1980년 서울에 이르는 한국 근현대사를 증언한다. 하와이 이주 한인들이 루즈벨트 대통령에게 보낸 탄원서 원문, 실존 역사 인물 유관순의 초상화, 3·1 운동 가담자들의 처형 사진 등은 이 텍스트가 실제 역사적 증거에 매달리는 것 같은 인상을 준다. 말하자면 역사적 사료를 있는 그대로 제시함으로써 사실성을 얻으려는 다큐멘터리적 충동에 지배되고 있다는 느낌을 준다. 이런 점에서 『딕테』는 학계의 지식에 대한 의지를 만족시켜줄 뿐 아니라 '민족지학적 자서전ethnic autobiography'의 전통을 따르는 것처럼 보인다.

하지만 『딕테』는 역사적 사건에 대해 결코 신뢰할 만한 정보를 제공해주지 않는다. 오히려 사료적 정확성이 현저히 떨어지는 증거만 제시할 뿐이다. 텍스트에 삽입된 어떤 이미지에도 제목이나 주석은 달려 있지 않으며, 인용된 사진이나 문건의 출처도 많은 경우 누락되어 있다. 예를 들어 원본 122쪽에 삽입된 흑백 대중 집회 사진에 대해 텍스트는 어떤 설명도 출처도 제시하지 않으며, 제목도 달고 있지 않다. 한국 독자들은 그나마 이 사진이 3·1 운동 사진일 것이라고 추측할 수 있지만, 한국 역사에 낯선 외국 독자들에게 이 사진은 정체불명의 이미지로 남는다. 『딕테』의 속표지에 실린 동굴 벽면 글씨도 어디서 온 것인지 독자들은 알 수 없다. 더욱이 한글로 쓰인 문장("어머니 보고 싶어. 배가 고파요. 고향에 가고 싶다.")은 영어권 독자들로선 해독 불가능한 낯선 기표, 일종의 상형문자에 가깝다.

맥락과 의미가 부여되지 않은 이런 파편화된 이미지와 문자를 우리는 어떻게 읽어야 할까? 그것은 역사를 기억하는 일과 어떤 관련이 있는가? 작가가 파편적 이미지와 문자를 사용하는 것은, 재현이라는 매개를 거치지 않고는 역사적 사실을 온전히 회복하는 것이 불가능하다는 인식 때문으로 보인다. 이미지와 언어 같은 재현의 매개를 거치면서 역사적 사건은 맥락에서 분리되고, 의미를 확정할 수 없는 기표, 고정된 의미의 집으로 돌아갈 수 없는 '홈리스homeless'가 된다. 그것은 원래의 맥락에서 떨어져 나와 해석의 그물망 속으로 들어오는 "의미를 알 수 없는 단어unfathomable words"(32), 그것을 둘러싸고 해석의 경합이 벌어지는 기표가 된다. 『딕테』에서 우리에게 주어진 것이 바로 이 기표로서의 이미지다. 이 기표-이미지는 후대의 해석에 열려 있는 유동적인 것으로, 어느 한 집단이 그 의미를 소유하거나 통제할 수 없다. 그것은 일관된 서사적 구도 속에 편입되어 하나의 의미를 부여받는 유기적 일부가 될 수 없다. 오히려 서사적 의미의 지배를 파열시키는 돌출적 파편이자 전체에서 떨어져 나온 잔해이다. 이런 의미에서 앤 앤린 청Anne Anlin Cheng이 지적하듯이 "이미지를 본다는 것은 그것의 우울증적 부름을 듣는 것이며, 그 상실을 증언하는 것이다."(145) 기원에서 떨어져 나온 이미지는 필연적으로 의미의 상실을 겪는다. 그것은 이름 붙일 수 없는 상실이다. 테레사 학경 차가 텍스트에 삽입된 사진에 이름을 붙이지 않는 것은 이름 붙일 수 없는 역사적 상실을 증언하고 그것이 들려주는 침묵의 소리를 기억하기 위해서다. 이런 점에서 『딕테』에 삽입된 시각적 이미지들은 앤린 청이 적절히 명명한 것처럼 "좌초당한 대상들의 콜라주a collage of stranded objects"(147)다.

'엘리테레 서정시' 장은 익명의 사진으로 시작한다. 제목이 달리지 않은 122쪽의 사진 반대쪽에는 다음과 같은 구절이 실려 있다.

> 죽은 시간. 묻혀 있는 텅 빈 우울 소생하기엔 박약하고 기억에는 저항한다. 기다려라. 부름. 부르기. 발굴. 말하는 여자가 발굴하게 하라. 그녀로 하여금 불러내도록 하라 그녀로 하여금 반복해서 시간에 내려진 주문을 깨도록 하라 그녀의 목소리가 땅바닥을 뚫고, 타우러스의 벽을 뚫고 그릇의 표면을 빙빙 돌며 긁게 하라. 밖에서 소리가 들어가게 하라 우묵한 그릇의 텅 빈 공간 그것의 잠 속으로. 그때까지. (123)

122쪽의 사진은 맞은편의 "말하는 여자"가 기억하려는 역사적 파편이자 흔적이다. 제목이 없는 관계로 독자는 사진이 정확히 언제, 누구를 기록한 것인지 알 수 없다. 두루마기를 입고 있는 남자들 옆에 개량한복을 입고 머리에는 수건을 두른 아줌마들의 얼굴, 이들의 성난 외침과 간절한 욕망은 역사 속에서 적절한 위치를 부여받지 못했고 이름을 얻지도 못했다. 그것은 이름 없는 민초들의 분노와 욕망으로 남아 있을 뿐이다. 하지만 이 한 컷의 사진 속에 등장하는 여인들의 모습은 롤랑 바르트Roland Barthes가 '푼크툼punctum'이라 부른 이미지의 역할을 수행하고 있다. 문화적 개념 체계로 이해할 수 있고 이름도 붙일 수 있는 '스투디움studium'과 달리, 푼크툼은 적합한 표상을 수반하지 않은 채 급습하여 관객의 시선에 정서적 폭력을 가한다. 그것은 이름 붙일 수 없는 이해 불능의 기호로 관객을 자극하여 마음에 깊은 상처를 남긴다. "말하는 여자"가 말하고자 하는 것은 맞은편의 사진처럼 죽은 시간 속에 "묻혀 있는 텅 빈 우울", 그러나 돌연 관객의 마음을 꿰뚫고 들어오는 이미지를 발굴해 그것의 이름을 불러주는 것이다. 기억은 '발굴'과 '부름'이 동시에 이루어지는 작업이다. 죽은 시간을 일깨워 역사 속에 묻힌 침묵과 심연을 증언할 이미지를 찾아 그것을 불러주는 것, 이것이 '기억'이면서 동시에 기억을 '말하는 것'이다. 기억은 말하기를 통해 완성된다.

하지만 이 말하기는 망각에서 불러낸 역사적 이미지를 하나의 이름으로 고정시키고, 그렇게 함으로써 그것을 물신화하는 것과는 다르다. 파편-이미지는 이미 기원에서 떨어져 나와 문화적 해석 체계 속으로 들어온 알레고리이고 새로운 의미에 열려 있는 우연의 기표이기 때문이다. 기억은 역사에서 잊혀지고 누락된 파편들을 새로운 맥락 속으로 불러내어 그것에 새로운 의미를 부여하지만, 일회적으로 종결되지 않고 반복적 회귀를 통해 차이를 만들어낸다.

한국계 미국 이산여성이 그려내는 여성 계보와 여성 서사

『딕테』는 한국계 미국 이산여성이라는 여성 화자로 하여금 역사의 지층을 뚫고 내려가 묻혀진 여성 인물들을 발굴해 그들의 계보를 복원하게 한다. 이 여성 화자는 한국 신화 속 인물 바리데기처럼 "9일 낮과 9일 밤을 기다리는 어머니를 찾아내고자 한다."(146) 화자가 찾는 '어머니'는 그가 시적 영감을 내려줄 것을 기원하는 그리스 신화의 아홉 뮤즈, 한국 민족주의 순교자 유관순, 성 테레사 수녀, 잔다르크, 화자의 어머니 허형순 등 허구적 인물에서 실존 인물에 이르기까지 다양하며 동양과 서양의 경계를 넘나든다.

물론 이 복수의 어머니들은 화자가 가부장적 이데올로기라는 외피를 걷어내면 곧바로 접근할 수 있는 기원적 본질로 존재하지 않는다. 텍스트에서 그녀들은 이미 잘려진 이미지이자 파편으로 흩어져 있다. 그녀들은 편지, 고백록, 시각적 이미지를 통해 등장함으로써 문화적 재현에 선행하는 기원적 본질의 지위를 상실하고 있다. 예를 들어 아홉 명의 뮤즈는 각 장의 제목으로 등장하지만, 이들이 모여서 만들어내는 관계는 불완전하며 각자의 고유한 관할 구역에서 이탈되어 있다. 성 테레사의 고백록은 존 클라크가 쓴 『한 영혼의 이야기』에서 발췌한 것이며, 잔다르크도 칼 드레이어의 영화 〈잔다르크의 수난〉에서 잔다르크를 연기한 마리아 팔코네티의 모습으로 등장한다. 유관순은 이런 매개를 거치지 않은 직접적 현존으로 제시된 것 같지만, 사실 전기적 설명("그는 한 어머니와 한 아버지에게서 태어났다", 25)은 그녀에 대해 말해주는 것이 없는 텅 빈 진술문일 뿐이다. 화자의 어머니 허형순의 삶 역시 딸의 이야기를 통해 재구성되는 매개된 형태로 등장한다. 원본으로서의 어머니는 이미 문화적 재현물이자 인용문으로서 복원되고 있는 것이다.

인용된 재현물로서의 어머니들은 가부장적 담론과 식민주의 담론에 의해 역사의 찌꺼기이자 잉여로 밀려났던 존재들이다. 유관순은 후일 민족주의 담론에 의해 민족의 구원자이자 애국적 영웅으로 칭송받지만, 조국의 독립을 위해 순교할 당시에는 민족운동단체로부터 자신의 진정성도 운동가로서의 위치도 인정받지 못했던 '나이 어린 여성'이었을 뿐이다. 성 테레사는 예수에 대한 순결한 사랑으로 성녀로 추앙받지만, 남자라는 것 외에는 아무 정당성도 없던 남편으로 인해 고통당했던 한 여성이었다. 그녀는 남편에게 공간을 양보하고, 시간을 양보하고, 언어를 양보한 "남편의 견습공"일 뿐이었다.(102-104) 화자의 어머니 허형순은 일본 제국주의 아래에서 이름과 언어를 박탈당한 채 타지를 떠돌던 식민지 여성이었다. 하지만 이들은 가부장제와 식민주의의 피해자로만 남지는 않았다. 유관순은 자신의 주체적 선택을 통해 "어린 혁명가 어린 여자군인 민족의 구원자"로 올라서서 "한 존재의 완성. 한 순교"(37)를 이루어낸다. 성 테레사는 비록 지상에서는 남편의 견습공에 지나지 않았지만 "하늘에서는 자신의 생각이 곧 남자들의 생각은 아니라는 것을 보여주고", "그때에는 맨 마지막이 제일 먼저가 될 것"(105)이라는 것을 믿어 의심치 않았던 성의 혁명가이다. 화자의 어머니는 온갖 박탈의 위협에도 불구하고 끝내 모국어를 포기하지 않았던 언어적 주체였다. 그는 "가면 속에 숨겨진 목소리로 달을 향해 말을 심고 바람에 말을 실려 보내" 끝내 "계절의 흐름을 통해. 하늘에 의해. 물에 의해 말이 탄생하고 자유가 주어지게" 만든다.(48) 그녀가 자연에 흘려보낸 말은 시간의 숙성을 거쳐 새로운 언어로 탄생한다. 그녀는 아이를 낳듯 말의 씨앗을 뿌려 마침내 세상 속에 탄생시키는 언어의 잉태자였던 것이다. 남성의 역사에서 지워진 이런 주체적 여성을 살려내 그들의 침묵을 언어로 번역해내는 것이 '말하는 여자'로 자신을 정체화하는 테레사 학경 차의 작업이다.

여성 계보의 복원을 통한 여성 서사의 창조는 "말하는 여자"인 화자가 어머니에게 쓰는 편지로 나타난다. "저는 글을 씁니다. 당신에게 씁니다. 매일요. 여기서부터요, 제가 글을 쓰고 있지 않더라도 글쓰기를 생각합니다."(56) 사실 어머니에게 보내는 딸의 편지는 『딕테』가 시도하는 여성적 글쓰기의 원형적 모습에 가깝다. 식민화된 어머니에게 편지를 써서 침묵하는 어머니에게 목소리를 선사하는 것은 포스트식민주체인 딸의 몫이다. 딸이 어머니에게 보내는 편지는 매일, 심지어 글을 쓰지 않을 때에도 그의 마음속에 살아 있다. 편지쓰기는 작품 마지막에 딸이 어머니에게 드리는 간절한 기도문으로 이어진다. 기도문 속의 어린 딸은 어머니에게 창문으로 올려달라고 호소한다. 세상에 대한 호기심으로 충만한 딸은 창유리 너머로 비치는 황혼의 아름다운 영상, 앞으로 다가올 전망을 기다리며 침묵을 지키는 나무들을 본다. 폭력에 짓눌리고 역사에 버림받은 여성이 어머니를 통해 초월적 아름다움을 경험하고, 그를 통해 일시적이나마 구원의 가능성을 엿본다. 어머니는 딸의 글쓰기에 숨은 중심으로 현존하며, 딸과 어머니 사이엔 공존의 연속체continuum of co-existence가 형성되어 세속의 밧줄을 풀어내는 초월적 힘으로 작용한다.

어머니에서 딸로 이어지는 여성 계보는 직선적 전개과정이 아니라 동심원적 구조를 이루고 있다. 『딕테』의 마지막 장 '폴림니아 성시聖時'에 등장하는 한국 무속신화의 바리데기 공주가 어머니의 병을 고칠 약수를 길어가는 '우물'처럼, 그것은 원환적 형태를 띠고 있다. 우물은 자궁을 닮아 있다. 그것은 동양철학에서 말하는 '열'이라는 숫자의 의미와 비슷하게 새로운 순환을 잉태하는 공간이다. 우주 탄생이 마무리되는 열번째 단계에 이르러 세계는 "원 속의 원, 동심원의 연속"(173)이 된다. 『딕테』는 바리데기가 이 "원 속의 원"인 우물에서 약수를 길어 어머니의 병을 치유하는 한국 무속의 이야기로 끝을 맺으면서, 거대한 시간의 흐름 속에 여성의 계보와 여성의 서사를 풀어놓는다. 장구한 시간의 흐름 속에서는 심지어 인간의 역사마저 작은 동심원에 지나지 않는다. 끝없이 이어지는 동심원의 연속에서 한국의 가부장적 민족주의가 역사의 주변으로 밀어낸 여성의 계보, 유관순, 만주의 처녀 선생님인 어머니, 미국으로 건너가 이방의 문화와 교섭을 벌여야 하는 한국계 미국인 이주여성인 딸로 이어지는 여성 계보가 하나의 원으로 들어간다. 그리고 이 원은 데메테르와 페르세포네 같은 신화적 모녀관계, 그리스 서정시인 사포, 잔다르크, 성 테레사 수녀 같은 서구의 여성 계보와 또다른 원을 이룬다. 물결처럼 흩어지는 이 동심원적 확산은 가부장적 역사 속에서 동서양의 여성이 형성해온 연대의 계보일 뿐 아니라, 궁극적으로는 자연의 순환적 질서이기도 하다. 『딕테』의 마지막 속표지에는 검은색 바탕에 유관순이 동료 여학생들과 함께 찍은 사진이 제목 없이 배치되어 있고, 맨 앞 속표지에는 사막 한가운데 서 있는 돌의 형상이 역시 검은색 바탕 위에 놓여 있다. 끝에서 두번째 페이지에는 작품의 주제를 압축하는 듯한 여섯 줄의 시 구절이 삽입되어 있다.

> 기후에 하나씩 하나씩 흩어진 말들은.
> 논쟁의 여지 없이, 시간에 서약되었다.
> 만일 그것이 말의 화석 자취를 만든다면,
> 말의 잔해, 폐허가 서 있듯 서 있다면,
> 그저, 표적으로
> 시간에, 거리에 자신을 내놓아버린 (177)

유관순이 있는 사진 속 식민지 한국여성의 이미지는 유장한 세월의 흐름에 자신을 놓아버린 돌의 형상과 짝을 이루고 있다. 그 사이에 놓여 있는 작품 『딕테』는 시간에 "서약된" 말들의 "자취", "잔해", "폐허"의 기록이다. 파편과 파편이, 잔해와 잔해가 서로 얼굴을 맞대고 이어지는 글쓰기 형식은 가부장적 식민주의라는 남성의 역사에서 삐져나온 잉여적 존재들을 불러내 이들의 계보를 기술하려는 작가의 창작 충동과 공명하고 있다. 『딕테』는 "멀리서 온 한 여자"에서 시작하여 먼 곳으로 사라져간 여성들의 이미지로 끝난다. 역사에서 누락된 이 여성들의 삶을 기록하는 말과 이미지의 수집이 작품 『딕테』를 구성하고 있다. 우리는 문자매체와 시각매체가 뒤섞여 있는 이 실험적 텍스트에서 먼 곳에서 먼 곳으로 이동해갔던 여자들이 복수의 혀로 써낸 이야기를, 이들이 받아쓰기라는 번역행위를 통해 창조해낸 새로운 혼종적 주체화의 공간을 읽는다.

물론 이 혼종적 주체화의 공간이 포괄하지 못한 또다른 누락지점도 존재하며, 예술적 실험성을 얻기 위해 희생된 삶의 영역도 존재한다. 태혜숙의 적절한 지적처럼, 『딕테』는 현재 제국 내부에서 많은 아시아계 이민여성들이 나날이 수행하는 열악한 노동을 끌어들이지 못하고 있으며, 이들이 겪는 현실적 차별과 착취에 충분히 주목하지 못하는 것도 사실이다. "미국 메트로폴리스에 자리 잡은 특권층의 여성 작가가 벌이는 문화적 실험"이 이주여성이 처한 현실적 모순을 은폐하는 데 "본의 아니게 기여하는 결과를 빚는다"는 그의 지적에 일정 부분 공감이 가기도 한다.(281) 한국계 미국인 학자 일레인 김 Elaine Kim이 포스트모던 미학과의 친연성 때문에 이 작품에 대해 보이는 최근의 비평적 관심으로부터 비판적 거리를 유지하면서 한국 혹은 한국계 미국인의 역사와 끈을 놓치지 말 것을 주문하는 것도, 소수민족 문학을 그저 또하나의 목소리로 용인하는 주류적 시각에 흡수되지 않고 맥락화된 "상황적 지식situated knowledge"을 고수해야 할 필요성을 느꼈기 때문일 것이다.(22) 맥락이 거세된 소수민족 문학이란 텍스트의 정치성을 탈각시키고 저항적 잠재력을 희석시키는 주류 문화의 오랜 전략 가운데 하나다. 일레인 김의 지적처럼, 저항적 정치성을 담보하기 위해 한국 혹은 한국계 미국 이산여성이라는 역사적·물질적 관계를 포기하지 않는 자세는 필요하다. 하지만 동시에 이 물질적 관계가 예술의 영역으로 번역될 때 취할 수 있는 자유로운 변형의 공간을 허용해주는 것도 중요하다. 주체의 마음을 형성하는 언어, 이미지, 감정, 성욕에 밀착하여 인간이 현실과 맺는 그 복잡다단한 관계를 그려내는 것이 문학이 아니라면, 과연 무엇이 문학이겠는가? 서구 근대가 발명해낸 제도화된 문화 형식으로서의 문학마저 넘어서서 새로운 글쓰기 양식을 실험하는 이 낯선 텍스트에 우리는 좀더 넉넉한 인내심을 발휘할 필요가 있다.

3부

신화 종교 윤리

레비나스, 타자 윤리학, 페미니즘

여신 신화와 새로운 상징질서 찾기

모성 서사와 그 불만: 『엄마를 부탁해』와 〈마더〉에 나타난 모성 이데올로기 비판의 문화지형

배려의 윤리와 정의의 윤리: 메리 셸리의 『프랑켄슈타인』

레비나스, 타자 윤리학, 페미니즘

이희원

보부아르가 '여성은 타자'라고 선포한 이후 초기 페미니스트들은 타자로서의 여성이 남성과 동등한 자유를 누리고 평등한 권리를 찾는 데 도움을 주는 각종 이론적 모색을 시도했다. 그러나 점차 페미니스트들은 여성의 자유와 권리를 주장하는 단계를 넘어 자신 밖의 타자를 인정하고 배려하는 입장을 채택하면서 그와 관련된 이론을 정립하기 시작한다. 길리건Carol Gilligan과 벤저민Jessica Benjamin처럼 돌봄, 배려, 타자 인정, 사랑과 같은 여성 특유의 덕목들을 새로운 윤리학으로 활성화시키자는 측면에서건,[1] 이리가레나 스피박Gayatry Spivak, 버틀러처럼 성별, 인종, 계급을 비롯한 각종 이분법을 해체하고 차이와 타자에 대한 관심을 촉구하건, 최근 30여 년간 페미니스트들은 유난히 타자 및 타자와의 관계에 관심을 기울여왔다. 20세기 후반부에 이르러 여성 이외의 타자인 게이, 레즈비언, 유색인, 피식민자, 장애인, 동물 등에 대한 페미니스트들의 관심과 연구가 증폭되어 온 점이 이를 뒷받침한다.

최근 에마뉘엘 레비나스Emmanuel Levinas의 타자 윤리학이 페미니스트들 사이에서 쟁점이 된 것도 이와 같은 타자에 대한 증폭된 관심에서 비롯된 것이다. 타자를 강조하는 레비나스의 윤리학은 전통 철학의 동일자 논리와 그 전체주의 성향을 비판하고 윤리학의 근간을 자아에서 타자로 바꿀 것을 요청하는데, 이 급진적 목소리가 페미니스트들에게 반향을 일으켰던 것이다. 그의 타자 윤리학은 보부아르와 이리가레로 대변되는 몇몇 페미니스트들에게는 남성중심적 시각을 여전히 담보하고 있다는 이유로 비판의 대상이 되었다.[2] 반면 다른 페미니스트들은 가부장제에 균열을 가할 수 있는 강력한 기제로서 페미니즘 윤리학에 새 지평을 열었다는 공헌을 인정하기도 했다.[3] 이 양자의 입장 사이에서 균형을 유지하며 레비나스 윤리학에 내재된 가부장적 경향과 페미니즘에 미친 레비나스의 긍정적 영향을 함께 진단한 페미니스트들도 상당수 있었다.[4]

이 글은 위의 세 입장 중 레비나스에게 우호적인 페미니스트들과 함께 레비나스의 타자 윤리학이 페미니즘의 윤리학 정립에 유용한 틀을 제시할 수 있다는 입장을 취한다. 이러한 시각에서 이리가레의 비판적인 레비나스 다시쓰기와 구엔더Lisa Guenther의 긍정적인 레비나스 전유를 살펴보고, 이를 바탕으로 페미니즘과 레비나스 사이의 진전된 교류 가능성을 타진해보고자 한다.

레비나스의 타자 윤리학[5]

1) 윤리적 주체와 타자[6]

근대 이후 세계를 지배하는 두 제도인 민주주의와 자본주의의 핵심에는 자유와 평등의 철학이 자리한다. 오늘날 민주주의와 자본주의를 태동시킨 프랑스 인권선언문과 미국 독립선언문에 나와 있듯 근대 이후 세계 사회는 주체의 자유와 권리 추구를 축으로 움직여왔다. 레비나스의 타자 윤리학은 바로 이 민주주의와 자본주의의 근원이 되는 서구 전통 철학의 해체를 촉구한다.

그렇다면 왜 레비나스는 서구 사유 체계의 근간을 흔들어놓는 것일까? 모든 인간이 완전한 자유를 얻고 합당한 권리를 추구하는 일이야말로 인류가 가장 염원해왔던 바이며, 또 그것이 세계 평화에도 기여하지 않았는가? 이 물음에 대하여 레비나스는 단호하게 '아니다'라고 답한다. 물론 철학자인 레비나스는 민주주의와 자본주의라는 정치·경제 제도를 문제 삼지 않는다. 대신 이 두 제도를 생성시킨 서구의 근원적 사유방식에 문제를 제기한다. 레비나스는 서구의 존재론적 철학, 즉 주체가 자유로이 행사하는 동일성의 사유 방식(자아 외부에 존재하는 타자의 외재성을 자기화하고 대상화하면서 자기 동일시하는 사유 방식)에 내재된 전체성과 폭력성이 바로 지속적으로 벌어지는 각종 전쟁과 폭력의 원천이라고 진단한다. 서구의 기존 철학 사유방식에 대한 이와 같은 비판과 함께 레비나스는 존재에서 윤리로, 동일자 논리에서 타자성 수용으로 철학의 방향을 전환할 것을 촉구한다. 이 방향 전환이 바로 타자 윤리학이다. 레비나스는 우리에게 나의 자유와 권리 추구를 포기하고 타인을 받아들일 것, 나와 관계없는 일까지도 책임질 것, 나를 희생하면서 고통받는 타자의 요청과 호소에 응답할 것을 강력하게 요청한다. 그에 따르면 나와 절대적으로 다른 타자성을 수용하지 않는다면 끝없이 이어지는 세계 내 갈등과 폭력, 그리고 전쟁의 고리를 완전히 끊을 수 없다.

왜 서구 전통 철학이 전체주의적이며 폭력적인가? 이를 밝히는 일이 『시간과 타자*Time and the Other*』(1948), 『전체와 무한*Totality and Infinity*』(1961), 『존재와 다르게*Otherwise than Being or Beyond Essence*』(1974)를 포함한 그의 저서를 관통하는 핵심 과제 중 하나다. 그에 따르면 서구 전통 철학은 자아의 존재를 탐구하는 '존재론'으로서, 나와 다른 것을 다르게 놓아두지 못하고 배제하거나 같은 것의 틀 속에 넣으려고 하는 폭력성을 지닌다.

레비나스는 후설과 하이데거의 철학을 비판하면서 존재론적 서구 철학의 폭력성을 비판한다. 그는 자기 밖 타자를 인지하기 시작한 후설의 현상학을 높이 평가하면서도 이것이 자아 외부의 대상 세계를 주체의 대상으로 전락시키는 존재 중심주의 철학의 한계를 벗어나지 못한다고 비판한다. 그는 현존재로서의 인간은 매순간 존재하는 그 자리에서 세계와 관계를 맺는다고 주장한 하이데거에게 더 큰 갈채를 보낸다. 그러나 세계 안에서 내일에 대한 불안과 근심을 안고 사는 현존재에 관심을 둔 측면에서 하이데거의 이론도 존재론의 한계를 벗어나지 못한다고 진단한다. 레비나스에 따르면 하이데거의 철학은 후설의 주체와 객체 분리를 세계 속에서 염려하는 존재 개념으로 해소시킨다는 점에서 일보 전진한 면도 있지만, 자신의 실존을 염려하며 자신의 가능성을 설계하고 타자를 자신의 구도에 적절하게 이용한다는 점에서는 후설의 현상학과 마찬가지로 타자를 동일자로 환원한다고 본다.

후설과 하이데거에 반대하는 레비나스는 주체의 존재론적 세계 구성에 앞서 다른 존재자와의 관계가 선행되어야 한다고 말한다. 레비나스에 따르면 존재보다 선한 것, 본질을 넘어서는 것에 대한 탐구가 필요한데, 그것이 곧 타자 윤리학이다. 이 윤리학은 타자를 자기 안으로 통합하지 않고 타인에게로 향하는 '초월성'을 전제한다. 이 초월성을 통해서만 자아 밖에서 절대적 다름을 드러내는 타자에 다가설 수 있기 때문이다.[7]

레비나스는 서구 전통 철학의 폭력성이 타자의 자유를 용납하지 못하는 주체의 지나친 자유 추구에도 기인한다고 본다. 그리하여 인간에게 절대적 자유를 선고한 사르트르의 실존철학은 강한 비판의 대상이 된다. 그에 따르면 사르트르에 의해 절대적 자유를 선고받은 나의 자아실현은 역시 절대적 자유를 실천하도록 선고받은 타인의 자아실현을 침해할 수 있다. 또한 그는 주체가 타자의 의식에 의존해 자아의식을 완성한다는 사르트르의 주장에도 주목한다. 이 사르트르의 주체는 타자와 완전히 무관하게 홀로 존재할 수 있는 하이데거의 현존재에 비해 훨씬 발전된 타자 인식을 지닌다. 그러나 레비나스는 타자에게 의존해 자아를 구성한다는 사르트르의 주장 속에서 타자 시선의 한갓 대상으로 전락하는 주체와 타자를 정복하고 통합시키는 폭력을 발견한다.

레비나스에 의하면 나의 자유에 문제를 제기하는 것은 타자의 얼굴이다. 타자의 얼굴과 대면하여 나의 과도한 자유에 대해 죄의식을 느낄 때 나는 고아, 과부, 빈자, 이방인과 같은 연약하고 벌거벗은 타자를 보호해야 하는 윤리적 과제를 부여받는다. 더 나아가 레비나스는 타자의 얼굴과 직면하는 일은 내가 선택하는 것이 아니라 타자에 의해 나에게 요구되는 것임을 강조한다. 그래서 나의 자유를 제약하는 나의 권한 밖 타자의 호소에 절대적으로 순종하는 일이 바로 레비나스 윤리학의 핵심이 된다. 여기서 나와 타자의 관계 맺음은 "비대칭적"이어서 "서로 교환할 수 있는 두 항 사이의 상호적 관계" 형성이 절대 아니다.(『존재에서 존재자로』 160-161)

이처럼 동일자에서 타자로, 존재에서 윤리로 관심을 돌리고 있지만 레비나스는 주체를 부정하지 않으며 오히려 변호하고 있다는 점에 주목해야 한다. 강영안이 지적하는 것처럼 레비나스는 주체의 존재를 절대화하는 근대 관념론 철학에 도전하는 동시에 '주체의 죽음'을 선언한 20세기 구조주의 프랑스 철학자들에게도 비판을 가한다.(75) 주체를 해체하거나 주체의 죽음을 선포하는 대신 레비나스는 타자를 대신해서 고통받을 수 있으며 타자의 짐을 대신 질 수 있는 책임적 주체로 설 때 비로소 주체가 주체됨의 참 의미를 가질 수 있다고 강조한다. 레비나스가 반대한 것은 동일자 논리로 타자를 대상화/객관화하는 주체나 자유를 근거로 한 자율적이고 능동적인 주체 개념이지 주체 자체가 아닌 것이다.

2) 몸과 감성으로 대면하는 타자의 얼굴

레비나스는 전통 서구 철학의 이성 추구, 표상 및 추상화 경향에 대해서도 비판하며 생생한 감각적 삶에 주목할 것을 촉구한다. 그에 따르면 존재가 타인과 접촉하거나 타인의 호소를 들을 때 그 어떤 통로가 매개되어야 하는데, 그 통로가 바로 몸과 감성이다. 외부로부터 영향받고, 감동받고, 자극받는 영역은 이성이 아니라 몸과 감성이며, 총체적 체계가 아니라 직접 살아서 체험하는 자아이다.

이런 맥락에서 레비나스의 주체는 윤리적 주체이자 동시에 향유하는 주체이다. 세계 안에서 근심하며 사물을 도구로 사용하는 하이데거의 현존재와 달리 레비나스의 주체는 세계에서 대지, 바다, 공기, 바람, 빛 등의 삶의 환경 혹은 요소 세계[8]를 향유하며 숨 쉬고 물 마시고 음식을 먹고 잠을 자고 휴식을 취한다. 이렇게 자신을 에워싼 요소 세계를 대상이나 도구로서가 아니라 그 자체에 젖어 향유하는 가운데 주체는 개별적 인격으로 등장하기 시작한다. 그러나 요소 세계에서 맛보는 즐거움이 순간에 지나지 않음을 알게 된 주체는 홍수나 태풍과 같은 요소의 위협과 마주하면서 요소 세계를 정복하고 소유하고 관리하고자 하는 충동을 갖는다. 주체는 요소 세계에 자신을 무조건 내맡기기보다는 거기에서 자신을 분리하고자 한다. 즉 집을 짓고 그 안에 거주하며, 더 나아가 노동을 통해 세계를 정복하고 관리하여 자신의 소유로 삼으려 한다. 이것이 주체가 생명을 보존하고 내면성을 구축하는 궁극적인 방식이다. 특히 주체가 집에서 거주하는 것은 주체로 하여금 자기 자신으로 복귀하게 하는 중요한 조건이다. 어떤 의미에서 향유, 노동, 거주는 주체의 자유와 가능성을 확보하는 동일자의 구조로 움직이며, 이때 필연적으로 주체와 타자의 분리 및 주체의 타자에 대한 착취 현상이 발생한다.

그러나 이 삶을 향유하고 거주하는 주체는 내면으로 복귀하여 내면성을 구축하는 동시에 밖의 타자를 향한다. 살과 피를 지닌 주체는 몸으로 요소 세계를 향유하는 존재일 뿐 아니라 상처입을 수 있는 타자처럼 상처에 노출된 존재이자 타자에 '볼모'로 잡혀 있는 존재이기 때문이다. 이 향유하고 거주하는 주체는 다른 사람이 나의 향유 및 소유에 이의를 제기하는 순간, 즉 타자의 얼굴이 내 살갗에 가까이 다가와 호소하는 순간 영향받고 상처받으며 타자에게 응답할 의무를 부여받는다. 타자의 얼굴이 나의 살갗에 가깝게 다가올 때 나는 몸과 감성으로 타자의 벌거벗음에 응답한다. 즉 상처에 맞닿은 채 나는 타자에게 헌신하고 희생하고 책임을 감수하며, 직접 자신의 상처를 드러내면서 타자의 상처로 향한다. 그리고 그 타자의 얼굴 속에서 전체화하고 종합하는 이성의 힘보다 더 선한 존재를 만난다.

레비나스는 타자의 얼굴과의 직접적인 만남을 전통 서구 철학의 시각 중심적 사유와 대비시킨다. 이 시각 중심주의는 사물이 아니면서 사물이 나타나도록 하는 빛에 의존하면서 객관성, 중립성, 일반성을 그 원칙으로 내세운다. 이 빛 속에서 주체는 타자를 사물로 대상화하며 주체의 동일자로 유지한다. 시각적 사유는 우리에게 익명적 복종을 강요하고 절대적으로 다른 타자에게 나아가는 지평을 열어주지 못한다. 그런데 나에게 노출된 타자의 얼굴은 결코 이러한 시각의 대상이 아니다. 그것은 구체적인 표현이며, 살과 피를 지닌 주체, 즉 타자에게 '볼모'로 잡힌 주체의 '가까움'의 영역 안에 있다.[9] 타자의 얼굴은 빛을 필요로 하지 않은 채 계시하고 현현하며 나의 의도와 무관하게 그 스스로 벌거벗은 얼굴을 나에게 드러낸다.(*Totality and Infinity* 199-200)[10] 나를 바라보는 이 얼굴이 나의 비도덕성을 문제 삼으며 윤리적 행동을 할 것을 명령하고 나는 그 명령에 응답한다. 그래서 나는 타자로부터 가해지는 박해의 고통 속에서도 박해자에 대한 책임을 이행하는 '대속' 행위를 하며, 타자에게 가장 '가깝게' 접근하고 타자에게 '사로잡힌' 자아가 된다.[11]

3) '여성적인 것'–타자에서 에로스로, 에로스에서 모성으로

레비나스에게 타자성은 '여성적인 것'이기도 하다. 그는 『시간과 타자』에서 "전적으로 다른 것으로 남아 있도록 허용하는 상반성"(103)을 '여성적인 것'으로 규정한다. 레비나스에게 이 여성성은 스스로 자신을 감추는 것과 동일시된다. '여성적인 것'은 사물을 관찰하고 대상화하는 의식 작용과는 전혀 다르며, 다소곳이 물러서는 수줍은 행위 속에서 존재를 드러내기 때문이다. 이 수줍은 여성적 행위는 우리를 위협하거나 지배하려 하지 않는데도 우리에게 대항하는 큰 힘을 가진다. 그래서 레비나스는 이 '여성적인 것'을 신비롭다고 말한다. 물론 그는 여성을 신비와 동일시하는 가부장적 사고에 저항하는 페미니즘을 의식한다.(『시간과 타자』 105) 그럼에도 불구하고 레비나스가 어쩔 수 없이 '여성적인 것'을 신비라고 부르는 이유는, 무의식도

전의식도 아닌 '여성적인 것'을 달리 표현할 길이 없기 때문이다.

레비나스에 따르면 이 '여성적인 것'과 관계를 맺는 것이 바로 '에로스'다. 에로스란 나의 자유와 동일한 자유로 나와 맞서는 타자가 아니라, 나와 절대적으로 다른 타자와의 관계 맺음을 말한다. 그래서 에로스는 점령과 지배의 관계와 구별되며, 인식도 대결도 융합도 아니다. 이 관계에서 나와 타자는 사르트르의 사랑에서처럼 서로 소유하고 장악할 수 없을 뿐만 아니라, 플라톤이 『향연』에서 설명한 대로 두 반쪽이 하나로 융합하는 과정을 포함하지도 않는다. 이것은 주체의 주도권에 의존하지 않는 곳에서 이루어지지만 주체가 여전히 주체로 남아 있을 수 있는 관계이다.

시각적 사유가 이성적 주체의 존재 방식이라면 '애무'는 에로스의 구체적인 실현 방식이다. 애무를 통해 주체는 타자와의 접촉에서 접촉 이상의 차원으로 넘어간다. 애무를 통해 주체는 무엇인가 감추어진 것을 계속 찾지만 무엇을 찾는지를 모른다. 애무는 어떤 목표나 계획이 없으며, 언제나 다른 것, 접근할 수 없는 것, 미래에 와야 할 것과 마주친다. 그래서 애무는 거머쥘 수 없는 것에 대한 새로운 전망을 기다리는 행위라 할 수 있는데, 그렇다고 미래의 확고한 사실에 대한 기다림은 아니며 언제나 목이 마른 성욕과도 구별된다.

『전체와 무한』에 이르면 레비나스는 '여성적인 것'을 타자성의 은유로 보는 『시간과 타자』의 관점에서 벗어난다. 이 책에서 그는 '여성적인 것=타자성'의 등식을 버리고 나를 너그럽게 수용하고 환대하는 수줍은 타자의 한 예로 여성을 제시한다. 그에 따르면 친밀한 거주 공간은 여성적인 얼굴의 "부드러움"(TI 155)에 의해 창출된다. 다소곳한 여성의 존재를 통해 나의 거주가 가능하고, 거주를 통해 나는 주체로서 성립한다. 또한 그는 이 책에서 에로스의 정의에도 수정을 가한다. 그는 『시간과 타자』에서는 언급하지 않았던 욕구need와 소유, 쾌락과 향유로서의 에로스[12]를 새로 도입하고 이 에로스가 생산성, 즉 출산으로 완성된다고 주장한다. 한편으로 에로스는 타자를 나의 육체적 욕구와 쾌락의 대상으로 소유하는 둘 만의 이기적 관계이자 "나에게 되돌아오는 관계"(TI 266)를 지칭하지만, 다른 한편으로 타자인 여성과의 애무를 통해 "아직 오지 않았으며 내가 잡을 수 없는 미래"(TI 271)의 타자를 내다볼 수 있는 통로가 된다. 에로스가 이중적인 것처럼 레비나스에게 여성도 모순적 특성을 지닌다. 여성은 감추면서 빛을 벗어나는 존재인 동시에 성애를 통해 매력을 발산하는 관능이다. 그에 따르면 에로스를 통해 여성은 스스로를 감추면서 주체로 하여금 보이지 않는 것, 즉 전적으로 타자적인 것을 경험하도록 이끈다. 남성은 애무의 성관계에서 여성의 감추어진 것과 접촉하는 가운데 놀랍게도 이 전적으로 타자적인 것을 아이의 출산을 통해 본다.

그런데 출산을 통한 미래 아이와의 관계에서 주체인 나는 아무것도 나의 영향권 아래 놓을 수 없다. 아이는 나 자신이지만 내가 알 수도, 소유할 수도, 통제할 수도 없는 낯선 자이기도 하기 때문이다. 또한 아이는 나의 죽음을 넘어서 부단히 재개되는 시간으로서 무한한 미래와 관계된다. 이런 의미에서 아이는 타자이다.

『전체와 무한』에서 여성을 매개로 한 아버지의 윤리적 자아 획득에 초점을 두었던 레비나스는 『존재와 다르게』에서는 어머니의 모성을 가장 윤리적인 행위로 제시한다. 『전체와 무한』에서 타자의 얼굴로 제시되었던 타자에 대한 책임이 『존재와 다르게』에서는 "어머니의 몸" (*Otherwise than Being* 67)[13]처럼 책임지는 행위로 구체화된다. 이로써 레비나스의 여성 관련 개념은 두 번의 변화를 거친다. 『시간과 타자』의 타자로서의 여성성이 『전체와 무한』에서 남성의 윤리적 초월을 돕는 수줍으면서도 관능적인 여성으로 변화되었다면, 이 여성이 『존재와 다르게』에서는 다시 한번 윤리적 어머니로 변모한다.[14]

후기 레비나스는 "육화로서 취하게 된 감성의 주체"를 "모성이요, 타자를 위해 고통받는 몸"(OB 79)이라고 정의내리며, 이 모성적 책임이야말로 "최고의 짊어짐"(OB 75) 행위라고 치켜세운다.

'집에 거주하는 수줍은 여성의 환대'와 '어머니의 몸을 닮은 책임의 윤리'라는 레비나스의 윤리학적 표현에는 가부장적 여성 이미지—집 안에 있는 순종적인 여성과 끝없이 희생하는 어머니—가 녹아 있다. 또한 레비나스는 '나'를 여성의 환대를 받아들이는 남성으로 상정하고, 모성의 책임을 이상화하는 가부장적 사고를 반복한다. 이러한 레비나스에게 비판의 화살을 겨누며 보부아르의 후예가 되는 일은 어쩌면 후배 페미니스트들의 당연한 의무였을 것이다.

이리가레의 레비나스 비판과 성차 윤리학[15]

레비나스에 비판적인 페미니스트들의 입장은 양분된다. 한편에 스키카Sonia Skika나 김애령처럼 남성 지배 상징 질서가 여성들에게 부과한 표상들을 은유로 그대로 사용하면서 자신이 거부했던 동일자 논리를 반복한다고 지적하는 부류가 있다면, 다른 한편에는 에인리Alison Ainley처럼 여성성을 모성적 희생과 연결시키며 여성에게 고통의 족쇄를 채운 레비나스에게 분개하는 부류가 있다. 이 두 가지 비판적 흐름뿐만 아니라 그 이외 문제점들을 조목조목 따지면서 레비나스에게 저항하고 있는 페미니스트가 있으니 바로 이리가레다.

이리가레는 레비나스 관련 두 논문 「애무의 생산성」과 「에마뉘엘 레비나스에 대한 질문」에서, 여성의 희생을 전제로 한 남성 초월을 논했다는 점에서 레비나스가 남성 중심주의적 사고를 벗어나지 못한다고 비판한다. 그에 따르면 윤리적 책임에 사로잡힌 남성은 오직 일시적으로만 에로스의 관능에 관여하고 이후 삶의 진지한 국면인 초월로 되돌아오는데, 이때 남성이 윤리적 신성함에 도달하도록 돕기 위해 여성은 심연에 빠지거나 "유아나 동물" 상태로 퇴거한다.("The Fecundity" 194-195, 198, 202, 212)[16] 바로 이 지점에서 이리가레는 가부장적 은유에 기대는 레비나스를 발견한다. 이어 이리가레의 공격의 화살은 에로스 관계에서 남성의 욕망이 육체를 초월하고 윤리적 자아로 거듭날 수 있는 것은 여성이 자신의 욕망과 주체성을 희생시키기 때문이라는 레비나스의 주장으로 향한다. 이리가레의 관점에서 볼 때, 레비나스 윤리학은 오직 남성만을 책임지는 주체로 인정하고 여성은 그 남성의 윤리적 초월을 돕기 위한 매체로 전락시킨다. 이리가레는 남성과 여성의 '성차'를 고려하지 않고 여성을 남성의 윤리적 조건으로만 배치한다는 점에서 레비나스의 윤리학이 "비윤리적"이라고까지 주장한다.("Questions" 112) 더 나아가 이리가레는 에로스를 육체성과 초월 사이에 걸쳐 있는 것으로 규정한 후 남성 연인은 초월적인 신에게 향하는 한편 여성은 암흑으로 던져진다고 말하는 레비나스에게서 여성-욕구, 남성-욕망으로 성을 이분화하는 전통적인 서구 철학자의 모습을 본다.

다음으로 이리가레는 레비나스가 에로스의 사랑 행위 자체보다는 에로스 관계의 결실로 생겨날 미래의 아이에 더 관심을 둔다고 비판한다. 그에 따르면 오로지 아들의 출산만이 에로스를 생산성으로 변모시키고 타자성으로 향하는 문을 열어주는데, 이리가레가 반대하는 것은 바로 이 부자 관계에 기초한 관점이다. 대신 이리가레는 에로스 자체가 이미 단순한 육체적 생산성을 넘어선 생명력을 지니고 있다고 주장한다. 이리가레의 관점에서 보면 사랑하는 자와 사랑받는 자는 관능적 애무라는 육체적 접촉을 통해 과거를 청산하고 미래를 꿈꾸며 변화와 재탄생의 과정을 겪는다. 또한 이리가레는 레비나스가 오로지 자신의 아들에게서만 생산성을 찾는 과정에서 동일성 거부와 타자 수용이라는 자신의 윤리학 틀을 재차 거스르고 있다고 본다. 이리가레에 따르면 레비나스는 여성성을 오직 아버지가 아들/타자를 만나기 위한 조건으로만 보면서 아들을 아버지의 반영으로 축소시킨다. 이리가레는 아들에게서만 목격되는 생산성의 측면은 차이를 말소시키는데, 이는 "자기 밖의 자기에게 돌아오려는, 사랑하는 자의 수단으로서의 아들"("The Fecundity" 203)이 사랑하는 자의 자기 찾기 과정을 반복하기 때문이라고 지적한다.

더 나아가 지아렉Ewa Plonowska Ziarek도 언급했듯이 이리가레는 아들의 출산과 연결될 때만 윤리적 의미를 지니는 레비나스의 에로스 개념은 에로스의 중요한 요소인 관능과 섹슈얼리티를 거부하는 오류를 범한다고 지적한다.("The Ethical Passion" 90) 이리가레에 의하면 섹슈얼리티의 쾌락을 타자를 위한 고통스러운 대속으로 대치하고자 했던 레비나스는 여성을 동물, 비인간, 유아로 비하하고 여성에게서 육체와 애무의 희열을 빼앗는다. 더구나 이리가레가 보기에 레비나스는 에로스를 남성의 윤리적 신성으로 승화시키고자 했고 그 과정에서 에로스 자체에 깃들어 있는 신성함을 읽지 못했다. 에로스의 승화와 여성 비하라는 남성 중심적 이중주에서 빠져나오기 위해 이리가레는 성차 윤리학을 제안하고 에로스를 '경이로움wonder'으로 재정의한다.(*An Ethics of Sexual Difference* 13)[17]

"언제나 처음인 것처럼" 존재하는 경이로움은 내가 이해할 수 없는, 나와 완전히 다른 타자가 불러일으키는 놀라움의 감정으로서 향유와 윤리, 육체와 초월로 양분된 레비나스의 에로스를 넘어선다. 이 에로스의 경이로움은 성차의 자리에서 가장 잘 발견되는데, 그 자리에서 나는 내가 알지 못하고 앞으로도 알 수 없는 확연히 다른 차이를 경험하기 때문이다. 또한 이 '경이로움'으로서의 에로스는 이기심과 소유욕을 물리치고, 우리가 믿고 지켜온 체제와 정의를 중지시키는 힘도 갖는다. 이리가레가 말하는 에로스의 경이로움은 레비나스의 에로스와 달리 연인들로 하여금 관능이나 섹슈얼리티를 경멸하지 않으면서 신성함을 경험케 하고, 이들을 이기적인 쾌락으로 추락시키지도, 아들을 낳는 고매한 경지로 승화시키지도 않으면서 타자를 배려하도록 유도한다.

레비나스의 애매모호한 에로스에 대항하여 이리가레는 에로스의 경이로움뿐만 아니라 어머니와의 원초적 접촉에 대한 기억도 제시한다. 이리가레에 따르면 애무는 이미 그 자체로 다른 시기에 연인들을 낳았던 어머니의 세대를 향하기 때문에 연인들은 세대를 넘어서는 타자를 만나기 위해 꼭 아이를 낳을 필요가 없다. 이 연인들의 애무는 어머니와 아이 사이의 "가장 깊게 친밀했던 것"("The Fecundity" 187), "그 점막"("Questions" 111), 그 자궁의 친밀성을 기억하게 한다. 이런 의미에서 이리가레의 애무는 연인들이 기억하지 못하는 탄생의 기억을 되살리고 동시에 미래로 향한 무한한 재생을 경험하게 한다. 레비나스의 에로스가 아들의 출현이 없을 경우 미래나 타자를 향해 초월하지 못한다면, 이리가레의 에로스는 연인들을 이미 자신의 것이 아닌 시간, 세대를 넘어 무한한 불연속적 시간, 그 존재 없이는 아들도 딸도 없었을 어머니의 세대로 향하도록 한다.

이렇게 되면 이리가레의 에로스 개념은 레비나스와 질적으로 다른 것으로 판명난다. 레비나스에게 에로스가 윤리학과 비슷하면서도 다르고 동물성과 유사하면서도 형이상학적 욕망과 유사한 애매모호한 것이라면, 이리가레에게 에로스는 관능의 쾌락이며 연인들이 서로에게 생명을 부여하는 재생과정이자 타자를 대상으로 만들지 않는 경이로움이다. 또한 레비나스의 에로스가 아버지로 하여금 미래의 아들에게서 '나'이면서 동시에 '나' 아닌 타자를 발견하게 하는 것이라면, 이리가레의 에로스는 어머니의 흔적을 기억하고 이 기억을 미래로 향한 연인들의 재생으로 전이시키는 것이다.

이리가레의 새로운 에로스 정의는 어느 면에서 레비나스 윤리학에 대한 반대라기보다 지아렉의 주장처럼 레비나스의 윤리적 에로스 개념의 맹점을 보완하는 레비나스 다시쓰기의 한 예로 볼 수 있다.("The Ethical Passion" 91) 지아렉은 레비나스가 남성 중심주의를 완전히 버리지는 못했지만 육체의 초월적 의미와 에로스 윤리학의 가능성을 탐구한 선구자로서 이리가레에게 페미니스트 성차 윤리학의 길을 열어주었다고 생각한다.(83) 이 의견에 챈터Tina Chanter도 동의하며, 레비나스와 이리가레가 소유와 착취의 존재방식을 깨뜨릴 수 있는 대안으로 에로스를 제시했다는 점에서 공통점을 지닌다고 주장한다.(221) 레비나스가 전통 철학의 추상적 존재론에 반하여 몸과 감각 중심적 사유방식을 채택하는 것처럼, 이리가레의 에로스 논의도 주체를 "신체 없는 신체 속에" 구속해온 "언어의 올가미"(*The Ethics of Sexual Difference* 133)를 벗어던지고자 한다는 것이다. "애무는 타자가 동일자에 재흡수되는 것에 제한을 가할 수 있다"("The Fecundity" 204)라고 말하는 이리가레는 "남녀의 사랑을 이끄는 것은 상대방의 어떤 다른 성질이 아니라 상대방의 타자성이다"(『윤리와 무한』 82)라고 말하는 레비나스를 반복한다.

이쯤 되면 스탠퍼드Stella Stanford와 챈터가 지적하는 것처럼 이리가레가 레비나스와 마찬가지로 동일자 논리를 해체하고 타자를 타자로서 수용하는 차이 중심적 사고를 발전시키는 것이 분명해 보인다.(Stanford, "Levinas" 144, Chanter, *Feminist Interpretations* 3) 레비나스 윤리학의 핵심이 타자인 것처럼 이리가레의 페미니스트 철학 기저에는 차이(타자) 인정이 자리잡고 있다. 이리가레는 보부아르처럼 여성이 남성의 타자로 분류되는 것에 문제가 있음을 지적하지만, 보부아르와 달리 남녀 차이를 없애는 것이 해결책이 아니며 여성은 자기 나름의 기준을 갖고 여성 그 자체가 되어야 한다고 주장한다. 즉 이리가레는 여성을 타자로 정의내리는 전체주의적 담론에 도전하는 새로운 질서, 여성에 대해 다르게 말할 수 있는 성차 윤리학을 제안한다. 이리가레는 이 지점에서 레비나스에게 의존한다. 더 나아가 이리가레는 에로스 안에서의 자아와 타자 관계를 설명하려고 했지만 성적 차이의 문제를 간과했던 레비나스의 에로스 윤리학을 페미니스트 입장에서 수정하는 작업에 들어간다.

우리는 이리가레에게서 레비나스에 대한 비판의 목소리만큼 강력한 레비나스 환영의 몸짓을 찾을 수 있다. 이리가레의 성차 윤리학 밑바닥에 레비나스의 윤리적 사유가 깔려 있기 때문이다. 그러나 에로스 관계의 분석에만 초점을 맞추었기 때문에 이리가레의 레비나스 수정 작업은 레비나스 윤리학의 중심인 '타자에 대한 책임'에 대해서는 아예 침묵한다. 또한 카츠Claire Elise Katz가 지적하듯이 남녀 모두에게 공평한 상호교류의 에로스에 기초한 이리가레의 성차 윤리학은 레비나스 윤리학의 근간인 비상호성과 비대칭성의 원칙을 거스른다.[18]

구엔더의 레비나스 전유 – 환대, 모성, 책임의 윤리학[19]

이리가레처럼 레비나스 사유들을 어느 정도 이어받으면서도 레비나스 텍스트에 현미경을 들이대고 가부장적 흔적을 지닌 아주 미세한 먼지들까지 모두 찾아내는 작업을 하는 페미니스트들이 있는가 하면, 거시적 안목으로 레비나스의 사소한 남성 중심적 요소들을 애써 보지 않으려고 하면서 그의 기본 개념들을 긍정적인 페미니즘 사유로 확장시킨 페미니스트들도 있다. 전자가 레비나스의 틀에 작은 구멍을 내고 자신이 만든 새것을 채워넣으려 했다면, 후자는 레비나스가 부각시키지 않은 것을 찾아내어 그곳에 페미니스트 색을 덧칠해 도드라지게 한다. 카츠와 구엔더의 레비나스 재해석은 후자의 대표적 경우라 할 수 있다.

레비나스의 여성성이 전통적 여성상을 강화하는 수단이라는 비판에 맞서 카츠는 레비나스의 여성성 개념의 기원을 유대교 전통에서 찾는다. 카츠에 따르면 유대교에 근거한 레비나스의 여성성은 가부장적 '남성의 성적 왕성함 혹은 씩씩함virility'이라는 틀을 중단시킬 수 있는 윤리 모델 그 자체이다. 그러나 유대교 성경 내의 여성들과 레비나스의 여성성을 연결시키는 카츠의 페미니스트적 시도는 유대교 여성관을 피력하는 방향으로 흐르고 만다. 레비나스의 타자 윤리학을 베풂과 모성의 윤리학으로 탈바꿈시키는 구엔더에게서 이러한 종교적 편향성에서 자유로운 페미니스트 윤리학의 가능성을 만날 수 있다.

구엔더에게 레비나스 윤리학의 핵심은 책임이다. 구엔더는 응답을 기다리는 타자가 언제나 내 앞에 있기 때문에 나는 그에게 책임을 져야 한다는 레비나스의 견해를 확대경으로 바라본다. 그 다음 구엔더는 레비나스의 이 책임을 '환대'와 '모성'으로 구체화하여 페미니스트 윤리학으로 발전시킨다.

앞서 설명한 바와 같이 레비나스에 따르면 요소 세계의 자아가 집에 거주하며 요소를 활용하고 소유하게 되는 것은 여성적 타자(혹은 여자)의 환대 때문이다. 『전체와 무한』에서 레비나스는 여성이 스스로 물러남으로써 창조해내는 내적 공간으로 자아를 기꺼이 받아들이면서 자아의 거주가 시작된다고 말한다. 자아에게 아무것도 요구하지 않으면서, 또 자아가 마치 성의 군주인 양 집에 머물 수 있도록 허용해주면서 여성은 자아가 일어설 조건을 제공한다. 구엔더는 이 지점이 레비나스의 가부장성이 드러나는 지점일 수도 있겠으나, 레비나스의 논리를 파고 들어가보면 여성의 환대가 나름의 특권을 지니고 있다고 주장한다. 구엔더의 시각에서 볼 때, 레비나스는 여성으로 인해 거주하게 된 자아에게 그 여성의 존재를 잊으라고 요청하지 않으며, 오히려 자아가 타자를 환대함에 있어서 여성처럼 되어야 한다고 말하고 있는 것이다.

구엔더는 레비나스의 여성적 타자가 나에게 거주할 집을 제공할 때 자아에게서 보답을 받을 것이라는 확신을 갖지 않으면서 거저 준다는 점에 주목하면서, 이 행위는 자기희생과 구별되는 윤리적 행위라고 해석한다. 이 여성의 환대는 오로지 타자를 위해서 그 어떤 보답도 바라지 않으면서 거저 주는 윤리적 행위 그 자체이다. 레비나스는 '내가 가진 것을 주는 법'을 여성에게서 배우는 것이 아니라 타자의 얼굴과 직접 대면하면서 배울 수 있다고 제안한다. 이 지점에서 구엔더는 레비나스가 의미하는 책임, 타자의 얼굴이 자아에게 명령하는 책임 짊의 한 예를 여성이 나에게 베풀어주었던 그 관대하고 조용한 환대에서 발견할 수 있다고 설명한다.

레비나스에 따르면 타자의 얼굴은 나의 소유를 무력화시키는 동시에 "환대의 힘을 제공한다."(TI 205) 아무것도 갖지 않은 채 내 집 문 앞에 와서 나를 대면하는 타자는 내가 더이상 성주처럼 편안히 거주할 수 없으며, 이제 문을 열고 내가 가진 것을 다 주어야만 한다고 계시한다. 구엔더에 의하면 바로 이 타자의 얼굴이 계시하는 환대의 방식이 바로 여성이 집에서 나에게 베풀어준 환대의 방식이다. 레비나스에 의하면 "부드러움 그 자체의 근원"(TI 155)이요, "가장 뛰어난 환대, 환대 그 자체"(TI 157)인 여성의 환대로부터 나는 타자의 얼굴이 나에게 요청하는 것에 어떻게 응답해야 하는지를 배우기 때문이다. 구엔더는 레비나스에게서 여성이 "가난하고 헐벗은"(TI 127) 나를 집으로 환대했듯이, 나 또한 가난하고 헐벗은 타자를 환대해야 한다는 암시를 발견하고 이를 여성적 책임의 윤리학으로 확대시킨다. 물론 구엔더의 긍정적 해석에도 불구하고 레비나스가 나/자아에게 여성처럼 환대하는 자세를 배우라고 말할 때, 그가 나/자아를 남성으로 설정했다는 강한 혐의를 지울 수는 없다.

구엔더는 레비나스의 가부장성이 조금 열어질 수 있는 가능성을 그의 후기 윤리학인 '어머니의 몸처럼' 책임지는 모성의 윤리학에서 찾아낸다. 구엔더에 의하면 집에서 자아를 환대했던 『전체와 무한』의 수줍은 여성은 『존재와 다르게』에 이르면 고통을 감수하고 자신의 몸 안에 직접 타자를 위한 공간을 만들어 아이를 품는 어머니로 변모한다. 레비나스에게 어머니의 몸은, 준다는 생각 없이 주고 상처받고 고통받으면서도 타자의 볼모로 책임을 진다는 점에서 "가장 뛰어난 책임"(OB 75)의 전형이다. 구엔더는 레비나스 윤리학에서 '어머니의 몸처럼' 책임지는 일이란 전폭적으로 나의 의식을 타자에 대한 의식으로 바꾸는 변화를 동반한다고 강조한다. 나는 막 태어난 아이의 명령에 응답하는 어머니처럼 더이상 나 자신을 위해 살지 않으며, 몸속에 아이를 가진 어머니처럼 타자를 내 것으로 만들지 않으면서 그 무게를 짊어진다. 여기서 타자에게 응답하는 나의 이 힘이 나로부터 시작되지 않고 타자로부터 선물처럼 다가온다는 점이 중요하다.

레비나스에 따르면 내가 빵을 못 먹고 고통받는 대신 타자로 하여금 그 빵을 향유하게 해주는 행위가 바로 윤리적 행위인데, 이는 곧 어머니 몸의 행위이다. 내 몸에 여유 공간이 없어도 아이를 품고 아이의 무게를 견뎌내는 어머니의 몸처럼, 나는 내가 맛있게 먹고 있던 빵을 타자를 위해 기꺼이 주는 대신 '나'를 배고픔에 내준다. 즉 나는 타인을 위해 대속한다. 왜냐하면 타자의 상처에 노출될 때, 타자의 고통을 대속할 때, 비로소 나는 소유와 재현에서 해방되어 책임감 있는 나로 일어설 수 있기 때문이다.

어머니의 몸에 대한 레비나스의 비유는 얼핏 가부장적 착한 어머니상과 연결될 수 있다. 그러나 구엔더는 레비나스가 이러한 해석을 거부한다는 점을 강조한다. 구엔더는 순수하고 자아가 없는 희생적인 어머니와 레비나스의 대속하는 어머니 사이의 극명한 간극을 발견한다. 내 집에 거주하면서 내 입으로 빵을 향유해본 어머니만이 오직 타자에게 빵을 줄 수 있는 자발적 대속을 실행할 수 있다는 점에서 레비나스의 어머니는 자아가 부재한 채로 희생하는 전통적 어머니와 구별된다. 또한 구엔더는 여성이 생물학적 재생 능력 때문에 희생의 짊을 져야 한다는 전통적 주장과 무관한 책임의 윤리를 제시한 점이 레비나스 윤리학의 가치라고 평가한다. 구엔더의 관점에서 보면, 이 어머니의 몸이 반드시 생물학적 여성의 몸일 필요는 없다. 레비나스는 성별과 상관없이 누구나 '어머니의 몸처럼' 책임지며 타자를 몸에 품고 그 무게를 지탱하기를 요구한다.

구엔더는 오랫동안 가부장 사회가 수줍은 여성과 희생적인 모성을 이상적인 여성상으로 정의해왔기 때문에 레비나스가 책임을 설명하려고 채택한 여성성 은유들이 자칫 가부장적 목소리의 재생이 될 우려가 있음을 인지한다. 그러면서도 구엔더는 레비나스의 다소곳한 여성의 너그러운 환대와 어머니의 몸이 행하는 대속 개념이 자발적인 자아상과 추상성에 근거한 전통 철학의 대안으로 적절하다고 주장한다. 더 나아가 구엔더는 가부장적 전통 개념들과는 차별되는 새로운 차원의 여성 및 모성 개념을 예시한 점에서 레비나스가 페미니즘 윤리학에 긍정적인 의미를 가질 수 있다고 진단한다.

대안 가능성: 크리스테바의 이단적 사랑의 윤리

레비나스에게 비판적이든 호의적이든 이리가레와 구엔더는 둘 다 타자의 절대성을 강조한 레비나스 사상을 받아들이고 각기 다른 방식으로 레비나스 다시쓰기를 시도한 셈이다. 이리가레가 레비나스의 에로스를 경이로움으로 다시 썼다면, 구엔더는 레비나스의 책임을 여성의 환대와 모성적 대속으로 전유했다. 또한 이리가레와 구엔더는 몸의 사유 방식으로 전통 철학 체계에 도전했던 레비나스의 중요성을 인식한 점, 판단력과 추상성이 사라진 애무 혹은 모성의 몸에서 새로운 공동체로 나아갈 수 있는 윤리적 힘을 찾은 점에서 생각을 공유한다.

그런데 이리가레는 레비나스 논의의 한구석에 있는 에로스와 연인 관계에 집중하는 가운데 레비나스 윤리학의 중심을 관통하는 책임 개념을 제대로 논의하지 못했다. 이에 비해 구엔더는 레비나스의 여성 은유를 책임 윤리학의 구체적인 예로 제시함으로써 레비나스 윤리학의 핵심에 근접했다고 할 수 있다. 또한 서로가 서로를 각성시키고 재탄생시키는 연인들 사이의 상호 교류를 강조한 이리가레가 레비나스 윤리학의 비상호성과 비대칭성을 위반했던 반면, 구엔더는 보답과 복수 같은 공평한 교환 체계에 균열을 가한 레비나스 윤리학의 정신을 비교적 정확하게 전달한다.

이 환대와 모성의 윤리학이 혹 전통적인 여성 이미지로 귀환하고 모성적 희생을 재기입하는 것은 아닐까? 이 질문에 대해 구엔더는 여성뿐만 아니라 남성도 이 환대와 모성의 윤리를 적극적으로 전유하여 여성과 남성 주체 양측의 변화가 가능하게 되면, 위계적 성별 분리 및 동일자 논리의 해체가 가능하고 가부장 지배가 약화될 수 있다는 답변을 내놓는다. 그러나 구엔더의 윤리학이 이런 답변을 내놓았다고 해서 비판에서 완전히 자유로울 수는 없다. 필자의 관점에서 볼 때, 레비나스의 모성적 대속이 삶의 쾌락을 향유하는 주체의 자발적 대속일 뿐만 아니라 수태한 아이인 타자의 선물이라는 점에서 순결한 성모 마리아의 희생적 사랑과는 질적으로 다르다는 것을 구엔더가 아무리 강조해도, 가부장적이라는 누명에서 레비나스를 구출하는 데는 한계가 있어 보인다.

그런데 레비나스의 비상호성 윤리를 지켜내면서도 '어머니=희생' 등식을 해체하는 길은 정말 없을까? 이 질문에 대한 한 가지 답변 가능성을 크리스테바Julia Kristeva의 '사랑의 윤리'에서 찾을 수는 없을까? 여성 정신분석학자인 크리스테바는 남성 철학자 레비나스와는 매우 다르게, 정신분석학의 관점에서 서구 사상을 해체할 수 있는 새로운 윤리학의 원천으로 모성을 지목한다. 크리스테바는 파괴와 공격, 소유 관념을 포함하는 복합적인 모성을 상정하여 '어머니=희생'의 등식을 깬다. 특히 크리스테바는 〈슬픔의 성모Stabat Mater〉에서 동정녀의 모성애와 같은 서구의 전통적 모성 표상이 여성의 승화, 금욕, 희생, 마조히즘을 요구하고 그 대가로 안정된 가족 항구성을 제공한다는 사실에 개탄하면서, 모성에 대한 새로운 표상 구성을 촉구하고 '이단적 윤리학' 혹은 '여성적 윤리학'을 제안한다.[20] 크리스테바에 따르면, 여성은 임신을 통해 욕망하고 희열을 경험하는 자아를 잃지 않으면서도 자신의 일부인 '타자' 아이에 대한 사랑을 인지한다. 분만의 경이로움을 통해 자신의 일부분이었던 존재가 타자가 되지만, 완전히 타자가 되는 것은 아니라는 경험도 할 수 있다.

죽음에 항거하는 사랑의 '여성적 윤리학'에 대한 크리스테바의 제안은 너무도 간략하고 또 레비나스와는 완전히 다른 맥락에서 만들어졌기에 레비나스의 타자 윤리학이 페미니스트들에게 던지는 산적한 과제들을 해결하기에는 역부족일 것이다. 그러나 어떻게 하면 레비나스 윤리학의 기저에 자리한 가부장적 토대에 균열을 낼지 고민해온 페미니스트들에게 이 제안은 레비나스가 제기하는 문제들을 풀어가는 실마리가 될 수도 있다. 크리스테바는 '어머니의 사랑은 타자를 향한 것만이 아니라 한때 자신 안에 있던 것에 대한 사랑까지 포함한다'고 외친다. 이 외침이 '나는 어머니의 몸처럼 타자에게 내 몸을 지탱했던 빵을 몽땅 줘야 해. 타자의 얼굴이 나에게 그러라고 명령하니까'라는 레비나스의 윤리적 족쇄를 느슨하게 풀고 그 안의 가부장적 세력과 유대교의 흔적을 약화시킬 힘이 될 수 있지 않을까?

여신 신화와 새로운 상징질서 찾기

박정오

기독교 문화에 내재한 신의 이미지는 하느님이 아담과 손가락을 맞대고 있는 미켈란젤로의 〈천지창조〉에서부터 '하느님 아버지'라는 호칭에 이르기까지, 남성으로 깊이 각인되어 있으며 실제 삶의 권력구조에도 자연스레 스며들어 있다. 신은 젠더도 인종도 없다고 하지만, 앨리스 워커Alice Walker의 『컬러 퍼플*The Color Purple*』에서 흑인 소녀 셀리가 상상하듯 언뜻 떠오르는 신은 몸집이 크고 수염이 있는 백인의 모습이지, 황인종이나 흑인 여성의 모습을 한 신의 이미지는 당혹감을 주는 것이 사실이다. 신의 모습을 현실에서 가장 강력한 힘을 지닌 백인 남성의 이미지로 떠올리고, 또 그렇게 상상하도록 암암리에 유도되어온 결과라 하겠다.

신학자 크라이스트Carol Christ의 지적처럼 이렇게 우리 "영혼에 드리운 가부장적 신의 상징적 힘을 붕괴시키는 데는 여신의 상징이 그 무엇보다 중요"하고도 핵심적인 역할을 한다.(155) 따라서 흑인 여성 작가들을 중심으로 아프리카의 전통적인 여신을 되살리려는 움직임이나 풍만한 흑인 비너스 '나나'를 조각한 니키 드 생팔Niki de Saint Phalle의 시도는 그만큼 신선하고 또 의미심장하다. 오드르 로드Audre Lorde는 『검은 유니콘*The Black Unicorn*』에서 아프리카의 여신과 전통을 집대성하여 흑인 여성 작가들에게 여신을 되찾을 수 있는 근간을 만들어주었다. 이제 유색인종도 동성애자도 될 수 있는 독립적인 능력의 여신을 마음대로 상상할 수 있는 자유가 생겨나고 있다.

이렇듯 남성 유일신이 아니라 여신의 이미지를 부활시키고 확립해 나가는 움직임은 이리가레가 말하는 여성의 상징체계를 형성해가는 노력에 다름 아니다. 이리가레는 우리에게 익숙한 상징질서가 남성 위주로 이루어져 있어 여성이 상징질서 속에서 스스로를 표현할 길이 없으므로, 여성 자신을 긍정적으로 재현할 수 있는 틀을 (재)구성해야 한다고 주장한다. 아기 예수를 안은 마리아 상인 줄 알았는데 자세히 보니 마리아와 그의 어머니 안나를 구현한 모녀 조각상을 이탈리아 토르첼로 섬에서 발견한 이리가레는 "동정녀 어머니와 그 아들이 우리가 믿어야 하는 구원의 모델로 그려지는 진리"의 문화적 지상명령에서 자유로워지는 느낌을 체험한다.(『나, 너, 우리』 25) 여성이 자신을 긍정적으로 재현할 수 있는 새로운 상징질서를 찾기 위해서는 어머니에서 딸로 이어지는 여성 계보의 종적 구조가 회복되어야 하는데, 이때 여신 신화는 가부장제가 유일한 당위가 아님을 깨닫게 하는 강렬한 이미지로, 여성 계보의 재현으로 기능할 수 있다. 우리의 의식에 드리워진 가부장적 힘의 붕괴와 함께 그 이전에 존재해왔던 여신의 모습을 만나고 그 원형을 찾아나가는 체험은 여성성의 구축, 여성 문화의 구축을 위해 꼭 필요한 과정이다.

이러한 맥락에서 20세기 후반 이후 서양에서 활발히 진행되고 있는 여신 연구를 페미니즘과의 관계망 속에서 고찰하는 것은 흥미롭고도 필요한 작업이다. 그 이전까지 여신은 중동을 비롯한 동양의 전통으로 여겨졌고, 고대 그리스·로마 시대 이후 서구문화에서는 주요한 역할을 하지 못했다는 인식이 지배적이었던 점을 감안하면 최근 여신에 대한 서구의 관심은 놀라운 변화라 하겠다. 여신 신화 연구는 신화의 중요성이 새롭게 인식되었기 때문이기도 하지만, 사회의 모든 영역에서 여성의 자리를 마련하려는 페미니즘의 발전과 무관하지 않아 보인다. 페미니즘과 여신 신화는 어떻게 연관되어 있고 그 의미는 무엇인가? 특히 여신 신화는 모성과 섹슈얼리티 개념과 어떻게 연관되어 있는가? 그래서 실제 여성의 심리적이고 사회적인 삶에 어떤 영향을 미치는가? 이러한 의문에 대한 답을 모색하기 위해 먼저 여신 연구가 어떻게 발전해왔는지 그 흐름을 살피기로 한다.

여신 연구의 흐름

여신에 대한 최초의 학문적 연구는 1861년 스위스의 인류학자 바흐오펜Johann Jakob Bachofen이 쓴 『모권*Das Mutterrecht*』에서 비롯되었다.(후사인 148) 여신 숭배와 사회발달 이론을 접목시킨 바흐오펜은 인류 초기의 특징을 여신 숭배와 난교를 바탕으로 한 모계 형태로 규정짓고 가부장제로의 변화를 인류의 자연적인 진보로 보았다. 이리가레는 부권제에 선행했던 여성 정치조직에 대한 증거를 제시한다는 점에서 바흐오펜의 연구를 흥미롭게 평가한다.(『나, 너, 우리』 24) 바흐오펜의 이론은 오늘날 그다지 신뢰를 얻지 못하지만, 당대의 사회이론가인 마르크스와 엥겔스, 그리고 프로이트에게 지대한 영향을 미쳐 이들은 여신 숭배가 초기 모계사회 단계에서 형성된 것으로 추정했다. 바흐오펜은 전 세계 문화권에서 모계사회의 증거를 수집하려 했다. 영국의 인류학자이자 역사가인 프레이저James Gerge Frazer는 『황금가지*The Golden Bough*』에서 바흐오펜의 과업을 완성하고자 노력했다. 모계기원설을 주장하는 학자들은 남성 지배를 우주의 자연적 질서로 보는 견해와 부단히 싸워 왔다.(Gadon 226-228)

꿈과 무의식의 중요성을 환기시킨 정신분석학과 심리학의 발전도 여신 연구에 새로운 장을 열었다. 프로이트는 여신에 대한 헌신이 어머니와의 결합을 바라는 유아적인 욕망을 대변한다고 생각한 반면, 융은 여신을 우리의 무의식 속에 내재한 잠재적 생명력으로 파악했다. 여성 원리를 보편적인 원형으로, 즉 우리 영혼에 깊이 각인된 원초적이고 본능적인 행동 형태로 보는 융의 이론은 여신을 다시금 일반 사람들의 상상력 속으로 불러들이는 역할을 하였다. 융 이론을 따르는 정신분석가 에리히 노이만Erich Neumann은 처음으로 신화의 유형과 여성 심리를 연결지어 설명하려 했다. 국내에도 번역된 볼린Bolen과 존슨Johnson이 이러한 연구의 맥을 잇고 있다. 볼린은 『우리 속에 있는 여신들*Goddesses in Everywoman*』에서 우리 모두가 공유하고 있는 집단 무의식에서 나타나는 존재와 행동 유형을 올림포스의 신들이 보여준다고 본다. 그는 주요 신 중 여섯 여신의 원형을 규정짓고 현대 여성과의 연결점을 찾아나간다.

그러나 여신 연구가 본격화한 획기적인 계기는 2차대전 이후 터키 아타톨리아 평원의 카탈후유크Catal Huyuk와 하실라Hacilar 유적지, 그리스의 크레타 섬(미노아 문명) 등지에서 선사시대 여신 숭배의 중요한 증거물이 대거 발굴되었던 일이다. 이러한 자료를 여성의 관점에서 분석할 수 있는 각 분야의 여성전문가가 존재했다는 사실이 또한 중요하다. 고고학자인 짐부타스Marija Gimbutas는 여성의 새로운 시각으로 여신 숭배와 모권에 대한 연구를 한 단계 끌어올렸다. 짐부타스는 3천 개가 넘는 유물을 정리한 뒤 고대 유럽 사회가 성적 차별이 없는 무계층 혹은 평등 사회였다는 점, 여신을 위한 다양한 의례를 여성이 준비하고 감독했다는 점, 가장 훌륭한 유물들은 대부분 여성이 만들었다는 점 등의 결론을 이끌어냈다. "남성과 여성은 노동을 분담하기는 했으나 어느 쪽도 우월한 지위에 있지는 않았다. 남녀 무덤에서 출토된 부장품의 수는 거의 동일하다."(*The Goddesses and Gods of Old Europe* 32-33) 남녀 신이 공존하고 오히려 여신상이 훨씬 더 많이 출토되며 남녀 사제가 동등하게 존재했던 신성한 땅, 그리고 남녀가 평화롭게 공존했던 평등사회는 여성운동가와 모든 의식 있는 자들에게 영감의 원천이 되었다. 또한 예술사가인 스톤Merlin Stone의 『신이 여성이었을 때*When God Was a Woman*』 같은 책이 자극제가 되어 여신 연구가 더욱 활기를 띠었다.

구체적인 증거물에 힘입어 20세기 후반부터 쏟아져나온 여신에 대한 책이 국내에서는 비교적 최근에 활발히 번역되고 있다. 그중 아이슬러Riane Eisler의 『성배와 칼*The Chalice and the Blade*』은 성배로 상징되는 여신 숭배의 공동 협력 사회가 어떻게 칼로 대변되는 남성 지배 사회로 변모했는지 치밀한 고증을 통해 보여준다. 여성의 관점에서 인류의 역사와 미래를 예견한 이 책에서 아이슬러는 남성 지배 체제와 같이 위계질서가 엄격한 사회구조는 개미나 벌처럼 군집생활을 하는 덜 진화된 생명체에 적합하다고 말한다. 오늘날처럼 기술이 발전하고 개인을 존중하는 사회에서는 "칼보다는 생명을 지속·향상시키는 성배로 상징되는 남녀 공동 협력 사회에서 실현 가능한 대안을 찾을 수 있다"(359)는 것이다. 이분법적인 구분과 대안이 좀 단순하긴 하지만 번역서 중에서는 가장 깊이 있는 여신 연구서 중 하나다. 그 외에도 호모 사피엔스 이전에 현명한 여성, 지나 사피엔스가 있었다고 보는 쉴레인Leonard Shlain의 『자연의 선택, 지나 사피엔스』, 알파

벳의 발명과 유일신에서 여성 억압의 근본 원인을 찾는 같은 저자의 『알파벳과 여신』, 고대 여신 숭배 시대의 자유로운 성이 기독교와 이슬람교에 의해 어떻게 악마적인 것으로 규정되었는지를 밝힌 로터 형제Gernot & Ekkehart Rotter의 『비너스, 마리아, 파티마』 그리고 동서양의 여신에 대한 폭넓은 정보를 제공하는 후사인Shahrukh Husain의 『여신』[1] 등이 번역되어 있다.

여신 신화와 페미니즘

여신에 대한 이제까지의 연구 동향을 간략히 살펴보았다. 그러면 여신 신화와 페미니즘의 발전은 구체적으로 어떻게 연관되어 있는가? 페미니즘이 여신 신화를 필요로 하는 이유는 다양한 층위에 걸쳐 있다. 어떤 한계에 다다른 문명과 가부장제 등 현대 사회가 안고 있고 또 페미니즘이 극복하고자 하는 문제에 대해 여신은 다양한 층위에서 새로운 시각을 제공해주기 때문이다.

1) 위대한 어머니 여신-가이아에서 성모 마리아까지

오스트리아에서 발굴된 빌렌도르프의 비너스(기원전 2만 5천 년경)를 비롯한 구석기의 여신상들은 인류가 남긴 가장 오래된 유산이다. 만삭의 몸을 조각한 여신상이 무수히 출토된 것을 보면 2만 년 전 여신은 우주와 모든 생명의 근원인 어머니이자 대지의 신으로 숭배되었으리라 추정된다.(Baring & Cashford 11) 고대인에게 대지는 모든 존재의 근원인 신성이자 자신의 일부였다. 고대인은 인간과 자연, 여신의 운명이 일체를 이룬다고 믿었다. 그러나 기독교의 등장으로 대지는 신의 영역인 하늘과 분리되었다. 이성과 합리성을 내세우는 과학에 의해 자연은 인간이 장악할 수 있는 대상이 된다. 그 결과 오늘날 심각한 환경 파괴의 위기 속에서 대지를 신성한 어머니로 생각한 고대의 신화적 사고가 환경론자들에게 새로운 대안으로 떠올랐다. 의식의 획기적인 전환이 없는 한 지구와 인류는 파멸할 수밖에 없다. 여신은 의식과 문화의 전환을 위한 적절한 상징이 될 수 있는가? 물론 여신, 여성의 몸, 그리고 자연을 동일시하는 시각은 이원론적 세계관의 답습이나 본질론이라는 비판을 피하기 어렵다. 그러나 하늘/정신/남성에 비해 그 가치가 폄하되어온 대지/몸/여성에게 온전하고도 신성한 가치를 되돌려주는 것은 이분법적 구분이 있기 이전의 가치 체계를 환기시킨다는 점에서 의의가 있다.

나무에서 사과가 떨어지는 현상을 보고 만유인력을 생각한 뉴턴처럼 과학도 사실 자연 세계의 여러 현상에서 영감을 얻어 발전해왔다. 이제 시험관 아기와 생명공학의 발달로 인해 여신이 관장하던 생명 탄생의 신비를 과학이 모두 빼앗아가는 듯하지만, 과학자들은 오히려 고대인의 지혜에서 한계와 위기 상황에 대한 답을 찾으려 한다. 그래서 일부 과학자들은 대지의 어머니 가이아의 이름을 따서 가이아 이론을 주장한다. 가이아 이론은 지구가 살아 있는 생명체처럼 자기 조절 시스템을 지녔으며, 정복이나 경쟁이 아니라 협동과 상호작용이 중심을 이루는 거대 유기체라고 설명한다.(Getty 29)

모든 생명의 원천인 위대한 어머니 여신은 기원전 2천 년 경 바빌로니아 신화에서부터 힘이 약해져 남신에게 주도권을 빼앗긴다. 그리스 신화에서 만물의 어머니 여신이던 가이아는 제우스의 등장과 함께 힘을 잃어버린다. 이러한 변화는 농경사회의 정착과 더불어 침략과 전쟁이 시작되고, 이로 인해 남성이 힘을 얻어 사회의 중심이 모계에서 부계로 이동한 것에 대한 반영이라고도 해석된다. 남신 이전에 여신 숭배가 오랫동안 존재했고 가부장제가 형성된 철기시대에 여신 숭배에 대한 '의도적인 파괴'가 있었음을 보여주는 많은 여성 고고학자와 신화학자, 페미니스트 신학자의 고증과 연구는 우리의 눈을 뜨게 해주는 값진 성과다.[2] 그들의 연구 덕분에 우리는 허물을 벗고 재생하는 뱀, 여성 몸의 주기와 흡사한 달, 그리고 비상하는 새가 여신의 오랜 상징임을 알게 되었다. 많은 신화에 나오는 용이나 뱀을 여신의 알레고리로 읽으면 여신의 파괴 흔적을 어렵지 않게 찾을 수 있다. 성경에도 뱀의 형상을 한 괴물 레비아단Leviathan을 야훼가 없애는 장면이 나오는데, 이 역시 여신을 제거하는 알레고리로 볼 수 있다.(Getty 20)

창세기 신화는 이전에 존재했던 모든 신화에서 생명을 상징하던 정원, 네 개의 강, 생명의 나무, 뱀과 우주 등을 기쁨이나 경이가 아니라 공포, 죄와 벌, 그리고 비난의 대상으로 전환시킨다. 이때 비난의 대상은 여신을 상징하는 뱀과 여성이다. 창세기에 나오는 이브 이야기는 생명의 어머니 여신 대신 아버지 야훼의 출현을 알리는 힘의 이동에 관한 이야기이다. 이브의 히브리 이름 하와Hawwah와 하느님의 이름 야훼Yahweh는 히브리어로 모두 '존재하다' 라는 동사에서 온 것으로 둘 다 생명을 주는 신의 이름이다.(Baring & Cashford 492) 한편 그리스 신화에서 제우스가 무수한 여신과 님프를 겁탈하는 이야기는 기존의 여신이 지닌 힘을 제거하려는 전략인 동시에 짐부타스의 해석처럼 "가부장제로 옮겨가는 시기에 실제 여성이 겪었을 차별 대우를 반영한다."(*Living Goddesses* 164)

우주의 근원으로 숭배되다가 이처럼 점차 힘을 잃고 의식에서 배제되어 무의식의 영역에 억압되었으나, 억압된 것은 반드시 돌아오듯 여신은 결국 되돌아왔다. 비록 남신에게 정복당했어도 모성 신 혹은 여신 숭배가 완전히 소멸된 적은 없는데, 이를 가장 역설적으로 입증하는 사례가 바로 오늘까지 이어지는 성모 마리아 숭배다. 성모 마리아는 풍요를 관장하는 대지의 여신이 대체된 형태로, 5월에 꽃 세례를 받고 8월 성모 축일에 추수를 축복해주기를 기대하는 데에서 그 흔적이 남아 있다.(*Living Goddesses* 213)

대지모신에서 유래한 여러 여신과 성모 마리아의 삶의 형태가 얼마나 동일선상에 있는지를 다음 글이 잘 요약해준다.

> 사이벨, 아프로디테, 데메테르, 아스타르테, 이시스, 헤토르, 이난나, 이슈타르같이 성모 마리아는 처녀이면서 어머니이고, 그들 대부분이 그러하듯 반은 사람이면서 반은 신성한 아기를 출산하는데, 그 아이는 죽어서 부활한다. 아티스, 아도니스, 페르세포네, 오시리스, 타무즈와 두무지처럼 예수도 지하세계로 내려가는데, 그 지옥에서 항상 재생이 일어나고, 그의 승천과 부활은 모든 존재를 죽음과 시간의 한계에서 구원하는 것으로 이해된다. (Baring & Cashford 548)

다만 이전의 여신들에게 처녀가 상징적 의미였다면, 성모 마리아에게는 성령으로 잉태되는 무원죄 잉태가 강조되며 성sex 개념은 철저히 배제된다. 또한 이전의 여신들이 주로 아들이자 연인인 동반자를 갖는다면, 마리아에게는 오로지 모성만 강조되고 허용될 뿐이다. 성모 마리아는 성을 초월한 존재로, 아들은 연인의 역할이 철저히 제거된 금욕적인 독신으로 변형되어 그려진다.

아들의 죽음을 슬퍼하는 마리아의 모습(피에타)은 이전의 여신들이 자식을 잃었을 때의 슬픔과 통곡을 그대로 이어받고 있다. 피에타를 표현한 작품 중 가장 사랑받는 것은 미켈란젤로의 작품이다. 인생에서 가장 귀중한 것을 잃었을 때 인간이 느끼는 극한의 상실감을 집약적으로 표현하고 있기 때문일 것이다. 그 외에도 이난나와 이시스처럼 마리아는 하늘과 바다의 상징인 푸른색 옷을 입고, 초승달과 별을 자신의 주요 이미지로 삼으며, 바다에서 태어나는 아프로디테처럼 마리아의 어원 역시 바다이다. 아르테미스처럼 출산과 풍요를 관장하여, 기적적인 치유력을 대변하기도 한다.

성모 마리아 숭배는 중세와 초기 르네상스 시대에 절정을 이루어 수많은 성당이 세워지고 무수한 회화와 시의 주제가 되었다. 당시 그림에는 용이나 뱀을 밟고 있는 성모 마리아의 모습이 많은데, 어떤 그림에서는 순수의 상징인 백합줄기가 마리아 발밑의 용을 칼처럼 찌르고 있기도 하다. 한때 여성의 상징이었으나 악의 화신으로 내몰려 마리아에게 밟혀 있는 이들의 모습에서 여성 원리의 일부분만 인정되고 있다는 것을 추론할 수 있다. 이런 그림들에는 본래 자신의 일부였던 생명력을 적으로 만들 수밖에 없는 데서 오는 근원적 분열이 내재해 있다.(Baring & Cashford 569-570) 분명히 여신의 이미지이나 본래의 모습을 완전히 되찾지는 못한 성모 마리아의 이미지는 마치 용과 싸워 이긴 영웅처럼 남성의 의도와 남성적 용어로 그려진 것이라 하겠다.

크리스테바는 성모에 대한 '동정녀' 숭배를 서구 가부장제가 모성과 모자 관계의 불안한 양상을 은폐하기 위한 기제라 본다. 동정녀라는 믿음 속에는 어머니가 오염되지 않은 여성이기를, 그래서 어머니를 경쟁자 없이 차지하고 싶은 아들의 심리가 내재되어 있다. 또한 성경에서 동정녀는 아버지의 이름, 즉 말씀으로 수태하는데, 이는 부성을 보장하고 모계사회의 잔재를 없애려는 한 방편이다. 결국 아버지의 이름이 부성과 상속을 보장하게 된다. (켈리 올리버 82-86, 고갑희 216) 그러므로 동정녀 숭배는 모성에게 가해지는 일종의 폭력이자 통제이며, 어머니의 분열을 초래할 수 있다. 동정녀는 남성 이데올로기가 만들어낸 상징적 어머니로서, "모성적 육체"와의 동일화, 즉 어머니의 몸을 인정하고 하나가 되는 과정을 희생한 대가로 얻은 개념이다. 크리스테바가 주장하는 "모성적 육체" 혹은 기호계적 코라Chora는 가부장제에서 악으로 변질된 용과 뱀, 한때 여신의 일부였으나 동정녀 마리아가 밟아 억누르고 있는 용의 이미지로 단순화시켜 해석할 수 있다.

성모 마리아 숭배는 무원죄 잉태[3]라는 동정녀 개념뿐 아니라, 신성한 의지에 대한 완벽한 복종을 통해 마리아가 신격화된다는 점 등 가부장제의 요구에 맞게 변형되어온 것이 사실이다. 그럼에도 불구하고 성모 마리아에 대한 지속적인 숭배는 융과 크리스테바가 인간의 가장 근원적인 원형으로 보았던 위대한 어머니 원형에 근접한 존재로서의 순기능을 성모 마리아가 갖고 있음을 증명한다. 신약성경에서 마리아는 예수를 잉태한 존재일 뿐 여신은 아니다. 이것은 당시 성경 기록자들의 생각을 반영한 것으로, 루터를 비롯한 많은 남성 신학자들은 마리아 숭배를 거부했다. 그러나 여신 숭배에 대한 사람들의 욕구는 끈질긴 것이어서 기원후 431년 단순히 '그리스도의 잉태자'만이 아니라 '신의 잉태자'라는 선언과 함께 마리아 숭배가 기독교에서 공식적으로 인정받게 된다.(Baring & Cashford 550) 1854년 무원죄 잉태가, 그리고 1950년 말에야 성모승천이 교리로 채택되었는데, 여기에는 8백만 명이 서명하여 교황에게 제출한 청원서가 직접적인 영향을 미쳤다.(후사인 125) 그만큼 여신에 대한 욕구가 근원적인 것임을 입증하는 사례라 하겠다. 루르드의 기적에서 보듯 성모 마리아는 병마와 고통에 시달리는 사람들에게 치유와 구원의 길을 열어주고, 여성 원형의 본질이라는 성배 찾기의 지표를 제시하는 힘찬 이미지가 되고 있다.

그러나 이 모든 순기능에도 불구하고 "하늘의 여왕"이란 묘사에서처럼 지나치게 영적인 존재로만 강조되어 여성을 분열시키는 희생적 모성을 강요한다는 점에서 성모 마리아가 여성을 온전히 대변하기에는 한계가 있다. 철저히 정신적인 면만 부각된 성모의 이미지에서 억압된 부분이 검은 성모Black Virgin와 마리아 막달레나로 표출된 것일까? 검은 성모는 프랑스에서만 302개의 이미지가 남아 있으며, 유럽과 남미 여러 곳에서 수백 개가 발견되었다. 검은 성모의 유래에 대해서는 견해가 분분하다. 대지의 흙이 검을수록 비옥하듯 가장 풍요로운 대지의 여신을 검은색으로 표현한 것에서 이어져온 전통으로 보기도 하고, 서구문화가 억압해온 모든 신비-여성의 섹슈얼리티, 죽음, 밤, 어둠-를 대변하는 상징으로 해석하기도 한다.(Gadon 213)

2) 몸·섹슈얼리티·예술

그러면 서구문화, 특히 기독교 문화 이후 억압되어온 여성의 섹슈얼리티와 여신 신화와의 연관성은 무엇이며, 예술로 재현되는 관계망은 어떻게 이루어져 있는가? 미국의 여성소설가 쇼팽Kate Chopin은 책상 위에 비너스 조각상을 올려놓고 보면서 글을 썼다고 전해진다. 숨 막히는 남부 크레올 사회의 가톨릭 문화권에서 비너스의 여체를 통해 자신의 자연스러운 열정과 상상의 출구를 찾으려 한 것인지도 모른다. 여성의 몸을 쾌락과 힘의 원천으로서 긍정하고 인정하는 것은 여성운동의 주요 목표 중 하나였다. 여신은 여성들에게 자신과 닮은 몸의 신성함과 아름다움을 그대로 받아들이고 사회의 억압기제를 벗도록 이끌어주며, 현대의 예술가들에게는 한없는 뮤즈가 되어준다. 여성 예술가들에게 여신의 발견은 존재의 샘을 계속 두드려 이제까지 인식하지 못했던 자신 안의 창조적 에너지를 발산하도록 이끄는 듯하다.

로터 형제가 지적한 것처럼 인간의 욕구 중 성욕처럼 찬미와 비난을 오가며 '극단적인 취급'을 받은 것은 없다.(8) 문명의 여명기 이전에 수만 년 동안 대지모신에 바쳐진 종교의식의 핵심은 여성과 남성

간의 역동성으로, 관능적 기쁨은 곧 신성한 선물로 간주되었다. 그러나 남성 유일신은 이를 타락과 유혹으로 보고 독신과 금욕을 신학적 이상으로 삼았다.(Mann & Lyle 28) 여신 숭배에서 남성 유일신으로 넘어가는 과도기인 그리스 신화의 남성 신들, 특히 제우스는 성적인 힘으로 그의 전능함을 표출했다. 씨족 사회에서는 생식과 출산 능력이 중요했기 때문인데, 장자와 상속권이 생기면서 여성에게는 정절이라는 성적 통제가 가해졌다.(로터 54-55) 가부장제가 형성된 고대 그리스에서는 여성 혐오와 성에 대한 이중 잣대의 흔적을 찾을 수 있다. 당시 그리스인들은 땅/몸/여성을 하늘/정신/남성보다 열등한 하위 개념으로 규정하고 이분법 이전의 여신이 지닌 성애의 신성함을 죄악시함으로써 효율적으로 여신의 권위를 무너뜨렸다. 이브가 받은 저주는 사실 그 이전까지 여신이 관장하던 축복의 영역-신성한 성애와 생명의 잉태-을 역설적으로 뒤엎은 것이다. 오늘의 우리에게 가해진 내적·외적 억압기제가 어떻게 시작되고 형성되었는지를 추적하다보면 진리나 당위의 이름으로 가해진 것들의 근거 없음에 직면하게 된다.

흔히 '땅의 종교'로 불리는 힌두교, 도교, 불교에서 여신은 주요한 역할을 하는데, 무엇보다 여신의 생산성이 강조된다. 인도의 요니 숭배나 『카마수트라』에서는 성을 죄악시하는 관념을 찾아볼 수 없다. 피어나는 연꽃을 상징하는 여신의 성기 모양 삼각형인 요니는 세상의 자궁으로, 생명이 세상으로 들어오는 통로이자 떠나는 통로이기도 하다. 인도의 전통에서 요니는 사원마다 전시할 만큼 생명의 원천과 쾌락의 근원으로 존중된다.(Getty 66) 수메르와 티베트, 인도 등 여러 고대문명에서는 성애를 크게 존중하여 성적 결합이 이루어지는 순간 인간의 창조적 표현이 절정에 도달한다고 여겼다.(후사인 94-96)

19세기 말 상징주의 화가들을 중심으로 신화 속의 여신을 웅장한 화폭에 되살리려는 움직임이 있었으나 큰 성공을 거두지 못했다. 20세기 표현주의와 초현실주의 화가들은 이러한 상징주의의 관심을 이어받아 여신의 심오한 의미를 찾으려는 노력에 매달렸다. 달리Salvador Dali와 에른스트Max Ernst, 그리고 폴락Jackson Pollock에 이르기까지 이 시기의 주요 화가들은 초월의 빛을 제시할 빛나는 여신을 형상화하려고 애썼다. 클레Paul Klee와 미로Joan Miro 같은 모더니스트 화가들 역시 선사시대 예술에서 영감을 얻어 여신과 자웅동체의 신성을 추상화하였다. 그러나 회화에서 원초적 여성으로 구현된 새로운 여신 개념의 등장은 무엇보다도 1960~70년대의 여성운동과 더불어 본격화된다.(Graham 247) 그 이후 여신의 재현은 남녀 화가 모두의 그림에서 주요한 부분을 차지하고 있다.

구석기시대의 여성 성기 형상-삼각형으로 추상화된 것이나 자궁의 입구를 보여주는 벌린 다리처럼 구체적인 형태들-은 현대 예술가들에게 자신의 몸을 되돌아보고 사회의 시선을 의식하지 않으면서 자기를 표출하도록 자극한다. 늘 금기시되어온 여성의 음부, 그래서 여성 스스로도 잘 알지 못하는 몸의 일부를 탈신비화하여 아는 것이 자기 표현의 전제조건이라고 본 수잔 산토로Suzanne Santoro는 〈꽃과 클리토리스〉라는 작품에서 여성의 클리토리스와 반쯤 핀 꽃의 사진을 병치시켜 그 구조적 아름다움이 얼마나 유사한지를 보여주었고, 양 손에 뱀을 쥔 미노아 문명(기원전 1600년 크레타)의 여신에 깊은 인상을 받은 마르고 마키도Margo Machido는 자신이 극복해야 할 고통의 상징인 뱀을 양 손에 쥔 자화상을 그렸다.(Gadon Part3)

20세기 후반에는 『신이 여성이었을 때』 같은 책에 영감을 얻어 스스로를 여신으로 상상하는 예술가가 나오기 시작했고, 고대의 형상을 현대적인 형태로 재창조하려는 시도도 많아졌다. 멕시코 화가 프리다 칼로Frida Kahlo는 거대한 갈색 여인 품에서 젖을 빨고 있는 아기이자 성인 여성인 자신의 모습을 상상하고 이를 〈나의 유모와 나〉라는 작품에서 형상화했다. 이 갈색 여인은 멕시코의 대지와 하늘을 상징하는 여신으로, 프리다가 먹는 젖과 하늘의 비가 흡사하듯 여인의 가슴속 젖줄과 배경의 하얀 잎사귀 속 수맥이 동일선상에 있음을 암시한다.(Herrera 220) 결국 프리다에게 젖을 주는 여인은 대지와 자연현상을 관장하는 여신이며, 그 여신은 어머니에서 딸로 이어지는 여성 계보를 상징적으로 나타낸다. 이렇게 이미지 재현을 시도하는 것은 중요한 변화이다. 여성이 신성한 존재를 여성으로 상상하고 여신의 이미지를 내면화하지 않는 한, 여성 자신에 대한 확신과 힘을 얻기는 어렵기 때문이다. 20세기 들어 출토된 고대 여신상이 회화와 조각, 사진뿐 아니라 각종 퍼포먼스까지 현대 예술가들에게 미친 영향은 지대하다. 빌렌도르프의 비너스, 즉 대지모신이 핵폭발 후의 지구에 서 있는 모습을 구현한 수전 머베리Susan Maberry의 퍼모먼스, 온몸에 젖가슴이 달린 에페소의 아르테미스 동상을 본떠 자신의 몸에 무수한 젖가슴을 달고 스스로 아르테미스가 된 루이즈 부르주아Louise Bourgeois의 퍼포먼스 등 고대의 여신과 현재의 '나'를 잇고자 하는 다양한 시도가 이루어지고 있다.

여신의 형상을 현대적으로 재창조하는 예술가들은 이러한 이미지를 내면화하면서 새로운 사회적 재현, 혹은 새로운 상징질서를 찾아가는 셈이다. 고대의 여성이 신성한 여성 이미지와 함께 힘을 얻었듯이, 오늘의 여성은 이러한 새로운 재현을 통해 우리 문화에 깊이 배어 있는 부정적 여성 이미지로 인한 심리적 충격을 해소하고 치유할 수 있다. 그러나 아직까지 남성비평가가 주축인 미술계에서 몇몇을 제외하고 여성 예술가들이 주류에 편입되지 못하는 아쉬움이 있다.

대부분의 여성은 여전히 할리우드식 상업성이 지배하는 남성 위주 사회의 왜곡된 시선으로 자신을 보게 되는 것이 현실이다. 여성의 몸,

특히 여성의 성징에 대한 부정적인 왜곡은 최근 영화에서도 나타나므로 비판적인 분석이 요구된다. 특히 판타지나 SF 장르에서 여신에 대한 은유와 상징은 다양한 형태로 나타난다. 예를 들어 〈반지의 제왕〉에서 악의 욕망을 발산하는 절대 권력 사우론의 이미지는 여성의 음부를 상징적으로 재현하고 있다. 여신이 관장하던 성적 욕망을 이브의 경우에서처럼 악의 개념으로 규정짓는 시각적 재현의 연장선이라 볼 수 있다. 할리우드 영화 속의 여신은 주로 긍정적인 경우와 부정적인 역할로 양분되는데, 긍정적일 때는 성모 마리아의 모습과 흡사한 구원의 이미지와 미가 강조되고 부정적일 때는 마녀의 특징이 부각된다. 이집트 여신의 흔적을 지닌 클레오파트라 같은 인물은 엘리자베스 테일러처럼 당대 최고의 미인 배우가 연기하여 외형적 아름다움에 가장 큰 비중을 둔다. 반면 마녀와 악마는 어두운 동굴과 뱀, 용, 박쥐, 그리고 물의 이미지로 표현되어 고대 여신의 상징이 악으로 규정되고 있음을 알 수 있다. 즉 여성성을 악으로 암시하는 기법이 여전히 정석처럼 쓰인다. 대표적인 예로 영화 〈베오울프 Beowulf〉에 나오는 물의 마녀(안젤리나 졸리 분)는 용이나 뱀의 형상을 하고 있다가 머리에 뱀꼬리가 달린 여인으로 변신한다. 이러한 부정적 이미지에서 벗어나지 않는 한, 여성의 온전한 인간성 회복은 기대하기 어렵다. 여신은 온전한 자신과 만날 수 있게 무의식 저 깊은 곳에서 끌어주는 신비로운 생명력이다.

3) 여신의 현대적 재해석: 아르테미스와 아테나의 예

여신의 이미지를 새로이 확립하는 일 못지않게 고대의 여신이 그리스·로마 신화와 기독교, 그리고 이슬람교에 의해 어떻게 왜곡되고 파괴되었는지 밝혀내는 일도 페미니즘에 기여하는 바가 크다. 가부장제와 남성 유일신의 관계를 명확히 드러낼 수 있기 때문이다. 많은 페미니스트들이 이러한 연구에 힘입어 신화에 담긴 가부장적 편견을 폭로하고 여성의 시각에서 재해석하려는 시도를 해왔다. 예를 들어 크리스틴 드 피산Christine de Pisan은 메데이아와 키르케 같은 부정적인 인물을 마녀가 아닌 과학적 선구자로 해석한다.(Purkiss 442) 그러나 최근의 여신 연구는 페미니스트들에게 남성에서 여성 중심으로 시각을 바꾸거나 부정적인 여성 모델을 긍정적으로 재해석하는 수준을 넘어 근원적 여성성, 여성에 내재된 신성을 대변하는 이미지와 원형을 찾고 만들어가도록 종용하는 듯하다. 구약은 아브라함에서 시작되는 부자 세습의 가부장적 계보로 시작되고, 그리스 신화도 부자 간 관계가 주를 이룬다. 그곳에선 어머니에서 딸로 이어지는 모계는 말할 것도 없고 여성 개인의 자리도 찾기 힘들다.

페미니스트들이 긍정적으로 재해석할 수 있는 여신의 신화로는 어떤 것이 있을까? 기존 신화 속 여신들을 현대적 감각으로 되살려내고 각색하는 작업은 흥미롭다. 전쟁에서 강인한 힘을 발휘한 잔다르크나 평화의 여신상은 전쟁과 평화를 관장한 고대 여신의 이미지를 잘 활용한 예이다. 페미니즘의 관점에서 볼 때 가장 부정적으로 해석되던 두 여신, 철저히 남성의 시각에서 만들어졌다고 여겨온 아테나와 아르테미스 여신까지도 새롭게 읽어낼 수 있다. 부계 중심의 그리스 신화에서 드물게 모녀관계에 초점을 맞춘 예는 데메테르와 페르세포네 신화가 대표적이지만, 아르테미스와 레토의 관계도 주목할 필요가 있다. 아르테미스는 태어나자마자 자신의 쌍둥이 형제 아폴론을 낳기 위해 진통하는 어머니 레토를 도왔고(그래서 출산의 신으로 불린다), 레토가 타티우스에게 겁탈당하려 하자 화살로 타티우스를 죽이고 어머니를 구했다. 볼린의 분석에 따르면, 아르테미스 여신은 페미니즘에서 이상적으로 생각해온 성향을 두루 갖추고 있다.(76) 뛰어다니는 데 불편이 없는 짧은 겉옷과 활, 한 무리의 사냥개와 요정을 요구한 이 여신은 독립적이고 자주적인 여성의 기질을 의인화하고 있으며, 고통받는 여성과 아이를 구하고 보호하려는 자세는 여성운동이 하는 역할과 일치한다.

아르테미스는 사냥과 달의 수호신으로 알려져 있다. 고대에는 출산과 여성, 노래와 춤, 야생동물과 어린 소녀들의 보호자로 숭배받던 강력한 여신이었다. 그리스 전역과 터키 일부 지역에는 아르테미스 신전 유적이 흩어져 있고, 에페수스의 아르테미스 신전은 고대 7대 불가사의의 하나로 꼽힌다. 에페수스의 아르테미스 여신상은 몸에 야생 동물의 머리와 달걀 같은 젖가슴을 가득 달고 있다. 이 여신은 가장 덜 문명화되었다는 점에서 가이아에 가장 근접한 여신이다. 아르테미스는 약자와 자연에 대한 사랑의 이미지를 통해 가이아 이론에서 주장하는 환경과의 조화를 상징하는 존재로 되살아난다.

한편, 아테나는 "아버지의 딸"로서 남성에 의한 여성의 숭고화가 어떤 형태로 나타나는지 보여주는 대표적인 예였다. 어머니의 자궁을 빌리지 않고 아버지 제우스의 머리에서 금빛 갑옷을 입고 창을 든 채 다 자란 모습으로 태어났다는 탄생 설화 때문이었다. 또한 어머니를 죽인 오레스테스를 옹호하는 등 가부장제를 수호하고 남성의 의견을 대변하는 존재로 인식되기도 한다. 그러나 지적이고 강인한 아테나 여신은 현대 여성에게 긍정적인 이미지로 부각된다. 지혜와 공예의 수호신 아테나는 지혜를 상징하는 부엉이로 묘사되거나 두 마리의 뱀이 엉켜 있는 모습으로 장식된다. 아테나 조각상에는 항상 옷소매 끝에 레이스처럼 장식된 무늬가 있는데 자세히 보면 뱀이 꼬여 있는 형상이다. 이는 고대의 대지모신을 상징하는 뱀의 상징이 그대로 남아 있다는 증거로, 그녀가 그보다 천 년 정도 앞선 미노아 문명의 뱀을 든 여신의 직접적인 후예임을 드러낸다.(Gimbutas 1982, 148) 삶과 죽음을 상징하는 뱀을 양 손에 장악한 여신의 후예답게 아테나는 강인하고 지혜롭다. 아르테미스보다 성숙한 어른의 모습을 한 아테나의 지혜는 전쟁이나 경쟁에서 이길 수 있는 전략적 지혜이다. 짧은 가운만 걸치고 달리는 아르테미스와 달리 아테나는 황금빛 갑옷으로 무장한 강력한 방어력을 자랑한다. 지금도 이 여신은 그리스의 도시 아테네를 수호하는 상징적인 존재이다. 이제까지 여성에게는 잘 허용되지 않았던 냉철한 지성, 감정에 치우치지 않는 합리성의 갑옷으로 무장했다는 점에서 아테나는 지적인 현대 여성에게 적합한 이미지이다. 그밖의 다른 여신들도 현대적 형태로 재창조하여 우리 안에서 내면화하는 시도를 통해 원형적 공감대를 형성할 수 있다.

여성적 상상계로서의 여신 신화

고대 여신상의 사진 도판을 처음 보았을 때의 전율을 나는 잊을 수 없다. 수만 년 동안 땅속에 갇혀 있다가 20세기에야 발굴된 여신상은 오랜 억압과 침묵에서 깨어나 서서히 자신의 목소리를 찾아가는 여성의 운명처럼 느껴지기도 하였다. 이런 여신을 우리 문화와 여성 안에 되살리려는 노력은 새로운 상징질서 찾기에 기여할 수 있는가? 새로운 상징질서를 모색하는 이리가레는 모녀로 이어지는 여성 계보의 확립과 여성적 상상계에서 그 가능성을 본다. 여성적 상상계란 우리 문화가 아직 상징화하지 않은 영역으로서 서구 사상의 무의식이자 서양 철학에서 억압되어온 하부구조이다. 이리가레의 글에서는 이것이 부스러기, 조각, 파편, 무정형으로 표현된다. 이리가레는 현존하는 가부장적 상징질서를 거치지 않고 물, 불, 공기, 흙의 4원소같이 우리 몸, 환경, 삶을 구성하는 자연적이고 근원적인 재료로 되돌아가 다른 사람의 상상계에 직접 가 닿는 길을 찾고자 한다.(박정오 2000,

197). 그렇다면 발굴되어 나온 부스러진 여신상, 아직 정형화되지 않은 어두운 대지의 어머니 여신은 이제까지 서양 역사에서 억압되어 온 여성적 상상계 자체로 볼 수 있으며, 여신의 상징을 우리 문화에서 되찾으려는 다양한 시도는 여성 계보의 재현과 더불어 상상계를 통한 여성의 새로운 상징질서 구축의 핵심 과정이다. 가부장제 이전의 여신은 여성의 몸과 섹슈얼리티의 신비에 본래의 가치를 되돌려주는 모델이자 여성의 본질을 탐구하는 예술가에게는 영감의 원천이 되는 뮤즈이다. 또한 면면히 이어져온 모성의 강력한 힘을 상징하는 존재이자 살아 있는 유기체로서의 지구에 대한 은유이다.

가부장제에 기초한 현대 문명의 치유를 위해서는 여신의 순환적 생명력이 그 어느 때보다도 절실히 필요하다. 여신의 상징은 경쟁과 정복의 논리라는 사유 틀을 근본적으로 변화시키는 지표가 될 뿐 아니라, 모성과 섹슈얼리티가 분리되기 이전 여성의 충만한 삶을 재현하는 상징체계를 제공한다. 무의식에서 의식으로, 지하세계에서 지상으로, 강요당한 침묵에서 오랜 세월의 언어를 함축한 당당한 모습으로 우리 앞에 모습을 드러낸 고대 여신상을 통해 여성도 여성 본래의 모습을 찾고 또 만들어가야 한다. 오늘의 문화와 여성 자신 안에 여신을 되살리는 일은 여성이 자신의 목소리로 스스로를 재현할 새로운 상징질서를 찾고 만들어가야 하는, 쉽지 않은 여정이다.

모성 서사와 그 불만

『엄마를 부탁해』와 〈마더〉에 나타난 모성 이데올로기 비판의 문화지형[1]

조선정

모성 서사 다시쓰기

미국의 시인 에이드리언 리치의 『여성으로 태어나: 경험과 제도로서의 모성*Of Woman Born: Motherhood as Experience and Institution*』은 모성 담론의 지형에서 하나의 준거점을 시사한다. 책 제목에서 드러나듯, 리치는 모성을 출산과 육아의 구체적 '경험'과 남성 권력의 통제 아래에서 사회적 기능으로 고착된 '제도'로 구별한다. 리치 이후 모성 담론의 근간은 경험과 제도, 이 두 개의 틀로 구축되었다. 제도화된 모성 신화를 해체하는 동시에 모성 경험의 의미를 전유하는 이중적인 작업, 이것이 지금까지 모성 담론이 도달한 지평이다.

모성 담론의 역사는 1980~90년대 학계 안팎에서 공론화되며 비약적으로 발전한 페미니즘 담론과 긴밀하게 얽혀 있다. 페미니즘 담론이 여성성에 이른바 '본질론'과 '구성론'으로 접근한 것과 맞물려 모성에 대한 이해도 이 접근법을 변주해왔다고 할 수 있다. 모성은 타고난 자질이라기보다 문화적으로 구성되는 것이지만, 결코 단일하거나 완결적인 방식으로 구성되지 않는다. 모성은 모성 주체의 구체적인 실천이 축적된 일상적 체계로서, 재구성되고 진화하는 역사적 자산과 같다. 페미니즘 담론 내부에서 모성을 전략적으로 사고하고 이론화한 흐름, 예컨대 줄리아 크리스테바, 낸시 초도로Nancy Chodorow, 제시카 벤저민, 캐럴 길리건 등이 모성 주체를 이론화한 것은 이런 맥락을 반영한다.

실질적이고 효과적인 모성 이데올로기 비판은 모성을 일면적으로 미화하거나 폐기하는 오류를 피하는 데서 출발해서, 모성 담론이 생산되는 다양하고 복잡한 문화지형을 충실하게 해독하는 방향으로 나아가야 한다. 그러기 위해서는 우선 남성 지배 문화의 산물로서 '모성 각본'의 억압성과 허구성을 밝히는 일이 중요하다. 둘째, 모성이 누구에 의해 발화되고 어떤 방식으로 서사화되는지 살펴야 한다. 모성은 모성을 경험하고 실천하는 주체의 바깥에서 지배 이데올로기에 봉사할 목적으로 도구화되어서는 안 된다. 다음으로 모성을 탈신비화하고 탈주술화하면서 모성에 관한 새로운 표상을 상상하고 창조하는 일이 필요하다. 마지막으로 모성 담론을 여성의 몸과 주체 형성을 포괄하는 논의로 발전시키는 작업이 긴요하다. 물론 이 네 가지는 순차적으로 진행될 것이 아니라 통시적으로 기획되고 전략적으로 조율되어야 할 문제다. 모성은 다양한 층위에서 단일하지 않은 방식으로 작동하기 때문이다.

실제 우리 사회의 모성 담론은 어디에 와 있을까? 고도의 경제성장과 민주화를 압축적으로 경험한 결과 우리 사회의 모든 영역에 걸쳐서 전근대성과 근대성과 탈근대성이 혼종하는 경우가 많은데, 모성 담론 역시 그렇다. 물적 토대의 변화와 의식적인 적응 사이, 그리고 의식과 무의식 사이에 발생한 '지체lag'는 모성 담론의 시간성을 교란시킨다. 게다가 양극화에 따른 빈부격차와 계층분화, 그리고 그에 따른 다양한 문화자본의 소비 양태는 모성 담론을 분열적으로 재구성하는 데 기여한다. 양극화를 넘어 다극화하는 문화지층을 가로지를 하나의 보편적인 입지에서 모성 담론을 파악하기는 불가능해 보인다. 그래도 전반적으로 확대된 '정치적 올바름political correctness'의 감성이 모성을 엄마의 본분으로 미화하거나 숭고한 가치로 조작하는 구태를 피하는 쪽으로 진화하고 있다는 정도의 전망은 가능할 듯하다. 그렇더라도 성차별의 그늘이 아직 거대하고 또 모성 이데올로기 비판에 의해 자극된 위기의식이 이데올로기적·상상적인 영역에서 모성의 재소환과 신성화를 도모하리라는 예상도 여전히 가능하다. 그렇다면 윌리엄스Raymond Williams가 말한 '잔재the residual'와 '부상the emergent'의 역학관계 속에서 다극화한 모성 서사의 실체를 가늠하는 작업이 일면적인 모성 이데올로기 비판이나 전면적인 모성 탈신비화 기획보다 효과적일 수 있다. 기존의 '모성 각본'을 대체할 대안적 각본은 결코 완성된 형태로 존재하지 않는다. 결국 모성 담론의 내용과 의미는 탈신비화의 힘과 재신비화의 위험이 경쟁하고 협상하는 과정에서 조금씩 살을 붙여나가는 미완의 기획일 수밖에 없으며, 그럴수록 비판적 상상력이 중요하다는 점은 두말할 나위 없다.

이러한 문제의식을 토대로, 이 글은 2009년 최고의 베스트셀러에 오른 신경숙의 소설 『엄마를 부탁해』(2008)와 각종 영화제 진출과 수상으로 화제를 모았던 봉준호 감독의 〈마더〉(2009)가 모성을 다루는 방식을 분석하고 모성 서사로서 두 작품의 성취와 한계를 평가하려 한다. 『엄마를 부탁해』는 엄마를 잃어버린 가족이 기억과 참회를 통해 엄마의 참모습을 복원하는 구조를 취하고 있으며, 〈마더〉는 아들을 지키려는 엄마의 욕망을 좇으며 모성의 광기에 주목한다. 두 작품 모두 상투적으로 신비화된 모성을 비판하고 그 이면을 들추어 엄마의 진면목을 성찰하는 시도에서 출발한다는 점에서 근본적으로 계몽적인 기획이며, 또 넓은 의미의 페미니스트 문제의식과 연대하는 것처럼 보인다. 과연 두 모성 서사의 '모성 다시쓰기'는 얼마나 새로우며, 그로 인해 모성이 재현되는 문학적·영화적 지평이 얼마나 확장되고 심화되었는가? 이 질문에 구체적으로 대답하는 것이 이 글의 목표이다. 그 대답을 찾아가는 과정에서 모성 담론과 페미니즘 담론 사이의 생산적인 대화로 논의가 확장되기를 희망한다.

엄마의 귀환, 그 불길한 징후

『엄마를 부탁해』는 서울역에서 사라진 엄마를 찾아나선 가족의 이야기다. 첫장과 두번째 장은 딸과 큰아들이 각각 기억하는 엄마의 모습, 세번째 장은 남편이 기억하는 아내의 모습을 복원하는 데 할애된다. 그리고 네번째 장은 엄마가 직접 서술하는데, 여기서 엄마는 인간의 몸을 벗은 채 한 마리 새가 되어 막내딸을 비롯한 지인들을 방문하며 마지막 작별인사를 나눈다. 엄마가 돌아올 수 없음을 암시하는 이 네번째 장에서 엄마는 이 세상과 저 세상의 경계에 걸친 존재, 구천을 떠도는 혼백으로 나타난다. 에필로그는 엄마를 잃고 9개월의 시간이 흐른 시점에서 다시 딸의 목소리로 돌아온다. 소설의 마지막 페이지에서 딸은 바티칸 여행 중 방문한 성 베드로 성당의 피에타상 앞에서 모성의 숭고함에 전율하며 "엄마를 부탁"하는 기도를 올린다.

작가의 의도가 가장 선명하게 읽히는 대목은 첫장 말미에 딸이 전단지를 인쇄해줄 사람을 만나는 장면이다. 인쇄업자는 자신의 어머니를 추억하며 "어머니가 돌아가신 뒤 옷장을 열어보니 거기엔 그가 평생토록 입을 수 있는 무명옷들이 쌓여 있었다"고 술회한다. 어머니의 노동과 희생을 훈장처럼 자랑하는 그 앞에서 가슴이 먹먹해진 딸은 아마도 약간은 힐난조로 "어머니께서 기뻐셨을까요?"라고 묻는다. 이 질문에 모욕을 느낀 인쇄업자는 "우리 어머니는 요즘 여자들과는 다른 분이에요"(77)라고 대꾸한다. 이 짧은 장면에서 작가는 인쇄업자가 재현하는 "요즘 여자들과는 다른" 희생적 어머니상, 그리고 그렇게 어머니의 희생을 정당화하는 태도를 비판적으로 해체하는 지점에서 이 소설이 출발할 것임을 예고한다. "요즘 여자들과는 다른" 전통적 어머니, 가부장제의 '모성 각본'을 충실하게 수행하는 희생적 어머니를 해체한 자리에, 작가는 욕망의 주체로서의 엄마를 재현한다.

가족들이 재구성한 기억과 엄마의 고백이 중층적으로 얽혀 빚어낸 엄마의 초상은 얼마간 낯설고 새롭다. 딸은 "부엌이 감옥 같을 때는 장독대에 나가 못생긴 독 뚜껑 하나 골라서 담벼락을 향해 힘껏 내던졌"(74)던 엄마의 일상 탈출 욕망을 회고한다. 인생이 허망하다며 "논세 마지기를 자기 명의로 해달라"(143)든가 남이 끓여준 생일 미역국을 먹고 싶다는 식으로 뜬금없이 투정 아닌 투정을 부리던 아내의 모습을 아프게 떠올리는 건 남편의 몫이다. 막내딸은 밍크코트의 보드라움에 매혹되어 다짜고짜 밍크코트를 사달래서는 때때로 장롱을 열고 그 코트에 얼굴을 묻곤 했던 엄마를 기억하며 울먹인다. 그뿐 아니라 엄마는 오랜 세월 아무도 모르는 비밀스러운 로맨스를 간직해 왔고, 끝내 "당신은 내게 죄였고 행복이었네"(234)라고 털어놓는다. 그리고 세상을 떠나는 순간에 "죽어서도 이 집 사람으로 있는 것은 벅차고 힘에 겹네"라고 고백하면서 선산에 묻히기를 거부한다. 엄마는 "세 살 때 내가 뛰어놀던 그 마당"(253)의 기억을 찾아 자신이 태어난 집, 자신의 엄마가 기다리고 있는 유년의 집으로 돌아가 엄마의 무릎에 자신의 지친 육신을 누이고 싶어한다. "나에게도 일평생 엄마가 필요했다"(254)는 낮은 탄식과 함께.

하지만 비밀스러운 욕망을 가졌던 엄마를 조명한다고 해서 자기소멸과 희생의 훈장을 두른 엄마의 신화가 사라지는 것은 아니다. 엄마의 신화는 "꿈을 펼쳐볼 기회도 없이 시대가 엄마 손에 쥐어준 가난하고 슬프고 혼자서 모든 것과 맞서고, 그리고 꼭 이겨나갈 수밖에 다른 길이 없는 아주 나쁜 패를 들고서도 어떻게든 최선을 다해 몸과 마음을 바친 일생"(261)을 살아낸 강인한 어르신 세대의 신화로 재탄생한다. 욕망의 주체로서 한 여인의 구체적인 삶을 재현할 공간은 점점 좁아져, 결국 해방과 전쟁, 산업화와 도시화, 유신독재와 민주화 시대를 관통해왔으며 이제는 지독한 가난과 힘겨운 노동의 기억을 뒤로한 채 자식의 성공과 출세를 위안 삼아 역사의 뒤안길로 사라져 가는 한 세대의 집단적인 초상화에 자리를 내준다. 『엄마를 부탁해』는 한국의 현대사를 복원하려는 역사가의 존경 어린 회고록이자 부모세대의 노고를 기억하려는 불효자식의 절절한 사모곡에 가깝다. "어머니께서 기뻐셨을까요?"라는 대사를 통해 모성 이데올로기를 정면에서 다룰 것처럼 보였지만, 사실은 그 기획을 비껴가면서 "잘못도 없이 인생이 곤두박질치는데도 삶을 내려놓지 않고 꿈을 기르고 사랑을 번식시키는 것으로 매번 한 발짝씩 앞으로 나아갔던 사람들"('작가의 말' 298)의 서사로 뻗어간다.

탈신비화는 길을 잃고, 신비화의 주문이 서사를 장악해간다. 엄마는 한편으로는 생명을 주관하는 풍요와 다산의 여신으로, 또다른 한편으로는 어진 소와 어린 새의 영혼과 교감하는 자연신으로 귀환한다. 가족이 기억하는 엄마는 재봉질, 뜨개질, 부엌일, 가축 사육과 농사일로 쉼 없이 노동하는 세계에 살았다. 뿌리고 기르고 거두고 먹이고 나누는 재생산의 세계를 주관하는 엄마, 그녀는 생명 가진 것을 탁월하게 건사하고 또 사람을 살찌우는 따뜻한 밥을 지어낸다. 데려

온 강아지를 길러 "마루 밑에 열여덟 마리의 강아지들이 우글거리며" 살게 하는 엄마의 손은 "무엇이든 다 살려내는 기술"(160)을 가졌고, 그 "손길이 스치는 곳은 비옥해지고 무엇이든 싹이 트고 자라고 열매를 맺는다."(161) 엄마는 밖으로 떠도는 남편을 대신해 가정을 지키며 자식들을 악착같이 공부시킨다. 거친 노동으로 잔뼈가 굵은 시골 아낙이지만 성품은 전혀 그악스럽지 않다. 마음이 여리고 눈물이 많으며, 닭 한 마리 잡지 못할 정도로 겁이 많다. 엄마의 행방을 제보하는 사람들은 마치 약속이나 한 듯 소를 닮은 선한 눈망울을 기억한다. 그리고 이 세상을 떠나는 순간 엄마는 작고 여린 새가 되어 사람들과 작별한다.

엄마의 신비화는 '박소녀'라는 이름에서 가장 노골화된다. 한때 마음으로 의지했던 이웃 남자 이은규와의 관계는 엄마의 소녀다운 순결함을 잘 보여준다. "마음이 불안할 때마다 당신을 찾아가는 일을 반복하면서도 손도 잡지 못하게 해 미안했소. 나는 그렇게 당신에게 다가갔으면서도 당신이 내게 다가오는 것 같으면 몰인정하게 굴었네"(234)라는 고백은 엄마와 그의 관계가 손 한번 잡지 않고 유지된 고결한 우정이었음을 증언할 뿐 아니라 엄마의 인품을 보증하는 척도가 된다. 엄마의 욕망에는 성애와 에로티시즘이 없다. 소녀/처녀의 신비에 결박되어 욕망을 거세당한, 아니 자발적으로 거세한 숭고한 엄마, 허탈하게도 이것이 2009년 문학계를 점령한 '엄마 신드롬'의 맨 얼굴이다. 박경리와 박완서를 포함하여 신경숙 자신이 깊은 존경과 흠모를 밝힌 바 있는 오정희 같은 선배 여성 작가가 일찍이 중(장)년 여성 섹슈얼리티의 재현 지평을 개척해놓았고 후배 여성 작가들이 그 토양에서 다양한 섹슈얼리티의 서사를 실험해왔다는 사실을 떠올린다면, 신경숙의 엄마는 얼마나 낡은 것이고 또 그 열풍은 얼마나 불길한 것인가.[2]

엄마는 비현실적으로 완벽하다. 엄마는 10여 년째 보육원에 45만 원의 후원금을 내고 있으며, 초기 치매를 앓으면서도 사정이 어려운 이웃 아이 둘에게 시간 맞춰 더운밥을 차려낸다. 오로지 정규교육의 수혜가 없었을 뿐 엄마의 판단과 감정과 행동에는 흠결이 없다. 모질게 굴었던 시누이마저 엄마를 향해 애틋하게 사과할 정도로 엄마는 모두를 반성시키는 강력한 도덕적 감화력을 갖춘 인물이다. 엄마는 타인을 배려하고 생명을 존중하며 언제나 최선을 다해 살아가는 자로서의 인간적 기품을 갖추었다. 소설의 마지막 페이지에서 엄마는 "창세기 이래 인류의 모든 슬픔을 연약한 두 팔로 끌어안고 있는"(282) 피에타상의 성모 마리아로 끌어올려진다. 엄마는 아리따운 처녀였고, 풍요의 여신이었고, 어진 눈망울을 가진 순한 소였고, 작고 여린 새였다가, 마침내 성스러운 성모 마리아로 신비화된다. 작가는 엄마를 처음부터 엄마였던 사람이 아니라 유년과 처녀 시절과 결혼생활을 이어온 욕망의 주체로 복원하고자 했겠지만, 결국에는 소녀, 처녀, 동정녀 마리아라는 원형으로 회귀했다. 엄마는 "보편적이라 포장되어온 표상체계에 정확히 순응"(권채린 321)하고 만다. 엄마의 완벽함은 박해와 수난에 대한 보상과 같다. 자식 세대가 근대화/근대성을 추구하고 획득하는 과정에서 받은 상처는 박해받고 수난당하는 엄마의 표상으로 전환되고 거기에 보상적인 가치가 부여됨으로써 모성 주체의 구체성은 삭제되고 만다.

『엄마를 부탁해』의 가족은 『외딴 방』(1995)을 비롯한 신경숙의 자전소설에서 반복적으로 재현된 모습을 답습한다. 큰아들은 골프를 치러 다닐 정도로 안정된 삶을 일구었지만 '검사'로 입신양명하지 못해 평생 죄송하고, 소설가로 성공한 딸은 '글'쓰기를 '글씨'쓰기로 이해하는 문맹의 어머니와 사소한 감정 싸움을 벌이다가 자책하곤 한다. 짐작건대 이들의 죄책감에 구체적으로 공감할 만한 독자층은 여러 세대를 아우른다고 보기 어려울 정도로 제한적이다. 도대체 누가 『엄마를 부탁해』에 열광하는가? 시골 부모의 헌신과 희생을 딛고 도시로 진출해 중산층의 삶을 일구었으나 불효라는 죄책감에서 자유롭지 못한 중년의 아들딸들, 혹은 "유례없던 경제 불황이라는 위기와 불투명한 미래라는 불안에 떨고" 있으면서 모성의 위로를 통해 "현실의 고달픔을 잊고자"(강유정 324-326) 하는 막연한 일반 대중이 거기에 포함되겠지만, 그보다 더 중요하게 고려해야 할 집단은 이 소설을 통해 '엄마에게도 욕망이 있다'라든가 '엄마도 부엌이 지겹다'라는 깨달음에 막 눈을 뜬 소박한 독서 대중이다. 전통적인 모성/가족 이데올로기의 해체를 수용하는 감성을 일찌감치 획득한 독자라면, 『엄마를 부탁해』의 '완벽한' 엄마에 마음이 움직이지 않을 것이고 엄마가 자극하는 어떤 감상성과 거기에 내재된 함의에도 비판적일 것이다. 반면 그런 문제의식이 아직 없는 (그러나 잠재적으로 계몽될 가능성이 큰) 독자라면 이 소설의 주제의식에 크게 공감할 것이다. '엄마 신드롬'은 바로 이들이 주도하는 문화현상이다. 문제는 이들이 엄마의 욕망을 객관화하고 모성 주체의 필연성을 성찰하기보다는 때늦은 후회와 죄의식으로 침잠한다는 데 있다. 『엄마를 부탁해』는 이들이 엄마의 욕망이라는 낯선 '타자'를 마주하도록 유도하지만, 동시에 죄책감이라는 심리적 방어기제에 의존하는 법을 은밀하게 가르침으로써 이들의 연성화한 취향과 도덕의식에 영합한다.[3]

그렇다면 『엄마를 부탁해』는 현실의 지배 이데올로기를 앞질러 관습적 사고를 해체하는 창조적 상상력에 조응하거나 그것을 자극하고 견인하는 소설이 아니다. 파격과 일탈을 통해 가족관계의 일상을 낯설게 만드는 새로운 모성 서사가 소설과 영화에서 점차 지분을 넓혀가는 문화현실에서, '엄마에게도 욕망이 있다'라든가 '엄마도 부엌이 지겹다'라는 깨달음은 그 진정성과는 별개로 결코 신선하지 않다. 아니 이 깨달음은 그 진정성 때문에 정말이지 촌스럽지 않은가. 우리는 혈연의 울타리인 전통적 가족에서 개인과 개인의 관계로 이루어지는 (탈)현대적 가족으로의 이동 현상을 목도하거나 경험하고 있다. 전통적인 모성 이데올로기에서 벗어나 여성으로서 개인적 삶을 사는 것이 현실적으로 누구에게나 가능하지는 않겠지만 적어도 모성에 대한 문화적 상상력은 '엄마에게도 욕망이 있다', '엄마도 부엌이 지겹다' 같은 원칙적인 역지사지에 근거한 초보적인 자기반성 단계에 머물러 있어서는 안 된다. 『엄마를 부탁해』는 신경숙이 『외딴 방』으로 민주화 이후 후일담 서사의 미학적 절정을 보여주며 새로운 감수성을 선도하던 '문학 전위'에서 밀려나 '올드스쿨'의 대표주자로 안주했음을 알려주는 전령인지도 모른다. 『외딴 방』의 화자/소설가/여성 주체가 보여준 섬세한 자의식과 균형감각은 『엄마를 부탁해』의 화자/딸/소설가의 종잡을 수 없는 자기연민에 자리를 내주고 말았다. 『엄마를 부탁해』는 모성 서사로서 실패했고, 가족 서사로서도, 여성 주체의 성장 서사로서도 『외딴 방』에서 훨씬 후퇴한 지점에 머문다.

사실 '모성'과 '가족', '여성'은 신경숙 문학의 오랜 토양이다. 여성의 우정과 연대, 피붙이 가족과 가정 공간이 주는 위무와 평화, 문명비판으로서의 모성, 소외되고 뿌리 뽑힌 것들을 향한 연민, 생명에 대한 경외감 등 신경숙의 주요 작품(『외딴 방』, 『깊은 슬픔』, 『바이올렛』, 『리진』 등)을 관류하는 주제와 정서는 지극히 모성적인 세계에 밀착되어 있다. 이에 대한 전반적인 평가는 다음으로 미루고, 여기서는 『엄마를 부탁해』에서 모성적 가치가 관념적이고 교훈적이고 낡은 방식으로 재활용된다는 점을 지적하고자 한다. 엄마가 체현하는 희생과 이타심, 보살핌과 나눔, 환대와 포용의 가치, 그리고 엄마를 상징하는 소 눈망울이나 작고 여린 겨울새의 이미지 등은 엄마의 인품에 생명친화적인 '식물성'을 부여한다. 이를테면 엄마는 이사한 집 마당에

심으라고 막내딸에게 선물했던 어린 감나무 한 그루, "땅속 깊이 뿌리를 쫙 뻗은 채 엉켜붙어"(260) 놀라운 생명력으로 열매를 맺는 나무와 같은 존재다. 엄마는 생명친화적이고 비공격적이며, 반물질적이고 평화지향적이면서 지속 가능한 삶의 원리이기도 한 식물성을 대변한다. 그런데 이렇게 식물성으로 집약된 모성은, 한 여성이 모성적 자아를 찾아 주체가 되어가는 과정과 무관하게 하나의 완벽한 자질로서 이미 신비화된 채 주어진다. 바로 여기에 위험성이 있다. 예컨대 모성을 "기술과 이윤의 사회가 가져온 메마른 고독을 넘어 마주보는 공동체를 만들 수 있는 윤리"(류보선 136)로 과대평가하는 독법은 이 위험을 잘 보여준다. 모성이 대안적 사유방식이자 세상을 변혁하는 철학으로 비약될 때, 가족제도 속에 온존하는 여성 억압을 성찰하기는 불가능하다. 이것은 대안 윤리로 포장된 모성 이데올로기가 모성 행세를 하는 상황이다.

『엄마를 부탁해』는 엄마를 "처음부터 엄마인 사람"(261)이 아니라 꿈과 욕망과 결핍과 상처를 가진 여인으로 제대로 봐야 한다고 가르치면서도 계속 엄마를 가정 공간에 유폐시킨다. 피붙이 가족은 뒤늦게 후회하지만 그것은 가족에 대한 전통적인 고정관념을 조금도 허물지 않으면서 오히려 엄마의 희생으로 유지되었던 가정 공간에 대한 짙은 향수를 강화한다. 가정 공간의 내부 모순과 갈등이 아주 조금 들춰지지만 그것은 가족과 가정의 절대성을 위협하지 못한다. 엄마의 탈신비화가 신비화로 귀결되고 모성 이데올로기 비판이 그것의 재강화로 되돌아오는 이 소설의 패착은 모성을 궁극적인 '선'의 원천으로 확보하고자 하는 작가의 강박증과 무관하지 않다. 『엄마를 부탁해』는 선한 기운이 넘치는 소설이고, 그 정점에 엄마가 서 있다. 이 선한 세계에서 욕망한다는 것 자체가 부적절하고 거추장스럽다. 이 선한 세계는 엄마의 욕망을 거세한 다음 거기에 식물성을 입히고 그것을 미학과 윤리로 포장함으로써 유지된다.

엄마가 욕망할 때 버려야 할 것들

엄마는 성적 주체가 될 수 있을까? 엄마가 스스로 욕망의 주체가 된다면 그때 가족의 모습은 어떨까? 봉준호 감독의 문제작 〈마더〉는 이 도발적인 질문을 품고 있다. 선한 기운이 넘치는 소설 『엄마를 부탁해』와 다르게 〈마더〉의 세계는 욕망과 인정투쟁이 넘실대는 끔찍한 전장이고, 엄마는 이 사악한 세계에서 맹렬히 싸우다 패배한다. 영화는 변두리 시골에서 일어난 여고생 살인사건의 범인을 추적하는 엄마의 이야기를 따라간다. 엄마 혜자는 발달장애 아들 도준이 억울하게 살인 누명을 썼다고 믿고 아들을 구하기 위해 직접 탐문수사를 벌인 끝에 사건의 전모를 파악한다. 아들이 살인범이라는 사실이 드러난 순간 흥분한 엄마는 유일한 목격자를 우발적으로 살해하고 그 현장을 불태운다. 아들은 (다운증후군을 앓는 듯 보이는) 발달장애아에게 죄를 떠넘기고 풀려난다. 아들은 방화 현장을 지나다가 엄마의 소지품을 발견하고 나중에 엄마에게 건넨다. 영화의 결말은 아들과 엄마가 범죄의 비밀을 간직한 채 살아갈 것을 암시한다.

영화는 놀라운 반전과 인물들의 충격적인 과거사를 하나씩 드러내면서, 특히 가난한 과부로 살아온 엄마의 히스테리에 확대경을 들이댄다. 영화가 시작하면 아주 잠깐 엄마는 모자란 아들을 따라다니며 수발하는 지극한 모성애를 보여준다. 하지만 담벼락에 소변을 보는 다 큰 아들을 바로 옆에서 지켜보는 엄마는 어딘가 수상쩍다. 허름한 약재상을 운영하는 엄마는 종종 무허가로 침술을 시술하고 중국산 약재를 속여 팔기도 한다. 어쩌면 엄마는 생명을 위태롭게 하고 사람을 속이는 수완 좋은 마녀인지도 모른다. 엄마는 가난하고 힘없는 서민계층이지만 피해자로 살지 않는다. 엄마는 영악하고 공격적이며, 행동도 계획적이고 거침이 없다. 영화 속에서 엄마는 늘 뛰거나 빠르게 걷거나 필요한 곳에 매복했다가 원하는 것을 얻어낸다. 경찰서에 들어서자마자 건강음료를 돌리고, 초등학교 아이들을 떡볶이와 오락기로 유인해 정보를 캐내고 죽은 여학생의 학교 친구를 미행한다. 엄마는 사람들의 심리나 세속의 이치에 훤한 유능한 수사관이자 강렬한 생존본능의 소유자이고, 자신의 욕망에 충실한 동물적인 캐릭터다. 엄마는 발달장애 아들에게 누가 '바보'라고 부르면 복수하라고 가르치고, 죽은 여고생의 장례식장에 당당하게 찾아가 아들의 무죄를 강변하며, 게으르고 무능한 변호사를 "잘랐다"고 말할 정도로 기가 세다. 엄마는 '거세당하는' 여성이 아니라 '거세하는' 여성, 남편도 없는 사진관 여자에게 아들을 낳게 해준다며 침을 시술하는 전지전능한 존재다.

엄마는 사람을 잡아먹으려는, 그러나 실패하는 괴물을 닮았다. 엄마의 괴물성이 가장 섬뜩하게 표출되는 두 장면은 아들의 친구이자 동네 건달인 진태와 엄마가 성관계를 가졌으리라는 암시가 나올 때, 아들이 다섯 살 때 엄마가 박카스에 농약을 타 먹이려 했다는 사실이 폭로될 때다. 엄마의 성적 욕망과 아들 살해 욕망, 이 두 가지 비밀스런 욕망은 엄마의 무의식을 푸는 열쇠다. 영화는 엄마의 섹슈얼리티에 집착하고 그 비밀을 들추어 종국에는 모욕한다. 모자란 아들은 엄마와 잔다고 동네에 떠벌리고 다니고, 실제로 아들은 엄마의 젖가슴을 더듬으며 잠든다. 죽은 여고생의 단짝친구는 엄마의 탐문수사를 따돌리기 위해 엄마에게 하필 생리대 심부름을 시키고, (폐경이 지난 늙은) 엄마는 마트에서 계산대 직원의 눈총을 받으며 생리대 값을 치른다. 또 엄마는 진태가 동네 여고생 미나와 성관계를 갖는 장면을 옷장 안에 숨어 지켜보는가 하면, 한때 자신과도 성관계를 가졌던 진태의 무례한 언사를 묵묵히 견딘다. 엄마가 자기를 약 먹여 죽이려 했다는 사실을 기억해낸 아들이 비난하자, 엄마는 지독한 가난을 들먹이며 절규한다. 영화가 이 지점에 이르면 이미 엄마의 섹슈얼리티에 압도된 관객은 가난 때문에 아들을 죽이려고까지 했던 엄마의 절박한 현실에 단순하게 연민을 느낄 수만은 없다.

영화는 성적 욕망과 아들 살해 욕망을 날줄과 씨줄로 엮어 엄마의 욕망을 직조하는 한편, 욕망의 대상인 아들의 생존투쟁을 그 대척점에 배치한다. 아들 도준과 그 친구 진태는 연합하여 엄마와 투쟁한다. 어리숙한 도준과 영악한 진태는 서로에게는 동업자이면서 엄마에게는 맞바꿀 수 있는 대체물로 기능하는 하나의 짝패다. 아들을 향한 욕망은 아들의 친구에게로 전이된다. 엄마는 아들과 성관계를 갖는 대신 아들의 친구와 성관계를 가졌다. 과거에 아들을 죽이려다 실패했고, 이제 아들의 친구를 죽이려다 실패한다. 여고생 살인범으로 진태를 지목해 경찰서에 신고하는 행위는 아들 살해 욕망의 전이로 볼 수 있다. 그리고 진태의 무죄가 밝혀짐으로써 욕망의 전이는 실패한다. 엄마의 성적표는 초라하고, 아들은 기세가 등등하다. 도준은 "(이번엔) 침 놔서 죽이게?"라고 빈정대고, 진태는 "니가 나한테 이럴 수 있어?"라고 반말로 대든다. 엄마는 죄가 많고, 아들은 엄마의 죄에 분노하며 엄마를 심문한다.

표층에서는 위기에 처한 아들을 구하는 엄마의 활약이 펼쳐지지만, 심층에서는 아들이 엄마를 처벌한다. 흥미롭게도 진태의 집 책상에는 범죄수사 관련 서적이 널려 있다. 시골 건달일망정 그의 꿈은 수사관이다. 그는 수사관 흉내를 내며 죽은 여고생의 친구들을 닦달해 결정적인 제보를 확보한다. 또 도준은 방화 현장에서 수거한 낡은 침구함을 엄마에게 슬쩍 건네며 물건을 흘리고 다니지 말라고 속삭인다. 도준이 무엇을 얼마나 알고 있는지 영화는 선명한 답을 주지 않는다. 분명한 것은 엄마와 아들이 서로의 죄를 덮는 순간 아들은 자유로워지지만 엄마는 지옥으로 떨어진다는 점이다. 영화가 끝날 때, 모자란 아들은 나름대로 자기 자리를 찾아가지만 엄마는 나락으로 떨어진다. 권력은 엄마가 아니라 아들이 쥐고 있다는 것, 이것이 이 영화의 가장 기막힌 반전이다. 영화 끝무렵, 서로 간의 치열한 투쟁을 끝낸 두 사람은 식탁에 앉아 밥을 먹는다. 영화 초반에 나왔던 장면의 반복이지만 여기에는 중요한 차이가 있다. 엄마는 더이상 아들을 챙기지 않는다. 권력관계의 역전을 암시하듯 아들은 스스로 물을 따라 마시고 엄마를 챙기기 시작한다. 아들은 엄마보다 힘이 세다. 엄마의 여정은 '거세하는' 여성으로 시작했지만, 안타깝게도 '거세당하는' 여성으로 마무리된다.

엄마의 전략은 영화 전반부에 이미 교묘하게 암시되었다. 진태가 범인이 아니라는 사실이 밝혀진 후, 엄마는 허탈한 심정으로 세찬 빗속을 뚫고 걸어가다가 우연히 마주친 고물상 영감에게서 찌그러진 우산 하나를 산다. 이때 엄마가 우산값으로 이천 원을 내밀자 영감은 천 원짜리 한 장만 가져간다. 얼핏 영화의 진행과 아무 상관도 없어 보이는 이 짧은 장면에는 엄마와 영감 사이의 순간적인 교감이 담겨 있다. 아들을 소유하지도 죽이지도 못하는 좌절한 엄마에게 이 세상은 아들보다 훨씬 못한 남자인 고물상 영감을 허용한다. 이들의 두번째 만남에서 분명하게 드러나지만, 영감은 엄마를 '여자'로 보고 차를 대접하며 성희롱한다. 영감의 이야기를 듣던 중 사건의 전모를 파악한 엄마는 아들의 범행 현장을 지켜본 유일한 목격자인 영감을 "우리 아들 발톱의 때만도 못한 새끼"라고 욕하면서 잔인하게 살해한다. 영감을 올라타고 앉아 흉기로 거듭 내려치면서 튀어오르는 피를 고스란히 맞고 있는 엄마의 끔찍한 모습에는 오래 유예된 성적 욕망과 살해 욕망이 한꺼번에 폭발하면서 충족되는 절정의 느낌이 어른거린다. 아들을 향한 욕망은 고물상 영감에게 전이되고, 그럼으로써 아들을 소유하고 죽이려 했던 원죄는 은폐된다.

각자 우발적으로 살인을 저지른 아들과 엄마는 서로의 죄를 덮은 채 아무렇지도 않게 살아간다. 아들에게 어이없는 죽음을 당한 여고생 아정과 그 죄를 뒤집어쓴 종팔이 희생될 뿐이다. 성매매로 생계를 유지하며 치매 걸린 할머니의 막걸릿값을 대던 소녀가장 아정, 수용소와 다를 바 없는 보육원/기도원 출신의 장애아 종팔, 이 둘에게는 엄마가 없다. 영화는 아정과 종팔에 대한 관객의 감상적인 반응을 차단하려는 듯 일관되게 이들의 고통에 냉담하려 애쓰지만, 그럼에도 아정과 종팔의 무심한 듯 피로한 얼굴은 이 세계의 타락을 생생하게 증언한다. 아정과 종팔은 엄마 없는 세상에 던져져 지독한 무관심과 빈곤과 편견에 의해 파괴되는 어린 생명, 아감벤Giorgio Agamben이 말한 '호모 사케르Homo Sacer', "살인죄를 저지르지 않고도 또 희생제의를 성대히 치르지 않고도 살해가 가능한 영역"에 포섭된 "신성한 생명, 즉 살해할 수 있지만 희생물로 바칠 수는 없는 생명"(177)과 같다. 아정과 종팔의 비극을 담보로 도준은 풀려나고 혜자는 효도관광을 떠난다.(그리고 진태는 새 차를 뽑아 미나를 태우고 다닌다.)

영화는 엄마 없는 세계의 비극을 응시할 뿐 엄마의 귀환을 촉구하지 않는다는 점에서 모성 서사의 향수나 위안을 철저히 배제한다. 〈마더〉는 『엄마를 부탁해』처럼 시대착오적인 비현실성에 걸려 넘어지거나 신비화의 주술에 걸려 방황하지 않는다. 〈마더〉는, 예컨대 〈살인의 추억〉처럼 리얼리즘의 기율에 전적으로 충실하기보다는, 리얼리즘의 층위와 신화적 층위, 그리고 사회비판의 충동과 정신분석의 충동을 병치하고, 그 대립의 팽팽한 긴장에서 미학을 끌어낸다. 카메라는 변두리 시골의 경찰서와 술집, 뒷골목 사람들의 초라한 행색,

벤츠를 타고 골프 치러 가는 길에 시골마을을 통과하는 학장 일행의 권위주의적 행태를 차례로 비춘다. 또 죽은 여고생이 남긴 이른바 '변태폰 몰카'에 저장된 성매매 고객들의 사진을 통해 시골마을 소녀 가장의 생계수단이 될 정도로 일상생활 깊숙이 침투한 성매매 현실을 고발하고, 효도관광을 떠난 엄마들의 '관광버스 춤' 같은 사소한 일상을 포착하는 등 디테일의 탁월한 조합을 통해 이 이야기가 현재 한국사회의 모순과 병리에 뿌리내리고 있음을 통렬하게 보여준다. 동시에 카메라는 혜자와 도준의 원초적 욕망, 그 불편한 진실에 끈질기게 천착한다. 혜자와 도준은 엄마와 아들이라는 사회적 관계망에 붙들려 있지만, 동시에 한 방에서 살 냄새를 풍기면서 살아가는 여자와 남자, 나아가 성적 욕망의 발산이 자유롭지 못한 가난한 과부와 발달장애를 가진 청년이다. 엄마는 한때 아들의 친구에게 성을 구걸했고 아직도 그 대가를 혹독하게 치르는 듯 보인다. 아들은 늦은 밤 골목길에서 지나가던 여고생을 희롱한다. 영화는 이들의 억압된 성적 욕망과 열악한 삶의 조건을 밀착시켜 이들의 좌절과 상처를 구체적으로 서사화함으로써, 모자지간이라는 통념을 깨부수고 그 관계의 심연으로 파고 들어간다. 엄마와 아들의 관계를 '천륜'으로 묶어두지 않고, 모자란 아들을 데리고 가난을 헤쳐온 엄마의 일생은 상투적 신파로 치부하고, 지옥 같은 세계를 구원할 엄마의 귀환이라는 거짓 희망을 비웃으면서, 영화는 엄마와 아들의 비틀린 관계와 욕망의 함수를 치열하게 추적한다. 그리고 마침내 영화는 인간에게 혈연을 포함한 인간관계와 사회적 관계로부터의 자유가 어떻게 (불)가능한가를 힘겹게 질문한다. 이런 맥락에서 보자면 몸을 팔아 할머니를 부양했던 여고생 아정의 비극은 지극한 가난이나 허술한 사회복지 때문만이 아니라 '가족을 먹여 살린다'는 생각 속에 담긴 어떤 폭력성에도 기인한다고 이 영화는 말한다.

영화의 마지막 장면에서 엄마는 효도관광을 떠나는 버스에 넋을 잃고 앉아 있다. 고물상 영감 살해 현장에서 아들이 주워 되돌려준 침구함 속에서 엄마는 손때 묻은 침을 꺼내 놀란 가슴을 가라앉히려고 허벅지에 침을 놓는다. 갑작스레 아들이 일깨운 자신의 죄를 망각하려고 엄마는 이웃들에게 떠벌려왔던 특효의 침술을 바로 자신에게 실행한다. 그리고 관광버스의 좁은 통로에서 사람들과 몸을 부대끼며 춤을 춘다. 불타오르는 저녁노을을 배경으로 벌어지는 질펀한 관광버스 춤판 속에서 엄마는 잠시 죄를 잊을지도 모른다. 사실 엄마는 영화가 시작할 때도 한판 춤을 추었다. 영화의 시작을 알리는 기괴한 춤사위와 끝을 장식하는 관광버스 춤은 영화의 시작과 끝을 이어붙이면서 형식적인 완결미를 선사한다. 나중에 밝혀지지만 첫장면의 춤사위는 고물상 영감을 살해하고 현장에 불을 지른 뒤 숲속에서 헤매다 즉흥적으로 나온 것이고, 마지막의 관광버스 춤은 아들에게 죄를 들킨 뒤 마음을 다스리려고 추는 것이다. 두 번에 걸친 엄마의 춤은 언어가 불가능한 지점에서 터져나온 절망의 몸짓이라는 점에서 본질적으로 동일한 상황의 변주다. 처음의 독무가 마지막의 군무로 확대됨으로써 영화는 엄마 혜자처럼 말 못할 상처와 죄를 품은 무수한 엄마'들'의 집단적 우울증을 마지막 화두로 던진다. 엄마의 전락을 완성하는 시점에 불쑥 관광버스 춤이라는 기발한 해방구를 마련함으로써 영화는 '엄마에 대한 예의'를 지키려는 것일까. 관광버스 춤에는 유희와 쾌락, 망각과 도피, 그리고 징글맞게 끈질긴 생명력이 뒤섞여 있다. 그래서 관광버스 춤은 카메라 속에 놓인 엄마와 그녀의 친구들뿐 아니라 카메라 밖에 서 있는 봉준호 감독과 관객에게도 하나의 '애도'일 수 있다. 그러나 애도는 그저 몸짓일 뿐, 영화는 헤집어놓은 상처를 봉합하지 않는다. 다만 관광버스 춤이 상징하는 일상의 통속성이 끝없이 반복되리라는 암울한 암시를 툭 던질 뿐이다.

미래의 모성 서사를 위하여

엄마 혜자는 쫓기고 처벌받고 실패하고 전락하면서도 끝까지 싸운다. 영화는 이 지독한 저항을 연민으로 감싸지도 냉소로 비웃지도 않으면서 갈 데까지 끌고 간다. 욕망의 끝을 보여주고 그 지옥에서도 삶은 계속된다고 비정하게 말하는 이 영화의 뚝심, 그리고 그것을 온전히 담아낸 정교하고 세련된 만듦새는 존경받아 마땅하다. 이 비타협적이고 용감한 영화는 그러나 어떤 지점에서 여성 관객을 몹시 불편하게 한다. 힘과 권력을 행사하는 남성 세계와 고통당하는 여성 세계, 과학과 권위로 무장한 남성 세계와 주술과 속임이 난무하는 여성 세계가 이분법적으로 분할되어 있고, 이 분할은 기정사실로 고착된다. 여성의 몸을 훼손하여 전시하는 과정을 풍광으로 담아내는 광활한 화면은 시각적 순응, 즉 여성의 불행한 현실에 대한 자연스러운 인식을 이끌어낸다. 여성은 불행하고 훼손되고 침묵당한다. 영화의 첫장면에서 아들을 지켜보며 약재를 손질하던 엄마는 손가락을 베어 피를 흘리는데, 엄마의 피는 나중에 아정이 만성적으로 흘리는 코피와 연결된다. 아들(의 친구)과 성관계를 하는 늙은 엄마 혜자, 아버지(뻘 되는 늙은 성매매 고객)와 억지로 성관계를 하는 딸 아정, 이 두 여성은 아들/오빠인 도준에 의해 내몰린다. 혜자는 도준이 건네준 침구함에서 침을 꺼내 자신을 찌른다. 아정은 도준이 던진 딱딱한 돌에 맞아 피를 흘리며 죽었고 그에 의해 몸이 옥상에 전시된다. 옥상에 빨래처럼 널린 아정의 몸과 관광버스 춤 속으로 엉켜 들어가던 혜자의 몸은 아들/오빠에 의해 폭력적으로 훼손되고서야 비로소 체제에 어떤 위협도 안 되는 안전한 존재가 된다. 아들과 성관계를 맺는 엄마, 아버지와 성관계를 맺는 딸, 두 모녀는 모두 제거되어야 한다. 이 세계에서 가장 덜 고통스럽고, 또 자유롭게 자신의 욕망을 쫓는 여성은 진태와 성관계를 갖고 그의 새 차를 얻어타고 다니는 발랄한 여고생 미나이다. 아마도 현실에서는 '문제아'로 내몰릴 이 발칙한 여고생의 존재가 미미하지만 순간적으로 신선한 기운을 불어넣지 않았더라면, 이 영화가 담아내는 여성의 모습은 정말이지 너무 우울했을 것이다. 물론 미나는 아정의 지독한 가난을 모른다. 하지만 미나와 아정의 차이는 미세한 계급 차이로만 환원되지 않는다. 아정의 수렁은 빈곤만이 아니라 그녀의 깊은 불행감, 즉 풀릴 길 없는 원한이고, 결국 이 원한의 (도준을 향한 엉뚱한) 폭발이 그녀를 죽게 만든다.

이런 아쉬움은 〈마더〉가 훌륭한 모성 서사임에도 어쩌면 『엄마를 부탁해』와 대조되는 지점에서 모성에 관한 오랜 신화를 은밀하게 들여온다는 의심을 품게 한다. 엄마는 수상한 욕망을 가진 괴물이자 사람을 속이고 위협하는 마녀이며, 사람을 잡아먹는 '바기나 덴타타 vargina dentata', 즉 '이빨 달린 질'을 가진 신화적 존재다. '바기나 덴타타'는 아들의 잠재된 두려움이 투사된 허상이므로 그 몰락이 예정되어 있다. 실제로 엄마는 아들에게 패배한다. 결과론적으로 보면 이 영화는 엄마와 아들의 권력투쟁을 프로이트의 정신분석 플롯 안으로 복속시킨다. 엄마는 아들을 욕망하고 아들은 엄마를 처벌하며, 딸(죽은 여고생)은 사랑받지 못해 괴로워한다는 정신분석의 도그마는 단순하고도 강력해서, 엄마와 딸을 행복하고 자유로운 주체로 상상할 여지가 별로 없다.

반면에 『엄마를 부탁해』의 엄마와 딸은 행복하다. 물론 이들의 행복은 '모성 각본'을 내면화한 결과다. 여기에 아버지의 상징폭력에 대한 비판이 들어설 자리는 없다. 이 소설의 선한 인물들 사이에서 유난히 선하지 않아서 눈길을 끄는 인물은 큰며느리다. 엄마를 찾아 나선 가족의 고통에서 한 발 떨어져 새침하게 구는 큰며느리의 존재는 이 소설의 한계를 잘 보여준다. 전통적 가족구조에서 가장 소외되고 가장 비난받기 쉬운 존재인 며느리를 상투적으로 묘사하면서 이 소설은 피붙이 가족의 배타적인 유대를 특화하고, 복원되어야 할 또 하나의 여성인 며느리의 욕망을 철저히 외면한다. 한편, 한때 다른 여자를 데리고 들어와 살았던 남편의 전근대적인 축첩 관행과 집 밖으로 떠돌던 무책임한 행태는 "전쟁 때 병역기피로 집에서 잠을 잘 수 없었던 적의 버릇"(153)에 기인한 것으로 설명된다. 한평생 아내가 겪어온 신산스러운 고통에 무심했고 아내가 서울역에서 사라지는 그 순간까지도 가부장제의 특권을 에누리 없이 누렸던 남편이지만, 알고 보면 그도 모진 세월의 희생자라는 것이다. 남편 나름의 절절한 자기반성이 나오지만 거기에도 축첩에 대한 언급은 없다. 자식들 중 누구도 아버지의 축첩을 문제 삼지 않으며, 그 기억이 이후 가족들의 삶에 어떤 영향을 끼쳤는지도 전혀 고려하지 않는다.

『엄마를 부탁해』에서 욕망의 주체는 엄마가 아니라 서사의 도입부와 종결부를 감싸며 서술하는 화자/딸/소설가이다. 가족 구성원들의 목소리를 골고루 배치하는 방식을 선택함으로써 하나의 목소리가 서사를 지배하지 않도록 고심한 흔적이 역력하지만, 그럼에도 딸의 감정이 전체 서사를 압도한다. 후회와 분노를 넘나들던 딸의 감정은 점점 엄마를 되찾을 수 없다는 절망감으로 굳어진다. 피에타상 앞에서 딸이 기도를 올리는 장면은 이별과 애도의 의식이다. 절망을 넘어 엄마의 부재를 받아들이고, 일종의 '화해'에 도달한 것이다. 엄마에게서 독립한 딸은 로마 여행에 동행한 '그'와 곧 결혼식을 올림으로써 개인적인 화해에 사회적인 의미를 부여할 것이다. 딸은 엄마와 자신, 그리고 이 세계와 화해하고 모든 것을 긍정한다. 딸의 세계 인식 안으로 포섭되지 않는 타자는 없다. 이렇듯 전통적이고 완결된 서사구조, 자기동일화의 폐쇄회로에 갇힌 인물들, 죄책감을 일깨우고 감상을 자극하는 익숙한 문체로 빚어진 소설 『엄마를 부탁해』는 그저 대중적인 멜로드라마로 소비될 뿐이다.

『엄마를 부탁해』의 탈신비화는 너무 늦게, 너무 부실하게 왔다. 실패한 탈신비화는 재신비화의 궤도로 회귀하고, 결국 아무것도 새로울 게 없는 전통적인 모성 서사가 남았다. 그 안에서 가족은 마치 낡은 흑백사진 속의 가족처럼 아스라한 그리움의 대상으로 낭만화된다. 반면 〈마더〉가 모성과 가족을 바라보는 방식은 불온하고 신랄하며 비타협적이다. 그것은 모성의 절대성과 배타성이 내포한 병리적 욕망을 파헤쳐 기존 모성 담론의 낭만적인 경향을 비판하면서 대안적이고 저항적인 모성 서사의 일면을 보여준다. 그러나 〈마더〉는 모성 이데올로기를 해체한 자리에 엄마의 불행을 기록한 여성 잔혹 서사이다. 냉정하게 잔혹 서사를 마주하는 것이 이데올로기적 미화로 위안하는 일보다 정직하고 옳을 테지만, 중요한 것은 그런 잔혹 서사가 어떤 '현실'을 말하는지 계속 점검할 필요가 있다는 점이다. 여성의 현실은 있는 그대로 복사한다고 완성되지 않는다. 그것은 오고 있는 현재나 앞으로 올 미래의 파편들을 밝은 눈으로 검색하고 발굴해 짜맞추어야 하는 상상의 퍼즐 같은 것일 수도 있다. 뛰어난 모성 서사는 (거의 모든 훌륭한 서사가 그렇듯) 현실에서 배태되었으되 현실을 '탈영토화' 하는 열린 상상력에 의해 창조된다. 이것은 〈마더〉처럼 여러모로 탁월한 모성 서사조차 단번에 성취하기 힘든 경지이기도 하다. 이런 맥락에서 불량한 여고생 미나가 좀더 비중 있게 다뤄지지 않은 점이 아쉽다.

모성 이데올로기 비판의 목적은 모성을 '나쁜 것'으로 보아 처단하는 것이 아니라, 모성을 특정한 방식으로 제도화하고 주체화하는 기제를 분석함으로써 모성 담론의 이데올로기성을 비판하는 것이다. 이는 글머리에서 지적했다시피 대안적인 모성 담론의 생산과 맞물려 있다. 『엄마를 부탁해』와 〈마더〉를 읽으면서 분명해진 것은 모성을 제도화하고 주체화하는 기제가 철저하게 '젠더화', 즉 '성(차)별화' 되어 있다는 사실이다. 젠더화/성별화를 통한 주체 형성의 허구성을 비판하는 것은 바로 젠더화/성별화를 통한 주체형성의 역사를 '근대'의 기획으로 보고 모성 담론을 '탈근대' 혹은 '근대 극복'의 자장 안으로 들여오려는 시도와 맞물려 있다. 그것은 젠더화/성별화를 어쩔 수 없이 주어진 것으로 받아들이지 않아야 시작할 수 있으며, 그러려면 '기원'을 해체해야 한다. 기원으로서의 여성의 몸, 기원으로서의 가족, 기원으로서의 섹슈얼리티로 소급하지 않으면서 어떻게 모성을 말할 것인지가 핵심이다. 모성을 협소한 기원의 문제로 환원하는 한, 최근 이슈가 되고 있는 가족 해체와 대안 가족은 물론 낙태나 대리모 같은 자극적 논쟁이 불러일으킨 사회적 고민도 제대로 파악할 수 없다. 가족, 여성, 모성에 대한 성찰적 감수성과 열린 상상력, 그리고 진지한 공론화 없이는 대안적인 모성 담론의 미래도 없다.

배려의 윤리와 정의의 윤리

메리 셸리의 『프랑켄슈타인』[1]

김종갑

영웅과 그의 딸들: 개인과 공동체

왕정복고와 더불어 정치적으로 몰락한 데다 실명의 불행까지 겹친 밀턴John Milton이 절망에 빠지지 않고 영웅적인 노력과 시적 열정을 쏟아 『실낙원*Paradise Lost*』을 완성했다는 것은 잘 알려진 사실이다. 눈이 멀어 직접 시를 쓸 수 없었던 시인이 필생들의 도움에 의지해야 했다는 것도 잘 알려진 사실이다. 밀턴을 사랑하는 많은 독자들은 그의 딸들이 위대한 아버지를 존경하고 흠모하는 마음에서 눈과 손이 되어 아버지가 구술하는 시구를 받아씀으로써 작품을 완성했다고 알고 있다. 그러나 이는 사실이 아닌 신화의 영역에 속한다. 밀턴은 딸들을 사랑하고 배려하는 자상한 아버지의 모습과 거리가 멀었으며, 딸들의 교육에도 열의를 보이지 않았다. 당연히 딸들도 아버지를 존경하거나 사랑하지 않았다. 더구나 딸들은 아버지가 낭송하는 시구를 받아 적을 만한 언어 실력도 없었다.(박상익 333-351) 그럼에도 사실에 반한 그러한 신화는 계속 전승되었다.

밀턴이 영문학사에서 가장 위대한 시인으로 자리를 굳히는 18세기 말과 19세기 초, 그가 딸들에게 작품을 구술하는 장면은 들라크루아Delacroix나 헤이든Haydon 같은 화가들에게는 훌륭한 작품의 소재였고 키츠John Keats 같은 시인에게는 시적 영감의 원천이었다. "강력한 아버지에게 천사처럼 봉사하는 착하고 젊은 아가씨" 이미지는 일반인뿐 아니라 예술가의 환상도 자극했던 것이다. 산드라 길버트Sandra Gilbert와 수전 구바Susan Guba는 『다락방의 미친 여자』에서 그 이미지는 "서구문화가 가장 애호하는 환상"이라고까지 주장하였다.(390) 독자의 사랑과 존경을 독차지하는 위대한 시인이라면 당연히 가까운 가족이 다른 누구보다도 그를 사랑하고 존경하면서 헌신했을 것이라고 믿고 싶은 것이다. 위대한 성취에는 사랑도 수반되어야 한다. 힘과 재능으로 세계를 정복한 위대한 영웅은 인간성도 훌륭하다고 가정한다. 그러나 이러한 믿음은 소망이나 신화에 지나지 않는다.

이런 면에서 들라크루아가 그린 그림 〈딸들에게 작품을 받아쓰게 하는 밀턴〉은 메리 셸리Mary Shelley의 『프랑켄슈타인*Frankenstein*』에 관한 논의의 좋은 출발점을 제공한다. 위대한 시인과 딸들의 관계가 압축적으로 묘사된 이 그림은 한편으로 빅터 프랑켄슈타인이나 로버트 월튼과 같은 위대한 발명가와 탐험가, 다른 한편으로 엘리자베스나 저스틴 같은 여성들의 관계가 플롯을 구성하는 『프랑켄슈타인』의 이정표 역할을 한다. 들라크루아의 그림에서 인상적인 것은 밀턴과 딸들의 시선 배치다. 아버지가 구술하는 내용을 노트에 옮기는 딸은 아버지를 바라보고 있다. 낭송되는 시구뿐 아니라 아버지의 일거수일투족 하나하나가 놓칠 수 없는 귀중한 의미를 담고 있다는 듯 딸은 상냥하고 주의 깊고 존경이 담긴 시선으로 아버지를 바라본다. 밀턴의 존재 자체가 초월적 의미를 담보하고 있다. 그러나 정작 시를 낭송하는 밀턴은 딸을 바라보지 않는다. 그는 꽃이 장식된 우아한 실내의 그 어떤 것도 보지 않는다. 그가 장님이기 때문만은 아니다. 여기에는 보다 깊은 신화적 사유가 깔려 있다. 인간의 타락과 구원이라는 초월적이며 종교적인 플롯을 보기 위해서는 세속적인 것을 보지 않아야 한다는 것이다. 『일리아스』와 『오디세이아』를 쓴 호메로스나 거기에 등장하는 예언자 테이레시아스도 장님이어야 했다. 영웅이나 신의 세계를 지향하기 위해서는 가정과 같은 세속적이고 일상적인 것들에 철저히 무관심해야 한다. 일상은 하인이나 여성에게 맡겨야 한다.

『제2의 성』에서 보부아르가 말했듯 초월이 남성의 영역이라면 일상은 여성의 소관이다. 시인은 먹고 입지 않으면 살 수가 없으면서도 의식주 문제를 무의미하고 여성적인 것으로 간주하고 경멸하며, 눈에 보이지만 전혀 보지 않는 듯 초연하게 행동해야 한다. 〈딸들에게 작품을 받아쓰게 하는 밀턴〉에서 밀턴은 자기의 눈과 손이 되어주는 딸의 도움을 받으면서도 서재에서 혼자 있다는 듯 행동한다. 인간의 타락과 구원이라는 대주제를 명상하는 그는 딸에게 아무런 관심이 없으며 말을 건네지도 않는다. 그가 쏟아내는 말은 대화가 아니라 독백이거나 딸에게 일방적으로 지시하는 명령어일 따름이다. 물리적 공간에서 딸과 함께 있는 그는 시적 공간에서는 홀로 존재한다. 딸은 필요하기는 하지만 다른 것으로 대체해도 무방한 녹음기나 지팡이, 세탁기에 지나지 않는다. 딸은 철저히 순종하는 수동적인 역할에서 벗어나 밀턴의 시적 자유를 침범해서는 안 된다. 자질구레한 일과 사랑, 관심을 요구하며 그를 번거롭게 해서는 안 된다. 그러면서도 아버지의 수족 역할을 하는 것에 감사하고 감격해야만 한다. 사소한 일상에 매몰될 수도 있는 딸은 아버지를 통해서 초월적 메시지를 간접적으로나마 접할 수 있기 때문이다. 육체로서의 여성은 남성을 통해 정신에 참여할 계기를 얻는다. 그러나 과연 밀턴의 딸들이 들라크루아의 그림에 재현된 방식으로 아버지를 바라보았을까? 밀턴이 일생을 바친 문학적 성취에 대해서 딸들도 마찬가지로 중요하게 생각했다는 것은 남성적 신화에 지나지 않는다.

제인 오스틴Jane Austen이 『노생거 수도원*Northanger Abbey*』에서 캐서린의 입을 빌려 말하듯 여성들은 위대한 영웅의 역사에는 아예 관심이 없을 수도 있다. "난 역사, 위대한 영웅들의 역사에는 관심이 없어요." 특히 그것이 여성의 존재를 부정하고 배제하는 남성적 담론인 경우에 더욱 그러하다. 그렇다면 〈딸들에게 작품을 받아쓰게 하는 밀턴〉은 남성적 신화와는 다른 방식으로 읽힐 수 있다. 눈이 멀었기 때문에 밀턴이 딸들보다 더욱 잘 볼 수 있다는 관념은 몸의 현존성을 부정하는 로고스 중심주의의 또다른 표현이지 않을까. 남성 주체는 스스로 먹고 마시는 몸이면서도 그 사실을 부인함으로써 자신을 정신과 동일시하는 허위의식의 주체이지 않을까. 여성 주체와 대화를 하는 것이 아니라 나르시시즘적 독백으로 일관하면서 여성을 자기 욕망의 도구로 환원한다는 점에서 남성주체는 하버마스Jürgen Habermas가 말하는 "도구적 이성"을 대변하는 것 아닐까. 따라서 『프랑켄슈타인』은 도구적 이성 비판으로 읽힐 수 있지 않을까.

『프랑케슈타인』에 등장하는 빅터와 월튼은 대화와 타협을 거부하고 가족과 동료를 희생시키면서 불멸의 명성과 성공을 추구하는 도구적 이성의 전형적인 인물이다. 이들은 목적을 달성하는 데 방해가 될 수 있는 가족을 떠나 고립된 독백의 세계로 도피한다는 점에서 공통점을 갖는다. 이들에게 타자는 사랑과 배려의 상대가 아니라 자유를 구속하는 방해물에 지나지 않는다. 타자로부터의 도피가 남성적 성취의 절대적 조건이 되는 것이다. 이러한 남성들과 대립되는 지점에 여성 주인공이 있다. 여성 주인공은 이성의 부재가 아니라 의사소통적 이성, 타자로부터의 도피가 아니라 타자와의 유대와 연대를 향해 조율된 공동체적 주체이다. 이들에게 자유는 홉스Hobbes적인 의미에서 타자의 간섭이 최소화되어야 하는 개인적 욕망의 추구가 아니라 루소Rousseau적인 의미에서 타자와 더불어 살아가는 윤리적 능력으로 이해된다. 캐럴 길리건의 용어를 빌면 『프랑켄슈타인』은 '정의의 윤리ethics of justice'에 저항하면서 '배려의 윤리ethics of care'를 제안하는 작품으로 이해해야 한다.

여성적 배려와 남성적 정의

『프랑켄슈타인』은 빅터와 엘리자베스, 월튼과 사빌 부인의 차이를 드러내며 남성과 여성의 차이를 극적으로 전경화시킨 작품이다. 언뜻 보기에 이러한 차이는 공적 공간과 사적 공간을 나누는, 가부장적이고 자본주의적인 위계와 공간 분할을 모방하며 반복하는 듯 보인다.

엘리자베스가 속한 공간이 양육이 행해지는 가정이라면, 빅터와 월튼은 과학과 탐험으로 자연을 정복하는 공적 공간에서 활동한다. 남자들이 야망을 달성하기 위해 부모의 품을 떠나 미지의 세계로 나서야 한다면, 여자들은 가정에 남아서 가족을 보살피고 부양해야 하는 책임을 떠맡는다. 남자들이 부모에게서 독립하여 중세의 기사처럼 세상을 정복하는 여정에 오른다면 여자들은 부모에 묶여서 가정이라는 사적인 공간에 머물러야 한다. 부모로에게서 독립하지 못한 여자는 성인이 된 후에도 가정이라는 폐쇄적 공간을 벗어나지 못한다. 이 작품의 플롯 전개도 가정에서 멀어지는 빅터와 월튼의 움직임을 그대로 따라간다. 가족과 고국을 떠난 빅터와 월튼의 여정은 그들이 더이상 앞으로 나아갈 수 없는 최종지점인 북극에 다다른 순간 막을 내린다. 그러나 이처럼 가부장적으로 보이는 플롯 전개는 텍스트의 표면에 불과하다.

빅터와 그의 또다른 자아alter ego 혹은 분신double이라 할 수 있는 월튼을 제외하면 주요 남성 인물은 남성적이라기보다는 여성적 유형에 더 가깝다. 『프랑켄슈타인』에서 가장 긍정적인 남성상이라 할 수 있는 빅터의 아버지는 결혼과 동시에 자녀를 양육하고 보살피며, 아이들의 교육을 위해 명예와 공직을 버리고 가정을 선택한다. 빅터의 절친한 친구인 시인 지망생 헨리 클러벨도 마찬가지다. 비록 시인의 길을 반대하는 부모의 곁을 떠날 수밖에 없지만 그럼에도 그의 역할은 엘리자베스처럼 처음부터 끝까지 자상하게 빅터를 보살피는 데 있다.[2] 더구나 빅터의 아버지와 헨리는 빅터와 월튼처럼 자연을 정복함으로써 불멸의 명성을 얻고 싶어하는 과학자나 탐험가가 아니다. 섭정과 장관으로 제네바의 행정과 복지를 담당했던 빅터의 아버지는 자연의 정복자라기보다는 가정을 보살피고 다스리는 엘리자베스에 더 가까운 존재다. 자연의 정복이 아니라 타자에 대한 배려와 책임이 그의 역할이다. 이 점에서 빅터가 자신과 엘리자베스의 차이를 설명하는 다음 대목은 매우 의미심장하다. "나에게 세상은 파헤치고 싶은 비밀덩어리였다. 그러나 엘리자베스에게 세상은 빈 공간이었다. 그녀는 그 빈 공간을 자신의 상상으로 채우고 싶어했다."(20) 바로 뒤에 이어지는 서술에서 헨리도 엘리자베스와 마찬가지로 풍부한 상상력으로 세상을 동화와 이야기, 시로 채우고 싶어하는 인물로 묘사된다. 여기서 양자의 차이는 분명하다. 빅터에게 세계는 연구와 실험으로 수수께끼를 풀어 정복해야 하는 스핑크스다. 자연은 자유와 의지를 제한하고 위협하는 적대적인 대상, 홉스가 『리바이어던*Leviathan*』에서 만인의 만인에 대한 투쟁이라고 묘사한 원시상태에 가깝다. 먼저 정복하지 않으면 정복당하는 것이다. 그러나 엘리자베스와 헨리에게 자연은 그러한 적대 세력이 아니며 인간의 자유와 욕망에 재갈을 물리지도 않는다. 자연은 정복해서 쟁취해야 하는 대상이 아니라 이야기 상대이며, 아이처럼 양육과 배려의 손길을 필요로 한다. 자연은 그들이 가진 재주와 상상력, 물질, 사랑으로 채워주어야 하는 결핍의 공간이다. 빅터의 부모는 어린 시절의 엘리자베스나 저스틴처럼 집이 없거나 어려운 처지에 놓인 사람들에게 관심을 쏟고 자식처럼 보살폈다. 빅터와 월튼이 늘 자연의 심장에서 무엇인가를 탈취하려는 권력의지의 전형이라면, 엘리자베스와 헨리, 빅터의 아버지는 관심과 배려, 책임을 가지고 세계를 대하는 배려의 윤리를 구현한다. 이 점에서 『프랑켄슈타인』의 공간은 공적인 남자와 사적인 여자로 구획되는 성적인 공간이라기보다, 세계와 관계하는 태도에 따라 배치가 달라지는 윤리적 공간이다.

자주 인용되는 『리바이어던』의 유명한 구절에서 홉스는 인간을 권력욕, 즉 "죽지 않으면 끝나지 않는, 권력을 향한 영원하고 불안정한 욕망"으로 정의했다.(86) 인간의 본질인 욕망은 원칙적으로 충족될 수 없으며, 한 순간도 멈추지 않고 불안정하게 동요하는 운동이다. 불만족에서 해방되어 욕망이 멈추는 순간이 있다면 그것은 죽음의 순간이다. 죽지 않기 위해서라도 인간은 물리지 않는 식욕을 가지고 더 많은 권력을 쟁취하기 위해 투쟁해야 한다. 인간과 자연을 포함해서 외부의 모든 것들은 주체의 욕망을 만족시키기 위한 정복의 대상에 지나지 않는다. 자유도 그러한 관점에서 정의된다. 자유는 "자기가 원하는 대로 자신의 힘을 마음껏 사용할 수 있는 능력"이다. 간단히 말해서 "외적 방해물이 없는 상태"(109), 욕망에 대한 "반대가 없는 상태"(170)가 바로 자유다. 외적 방해물이 출현한다면 주체는 그것에 저항하고 싸워서 정복하든지 아니면 도망쳐야 한다. 이러한 상황에서 주체의 욕망의 방해물로 규정되는 타자와의 대화나 협상, 연대는 상상할 수 없다. 아리스토텔레스와 반대로 홉스의 인간은 비사회적이며 이기적인 동물로서, 사회란 개인들이 계약을 통해 마지못해 자신의 자유를 포기하는 대가로 성립된 허구적 구성물이다. "보편적이거나 공적인 선도 상상력의 허구에 지나지 않는다."(Sabine 439) 이처럼 개인의 자유와 욕망을 희생하면서 마지못해 도덕적으로 살아야 하는 사회에서 개인은 자연 상태에서처럼 행복할 수 없다. 더 많은 자유와 행복을 얻고 싶은 개인이 있다면 빅터나 월튼, 혹은 로빈슨 크루소처럼 사회를 등지고 법이나 타인의 눈치를 보지 않은 채 자신의 욕망에 한껏 탐닉할 수 있는 무인도나 사적인 공간으로 도피해야 한다.

빅터에게서 홉스의 개인주의적 정치철학을 발견할 수 있다면, 그 반대편에는 『사회계약론』에서 루소가 주장한 정치철학, 더불어 자유와 행복을 추구하는 엘리자베스와 빅터 아버지 알퐁스의 공동체적 세계관이 있다. 홉스와 달리 루소는 개인이 사회 속에서 진정한 자유와 행복을 얻을 수 있다고 주장하였다. 인간에게는 원시상태의 "자연적 자유"뿐만 아니라 도시의 시민으로서의 사회적 자유도 있다. 인간은 고립된 개인이 아니라 상호적 인정과 사랑을 주고받으며 기쁨을 느끼는 공동체적 존재인 것이다. "우리는 다른 사람과 동병상련의 감정을 가지고 있으며, 동류의식과 자기완성에서 선천적인 기쁨을 느낀다. 이것이 우리 도덕감정의 정서적 토대이다. ……우리가 사회적 본성을 제대로 이해하는 순간 도덕감정은 자발적으로 우러나온다."(Rawls 460) 홉스의 이기적인 개인이 자신의 기쁨과 타인의 기쁨을 양립할 수 없는 배타적인 성질의 것으로 본다면, 루소의 공동체적 개인은 타인의 기쁨을 자신의 기쁨으로 느끼는 공감 능력을 갖고 있다. 홉스의 개인은 이웃이 땅을 사면 배가 아프지만, 루소의 개인은 이웃의 기쁨을 함께 나누면서 행복이 배가된다. 이웃의 자유와 행복의 증대가 나의 자유와 행복의 토대가 되는 공감 능력이 도덕감정의 기초인 것이다. 루소는 『연극에 대해 달랑베르에게 보내는 편지』에서 함께 나누며 배가되는 기쁨에 대해 어린 시절의 경험을 빌어 다음과 같이 묘사한다. 당시 그가 살던 동네에 주둔하던 생제르베 연대는 어느 날 "식사 후에 광장에 모여서 춤을 추기 시작하였다. ……유니폼을 입은 500~600명의 군인이 서로 손을 잡고 인간띠를 만들면서 추는 춤은 냉정하게 바라보기에는 너무나 발랄하고 흥겨운 장관이었다. 이미 잠자리에 들었던 여자들이 일어나 창문을 열었다. 곧 창문은 여성 관객들의 얼굴로 가득 찼다."(135) 이 장면이 루소에게 특히나 인상적이었던 것은 구성원들이 함께 참여하면서 눈덩이처럼 커지는 공동체적 기쁨, 타인들에 의해 제한되는 자유가 아니라 타인들과 더불어 팽창되고 확대되는 자유의 모습이었다. 군인들은 고독한 밀실에서 혼자 춤을 추는 것이 아니라 광장에서 함께 어울려 춤을 춘다. 여기서는 어느 누구도 냉정한 방관자로, 고독한 구경꾼으로 남을 수 없다. 창문을 열고 바라보면서 흥에 겨워진 여자들은 밖으로 달려나가 각자 남편을 붙잡고 춤을 추기 시작한다. 하인들이 포도주를 내오고, 곧 아이들도 잠옷 바람으로 뛰쳐나와 갑작스러운 한밤중의 축제에 합류한다. 이 에피소드를 통해 우리는 루소의 개인이 홉스의 개인과 얼마나 다른지 실감할 수 있다. 홉스에게 타인이 제거해야 할 "외적 방해물"에 지나지 않는다면 루소의 개인은 타인과 더불어 더욱 풍성한 자유와 기쁨을 느낀다. 행복을 극대화하기 위해 타인에게서 달아나는 것이 아니라 타인을 향해 달려가는 것이다.

『프랑켄슈타인』에서 빅터와 월튼은 자유를 찾아 타인의 구속으로부터 도망치는 자, 축제를 보면서도 흥겨워 어깨를 들썩이며 합류하는 것이 아니라 차가운 방관자로 머물다가 문을 걸어 잠그고 자신의 밀실로 도피하는 개인주의자들이다. 그들은 타인과 함께하는 연대 속에서가 아니라 혼자 있는 공간에서 지고한 자유와 행복을 느낀다. 타인은 신뢰할 수 있는 친구가 아니라 위협적인 적이며 불신과 경계의 대상이다. 생명의 비밀을 밝히고 불사의 신인간을 창조하려는 기획에 착수하는 순간부터 빅터는 아버지와 엘리자베스, 헨리를 비롯한 모든 사람들을 "외적 방해물"로 간주했다. 그들은 빅터의 야망에 제동을 걸고 결혼의 굴레를 씌워서 그를 가정에 묶어둘 수 있는 잠재적 방해꾼이다. 그는 안부를 묻는 가족의 편지에 답장도 보내지 않는다. 가족과 연결되어 있다는 사실이 부담스럽기 때문이다. 이러한 빅터의 변화를 서술하는 작가의 시선은 알퐁스가 아들에게 보낸 편지에서 짐작할 수 있듯 매우 비판적이다.[3] "네가 만일 행복하다면 가족을 생각할 때마다 애정이 솟구칠 것이다. 그러면 편지도 규칙적으로 자주 보내게 될 테지. 편지가 뜸한 것을 보면 네가 마땅히 해야 할 다른 일들도 등한시하지 않나 걱정이 되는구나. 내가 잘못 생각했다면 용서하려무나."(33) 알퐁스에게 개인적인 성취나 지리상의 발견, 새로운 과학적 발명보다 중요한 것은 "가정의 사랑과 평화", 루소의 말을 빌자면 시민사회의 사랑과 평화다.(33) 세상을 바꾸는 위업보다 가족이나 이웃, 시민과의 유대와 배려가 더 큰 가치를 갖는다. 따라서 그러한 유대로부터의 단절은 악이 된다. 빅터가 가족과의 대화를 기피한다는 사실은 악의 한 증상이다. 이 지점에서 우리는 캐럴 길리건이 『다른 목소리로』에서 구분한 '정의의 윤리'와 '배려의 윤리'가 빅터와 그의 아버지에게 체화되어 있는 모습을 발견할 수 있다. 비록 길리건은 전자를 남성의 윤리, 후자는 여성의 윤리에 대응하는 것으로 설명했지만 『프랑켄슈타인』에서 이 상반된 윤리적 지형은 성적인 구분과 정확히 일치하지 않는다. 중요한 것은 성차나 성적 코드가 아니라 개인이 가족을 비롯한 유대에 대해 윤리적으로 취하는 태도와 지향성의 문제이다. 정의의 윤리가 추상적이고 익명적이라면, 배려의 윤리는 구체적이고 실명적이다. 직면한 문제와 갈등을 해결하는 방식도 서로 상반된다. 배려의 윤리에서는 주체가 상대의 반응을 중시하면서 상호 주관적 의사소통을 통해 갈등을 해결하려는 반면, 정의의 윤리에서 주체는 상대와의 대면을 최소화하고 추상적 원칙을 적용하며 갈등을 회피하려는 경향을 보인다. 양자의 차이는 갈등을 해결하려는 개인 주체가 자신의 자유와 권리를 표현하고 주장하는 방식에서 두드러진다. 정의의 윤리의 주체에게 최선의 길은 "타인의 권리를 침해하지 않으면서 자신의 권리를 찾는" 것이다. 그가 타인의 권리를 침해하지 않는 이유는 적극적이라기보다 소극적이다. 타인에 대한 애정이나 배려가 아니라 법을 위반하지 않으려는 방어에서 비롯된 것이기 때문이다. 만일 법이 침묵한다면 그는 타인의 권리나 행복에 구애받지 않는 무제한의 자유를 향유하고 싶어할 것이다. 타인은 최선의 경우 그의 개인적 욕망을 만족시켜주는 자이며, 최악의 경우 자유의 방해물에 지나지 않는다. 반면 배려의 윤리의 주체는 "자신을 비롯해서 가족과 타인에 대한 의무를 실천하는 도덕적 삶을 살고 싶어한다."(Gilligan 21) 여기서 주체는 개인 단위로 욕망하고 생각하고 행동하지 않는다. 그의 의식의 지평에는 언제나 타자가 전제되어 있다. 그는 고독한 개인이 아니라 공동체의 일원으로서 자신의 정체성을 확인하고, 그의 자유도 타자와 더불어 실현될 수 있기 때문이다. 그는 법이 침묵하는 경우에도 타자에 대한 배려와 책임을 자발적으로 수행한다.

이와 같이 한편으로 개인주의와 공동체주의, 다른 한편으로 배려의 윤리와 정의의 윤리를 염두에 두지 않으면 『프랑켄슈타인』에서 빅터가 피조물[4]을 유기한 사건이 충분히 설명되지 않는다. 빅터는 2년에 걸친 연구 끝에 마침내 생명 탄생의 비밀을 밝히고 신인류를 창조하려는 웅대한 기획을 완성한다. 그런데 놀랍게도 연구가 결실을 거두고 꿈이 현실화되는 순간 자랑스러워하며 환호하는 대신 어처구니없게도 피조물을 버리고 도망간다. 기형으로 태어난 아이처럼 피조물이 빅터의 예측이나 기대와 정반대의 모습이었다면 그의 도주 행위를 이해하기 쉬울 수도 있다. 그러나 납골당에서 사체의 일부, 그것도 가장 아름다운 부분들을 선별하고 조합하고 봉합해서 하나의 형체로 완성하는 모든 과정은 그의 손을 거친 것이었다. 그는 괴물이 2미터 40센티미터의 거인이라는 사실을 비롯해서 이목구비와 체형, 생김새를 잘 알고 있었다. 그럼에도 그는 전혀 몰랐다는 듯, 뜻밖의 끔찍한 결과에 너무나 놀랐다는 듯 달아나버렸다.

> 이 끔찍한 사건을 보고 느낀 나의 감정을 어떻게 설명할 수 있을까. 무한한 노력과 정성을 기울여 창조한 결과가 이 괴물이라니. 그의 사지는 균형을 이루고 있었다. 나는 아름다운 사지를 선택해서 그를 만들었다. 아름답다니! 하느님도 너무 하시지. 그의 누런 피부 사이로 근육과 동맥이 들여다보였는데, 검은 머리칼은 자르르 윤기가 흘렀고, 치아는 진주처럼 희었다. 하지만 그 축축한 눈, 쭈글쭈글한 얼굴, 검은 일직선의 입과 대비되면 그러한 아름다움은 더욱 끔찍하게 느껴졌다. 그의 눈은 어두컴컴하고 흰 눈구멍과 마찬가지로 허연 색깔을 하고 있었다. ……인간이라면 누구도 그 괴물의 얼굴을 똑바로 바라보지 못할 것이다. 미라가 살아서 걸어 나온다고 해도 그 괴물만큼 소름끼치지는 않았을 것이다. 작업이 완성되기 이전에 그의 얼굴을 자주 보았는데, 당시에 그는 다만 추했을 따름이었다. 하지만 근육과 관절을 움직이는 그의 모습은 어찌나 끔찍한지 제아무리 단테라도 상상하기 힘들었을 것이다.(34)

위에서 인용한 대목은 '배려의 윤리' 차원에서 빅터를 비판적으로 바라보는 메리 셸리의 관점이 가장 잘 드러난 부분이다. 우리는 무엇보다도 빅터가 자신의 피조물을 심미적으로 바라본다는 사실에 주목할 수 있다. 그는 자신의 피조물인데도 괴물을 철저하게 제3자의 시선으로, 그것도 추상적인 아름다움의 기준에 비추어 냉정하게 바라본다. 이러한 미학적 관조가 가능하기 위해서 빅터는 대상과 멀찌감치 거리를 두어야 한다. 거리를 둘수록 그는 자신의 피조물과 분리되며, 그러한 분리 정도에 비례해서 피조물은 더욱더 타자화되고 추악해진다. 피조물이 처음부터 괴물로 창조되었다기보다는 빅터가 취하는 태도, 그 거리 두기와 분리가 괴물을 만든 것이다.

많은 비평가들은 부모에게 더할 나위 없는 사랑과 보살핌, 교육을 받았던 빅터의 어린 시절과 유기된 채 홀로서기를 해야 했던 괴물의 성장과정이 얼마나 크게 대비되는지를 지적한다. 부모의 사랑을 받으며 훌륭하게 자란 빅터는 최소한의 배려조차 거부하여 피조물을 흉악한 괴물로 만들었다. 이 점에서 『프랑켄슈타인』은 빅터의 "괴물만들기" 혹은 피조물의 "괴물되기"의 이야기다. 빅터는 보살핌을 요구하는 피조물을 유기하여 괴물되기의 빌미를 마련하였다. 위 인용문에서 흥미로운 사실은, 빅터가 피조물에게서 도망친 결정적 계기가 그 눈 때문이라는 것이다. 눈은 단순히 생물학적 차원을 뛰어넘어 윤리적인 성격을 담보한다. 눈은 "어두컴컴하고 흰 눈구멍"이나 "허연 색깔" 등의 표현으로 묘사될 수 없는 차원과 깊이를 지닌다. 시선은 상호 주관적인 응답을 요구하기 때문이다. 얼굴도 마찬가지다. 얼굴은 물리적인 신체의 표면이 아니라 내면의 진실이 밖으로 드러나는 공간이자, 읽히고 해석되기를 요구하는 텍스트다. 눈과 얼굴은 주체의 응답을 요구하는 타자의 요청인 것이다. 그러나 빅터는 이 요청을 간단히 묵살해버린다. 피조물의 얼굴을 똑바로 바라보지도 않는다. 그 얼굴과 눈을 바라보며 응답하는 순간, 책임의 굴레를 쓰게 됨으로써 자신의 자유가 급격히 제한될 수 있다는 두려움을 느끼기 때문이다.

『프랑켄슈타인』에서 빅터를 제외한 대부분의 인물은 배려의 윤리적 주체로 살아가는 모습을 보여준다. 그러한 삶은 공기처럼 너무나 당연해서 굳이 언표화할 필요 없는 일상의 풍경이다. 그러다가 처음에는 그러한 삶에서 추방된 괴물의 입을 통해서, 나중에는 엘리자베스를 잃은 빅터의 입을 통해서 비로소 주제화되기 시작한다. 빅터의 부모가 타자를 배려하고 보살피는 공동체적 삶을 말없이 실천하면서 살았다면, 그 공동체에서 배제된 괴물은 누구보다도 그러한 삶의 필요성을 절실하게 의식하는 존재다. 괴물은 끼니를 거를 정도로 가난하지만 서로에 대한 배려와 애정을 가지고 오두막집에서 행복하게 살아가는 드 레이시 가족의 삶을 가까이에서 지켜보면서, 그들을 부러워하고 그 가족의 일원이 되기를 소망한다. 더구나 드 레이시 노인은 인간의 보편적인 "형제애와 동정심"을 강조하면서 괴물에게 공동체적 희망을 잃지 말도록 충고하지 않았던가. 이 점에서 빅터에게 사랑과 배려를 요구했던 괴물의 주장은 정당하다. "저는 원래 친절하고 선했습니다. 불행이 저를 악마로 만들었습니다. 저를 행복하게 해주세요. 그러면 저는 다시 선해질 것입니다."(98) "나에 대한 당신의 의무를 다하세요. 그러면 나도 당신과 인류에 대한 나의 책임을 다하겠습니다."(65) 그는 가족과 이웃에 대한 알퐁스의 배려가 빅터를 통해 자신에게 되돌아오기를 바랐다. 공동체적 유대가 삶의 의미이자 행복의 조건이기 때문이다. 엘리자베스나 헨리 같은 친구가 없으면 빅터는 행복할 수 없으며, 그의 과학적 성취도 빛을 잃는다. 괴물은 바로 이러한 유대가 부재하는 지점, 공동체의 영도 지점에서 출현한다.

배려의 영점零點과 괴물의 출현

배려의 윤리와 정의의 윤리에 관한 논의에서 흥미로운 사실은 의도와 결과의 명백한 불일치다. 빅터의 의도는 질병이나 죽음의 고통 없이 영원한 행복을 누리는 신인류를 창조함으로써 "인류의 은인"(149)이 되는 것이었다. 또한 그에게는 엘리자베스와 결혼해서 친구와 가족과 더불어 고향 제네바에서 행복하게 살고 싶은 꿈이 있었다. 그러나 신인류 창조의 계획이 실현되는 그 순간 빅터의 친구와 동생, 약혼자가 살해당하는 끔찍한 사건이 발생한다. 선한 결과를 의도했지만 그러한 의도에 반하는 끔찍한 결과가 발생한 것이다. 『프랑켄슈타인』에서 이처럼 "의도치 않았던 결과"는 앞서 설명했듯 빅터의 세계관에 배려의 윤리가 결핍되어 있었기 때문이다. 새로운 생명체를 창조하는 웅대한 기획에 박차를 가하던 빅터가 의식하지 못했거나 미처 계산에 넣지 못했던 배려의 윤리가 엉뚱한 결과를 초래한 것이다. 그의 계획은 가족과 친구와 동떨어져 개별적으로 존재하는 것이 아니라 상호 의존적인 관계, 즉 공동체적 맥락에 놓여 있었다. 빅터가 개인적 프로젝트로 간주하여 다른 사람들의 시선이 미치지 않는 은밀한 밀실에서 수행했던 과학적 실험은 사실 개인적 작업이 아니라 그의 가족에게 직접적으로 영향을 미치는 공동체적 작업이었다. 그러나 유대의 단절을 지향하는 개인주의적 주체인 그는 그러한 공동체적 맥락을 모르고 있었다. 공동체에 속해 있으면서도 독단적 개인으로 행동했던 것이다. 새로운 생명체를 창조하려는 계획을 완성하기 위해 그는 먼저 엘리자베스와 헨리, 가족에게서 멀어져야 했다. 그는 모든 유대관계가 끊긴 공동체의 영도 지점에 실험실을 만들어야 했다. 그의 실험은 다른 누군가와 공조할 수 없는 비밀의 작업, 혼자서만 수행해야 하는 고독한 작업이었다. "오로지 나 혼자만 그

놀라운 비밀을 발견하도록 예정되어 있었다."(30) 새로운 생명체를 창조하려는 의도 자체에는 공동체의 상징적 살해가 전제되어 있었다.(Homans 143) 새로운 생명체를 완성하고 피곤에 지친 그가 잠이 들어서 꾸었던 악몽이 그것을 말해준다.

> 꿈속에서 아름답고 건강한 엘리자베스가 잉골슈타트 거리를 걷는 것을 보았다. 그녀의 갑작스러운 출현에 놀랐지만 행복했던 나는 엘리자베스를 껴안았다. 그런데 그녀의 입술에 키스를 하려는 순간 죽음처럼 안색이 창백하게 변하지 않는가. 그녀의 모습이 변하는 듯 보였다. 그리고 팔에 안긴 것은 죽은 어머니의 시체인 듯한 기분이 들었다. 수의가 그녀의 몸을 감싸고 있었는데 수의 주름 사이로 구더기들이 꿈틀거리고 있었다. 공포에 질린 나는 잠에서 깨어났다. 이마에 식은땀이 흐르고 이가 덜덜 떨렸으며 사지에 경련이 일었다. (34)

빅터는 악몽을 통해 비로소 자신의 연구에 전제된 공동체 살해의 진리와 대면한다. 여기서 그의 연구 성공은 곧 실패가 된다. 나중에 그가 고백했듯 "신이 되고 싶었기 때문에 영원히 지옥에 갇힌 루시퍼처럼"(147) 연구의 성공은 끔찍한 재앙이 되었다.

의도와 결과가 일치하지 않는다면 월튼의 북극 탐험이 말해주듯 계획의 실패가 성공보다 더 바람직한 것이 된다. 월튼이 북극 항해를 끝까지 포기하지 않았더라면 빅터와 같은 재앙을 당했을지도 모른다. 빅터와 마찬가지로 월튼도 불멸의 명성과 명예를 얻기 위해 가족과 고향을 등지고 북극 탐험에 나섰다. 그는 "전인미답의 신천지"(7)를 정복하기 위해서는 엄청난 고난과 고통을 감수해야 하며, 목표를 달성하지 못한 채 도중에 생명을 잃을 수도 있다는 사실을 잘 알고 있다. 그럼에도 강한 신념의 소유자인 그는 용기를 잃거나 좌절하지 않는다. 자신의 존재 이유를 북극 탐험이라는 목표와 동일시하기 때문이다. 그래서 선원들이 추위와 굶주림으로 죽어가고 빙산에 에워싸여 배가 한 치도 움직일 수 없는 극한 상황에 처해도 계획을 수정하거나 포기하지 않는다. 수많은 인명피해도 문제가 되지 않는다. 인명피해는 영광스런 목표를 달성하기 위해 당연히 치러야 하는 희생으로 간주된다. 희생 없이는 명예도 없으므로, 목숨을 잃을까 두려워서 목표를 포기하는 것은 불명예스럽고 치욕스러운 일이다.

빅터가 그러했듯 월튼에게 중요한 것은 동료의 안위나 행복이 아니라 목표의 성취다. 동료 선원들의 반대나 희생, 반란도 극복해야 할 장애물에 지나지 않는다. 북극 항해는 공동체의 바깥에서 영웅적으로 수행해야 하는 고독한 작업이기 때문이다. 그럼에도 월튼은 결정적인 지점에서 자신의 의지를 관철하는 대신 고국으로 돌아가고 싶어하는 선원들의 뜻에 따르기로 한다. 바로 여기서 그는 자신이 고독한 개인이 아니라 선원들과 함께 있는 공동체적 존재라는 사실을 깨닫는다. 혼자라면 그는 북극 탐험에 목숨을 바칠 준비가 되어 있다. 그렇지만 선원들의 의지에 반해서 그들의 목숨을 위험에 빠뜨리는 윤리적 오류를 범할 수가 없다. "나는 그들의 요구를 거부할 수가 없습니다. 그들의 의지에 반해서 그들을 위험에 빠뜨릴 수가 없습니다. 그러니 돌아가야 합니다."(151) 그가 귀향을 결정하는 이 순간은 개인적으로 수치스럽고 불명예스러운 순간이다. 그러나 불명예를 감수함으로써, 즉 성공이 아니라 실패에 기댐으로써 그는 정의의 윤리에서 배려의 윤리로 나아가는 전기를 맞이한다. 자신이 공동체의 일원이라는 깨달음이 그로 하여금 동료 선원들과의 '관계'에 시선을 돌리게 만든다. 선장이 선원들에게 일방적으로 명령을 전달하는 수직적 관계가 상호간 소통하는 수평적 관계로, 전략적 행위가 소통적 행위로 바뀐 것이다.

하버마스에 따르면 전략적 행위는 정해진 목표를 성공적으로 수행하기 위한 행동이다. 이때 행위자들은 진정한 의미에서 주체라기보다는 목표를 달성하기 위한 효율적 도구나 수단에 지나지 않는다. 일의 성공을 위해서라면 감정이나 욕망, 희망, 행복은 간단히 무시되어도 좋다. 그러나 소통적 행위에서 결정적인 요소는 일의 성공이 아니라 참여자들의 이해다. 구성원들이 동의하지 않으면 북극 탐험이나 신인류의 창조처럼 훌륭한 목표라 할지라도 수행해서는 안 된다. 일의 성공보다 이해와 동의가 우선하기 때문이다. 이것은 월튼과 괴물의 관계에서도 마찬가지다. 괴물의 흉한 외모에도 불구하고 월튼은 빅터처럼 도망치는 대신 그의 말에 귀를 기울였다. 그는 괴물을 전략적 대상도 미적 대상도 아닌, 소통의 상대로 보았다.

빅터의 "의도치 않았던 결과"는 과학의 위상에 심각한 의문을 제기했다. 질병과 죽음이 없는 신인류를 창조하려는 과학의 선한 기획이 공동체의 파괴라는 불행한 결과를 초래했기 때문이다. 『프랑켄슈타인』에는 정의의 윤리와 배려의 윤리에 대응하는 두 종류의 과학이 있다. 이를 논하기 위해 「기술복제시대의 예술작품」에서 발터 벤야민이 언급한 '제1의 기술'과 '제2의 기술' 분류를 참고할 수 있다. '제1의 기술'은 인간이 노동을 투자함으로써 자연을 지배하고 다스리는 단계의 기술로서, 자연은 인간에게 적대적인 세력으로 등장한다. 매머드처럼 힘센 야수를 정복하지 않으면 정복당하기 때문에 인간은 죽음을 무릅쓰고 싸워서 이겨야 한다. 그러나 자연을 이길 수 없을 때에는, 트로이로 항해하던 아가멤논이 역풍을 순풍으로 바꾸기 위해 이피게니아를 제물로 바친 사례에서 보듯 인간이 자연의 먹이로 희생되어야 한다. 그러나 죽음과 삶의 주사위던지기인 이러한 기술이 진정한 의미에서 기술의 본질은 아니다. 그것은 기술의 변증법적 발전 단계의 한 국면일 뿐이다. '제1의 기술'은 기계화·자동화된 현대사회에 이르러 제2의 기술에 자리를 물려준다. 이 새로운 단계에서 자연과 기술은 더이상 적대적인 관계가 아니다. 인간이 맞서 싸워야 했던 원시적 자연을 문명이 길들이면서 자연은 인간이 어울려 즐길 수 있는 대상으로 바뀌었기 때문이다. 성경의 「요한계시록」에서 천국을 어린이가 사자나 늑대와 어울려 놀 수 있는 곳으로 묘사한 것처럼 적대적 자연이 우호적이 된 것이다. 자연은 정복의 대상이 아니라 관리와 배려의 대상이 된다. 그렇다면 새로운 생명체를 창조하려는 빅터의 과학적 기획과 북극을 탐험하려는 월튼의 기획은 어떤 기술로 분류되는 것일까? 무엇보다도 그들은 자연의 비밀을 파헤쳐 정복하지 않으면 직성이 풀리지 않는 남성적 욕망의 소유자들이다. 빅터는 생로병사의 순환에 갇힌 삶을 과학에 의지해 향상시켜야 할 결함투성이 자연, 열등한 자연으로 바라본다. 이것은 여성의 출산에 대해서도 마찬가지다. 여성은 죽음과 질병이 내재된 불완전한 생명체를 출산하므로 여성의 자궁은 과학의 자궁으로 대체되어야 한다. 그러나 자연의 흐름을 바꾸려는 이러한 과학기술적 개입은 인간의 희생 없이 이루어지지 않는다. 아가멤논이 이피게니아를 희생시켰듯 빅터는 헨리와 엘리자베스를 희생시키지 않으면 안 되었다. 그뿐 아니라 빅터는 자신의 몸도 희생 제물로 바치지 않으면 안 되었다. 그는 식음을 전폐하고 밤낮없이 연구에 몰두한 나머지 몸이 극도로 쇠약해져 6개월 동안 병석에 누워 있어야 했다. 헨리의 극진한 간호가 없었더라면 그의 건강은 회복되지 않았을 것이다. 제1의 기술은 건강과 생명을 요구한다. 월튼의 경우도 마찬가지다. 북극 탐험에는 선원들의 희생이 뒤따를 수밖에 없었다. 인간의 생명을 자연의 제단에 바치는 대가를 치러야만 자연을 정복할 수 있다. 이 과정에서 동료 인간들은 과학기술이라는 전략적 행동을 수행하는 데 필요한 도구나 수단이 되어버린다.[5]

'위업'에서 '관계'로의 윤리적 전환

이 글의 서두에서 나는 들라크루아가 그린 〈딸들에게 작품을 받아쓰게 하는 밀턴〉을 소개하면서 두 개의 시선을 언급하였다. 하나는 초월적 세계를 응시하는 밀턴의 수직적 시선이고, 다른 하나는 밀턴을 응시하는 딸들의 수평적 시선이다. 수직적 시선은 셸리Percy Bysshe Shelley의 「종달새」처럼 가정과 일상, 유대의 맥락에서 벗어나 고공행진하는 고독한 시선이다. 반면에 수평적 시선은 관계를 맺고 유대를 다지며 타자를 배려하는 공동체적 시선이다. 전자의 세계에 신인류를 창조하려는 빅터의 야심찬 기획과 전인미답의 북극을 탐험하려는 월튼의 웅대한 기획이 있다면, 후자의 세계에는 공직을 포기하고 가족과 이웃의 행복에 전념했던 알퐁스가 있다. 『프랑켄슈타인』을 윤리적 지평에서 읽을 수 있는 이유는 메리 셸리가 전자의 세계와 후자의 세계를 배타적인 관계로 제시했기 때문이다. 빅터와 월튼은 가족이나 친구와의 관계를 끊고 개인의 자격으로만 위업을 달성할 수 있다. 달리 말해 그들의 위업은 유대와 관계, 결속을 희생함으로써 성취할 수 있는 것, 벤야민이 말하는 제1의 기술에 속하는 것이다. 가족과 이웃과의 결속이 소멸하는 관계의 영도 지점에 과학적 기획이 놓여 있다. 이 지점에서 빅터와 월튼은 철저하게 고독한 개인으로 축소된다. 그러나 문제는 거기서 끝나지 않는다. 모든 유대로부터 단절된 주체가 라이프니츠의 단자와 같은 개인으로 환원되는 순간은 괴물이 출현하는 순간, 빅터가 괴물로 전환되는 순간이다. 관계의 영도 지점에서 빅터는 자신의 피조물이 흉하다는 이유로 유기해버린다. 그 결과 의도하지는 않았지만 피조물을 괴물로 만들고, 스스로도 괴물이 되고 만다. 빅터가 단행한 상징적 살해 행위를 괴물은 곧이곧대로 실행에 옮겼을 따름이다. 이 점에서 『프랑켄슈타인』은 과학적 성취나 위업보다 관계와 유대, 결속의 우월성을 주장하는 작품, 캐럴 길리건의 용어를 빌면 정의의 윤리보다 배려의 윤리의 필요성을 강조하는 작품이다. 메리 셸리에게 인간은 홉스적인 의미에서의 전투적 개인이 아니라 루소적인 의미에서의 시민이다. 『프랑켄슈타인』을 통해 우리는 밀턴의 고독한 성취가 아니라 유대를 중시하고 타인을 배려하는 그 딸들의 일상을 배워야 한다. 유대가 단절되는 순간은 정의의 이름으로 배려가 유기되는 순간, 즉 괴물이 출현하는 순간이기 때문이다.

4부

자연 과학기술 여성

생태 파괴 시대의 페미니즘

과학기술 시대의 페미니즘과 사이보그론

페미니스트 신재생산기술 담론의 정치성

생태 파괴 시대의 페미니즘

박혜영

근대사상으로서 페미니즘의 딜레마

1792년 울스턴크래프트Mary Wollstonecraft의 『여성 권리의 옹호 *A Vindication of the Rights of Woman*』로 시작된 근대 페미니즘 운동은 서구 사회의 근대적 발전과 더불어 성장했다. 다시 말해 페미니즘은 시민권에 토대를 둔 민주주의 정치체제의 확립, 시장 자율성에 토대를 둔 자본주의 경제체제의 팽창, 그리고 과학기술 발전에 토대를 둔 서구의 근대화 성장 기획에 때로는 동석하기도, 때로는 비판하기도 하면서 함께 발전해왔다. 서구 페미니즘은 개인의 자유와 평등을 강조한 계몽주의에 그 기원을 두고 있다는 점에서 근본적으로 근대적 사상이라고 할 수 있지만, 동시에 계몽주의식 이분법적 사고체계를 지양했다는 점에서 근대적 지배 이데올로기에 저항하는 '탈근대적' 가능성이 잠재된 사상이기도 했다. 이분법적 위계질서에 맞서 남성과 동등한 여성의 권리를 주장함으로써 오늘날 대다수 서구 여성들은 그 어느 시대보다도 더 많은 자유와 평등을 누리게 되었다. 하지만 이들이 누리는 자유와 평등이 자본주의식 경제성장에 토대를 둔 서구 근대체제의 틀을 바꾸려는 노력으로 이어지지 않는다면 근대사상으로서 페미니즘이 갖는 한계는 현실적으로 더욱 분명하게 드러날 것이다. 끊임없는 성장과 발전을 추구해온 서구 근대체제는 자연과 비서구 지역의 원주민들에 대한 착취와 수탈 없이는 근본적으로 불가능한 발전이었기 때문이다. 다시 말해 페미니즘의 지향점이 진정한 '탈근대'가 아니라 근대를 더욱 정교하게 근대화시키는 데 머문다면, 미래의 페미니즘은 결국 이미 안전하게 확보된 근대의 보루 위에서 현실적으로 근대적 경계를 자유롭게 넘나들 수 있는 소수계층 여성들만의 페미니즘이 될 수 있다.

에코페미니즘은 이제 현실운동으로서나 강단이론으로서나 지금까지의 페미니즘을 근본부터 다시 성찰해야 할 시점이 되었다는 인식에서 출발한다. 왜냐하면 신자유주의 시대에 이르러 서구 페미니즘은 전례 없는 두 가지 총체적 난관에 부딪혔기 때문이다. 첫번째 난관은 페미니즘이 오랫동안 투쟁해온 봉건적 내지 근대적 가부장제 논리가 축소되기는커녕 탈근대 시대를 맞아 가족, 지역, 민족 단위와 같은 종전의 (전)근대적 경계를 넘어 더욱 확산되고 있는 현실이다.[1] 가부장적 억압이 여성의 주체성을 박탈하여 여성을 이분법적 지배체제에 영구히 종속시키려는 것임을 인식한다면, 오늘날 초국가 자본주의의 약탈적 이윤 추구로 인해 수많은 인종적·계급적·성적 타자들이 전 지구적으로 양산되고, 이들이 그 어느 시대보다 더 지배권력에 종속되었다는 점에 주목할 필요가 있다. 마치 근대 자본주의 체제가 발전하면서 전근대적 산물이었던 봉건적 가부장제가 소멸되기는커녕 근대체제에 맞게 확대 재생산된 것처럼, 후기자본주의 시대에 접어들자 근대적 가부장제도 새롭게 등장한 시장영역에 맞게 변형되거나 진화되기 시작한 것이다. 가령 배아세포와 유전자를 지배하려는 생명공학 분야에서부터 인간의 출산과 죽음에 개입하려는 의료 분야, 자연을 관리하고 우주를 개발하려는 과학기술 분야에 이르기까지 인간 존엄성과 생존의 물적 토대를 위협하는 이른바 '후기가부장제post-patriarchy' 논리가 사회 전역으로 확산되고 있다. 첨단과학과 거대자본의 결합이 낳은 기술관료적 사회체제는 세계 곳곳에서 여성의 자율성을 위협하는 한편, 이제는 일부 남성들의 종속도 심화되고 있는 실정이다. 다시 말해 페미니즘 운동의 부분적 성공에도 불구하고, 개인의 자율성을 박탈하고 인간을 상품의 노예로 환원시키려는 반反여성적 지배체제는 여전히 정치, 경제, 사회, 문화, 교육과 인간 정신에까지 날로 확산되고 있다.

두번째 난관은 전 지구적 자연파괴가 지금까지 인류가 이룩한 과학기술로는 도저히 회복될 수 없는 지경에 이르렀다는 점이다. 자연이란 부인할 수 없는 인간 생존의 물적 토대이다. 한나 아렌트Hannah Arendt는 『인간 조건*The Human Condition*』에서 다른 사람들과 함께 살아야 하는 인간의 '복수성plurality'과 유일한 서식처인 '지구earthly nature' 안에서 노동, 일, 행위를 하며 살아야 하는 것을 부인할 수 없는 인간의 조건으로 보았다. 아렌트는 과학기술의 발전으로 "하늘의 아버지"인 종교를 세속화한 것에 이어, 이제 "만물의 어머니"인 자연마저 훼손하려는 것은 인간 스스로 자신의 존재조건을 파괴하는 짓이라고 보았다.(2) 인간 조건의 복수성을 위협하며 인종대학살genocide을 자행했던 나치 관료들처럼 지금 우리는 유일한 서식처인 지구를 위협하며 대규모 생태 파괴ecocide를 자행하고 있는 셈이다. 문제는 생태 파괴가 그동안 페미니즘이 이룩한 여성해방의 성취와 양립될 수 없다는 데 있다. 왜냐하면 설령 모든 여성들의 완전한 자유와 평등이 확보된다 하더라도 삶의 서식처가 파괴된다면, 여성들 역시 아렌트가 말한 두 가지 인간 조건을 뛰어넘어 생존할 수는 없기 때문이다. 지난 200년간 서구 여성들은 여성 억압의 원인이었던 가부장제의 '아버지'를 은유적으로 죽임으로써 여성해방을 도모했지만, 이제는 급속도로 진행되는 생태 파괴로 인해 인간이 자연이라는 '어머니' 마저 죽이는 딜레마에 처하게 된 것이다. 이때 '어머니'는 어머니 대지Mater Terra의 생산력뿐 아니라 여성 자신의 재생산 능력도 함께 뜻하는 은유다. '아버지'도 '어머니'도 없이, 출산할 '몸'도 타자화될 '젠더'도 없이 과학기술이 약속할 사이보그의 세계를 꿈꾸는 여성들도 있지만, 인간 조건의 물리적 한계를 벗어난 이런 삶을 생태적 관점에서 진정한 인간 해방이라고 볼 수 없음은 물론이다.

그렇다면 서구(화된) 여성들은 왜 아이를 낳고 기르는 자신의 몸을 온전한 인간 조건으로 받아들일 수 없는가. 왜 가난한 '남반구the South'의 여성들은 부유한 '북반구the North'가 누리는 경제적 번영을 함께 나눌 수 없는가.[2] 그리고 왜 인간은 자연을 돌보며 공존할 수 없는가. 이런 물음에 대해 에코페미니즘은 타자에 대한 억압과 착취에 토대를 둔 서구 근대체제 자체의 특성 때문이라고 답한다. 에코페미니즘에서는 남성과 여성을 구별짓는 이분법적 가부장제 논리를 이성/감성, 정신/육체, 서구/비서구, 문명/야만, 인간/자연이라는 서구 근대 이분법 체제의 시작으로 보기 때문이다. 에코페미니즘 관점에 따르면, 우열과 배제로 유지되는 가부장제는 지배와 피지배의 권력체제라는 점에서 자본주의와 제국주의의 논리이기도 하다. 또한 인간의 자율성과 자치적 삶을 용납하지 않는다는 점에서 관료주의와 전체주의의 논리이기도 하다. 따라서 이들은 여성/비서구/자연에 대한 가부장적/제국주의적/자본주의적 억압과 착취를 동일한 차원의 문제로 인식한다. 즉 여성에 대한 남성의 차별과 억압gynocide, 내부/외부 식민지 타자들에 대한 제국주의자들의 착취genocide, 인간에 의한 대규모의 생태 파괴 모두 동일한 이해관계에서 빚어진 동일한 차원의 대량살상이라는 것이다. 에코페미니즘은 이런 착취 체제를 뒷받침해온 과학기술과 경제개발 논리의 비윤리성을 비판하며, 과학기술주의와 자본주의를 주요 극복 대상으로 삼는다.[3] 가부장주의, 제국주의, 자본주의는 이데올로기적으로는 관료주의, 기술주의, 공리주의적 사고방식과 밀접하기 때문에 궁극적으로 에코페미니즘은 서구식의 근대화 전체에 대한 문제제기가 될 수밖에 없다.

근대사상으로서 페미니즘이 직면한 이런 딜레마를 어떻게 해결할 것인가는 비단 여성해방을 위해서뿐만 아니라 인류 존속과 해방을 위해서도 중요한 문제다. 자율성에 바탕을 두고 똑같이 존엄한 타자들과 어떻게 공생적 관계를 이룩할 것인가의 문제는, 이제라도 이런 위기를 초래한 서구 근대체제 자체의 전환을 모색할 것인가, 아니면 지금처럼 체제 안에서 더 많은 자유와 평등을 차지하기 위해 노력할 것인가의 선택에 달려 있다. 왜냐하면 후기자본주의 사회는 젠더 차이에 의해 사회적 역할이 달라지거나 계급적 차별과 격차가 벌어지던 근대적 가부장제의 경계를 넘어서고 있기 때문이다. 나아가 지금은 과학기술의 도움으로 생물학적 성별의 한계마저 극복 가능한 시점에 이르렀다. 앞으로 초국적 기업자본주의가 더욱 고도로 발달할 때, 최대의 이윤 보장이라는 조건만 충족시킨다면 최고경영자가 여성인지, 남성인지, 성전환자인지, 이성애자인지, 동성애자인지, 양성애자인지는 전혀 문제가 되지 않을 것이다. 마찬가지로 더 많이 착취할 수만 있다면 착취 대상이 어떤 젠더와 성애주의자인지도 전혀 문제가 되지 않을 것이다. 하지만 반대로 모든 '여성적인' 약자들, 가령 이주 노동자, 서구와 비서구의 빈민, 아동 노동자와 자연에 대한 가부장적 지배는 더욱 거세질 것이다. 중요한 것은 후기자본주의나 후기식민주의 체제를 위협하는 운동이 자유주의 페미니즘도, 마르크스주의 페미니즘도, 포스트페미니즘 이론도 아니라는 점이다. 아마도 식민주의와 자본주의를 뿌리부터 위협하는 것은 마을 단위의 자립, 자치, 공생의 공동체 정신을 지향하는 생태주의 사상일 것이다. 초창기 페미니즘이 등장했던 때와 마찬가지로 이론과 운동, 두 영역이 활발히 공존하는 에코페미니즘의 시대적 중요성은 바로 여기에 있다고 할 수 있다.

에코페미니즘의 주요 논제

에코페미니즘은 에콜로지와 페미니즘의 복잡한 갈래만큼이나 다양한 학파와 주장을 모두 아우르는 보편적인 용어다. 페미니즘 간의 입장 차이에 따라 자유주의적 에코페미니즘, 문화적 에코페미니즘, 사회주의적 에코페미니즘, 혹은 심층생태학적 입장을 취하는 영적 에코페미니즘 등으로 분류된다. 물론 에코페미니즘의 이론적·실천적 관심사는 지구 위에 존재하는 모든 형태의 지배와 억압의 소멸에 있기에 실제로는 인종차별주의, 성차별주의, 이성애주의, 계급차별주의뿐 아니라 자연보호와 생물종 다양성 보호, 농업 문제와 식량 문제, 과학기술의 오용 및 남용에 관한 문제, 거대기술 거부와 대체기술 개발 문제, 군대 반대 운동과 반전 운동, 댐 반대 운동과 핵 반대 운동, 화학약품의 사용과 각종 오염 문제, 소비자 보호 운동, 토착문화 보호와 지역공동체 운동에 이르기까지 거의 모든 분야를 다 아우른다. 전근대나 근대보다 훨씬 더 정교한 가부장주의, 제국주의, 자본주의의 지배와 종속 체제에 직면해 있는 우리의 현 상황에서 주목해야 할 에코페미니즘의 논제는 크게 네 가지다. 여성과 자연과의 연관성 문제, 여성과 과학기술주의와의 문제, 여성과 경제개발에 따른 내부/외부 식민지화의 확산 문제, 그리고 이런 난제들의 대안으로서 생태윤리와 공동체성의 회복 문제 등이 그것이다. 그러나 사실 이 네 가지 논제도 상호연관되어 있으며 오직 연구 편의상의 분류임은 물론이다.

1) 여성과 자연

서구 산업문명과 자본주의 경제개발로 인한 대규모 자연파괴는 어떤 근거에서 페미니즘의 관심사가 될 수 있는가? 다시 말해 생태위기가 여성이라는 젠더와 어떤 관계가 있는가? 이 질문이 중요한 이유는 서구식 근대화로 지금까지 파괴된 생태계와 공동체 정신의 회복을 위해 무엇보다도 돌봄에 바탕을 둔 여성적 관점 혹은 여성적 감수성의 도입이 시급히 요청된다는 데 있다. 이것은 여성과 자연의 본질적인 상호연관성에 관한 논의이지만, 사실은 여성이라는 성sex/gender 정체성을 어떻게 규정할 것인가의 문제이기도 하다. 그렇기에 에코페미니즘 내에서도 서로 의견이 다를 뿐 아니라 그 본질론적 입장으로 인해 일부 포스트페미니스트들로부터 비판을 받기도 한다. 전통적으로 여성과 자연은 서로 긴밀한 관계가 있는 것으로 인식되었다. 고대 농업사회에서는 땅에 씨를 뿌리고 곡식을 돌보는 일과 출산을 하고 아이를 돌보는 일이 동일한 차원의 모성적인 일로 인식되었다. 여성의 출산력과 자연의 생산력을 은유적으로 병치시킨 풍요 신화와 제의는 전통문화의 형태로 매우 풍부하게 보존되어왔다. 물론 이런 유사성은 여성보다는 남성, 자연보다는 문화의 우월적 지배체제의 근거가 되기도 했지만, 동시에 생태문제를 여성적 관점에서 바라볼 필요성의 근거가 되기도 했다.

에코페미니즘의 철학적 인식론을 탐구했던 워렌Karen J. Warren은 에코페미니즘이 생태문제를 논의하는 데 젠더를 주요 분석 범주로 도입한 이유에 대해 젠더 억압이 다른 형태의 억압보다 더 중요하기 때문이 아니라, 범주로서의 '여성'에 초점을 맞출 경우 상호연관된 지배체제의 특질들이 더 잘 폭로되기 때문이라고 설명한다. 그 구체적 근거를 들자면 첫째는 전 세계적 환경파괴로 인해 남성보다 여성이 더 큰 고통을 받고 있기 때문이다.[4] 둘째는 가내경제 관리자로서 여성 젠더의 역할이 남성 젠더의 역할과는 달리 주요한 환경 이슈와 겹치기 때문이다. 셋째는 자연에 대한 지배 근저에 깔려 있는 서구 이데올로기가 여성보다는 남성적 젠더에 경도되어 있기 때문이다. 남성 중심주의androcentrism가 생태위기의 주요 원인으로 꼽히기 때문에 여성이라는 젠더 범주가 중요한 틀이 되는 것이다. 다음으로 머천트Carolyn Merchant는 서구 근대 과학사 연구를 통해 역사적으로도 여성과 자연의 연관성이 강조되어왔다는 것을 지적한다. 가령 유기체적 세계관에 토대를 둔 1500년경까지만 해도 여성과 자연의 상호성은 '돌보는 어머니'와 같은 긍정적 은유로 나타났지만, 근대 자연과학의 환원주의적 세계관이 태동한 17세기부터는 여성과 자연 양자에 대해 혼돈과 무질서라는 부정적인 은유가 등장하기 시작했다는 것이다. 머천트에 따르면, 이런 부정적인 은유의 등장은 여성에 대한 남성의 지배와 동일한 차원에서 자연에 대한 인간의 지배를 사회문화적으로 승인했다는 것을 의미한다. 이런 승인은 당시 태동하기 시작한 상업주의와 산업주의의 발전을 위한 필수적인 변화였다. 더 나아가 플럼우드Val Plumwood는 여성과 자연에 대한 젠더적 지배가 철학적으로는 그리스 시대까지 거슬러 올라가는 현상이라고 주장한다. 그녀는 그리스 시대의 소크라테스와 플라톤 철학 이후 서구철학에서 인간/자연의 구분은 남성/여성이라는 젠더 구분과 밀접한 관계에 있으며, 따라서 '인간 중심주의anthropocentrism'와 '남성 중심주의androcentrism'는 사실 같은 차원의 이념이라고 한다. 시바Vandana Shiva나 미즈 같은 사회주의 에코페미니스트들은 여성과 자연의 연관성을 이 양자에 대한 자본주의의 동일한 착취과정으로 설명한다. 즉 자본주의와 가부장제의 결합이 젠더별 노동 분업을 통해 여성 노동을 착취한 것과 마찬가지로 자연도 착취하였다는 것이다.(Warren, *Ecofeminist* 21-42) 실제로 자연의 생산력과 함께 여성의 (재)생산력도 경제적으로는 임금이 지불되지 않는 노동이었음은 물론이다.

이상의 논의들은 모두 여성과 자연의 연관성을 전제로 한 것이지만 모든 에코페미니스트들이 여성과 자연의 등치를 받아들이는 것은 아니다. 프렌티스Susan Prentice는 이런 등치가 여성/남성이라는 젠더를 사회화 혹은 문화화되기 이전의 본질적인 특성으로 전제한다고 비판한다.(Merchant, *Radical Ecology* 300) 왜냐하면 젠더 특성이 사회화의 산물이 아니라 생물학적으로 이미 결정된 본질의 문제라고 할 때, 이는 바로 가부장제의 억압적 젠더 논리에 대한 수긍을 의미하기 때문이다. 물론 영적 에코페미니스트들은 가부장제 이전의 신화적 여성성과 자연 숭배 의례의 흔적을 찾아 남성 지배 이전 여성과 자연이 함께 고양되던 영성적 상태를 회복하게 되면, 여성과 자연 모두 고유한 본질을 잘 유지하면서도 지배와 종속에서 벗어날 수 있다고 주장한다. 하지만 이런 주장은 여성과 자연 모두 남성 주체에 의해 이미 타자화된 근대 이후에는 타자로 젠더화된 여성이 어떻게 다시 주체가 될 수 있을지에 대해 분명한 해답을 제시하지 못한다.

이렇듯 성/젠더에 대한 본질주의적 입장으로 인해 에코페미니즘은 적어도 젠더 논의에 관한 한 피상적인 동시에 계몽주의적 이분법을 넘어서지 못한다는 비판을 받는다. 물론 자연과 연관된 여성이라는 젠더적 특성이 존재하는 것인지, 그리고 그것이 존재한다면 생물학적으로 본질적인 특성인지, 혹은 사회화나 문화화의 산물인지는 모두 답하기 쉬운 문제가 아니다. 그러나 그 어느 쪽이든 더이상 성과 젠더가 생물학적으로나 환경적으로나 절대적으로 고정된 개념이 아니라는 것만큼은 분명하다. 현대 과학기술의 발전으로 생물학적인 성은 자의적으로 전환 가능한 영역이 되었고, 지식정보화 사회로 발전하면서 여성에게만 강요할 수 있는 젠더별 노동 영역은 가정과 사회 어디에도 남아 있지 않게 되었다. 이제 적어도 일부 계층의 여성들은 자신의 섹슈얼리티에 맞게 생식기관을 마음대로 바꿀 수 있고, 가사노동을 하지 않고도 주부 역할을 할 수 있으며, 사회적으로도 모든 관직과 기업과 학문 분야로 진출할 수 있다. 따라서 여성이라는 본질이 있는지 없는지, 혹은 있다면 생물학적 성에 기인한 것인지 문화적 산물인지보다는, 오히려 이론상으로건 실제 현실에서건 이렇게 여성의 고유한 본질이 부인될 경우 이것이 인류에게 어떤 미래를 암시할 것인지가 더 시급한 문제일 것이다.

이런 관점에서 생물학적·사회문화적으로 지금까지 용인된 여성 젠더의 본질적 고정성이 해체될 경우 다가올 미래가 여성에게 무엇을 의미하는지 간략하게 살펴보고자 한다. 이를 위해 다음 두 부류의 포스트페미니즘 이론에 주목할 필요가 있다. 첫째는 객관적 진리에 대한 계몽주의식 믿음과 달리 모든 지식은 부분적·상황적 시각에 기초하고 있다고 주장한 해러웨이Donna Haraway의 '상황적 지식situated knowledge' 이론이고, 둘째는 행위에 선행하는 주체를 전제하지 않는 '수행성'에 토대를 둔 주디스 버틀러의 포스트젠더 이론이다.[5] 이 두 이론은 서구 계몽주의의 '지식'과 '주체'의 절대성을 부인함으로써 여성 억압의 토대가 된 계몽주의적 이분법을 해체했다는 데 그 공통점이 있다. 하지만 지식이 부분적이고 가변적이듯이 섹스, 섹슈얼리티, 젠더의 정체성 모두 후천적인 문화적 규정일 뿐 절대적이지 않다는 본질주의의 해체는 또다른 문제점을 낳는다. 가령 해러웨이의 상황적 지식론으로 그동안 절대우위를 차지했던 남성적 주체, 지식, 시각, 진리 등은 권위를 잃고 부분화되었지만, 대신 그 자리에 사이보그적 과학기술에 대한 절대적 선망과 수용이 들어서게 된다. 또한 버틀러의 경우 젠더 '되기becoming'를 강조하면서 이성애 중심의 이분법적 성/젠더의 본질적 절대성을 해체시켰지만, 동시에 여성을 일시적 구성체로서만 설정함으로써 여성을 여성으로 묶어줄 고유한 공통성마저 해체되어 정체성의 근원을 상실한 존재론적 불안과 우울을 피하기 어렵게 된다. 무엇보다도 수행성에 선행하는 절대적 주체성을 가정하지 않은 상태에서 여성이 어떻게 주체로서 발화할 수 있는지 검토해야 한다. 나아가 에코페미니즘의 본질주의를 비판한 포스트젠더 이론들이 실제 현실에서는 신자유주의 시대의 과학기술주의와 기업자본주의에 대해 에코페미니즘만큼의 위협도 가하지 못하고 있다는 점 또한 검토해야 한다. 사실 자본주의가 고도로 발달하면서 부르주아 계층의 경우 기존의 가사노동과 같은 성별에 따른 노동 분업과 그로 인한 남녀차별 영역은 상당히 줄어들었다. 또한 여성의 개인적인 영역으로 유일하게 남아 있던 임신과 출산마저도 과학기술의 발달로 점차 전문가의 기술적 개입과 관리가 필요한 사회적 차원의 기술적·상품적 재생산과정으로 바뀌고 있다. '출산'이 '재생산'과정으로 바뀌면서 마침내 과학기술은 불임과 가임 양쪽 모두에 합리적으로 개입할 수 있게 되었다. 여성의 몸을 오직 재생산과정의 질료로만 간주하는 신재생산기술의 폭력성은 여성의 몸을 오직 무임금 노동과 출산의 질료로만 보았던 근대적 가부장제의 폭력성과 본질적으로 동일한 것이다. 해러웨이나 버틀러처럼 섹스로서나 젠더로서나 공통된 형태의 본질적 여성성을 거부하는 것이 본래의 의도와는 달리 미래의 자본과 과학에게 새로운 시장의 탄생이자 새로운 신대륙의 발견이 될 수도 있다는 점에 유의해야 한다. 에코페미니즘에서 여성의 몸이 '마지막 식민지"가 되고 있다고 보는 것은 이런 연유에서다.

2) 여성과 과학기술

에코페미스트들은 여성 억압과 경제적 착취를 자본주의 체제의 오작동이나 부작용이 아닌 본질로 보기에 이를 뒷받침하는 과학기술주의와 경제개발주의에 대해 매우 비판적이다. 특히 과학기술의 발전과 여성과의 관계는 무엇보다도 자연과 여성의 '모성성'을 집중 공격하는 신재생산기술new reproductive technology의 발전과 밀접한 관계가 있다. 여성과 자연의 모성적 연관성에 대한 논의는 모성성이 인류 공동체의 지속을 위한 토대가 된다는 점에서 생물학적 논쟁보다는 윤리적 논쟁을 통해 성찰할 필요가 있다. 말하자면 여성과 자연의 연관성과 양자의 생산력에 폭력적으로 개입하는 과학기술의 문제를 과연 페미니즘 입장에서 어떻게 평가해야 할지에 대한 윤리적 판단이 요청된다는 뜻이다. 본질주의의 위험을 피하려고 여성의 물질적·역사적 정체성을 모두 해체시킨 것이 오히려 여성을 재생산의 질료로만 파악하는 신재생산기술에 새로운 시장을 열어준 것은 아닌지, 또한 이런 해체주의적 인식이야말로 여성을 유전자로만 환원시키는 진짜 생물학주의biologism는 아닌지 깊이 성찰해볼 필요가 있다.

생명공학기술biotechnology의 발달은 페미니즘과 관련하여 두 가지 중요한 의미를 함축한다. 첫째는 출산이 재생산과정으로 바뀌면서 출산의 신비와 신성은 사라지고, 출산과정의 생물학적 고통과 불편은 의료적 처치가 요구되는 불필요한 노동이 되었다. 가임, 피임, 불임, 출산 모두 치료 대상이 되면서 오히려 예전보다 여성들이 생물학적 차원으로 환원될 여지가 더 커졌다고 할 수 있다. 또다른 중요한 의미는 임신과 출산의 전 과정이 기술전문가의 손에 맡겨지면서 여성의 재생산과정 전체가 마치 상품처럼 분리되어 사고팔 수 있는 소비적 특성을 띠게 되었다는 점이다. 실험용 난자 구매나 대리모 구인 광고는 더이상 낯선 일이 아니다. 해러웨이를 비롯한 사이보그 페미니스트나 파이어스톤 같은 급진적 페미니스트는 과학기술의 발전이 궁극적으로 여성의 생물학적 굴레를 해체시킬 것이라고 주장하지만, 자본시장과 손쉽게 결탁된 과학기술은 실제로 여성의 몸을 더욱 쉽게 생물학적 차원으로 환원시키고, 여성의 몸의 상품화·시장화를 더욱 촉진하면서 오히려 과거보다 더 반反여성적인 미래사회의 도래를 경고하고 있다.

파이어스톤은 1970년대에 페미니즘 사회체제를 위해서 "가능한 모든 수단을 동원하여 여성을 생식생물학의 압제로부터 해방시키는 것"이 요청된다고 주장했다.(Rosen 2) 낙태권, 피임권과 함께 인공생식권은 미래 여성해방의 초석으로 여겨졌으며, 여성이 생물학적 사슬에서 벗어나지 않는 한 남성과 결코 동등해질 수 없는 것처럼 보였다. 체외수정, 복제난자, 인공자궁과 같은 첨단 생식기술이야말로 여성억압의 오랜 숙적인 생물학적 '아버지'를 제거해줄 것이며, 나아가 완전한 생식 자율조정권이야말로 인류 사회의 진보에 기여할 것으로 강조되었다. 일찍이 헉슬리Aldous Huxley의 『멋진 신세계*Brave New World*』와 같은 공상과학소설이 미래사회의 유토피아적 성과로 남녀의 신체적 완전평등을 묘사하고, 그것을 가능하게 해준 기술적 업적으로 인공부화를 상상했던 것이 우연만은 아니다. 문제는 적어도 생물학적으로 여성들이 완전히 해방되고, 따라서 같은 계급 내에서 산술적 남녀평등이 달성된 것처럼 보이는 이런 기술유토피아의 세상이 결코 유토피아처럼 보이지 않는다는 점이다.

그렇다면 과학기술주의에 토대를 둔 여성 본질주의의 해체가 정치적으로 어떤 의미가 있는지 페미니즘 관점에서 생각해볼 필요가 있다. 여성의 자연친화성과 모성성에 대한 과학기술의 개입은 여성을 물적 존재로만 보고, 인간으로서의 존엄성이나 영혼에 주목하지 않는다는 점에서 근본적으로 반反인본주의적이며, 따라서 오히려 변혁 운동으로서의 페미니즘을 탈정치화시키는 측면이 있다. 포스트페미니즘이 현실변혁 운동보다는 이론화에 지나치게 경도되는 것도 이와 무관하지 않을 것이다. 젠더 해체를 꿈꾸는 포스트페미니스트의 가장 큰 문제는 이들이 본질주의의 위험을 피하기 위해 여성문제를 더 협소한 생물학적 결정론biological determinism으로 환원시켰다는 점이다. 즉 '여성성', '남성성', '모성성'을 생물학적 차원에서 논의함으로써 여성의 몸에 새겨진 다양한 역사성뿐 아니라 인간 정신의 인식력과 상상력, 창조성과 감성의 근거지로서의 몸의 역동적인 물질성을 간과했다는 것이다. 가령 미즈는 버틀러의 젠더 수행성 이론이야말로 여성의 몸에서 역사성을 지워버린 탈역사적 주장이라고 비판하면서, 여성이라는 존재론적 본질에 대한 보편적 역사성과 물질성을 전제하지 못하는데 현실적으로 어떻게 여성들이 연대하여 정치적 행동을 수행할 수 있느냐고 반문한다.(*Subsistence Perspective* 198-199) 만약 여성이라는 '공통성'을 전제할 수 없다면 페미니즘은 결국 개별 성차의 미시적 다양성에 대한 이론적 옹호에만 그칠 뿐, 보편적 여성해방을 위한 변혁 운동으로서의 가능성은 사라지게 될 것이다.

공통성을 부인하고 차이만을 강조하는 다성주의multi-sex/gender-ism의 도래가 향후 정치사회적으로 어떤 상황을 초래할지 단정할 수는 없다. 이런 현상이 정치적으로 다양성을 인정하는 민주주의의 확산으로 이어질 것인지, 혹은 획일적인 소비문화에 바탕을 둔 전체주의의 확산을 가져올 것인지는 더 연구가 필요한 문제다. 다만 공통성 혹은 공동체성이 없는 다양성만으로는 지금의 생태위기와 사회해체를 막을 수 없다는 점은 분명하다. 미즈는 '여성 연구women studies'가 '젠더 연구gender studies'로 협소해지면서 페미니즘의 전복적 운동이 활력을 잃고, 자본주의나 후기식민주의에 별다른 위협이 되지 못한 채 페미니즘 전문가들을 위한 강단연구로만 제도화·재정착화되었다고 주장한다. 이런 식의 '강단급진주의'는 현실적으로 과학기술주의와 경제개발주의 같은 근대 이데올로기를 더욱 정교하게 발전시키는 데 기여할 수는 있어도 이원론적인 근대체제 자체를 변혁시킬 '탈근대적' 역동성을 형성하기에는 역부족이다. 현재와 같은 산업사회, 대규모의 생태계 파괴가 일어나고 여성의 몸까지 상품화하는 물신사회에서 젠더의 붕괴, 몸의 잡종화, 혼성화로 여성억압이 사라지고 마침내 성적 평등이 완성될 수 있다는 주장은 신자유주의시대가 심어준 미신이거나 과학기술주의가 유포하는 허구일 가능성이 높다.

3) 여성과 경제개발

과학기술의 발전이 더 나은 삶을 보장할 것이라는 믿음만큼 의심스러운 또다른 신화가 바로 경제개발이 가져올 풍요로운 미래에 대한 믿음이다. 페미니즘 관점에서 보자면 여성억압이 봉건적 가부장제에서 시작되었기에 서구화, 근대화, 선진화를 거쳐 사회가 더욱 진보하기만 한다면 여성에게는 더욱 해방된 사회가 될 것이라고 쉽게 생각할 수 있다. 이런 관점 때문에 여전히 정치적·제도적·종교적으로 봉건적 가부장제의 압제에 시달리고 있는 수많은 비서구 지역의 여성문제 해결을 위해서도 더 빠른 서구화, 근대화만이 유일한 대안인 것처럼 제시된다. 생태주의 관점에서 근대화는 서구식의 욕구 창출, 생산력 향상, 성장주의 문화를 의미하며, 따라서 뒤처진 비서구 사회의 지상과제는 이미 앞선 선진국의 성장과 발전을 '따라잡는' 것이다. 하지만 중요한 것은 서구식의 경제개발과 성장은 착취할 수 있는 미개발 상태의 비서구 지역 없이는 불가능하다는 점이다. 새로운 소비욕구는 새로운 시장이 발견되어야 창출되며, 생산량 확대와 경제성장 또한 더 저렴한 노동력과 원자재가 공급되어야 가능하기 때문이다. 이처럼 서구식의 근대화는 여성/비서구/자연의 식민화 없이는 불가능하다고 보기에 에코페미니즘은 세계은행World Bank, 국제통화기금IMF, 국제부흥개발은행IBRD이 이끄는 서구 주도의 개발주의에 반대하는 것이다. 이 조직들은 선진국의 차관과 기술을 개발도상국에 지원하여 경제개발을 통해 만성적인 기아와 질병, 빈곤을 없애겠다고 하지만, 실제 지원을 받은 아프리카와 라틴아메리카의 현실은 더욱 악화되고 있다. 에코페미니즘은 지금과 같은 자본주의 경제개발이 여성과 자연을 더욱 억압할 것이기에 새로운 생태윤리와 공동체정신에 토대를 둔 새로운 사회체제가 필요하다고 본다.

한때 인도의 핵물리학자였고, 지금은 몬산토나 카길과 같은 다국적기업에 맞서 농촌지역의 자급경제와 토착문화를 지키는 생태운동가인 시바는 비서구 여성과 자연의 입장에서 보면 경제개발이야말로 근대 이후 새로운 모습으로 등장한 서구식의 가부장적 기획이라고 말한다. 그녀에 따르면 '개발development'이란 자본축적과 상업경제를 의미하며, 개발로 인해 새로운 부도 창출되지만 이와 동시에 새로운 빈곤과 새로운 강탈도 생겨난다. 즉 새로운 풍요는 새로운 빈곤의 창출 없이 불가능하며, 새로운 성장은 새로운 강탈 없이 불가능하다. 물론 이때 신빈곤층의 대다수는 주로 여성들이다. 그래서 시바는 경제성장을 비서구 여성과 토착사회, 자연을 착취하는 새로운 식민주의라고 불렀다.(*Staying Alive* 1-4) 이 개발이라는 패러다임이 현대 서구 사회에서 중요한 의제로 등장한 것은 2차 대전 이후부터다. 1949년 1월 2일, 미국의 트루먼 대통령은 이제 20세기 초까지의 근대적 식민제국주의 시대는 끝났고, 지금부터는 현대적인 민주주의와 자유무역의 시대가 모든 미개발 지역에서도 열릴 것이라며 다음과 같이 선언했다.

우리의 과학적 진보와 산업발달의 혜택이 미개발 지역의 성장과 향상을 위해서도 이용될 수 있도록 이제 우리는 담대하게 새로운 프로그램에 착수해야 합니다. 이익을 위한 착취라는 과거의 제국주의는 우리 계획에 들어 있지 않습니다. 우리가 준비한 것은 민주적인 공정거래 개념에 토대를 둔 개발 프로그램입니다. (Sach 4)

트루먼 대통령의 선언에 따르면 갓 독립한 많은 비서구 지역은 그동안 미개한 '전근대' 상태에 있었던 셈이며, 이제부터 서구식의 개발과 발전을 따라잡기 위해 서구식의 민주주의와 자유무역을 도입하지 않으면 안 된다. 마치 근세 유럽이 아메리카 신대륙의 발견으로 역동적인 경제성장을 했듯, 이제 현대 서구 사회는 '미개발 지역'이라는 새로운 신대륙을 발견함으로써 다시 한번 역동적인 경제성장의 길로 들어설 수 있게 되었다.

물론 미개발 국가들의 서구 근대화 정책 수용은 필연적으로 오래된 마을공동체의 붕괴와 수많은 여성 노동력의 착취, 자연의 파괴와 농업의 희생을 의미했다. 가령 멕시코는 1955년부터 '마킬라도라'라는 외국기업 유치용 경제우대지역을 만들어 섬유, 장난감, 전자제품 등의 제조업 공장들을 설립했는데, 이런 수출가공단지 공장노동자의 90퍼센트가 젊은 여성이었고, 모두 최저임금을 받았다. 에스테바 Gustavo Esteva는 미개발 지역이라는 새로운 신대륙의 발견이 없었다면 지금 서구가 누리는 놀라운 경제성장도 없었을 것이라고 말한다.(Sach 6-23) 실제로 신자유주의 시대에 이르러 아프리카, 아시아, 라틴아메리카 대륙의 토지와 수자원을 비롯한 각종 공공재에 대한 다국적기업들의 사유화 기획이 추진되었고, 그에 따른 각종 개발로 토착공동체는 급격히 파괴되었다. 시바의 지적처럼 서구식 경제개발이 새로운 형태의 가부장제라면, 근대화가 이루어진 뒤에도 봉건적 산물인 가부장제가 사라지지 않은 것은 가부장제와 자본주의를 이끄는 동력이 근본적으로 같기 때문이다. 먼저 가부장제는 여성에 대한 남성의 일방적인 폭력에 의해 유지되는데 이런 가시적·비가시적 폭력성은 자본주의와 제국주의 체제유지의 비밀이기도 하다. 또한 산업자본주의 시대에는 생산성 향상과 이윤 확대를 위해 임금을 지불할 필요가 없는 비공식 경제 부문이 필요한데, 가부장제 내에서 여성의 재생산노동과 가사노동이야말로 자본주의 체제를 유지시켜주는 비공식 경제 부문이다.

가부장제와 결합한 산업자본주의는 안으로는 가사노동 이데올로기를 통해 자국 여성들을 식민지화하고, 밖으로는 제국주의의 팽창을 위한 개발과 진보 이데올로기로 식민지의 노동력과 자원을 이른바 '자유재'로 만들었다. 에코페미니즘은 자국 내에서의 성별 노동 분업이 제국주의 시대에 이르러 제국 본토와 외부 식민지 간의 국제적 노동 분업으로 확장되었을 뿐 기본적으로 노동 분업이라는 자본주의의 작동원리는 변하지 않았다고 본다. 미즈는 이런 식의 노동 현실을 노동력의 '주부화housewifization'라고 불렀다. 즉 정당한 임금을 받지 못하면서 일하는 상태가 노동력의 주부화인 것이다. 그녀는 이런 노동 현실이 자본주의가 심화될수록 사회 저변부로 확대될 것이고, 조만간 남성 노동력의 '주부화'도 일어날 것이라고 전망했다. 미즈가 자본주의의 이런 노동 분화 현상을 주부화라는 젠더적 은유로 부른 이유는 노동에서의 성별 분업이 부유한 '북반구'와 가난한 '남반구'라는 국제지역 간의 노동 분업과 연관되어 있기 때문이다. '남반구' 주민들의 노동은 주부의 가사노동과 마찬가지로 보이지 않는 노동으로 취급된다. 이렇듯 보이지 않는 주부화된 노동이 사회 하층부 다수를 차지하는 자본주의 경제 모델이 바로 '빙산 모델Iceberg Model'이다. 비단 주부들의 가사노동뿐 아니라 아르바이트생이나 비정규직 노동자, 자급자족형 농민의 육체노동 등도 바로 수면 아래 노동에 위치한다.[6] 중요한 것은 자본주의의 지속적인 성장과 경제개발을 위해서는 여성-식민지-자연처럼 임금을 지불하지 않아도 되는 착취대상이 지속적으로 공급되어야 한다는 것이다.

문제는 후기자본주의 시대에 이르러 다국적기업들이 탈규제화, 사유화, 자유화를 강요하며 국경을 초월한 전방위적 자본축적을 모색하자 가부장주의, 자본주의, 제국주의의 결합도 물리적으로 더욱 비가시화되고 규모 면에서는 더욱 확장되었다는 데 있다. 따라서 노동력의 주부화도 전 지구적 규모로 일어날 수밖에 없다. 세계 전역에서 증가하고 있는 비정규직 노동자, 이주 노동자, 아동 노동자의 수가 그 예다. 그뿐 아니라 두 번의 걸프전, 코소보 전쟁, 아프리카의 내전으로 수많은 여성들이 성폭행을 당했고, 전쟁 난민은 급증했다. 또한 대규모 개발과 지구온난화에 따른 자연재해로 환경 난민도 급증하고 있다. 여성과 자연은 그 어느 때보다도 더 보이지 않게 전 지구적으로 식민화되고 있으며, (재)생산 능력은 점점 약화되고 있다. 양자에 대한 경제적 식민화를 극복하기 위해서는 무엇보다도 지금과 같은 끝없는 경제개발이 신화이자 허구임을 깨달아야 한다. 에코페미니즘은 이와 같은 경제체제에 대한 대안으로서 공동체 정신의 회복과 전통적인 삶의 기술의 복원, 그리고 토착경제의 보호 등을 제시한다.

생태윤리와 공동체성의 회복

미즈는 차이와 평등이 오늘날 포스트페미니즘의 주요 관심사가 된 점을 비판하면서 "억압과 착취로부터의 해방"이라는 페미니즘 운동의 본래 지향점으로 돌아가야 한다고 주장한다.(*Subsistence Perspective* 184) 평등권 쟁취 운동은 결국 불평등을 낳는 체제를 인정하는 체제

내 운동이기 때문이기도 하지만, 동시에 서구 부르주아 남성의 특권을 전 세계 모든 여성이 똑같이 나눠 갖는다는 것은 불가능하기 때문이다. 일찍이 산업사회와 젠더의 관계를 논의했던 일리치Ivan Illich도 또다른 이유로 산업사회 체제가 유지되는 한 페미니즘이 지향하는 남녀평등은 불가능하다고 예견했다. 산업사회란 남녀 모두 동일한 경제적 욕구를 지니며 동일한 노동이 가능하다는 것을 전제로 한 젠더 부재의 유니섹스 섹슈얼리티unisex sexuality 사회이기 때문이다.(81) 즉 전통적인 토착사회에서처럼 젠더에 따라 남성과 여성이 서로 구분되면서도 서로 보완적인 사회활동을 할 수 없기에 동일한 일을 두고 남녀가 계속 경쟁을 해야 한다는 것이다. 반면 전통사회는 '버내큘러 젠더vernacular gender'[7]의 상보성에 토대를 둔 사회이기 때문에 여성은 남성이 침범할 수 없는 여성 고유의 일을 하며, 여성 고유의 언어와 도구를 사용하고, 남성과는 다른 여성만의 공통 문화를 지켜올 수 있었다고 한다.

토착문화의 젠더에 따른 일의 구분은 산업사회의 성에 따른 노동 분업과는 다른 개념이다. 전자는 역사적으로 오랫동안 축적된 지혜로서 공동체 내에서 여성 고유의 영역을 인정하는 젠더의 문화를 의미하지만, 후자는 생물학적 성이 여성이기 때문에 노동과 임금에 있어 과도하게 유리하거나 혹은 불리하게 배제되는 성차별주의 문화를 일컫는다. 미즈와 일리치의 논리대로라면 페미니즘의 중요한 목표인 '평등'은 산업체제의 변화 없이는 불가능한 셈이다. 이런 이유에서 사회주의 페미니즘에 토대를 둔 생태윤리를 옹호했던 킹Ynestra King도 "우리는 썩은 파이를 똑같이 분배하는 것엔 관심이 없다"라고 말했다. 포스트페미니즘 이론가들은 섹스와 젠더 모두를 자의적이고 가변적인 개념으로 규정했지만 현실 범주로서의 공통 젠더가 사라진 문화에서는 여성이 오히려 상품화되는 경우가 더 많다는 점에 주의해야 한다. 가령 성전환 여성의 경우 대중매체를 통해 섹스심벌sex symbol 여성으로만 소비되는 경우가 흔하다. 남성이건 여성이건 젠더로부터 소외되지 않는 온전한 삶을 회복하기 위해서는 모든 것을 상품화시키는 자본주의 산업사회 체제가 아닌 새로운 대안적 체제가 필요하다. 그리고 에코페미니즘은 새로운 생태윤리의 수립을 통해 이런 변화를 모색한다.

에코페미니즘의 생태윤리는 크게 두 가지로 나눠볼 수 있다. 첫째는 타자와의 관계에 여성적인 관점을 도입하는 문제이고, 둘째는 공동체 회복을 위해 자급적인 관점을 도입하는 문제이다. 이는 어떻게 여성 고유의 본질을 유지하면서 동시에 다른 타자와 전일적holisitc 관계를 이룩할 것인가의 문제다. 말하자면 여성 자신의 자율성을 유지하면서 동시에 돌봄의 윤리적 감수성으로 타자와 평등한 결속에 이르는 것이 에코페미니즘의 생태윤리다. 플럼우드는 이런 자아를 "관계 맺는 자아self-in-relation"라고 불렀다.(*Ecofeminism* 379) 즉 인간과 자연세계의 연속성을 수용함과 동시에 인간의 주체성과 자연의 독립성도 수용하자는 것이다. 플럼우드가 주체로서의 자율적 의지를 언급한 이유는, 인간과 자연 간의 단절을 치유하기 위해 인간과 자연을 동일시한 심층생태학의 오류를 피하면서, 또한 타자에의 함몰이나 동화 혹은 동일시로 인한 여성 고유의 주체성 손상도 피하기 위해서다. 워렌 역시 여성과 자연, 혹은 다른 타자와의 바람직한 관계는 서로의 고유한 본질마저 사라진 융합의 관계가 아니라 서로 구별되는 본질적 특성을 유지하면서도 상호보완적인 것이라고 말한다.(*Ecofeminism* 383) 이를 여성적인 관점으로 보는 이유는 타자와 자연에 대해 주체성을 인정하지 않거나 주체성을 전유하여 객체화시킴으로써 이들을 위계질서 내의 열등한 존재로 위치 짓던 기존 관점을 남성적인 관점으로 보기 때문이다. 자아를 강요하지 않으면서도 돌봄의 감수성으로 다른 존재들과 능동적으로 관계를 맺는 모성적 자아, 그런 윤리의식을 회복하자는 것이 여성적인 관점이다. 인간 공동체의 해체와 생태계 위기를 막기 위해서는 이 관점의 도입이 시급하다. 인간 본성 속의 내적 자연과 우리 주위를 둘러싼 외적 자연의 상호의존적 보완성을 회복하기 위해서는 이분법적 사고체계에서 상호연관적 사고체계로의 전환이 필요하다. 환원적이고 이분법적이며 단선적인 서구적 사고체계에서 순환적이고 공생적이며 보완적인 토착적 지혜로의 전환 없이는 여성문제도, 생태문제도 풀기 어렵다. 이런 윤리적 대전환이 전제되어야 자급subsistence에 토대를 둔 공동체 정신이 회복되기에 슐레겔Alice Schlegel은 "자급적 조건하에서는 남성과 여성의 일의 영역이 서로 분리되어 있지만 불평등이 아닌 다양성에 토대를 두고 상호의존적이며 상호보완적인 형태를 띤다"라고 말한다.(Merchant, *Ecology* 296)

페미니즘 입장에서 볼 때 여성과 공동체 논의는 여전히 불편한 주제다. 여성 억압의 근원이 주로 전통적인 공동체 윤리나 관습에서 비롯되었기 때문에, 대부분의 페미니스트들은 전근대적 공동체에서 벗어난 자유로운 개인의 독립과 해방을 진보로 생각하기 때문이다. 개인주의, 합리주의, 자유주의의 혜택을 받은 서구(화된) 여성들에게 공동체 논의는 대체로 봉건적·가부장적·민족주의적·전체주의적 의도를 숨긴 것으로 오해받기 쉽다. 하지만 에코페미니즘에서 말하는 공동체론은 무엇보다도 젠더 문화가 살아 있는 자급적 자치 형태로서의 공동체라는 점에서 오히려 정치적으로 보자면 대의제보다 직접민주주의에 더 가깝고, 경제적으로 보자면 자본주의 세계화보다 독립적인 지역화에 더 가깝다. 자급적 공동체에서는 여성의 경제활동이 여성 젠더의 특성과 연관되어 있으면서도 상품소비주의에 함몰되지 않기에 여성의 상품화는 쉽게 이루어질 수 없다. 자급적 관점이

'여성적인' 관점에 가깝다는 점, 나아가 공동체의 회복을 위해서도 중요하다는 점은 다음과 같은 케냐 여성들의 변혁 운동 사례에서도 살펴볼 수 있다. 수도 나이로비에서 북서쪽으로 90마일 떨어진 마라구아는 커피 산지로 유명한데, 대개의 경작지는 전통적으로 남편들의 소유였다. 전통사회에서 여성들은 땅을 소유할 수 없었지만, 그 대신 자발적으로 만든 여성 공동조직을 통해 자신들이 키울 곡물을 결정하고 생산된 곡물을 관리했다. 하지만 정부의 압력으로 환금성 단일작물인 커피를 심은 뒤부터 남편들은 수출량 증산을 위해 여성들에게 더 많은 무임금 노동을 강요했고, 그 수익금 역시 남편들에게만 돌아갔다. 그러자 여성들은 식량 자급의 밑거름이었던 곡물 재배를 위해 커피나무 사이사이에 콩을 심기 시작했다. 일부 여성들은 아예 커피나무를 뽑아버리고 그 자리에 아이들에게 줄 곡물을 재배했다. 케냐에서는 커피나무를 뽑을 경우 징역 7년의 중형에 처해지지만, 이들 여성은 서구의 커피상인과 정부 관리, 대농장 주인인 남편들의 요구를 끈질기게 거부하고 마을사람들과 아이들이 먹을 곡물을 재배하기 시작한 것이다.(*Subsistence Perspective* 214-215) 여기서 알 수 있듯 자급적 관점이란 근본적으로 제3세계적 관점이자 탈식민주의적 관점이고 아래로부터의 관점이다. 대부분의 오래된 자급적 토착문화에서 여성은 공동체에서 없어서는 안 될 중요한 역할을 담당했고 남성들과는 다른 고유한 젠더 문화를 유지해왔다. 이 자급 양식이 무너지면 여성들의 이런 문화도 사라지고 만다.

지금까지 생태주의의 관점에서 여성문제를 섹스/젠더, 자연, 과학기술, 경제성장, 자급, 공동체와의 관계 속에서 살펴보았다. 에코페미니즘의 주장은 때로는 너무 근본적이고, 때로는 너무 비현실적으로 들리기도 한다. 하지만 자본주의 경제체제로 인해 돌이킬 수 없을 정도로 파괴되는 비서구 지역과 지구 생태계를 생각해보고, 또 경제개발과 제국주의적 착취로 고통받는 수많은 여성들과 어린이들을 생각해보면, 페미니즘이 그 사상적 차이에도 불구하고 보편적 관점에서 인간 공동체와 지구환경의 지속가능성에 대해 끊임없이 관심을 기울여야 하는 것은 분명하다. 페미니즘의 변혁 운동적 활력을 되찾기 위해 시급한 것은 바로 '관점'의 전환이다. 자연 속에서 인간의 본성을 보고 인간의 본성 속에서 다시 자연을 보는 토착적 지혜를 전승하기 위해서는 무엇보다도 아래로부터의 관점, 다시 말해 고통받는 대다수 약자들의 관점에서 지금의 현실을 다시 성찰할 필요가 있다.

과학기술 시대의 페미니즘과 사이보그론

장정희

과학기술 시대의 혁신적 변화에 따라 세계 질서는 새로운 구도로 재편되고 있다. 특히 생명과학기술의 발전으로 생명의 탄생과 관련된 여성 고유의 영역도 획기적인 변화를 겪고 있으며, 정보기술의 혁신은 여성의 일상적 삶을 바꿔놓고 있다. 과학기술이 21세기 여성에게 해방적 기능을 할 수 있는가는 이 시대 페미니즘의 주요 화두이다. 이러한 맥락에서 미래 인간의 가능성을 제시하는 사이보그론을 우리 현실에서 검토해보고 우리 현실에 접목시켜 페미니즘의 미래 방향과 우리의 실천 방안을 제시하는 일이 절실한 시점이다.

사이버 공간이 곧 정치 공간으로 이어지는 우리 현실에서 사이보그론은 페미니즘과 어떻게 조화를 이루며 어떤 방향으로 나아갈 수 있는가? 사이보그론이 21세기 한국 여성의 삶에 어떤 지침이 될 수 있는지 짚어보기 위해서는 국내외 사이보그론의 지형도를 그려보고 우리 입장에서 그 수용과 실천의 문제를 고려해야 한다. 서구의 각종 과학기술과 여성에 대한 이론들 사이에서 과학기술 시대의 페미니즘이 우리에게 해방적 의미의 실천으로 이어지도록 전략을 마련해야 한다. 이러한 작업이 선행되어야 또다른 형태의 억압이 없는 세계 질서 재편에 우리도 참여할 수 있다.

이 글은 과학기술 시대 페미니즘의 방향 모색을 위해 해러웨이의 「사이보그 선언문A Cyborg Manifesto」에서 출발하여 『동반종 선언*The Companion Species Manifesto*』과 『종들이 만났을 때*When Species Meet*』를 중심으로 해러웨이의 사이보그론을 검토해보고 그 성과와 한계를 논한다. 이와 관련해 사이보그론에서 파생된 국내외 다양한 논의들이 어떻게 진행되고 있는지 살펴보고, 점차 확장되어가는 사이보그론이 과학기술 시대 페미니즘의 현재와 미래에 어떠한 방향과 전략을 제공할지 검토해보기로 한다.

과학기술과 여성: 사이보그론

과학기술 시대의 여성에 대한 논의는 주로 기술발전에 따른 여성 주체성의 재구성과 여성 삶의 변화에 초점을 둔다. 특히 사이버 공간과 여성에 대한 논의 가운데 주디스 스콰이어즈Judith Squires와 사디 플랜트Sadie Plant의 대립적 입장을 주목해볼 만하다. 스콰이어즈는 사이보그나 사이버 문화에 주력하는 현상을 "사이버에 대한 열광"(360)으로 지칭하면서 이를 경계해야 한다고 본다. 스콰이어즈는 물질론적 페미니즘의 필요성을 주장하며 계몽적 인식론이 여성에게 여전히 유효하다는 입장이다.

이와 대조적으로 플랜트는 사이버 공간이 여성에게 부재의 장소라기보다 긍정의 장소이며, 이 공간에서 여성이 지닌 차이성은 여성에게 장애물이 아니라 남성 권력이라는 개념 자체를 약화시킬 수 있는 수단으로 본다.(60) 플랜트의 관점에서 보면 기술이 여성에게 더 해방적인 의미를 지닐 수 있다. 플랜트는 여성이 기술의 희생자라는 관점에서 벗어나 여성 자신의 쾌락을 위해 기술 문화적 공간에 거주할 수 있다는 데 초점을 둔다.

주로 컴퓨터 기제와 여성의 관계에 초점을 두면서 이리가레의 여성성 논의에 근거를 둔 플랜트와 비교할 때 해러웨이는 더 넓은 범주에 걸쳐 과학기술 시대 여성론을 전개한다. 특히 사이보그론의 시발점인 「사이보그 선언문」은 사회주의 페미니즘을 재개념화하려는 시도에서 출발하였으며, 1970~80년대 급진주의 페미니즘 운동에 대한 대응이라고 볼 수 있다. 해러웨이는 성/젠더 구별에서처럼 이원론에 입각한 서구 페미니즘의 한계를 넘어서는 데 지향점을 둔다. 또한 그 실천적 전략으로 사이보그를 내세운다.

해러웨이의 사이보그론은 서구 이원론에 근거한 유기체와 기계의 대립으로는 과학기술과 정보화 시대에 대응하기 어렵다는 인식을 전제로 한다. 이러한 전제하에 유기체와 기계 사이의 경계를 없애고, 자연과 문화의 경계 또한 재구성하는 데 초점을 둔다. 자연으로 돌아가는 '여신주의 페미니즘'에 반대하고 신도 여신도 죽었다고 인정하면서 사람들이 동물이나 기계와의 친족관계를 두려워하지 않는 시대, 부분적인 정체성과 모순적 관점을 두려워하지 않는 시대의 도래에 낙관적인 전망을 보인다. 또한 기술문화의 전적인 채택이나 전적인 거부가 아니라 양자의 관점을 동시에 이해하는 능력을 강조한다. 정치적인 투쟁이란 양자의 관점에서 동시에 보는 것을 뜻하는데, 그 이유는 여러 관점에서 보면 하나의 관점으로 볼 때 놓쳤던 지배와 가능성을 동시에 볼 수 있기 때문이다. 사이보그의 개체성은 괴물이나 사생아 같으며, 우리의 현재 정치상황에서 저항과 다시 짝짓기의 신화만큼 강력한 신화를 바랄 수 없다고 주장한다.(154)[1]

해러웨이는 서구의 기원신화에 기반을 둔 초월적 통합성을 거부하고, 사이보그가 군사주의와 가부장적 자본주의의 사생아적 성격을 가진 점을 강조한다. 사생아는 자신의 기원에 불충실할 수밖에 없다. 사이보그의 역할들, 경계 가로지르기, 강력한 융합, 위험한 가능성들(*Simians* 154)을 주장하는 해러웨이의 관점은 과학기술 시대가 진전됨에 따라 서구 세계관을 관통하던 이원론이 해체되는 상황을 반증한다.

이처럼 획기적 의미를 지닌 사이보그론은 21세기 페미니즘에 어떤 대안이 될 것인가? 이를 살펴보기 위해 먼저 해러웨이의 '분열된 정체성fractured identities' 개념을 검토해볼 필요가 있다. 해러웨이는 사회주의 페미니즘과 급진주의 페미니즘에 비판적 입장을 보인다. 특히 캐서린 매키넌의 급진주의 페미니즘에 문제가 있다고 본다.(*Simians* 155-161) 해러웨이는 페미니즘이 마르크스주의로부터 벗어나야 하며 성을 계급보다 먼저 고려해야 한다는 매키넌의 입장에 반대한다. 즉 인종이나 행위자를 없애는 매키넌의 '본질적 여성' 개념을 거부한다. 여성이라는 이름으로 통합적 정체성을 내세우거나 타자의 경험을 이야기하는 매키넌식 매미니즘으로는 현 시대에 대응하기 어렵다는 것이다. 해러웨이의 사이보그는 매키넌이 강조하는 '본질적 여성'과는 다른 개념이다. 사이보그는 젠더를 초월한 존재로서, 상황에 따라 유동적인 '분열된 정체성'을 지닌다.

해러웨이는 분열된 정체성과 연관하여 유색여성론을 전개하면서 첼러 샌도벌Chela Sandoval 용어 '대립적 의식oppositional consciousness'[2]을 자신의 논의에 도입한다. 대립적 의식은 타자성, 차이성, 특이성의 결과로 도출되는 유사성에 강조점을 두며, 이는 실제적 관련성에 따르는 것으로 본다.(*Simians* 161) 이러한 관점에서 유색여성은 사이보그와 동일선상에 놓인다.

해러웨이는 유색여성의 글쓰기를 사이보그의 특별한 기술로 보고 거기에 주목한다. 멕시코계 미국 여성 시인 체리 모라가Cherríe Moraga의 언어를 예로 들며, 모라가의 언어가 총체적이지 않으며 영어와 스페인어 사이에서 생긴 괴물, 즉 자의식적으로 잘린 언어로서의 괴물을 창조했다고 주장한다.(*Simians* 175) 해러웨이는 모라가의 이러한 글쓰기 특징이 사이보그적 정체성과 통하는 면이 있다고 본다. 그녀의 유색여성론은 사이보그와 제3세계 여성의 연결을 시도한다는 점에서 과학기술 시대 제3세계 여성의 정체성을 새로이 부각시키는 데 일조한다.

해러웨이는 정보화 시대 여성의 삶에 대해 '통합회로 속의 여성' 개념을 도입한다.(*Simians* 170-173) 레이철 그로스먼Rachel Grossman이 사용한 '통합회로'라는 메타포를 빌려온 해러웨이는 과학기술 시대 여성의 삶의 패턴이 어떠한 형태로 바뀌어가는지 추적한다. 통합회로가 전 세계를 잇는 연결망으로 작용한다는 전제하에 그녀는 산업사회에서 공/사 구분이 되는 7개 영역을 제시한다.(*Simians* 72) 통합회로 안에서 이 7개 영역은 서로 연결되어 있으며, 가정과 교회, 국가 같은 범주는 옛 자본주의 구도 내부의 분리된 단위라기보다 서로 연결된 소통체제와 같다는 것이다. 이처럼 세계 구도와 질서가 재편되는 양상을 자신의 가설에 입각하여 분석하면서 그녀는 세계 질서의 변화에 대해 비판적이기보다 낙관적인 전망을 유지한다. 인간과 기술의 관계를 억압이나 착취의 관점보다 상호 적응의 관점으로 보며, 페미니즘 정치학도 사이보그와 마찬가지로 통합된 전체라기보다 일련의 부분들로 작용한다고 본다. 이러한 관점은 자신이 제시한 '분열된 정체성' 개념에 기반을 둔 것이라고 볼 수 있다.

해러웨이의 '분열된 정체성' 개념은 특정한 위치에서 고찰하는

'상황적 지식' 개념과 연결된다. 상황적 지식을 과학기술 시대에 합당한 대안으로 내세우는 그녀는 상황적 지식의 영역만이 "지속적이고 합리적이며 객관적인 의문 가능성이 남아 있는 곳"(*Simians* 191)이라고 주장한다. 또한 통합적 시각보다는 부분적 시각이 주요하며, 부분적 시각만이 객관적 비전을 약속한다고 본다.(*Simians* 184-201) 이러한 상황적 지식 개념은 분열된 정체성 개념과 함께 서구 이원론 해체에 대한 그녀의 강력한 의지를 보여준다.

다시 말해 사이보그론의 핵심은 이원론에 대한 강력한 거부와 저항이라고 볼 수 있다. 해러웨이는 이론과 정치학으로서의 페미니즘의 문제로 돌아가 통합적 이론은 실제의 대부분을 놓친다고 주장한다. 그리고 이 시대에 반과학, 반기술의 입장을 취하는 것은 부적절하므로, 과학기술과 함께 대항할 길을 찾는 것이 필요하다고 선언한다.

> 사이보그 이미저리는 두 가지 핵심 논점을 드러내는 데 도움이 된다. 첫째, 보편적이고 총체적인 이론을 생산하는 것은-언제나 그랬지만 특히 지금으로선-대부분의 실재를 간과하는 중대한 실수다. 둘째, 과학과 기술의 사회적 관계에 대해 책임을 진다는 것은 반과학적 형이상학과 기술의 주술화를 거부한다는 뜻이다. ……사이보그 이미저리는 우리의 몸과 도구를 우리 자신에게 설명하기 위해 사용된 이원론의 미궁 밖으로 나가는 출구를 제시할 수 있다. 이것은 공통의 언어를 꿈꾸는 것이 아니라 강력하고 불경스러운 이질언어*heteroglossia*를 지향하는 것이다. 그것은 새로운 권리를 가진 초구세주들의 회로 속에 공포를 불어넣기 위해, 알려지지 않은 언어로 말하는 어느 페미니스트의 상상이다. 그것은 기계, 정체성, 범주, 관계, 공간 이야기를 건설하면서 파괴하는 것이다. 이들은 모두 나선형의 춤 속에 갇혀 있지만, 나는 여신보다는 차라리 사이보그가 되겠다. (*Simians* 181)

스스로 사이보그가 되겠다는 주장에서 보다시피 해러웨이에게 사이보그는 정체성 재구성의 원천이자 서구 이원론을 극복하는 힘이다. 아울러 자신이 '정보의 지배학'(*Simians* 161)[3]이라고 말한 세계 질서 재편에 대응하는 정치적 대안이 어디에 있는지 생각하도록 유도한다. 해러웨이 사이보그론의 핵심 개념을 다중성multiplicity, 이질성heterodoxy, 괴물성monstrosity으로 요약(66)하는 슈나이더J. Schneider는 사이보그론이 20세기 후반부 세계 질서의 변화와 맞물려 있다는 사실을 다시 한번 환기시킨다. 다시 말해 사이보그는 21세기로 접어들면서 미래에 대한 새로운 대응방식을 제시해준다. 이러한 사이보그론의 경계 해체적 특성은 동반종 이론에서 더욱 확장되고 구체성을 띤다.

사이보그의 확장 지점: 동반종과 함께 살아가기

해러웨이의 사이보그는 『동반종 선언』을 거쳐 『종들이 만났을 때』에 이르러 동반종으로 확장된다. 동반종 이론에서는 사이보그와 유사한 탈경계적 성격이 강조되면서도 인간과 다른 종들의 관계성이 핵심으로 대두된다. 동반종은 사이보그처럼 경계를 해체하고 교란하는 여러 존재들을 포함하며 유인원, 여성, 종양쥐OncoMouse,[4] 흡혈귀, 유전자, 칩, 폭탄, 데이터베이스, 두뇌 등에 이르기까지 다양하게 제시된다. 사이보그에 이어 동반종 논의는 혁신적 과학기술 시대에 함께 살아가기의 패턴을 제시한다는 의미에서 주목해볼 필요가 있다.

『동반종 선언』과 『종들이 만났을 때』에서 논의의 요점은 관계성이다. 해러웨이는 "관계가 분석의 가장 작은 단위"(*The Companion* 20)라고 천명하면서 인식론적으로나 존재론적으로 우리 모두는 관계에 근거한다고 주장한다. 또한 인간과 다른 종들의 관계와 상호작용, 유대감을 중요한 논제로 삼고 다양한 종의 공존 가능성을 제기한다. 해러웨이의 사이보그론은 인간과 기계, 동물의 혼성 개념으로 확장된다. 그 가운데 개는 해러웨이에게 특별한 의미를 지닌다. 개는 인간과 함께 살기 위해 존재하며 인간 진화과정의 동반자이다. 해러웨이는 이 과정에서 '관계'를 지속적으로 강조한다.

> 하나의 동반종만 있을 수는 없다. 하나를 만들기 위해서는 적어도 둘이 있어야 한다. 그것은 구문 안에 존재하며 육체 안에 존재한다. 개들은 관계들의 피할 수 없는 모순적 이야기에 관한 것이다. 관계 짓기에 참여하는 짝들 중 그 누구도 선행적으로 존재하지 않는 상호구성적 관계들 말이다. 관계 짓기는 단번에 끝나지 않는다. 역사적 특수성과 임의적 우연이 자연과 문화, 자연문화를 내내 지배해왔다. 아무런 기반은 없다. 내내 코끼리들을 지탱해온 코끼리들만 존재할 따름이다. (*The Companion* 12)

해러웨이는 인간과 다른 종의 관계성이 필연적일 수밖에 없다고 보고 '자연문화' 안에서 인간과 동물의 관계를 새로이 탐색해야 할 필요성을 역설한다.

가축종과의 교류를 중시하는 해러웨이의 동반종 이론은 존중, 호기심, 지식이 동물과 인간의 만남에서 생성될 수 있다는 주장을 담고 있다.[5] 즉 "다시금 우리는 상호복합성의 층 안에서 내내 서로를 공동으로 형성하는 종들의 유대 속에 있음"(*When Species Meet* 42)을 강조하면서 실제 동물과 우리 인간의 관계를 제대로 파악해야 한다고 주장한다. 반응과 존중은 이러한 유대 안에서만 가능하다. 늘 비대칭적인 삶과 죽음, 기르기와 죽이기에 관한 책임 있는 관계 안에서 "예의 지키기"를 배우는 것이 세계 정치학의 문제다.(*When Species Meet* 42)

'타자'의 구분이 의미가 없다고 보는 해러웨이는 관계성에 기반을 둔 융합을 더 폭넓게 전개한다. 이러한 맥락에서 인간과 개가 함께 살아오면서 공진화의 과정을 겪어온 점을 거듭 강조한다. 그레이트 피레네Great Pyrenees와 오스트레일리언 셰퍼드Australian Shepherd라는 개의 두 품종에 대해 집중적으로 다루면서(*The Companion* 66-87) 해러웨이는 이들이 어떻게 인간과 함께 진화해왔는지를 보여주기 위해 기르기, 훈련하기, 사육훈련장, 민첩성 경주 등에 대해 이야기한다. 이 과정을 통해 우리가 살고 있는 자연문화의 역사를 더 잘 알 수 있다는 것이다.

동반종 논의에서는 경계 해체와 특정 지점의 부분적 연결이 사이보그론보다 더 구체적으로 드러나며 상호소통과 존중의 미덕이 강조된다.(*The Companion* 49) 이러한 논의는 종들이 상호작용하는 경계선들에 대한 해러웨이 특유의 철학을 내포하고 있으며, 과학기술이 지배하는 세계에 대해 인간과 다른 종들의 협력적 대응이 필요함을 역설하고 있다. 따라서 해러웨이는 인간만이 예외적이라는 사실을 반박하고 인간과 동반종들의 관계가 보다 중요하다는 관점을 고수한다. 인간을 우위에 두는 인간예외론은 동물과 인간의 관계를 지배/피지배의 단순논리로 규정하므로, 인간/동반종의 관계가 지닌 복합성을 읽어낼 수 없다는 것이다. 이러한 논의들은 사이보그론보다 더 강한 철학적·윤리적 담론의 성격을 내포한다. 동반종론은 여러 종의 차이들을 포괄하는 방향으로 진행되면서 21세기 과학기술과 인간의 관계에 대해 보다 긍정적이고 낙관적인 전망을 보인다.

동반종에 대한 해러웨이의 윤리적인 관점은 지속적으로 반복된다. 종의 라틴어 어원인 '보기', '응시하기'가 강조되어 각 종의 '되돌아보기'가 주요한 관점으로 자리한다.

> 동반종에 대한 최근의 말하기와 글쓰기에서 나는 주의/배려/서로를 보기/되돌아보기/시각-촉각적 만남이라는 상황 안에서 살아보려 노력해왔다. 종들과 존중은 시각적/정서적/촉각적/인식적 접촉 안에 있다. 그들은 함께 식탁에 앉는다. 그들은 혼란스런 짝들이자 동료들, 함께, 빵을 먹는 자들이다…….
>
> 그 모든 점에서 내가 생각하고 느끼려고 노력하는 배려는 휴머니즘이나 포스트휴머니즘 어느 것에도 적합하지 않다. 동반종-모든 종류의 시간성과 육체성 속에서 내내 함께 형성되어온 것들은 비휴머니즘을 위한 나의 골치 아픈 용어이며, 비휴머니즘 안에서 모든 종들은 문제시된다. 내게는 사람들에 대해서만 말할 때조차도 동물/인간/살아 있는 것/살아 있지 않은 것의 범주 구분들이 주목해볼 가치가 있는 일종의 만남 안에서 흐트러지게 된다. 내가 말하고 또 쓰고자 하는 윤리적인 사항들은 여러 종들의 차이를 가로질러 경험될 수 있다. 오로지 봄으로써, 되돌아봄으로써 우리가 알 수 있다는 사실이 사랑스럽다. 바로 종인 것이다. (*When Species Meet* 164)

인간이 예외적 종이라는 것을 거듭 철저히 부정함으로써 철학적·실질적 의미에서 동물들이 인간과 함께 즐기고 관계를 지속할 수 있다는 논점을 볼 수 있다. 사이보그 혼종들이나 동반종들의 관계는 다중적 가치를 지닌 것으로 단순한 지배/피지배의 논리로 재단할 수 없다는 점이 논리적 근거로 제시된다. 여러 종들의 상호 존중, 공존, 서로 길들이기, 공진화 개념은 사이보그론의 이원론 해체, 경계 해체 개념과 분열된 정체성 개념이 확장된 것으로 볼 수 있다. 즉 복합적이고 공진화적인 '자연문화' 속에서 단순한 이분법적 구도란 있을 수 없다는 입장이 강화되어 있다.

해러웨이의 동반종 논의는 과학기술 시대의 페미니즘이 나아갈 하나의 돌파구를 제공한다. 동반종 논의는 사이보그론의 이분법 해체가 더 확장된 지점을 보여주면서 여성의 삶이나 정체성 구성에 대한 구체적 실천 방안에 주요한 지침을 제공한다. 생물체의 공진화 역사를 되돌아보고 상호 유대를 중시해야 한다는 주장은 21세기 인간의 정체성 구축이 어떤 인식에 근거해야 하는지를 보여준다. 또한 관계성에 기반을 둔 종들 간의 상호 존중과 예의 지키기는 21세기 삶의 방향에 대한 하나의 윤리적 지침으로도 유효한 가치를 지닌다.

사이보그론의 파생 이론과 수용 문제

사이보그론의 획기적 의미에 주목한 많은 파생 논의들은 사이보그론이 미래 페미니즘에 어떤 출구와 가능성을 제공하는가에 초점을 둔다. 사이보그론이 21세기 여성의 삶에 어떤 대안을 제공할 수 있는가를 중심으로 그 성취와 한계점이 활발히 논의되고 있다. 사이보그론의 성취에 집중하는 연구자들은 사이보그가 육체적 실재의 방식이나 여성의 공유 경험이라는 보편적 개념을 넘어서는 새로운 돌파구를 마련한 점을 높이 산다. 이들은 사이보그가 포스트휴머니즘 문화 속 여성의 정체성이 재구축될 가능성, 즉 여성의 정체성을 찾는 하나의 수사로서 주요한 지침이 될 수 있다는 데 의의를 둔다. 사이보그론에서 더 확장된 해러웨이의 동반종론에 대해서는 기계와 인간뿐만 아니라 동물을 포함한 다양한 종의 공존 가능성이 미래 삶과 페미니즘의 방향에 어떤 지침을 마련하는가를 중심으로 논의가 이루어지고 있다.

사이보그에 대한 국내 전반적 논의는 해러웨이의 사이보그론이 지닌 여성해방의 가능성에 초점을 두고 있다. 포스트휴머니즘이나 포스트페미니즘의 가능성에 관한 논의들이 주로 2000년대부터 대두되었으며, 이 가운데 사이보그 관련 논의들은 해러웨이의 사이보그론에 나타난 주요 개념을 소개하면서 이에 대한 긍정적 수용의 자세를 보인다. 크게 보아 해러웨이의 사이보그론에서 서구 남성 중심주의 극복의 가능성을 찾을 수 있다는 것에 초점을 둔 연구, 사이보그론이나 동반종론을 탈식민주의 페미니즘과 연관시키는 연구의 두 갈래를 볼 수 있다. 이러한 연구들은 대부분 사이보그론의 주요 개념을 논하면서 이 이론의 가치를 평가하고, 더불어 여성 작가의 SF 소설 등 문학작품 분석을 결합한 방법론을 취한다.

해러웨이의 서구 남성 중심주의 극복에 대한 논의는 인간이 예외적 존재라는 인식보다 다른 종들, 즉 동물이나 기계와의 혼성에 대한 인식을 높여 서구 남성 중심주의의 문제를 해결할 가능성에 초점을 둔다. 이러한 의미에서 해러웨이의 논의가 통합적 기원신화, 본질과 유기체에 기반을 둔 주체의 관습적 모형이 변형될 가능성을 제공한 점, 자연/문화, 자아/타자, 유기체/기술의 이분법 해체를 통해 여성의 가능성에 대한 새로운 출구를 마련한 점이 높이 평가된다. "여전히 남근·이성 중심적 편견의 온상인 남성 공상과학소설과 사회 전반의 반여성적 편견에 대처하기 위해서는 정확하게 현대 기술문명의 양상을 과학적으로 파악하고 비판하면서 이분법의 해체를 도모하는 해러웨이의 테크노사이언스 이론이 필수적"이라고 보는 것이다.(신명아, "Feminism and Technoscience" 231)

해외의 사이보그론은 해러웨이 논의를 주로 문학 텍스트에 적용하는 국내와 달리 정보과학, 생명공학 등과 접목시키는 탈경계적 담론의 성격을 지닌다. 특히 사이보그의 해방적 측면, 문화적 갈등의 매개 가능성, 인간의 정체성 재구성 같은 주제가 일레인 그레이엄Elaine Graham, 캐서린 헤일즈Katherine Hayles, 로시 브라이도티 등을 중심으로 활발히 논의되고 있다. 이들의 연구는 사이보그론의 가능성과 실천 영역을 점차 확장해간다는 점에서 주요한 학술적 가치를 지닌다.

그레이엄은 마이크로칩스, 유전자변형, 클로닝, 정보기술의 새로운 발견이 모두 인간과 동물, 기계 사이의 경계선에 의문을 던지고 인간의 육체를 새로이 구성하게 만든다고 본다.(1-17) 이는 이 시대 사이보그의 필연성을 지적한 것이다. 그레이엄은 인간성에 대한 우리의 가장 기본적인 전제가 변형되고 있다는 전제하에 대중문화와 예술에서 이러한 문제들이 어떻게 표현되는가를 탐색한다. 프로메테우스 신화와 『프랑켄슈타인』의 괴물에서부터 포스트모던 SF에 이르기까지 환상적 창조물들이 서구의 신화와 종교, 문학에 내재해 있음을 지적하면서 이들이 인간의 잠재력 혹은 한계에 대한 지속적인 관심의 산물임을 논한다. 그레이엄의 이러한 관점은 사이보그가 문화 영역에 어떻게 연루되어 있는가를 짚어본 것으로, 사이보그가 이미 역사적 인식론의 관점에서 우리의 인식틀 내에 자리하고 있음을 추적하고 있다.

헤일즈는 해러웨이의 사이보그론에 더욱 당위성을 부여한다. 헤일즈는 이미 우리가 포스트휴먼이 되었다고 가정한다. 이러한 전제는 인간과 기계 사이의 경계 구분이 해체되는 시대의 필연성을 주지시킨다. 헤일즈는 유기체와 시뮬레이션, 인공지능 메커니즘 사이에 경계를 두지 않으며, 정보기술과 문화사 연구를 결합한 방법론으로 정보가 어떻게 육체를 잃어버렸는지, 사이보그의 기술적·문화적 구성이 어떻게 이루어지는지, 사이버 담론에서 자유주의 휴머니즘 주체가 어떻게 분해되는지를 분석한다. 헤일즈는 포스트휴머니즘이 여성에게 더 유리할 수 있다고 주장하면서, '포스트' 개념은 종결이 아니라 변형과 변화의 과정을 함축하고 있다는 것에 초점을 둔다. 헤일즈는 과학기술과 사이버 시대에 사이보그 이론이 성, 주체성, 정체성의 창조적 탐색을 위한 하나의 원천인 동시에 남성과 여성 양자를 위해 해방적 기능을 할 수 있다고 본다.(Hayles 283-291)

이러한 헤일즈의 논의와 더불어 주목받는 브라이도티의 논의도 사이보그론과 접점을 이루는 지점에 있다. 브라이도티는 해러웨이의 선언문이 인간의 정체성에 의문을 제기하는 점에 주목하면서, 사이보그는 잡종이자 육체/기계로서 연결점을 만들어내는 총체이며 상호관계, 수용, 범주의 구분을 흐리는 전 지구적 커뮤니케이션의 형체라고 지적한다. 브라이도티는 여성의 급진적·역사적 특이성과 인간을 이롭게 하는 새로운 가치관들을 페미니스트들이 어떻게 융화시킬 것인가에 대해 해러웨이가 제시한 답이 사이보그라고 본다.(*Nomadic Subjects* 105) 브라이도티는 정치적 변형을 이해하는 데 사이보그가 도움이 된다는 긍정적 측면은 인정하지만, 정체성의 측면에서 무의식과 욕망의 문제를 포괄하지 못한 한계점이 있다고 지적한다.(170)

브라이도티에 따르면 우리는 영원한 변형, 잡종화, 유목의 과정에 있다. 이러한 '사이'의 상태들, 단계들은 이미 수립된 이론적 재현 방식에 도전한다. 따라서 브라이도티는 통합적 정체성이나 육체 담론을 시도하지 않는다.(*Metamorphoses* 2) 브라이도티의 유목적 상황 이미지는 주체의 복수성, 유동성을 상정하므로, 이는 해러웨이의 사이보그론과 연결될 수 있는 근거가 된다. 다시 말하자면 해러웨이의 열광적 화자, 헤테로글로시아[6]에 대한 요구와 상통하는 점이 있다. 여러 다른 범주들과 원칙들 사이를 이동하며 자신의 상황을 인식해가는 유목적 움직임의 이미지는 사이보그의 다층적이며 복합적인 정체성 개념과 맞닿아 있다.

그레이엄이나 헤일즈, 브라이도티의 논의들은 이제 사이보그론이 문화, 역사, 철학, 과학기술 영역에서 어떻게 집중적인 연구대상이 되며, 어떻게 실천 전략으로 기능할 수 있는지를 보여준다. 학문 간

경계를 넘나드는 이들의 논의는 해러웨이의 한계점도 지적하지만, 주로 사이보그론의 성취를 높이 사면서 과학기술 시대의 여성과 사회, 문화의 관계를 폭넓게 조명한다. 단 이러한 논의들이 우리의 현실에서 구체적으로 어떻게 실천 전략으로 활용될 수 있는지는 좀더 탐구해야 할 문제라고 본다. 즉 해러웨이의 논의와 그 파생 논의들을 우리 현실에 맞춘 유용한 전략이나 방법론으로 활용하기 위해서는 사이보그론이 지닌 한계점과 보완점을 지속적으로 탐색해야 한다.

비유와 실제를 병행하는 해러웨이 수사법의 특성상 해러웨이의 논의는 추상적이고도 유토피아적 측면을 내포한다. 또 사이보그론은 나날이 발전하는 과학기술이나 제1세계 중심의 후기자본주의적 관점에 상응하는 면이 있다. 사이보그나 확장된 사이보그 개념은 모두 경계 해체 및 동반종과의 교류를 통해 전 지구적으로 21세기 여성 삶의 문제를 해결할 수 있다고 본다. 과학기술이 인간 체험과 지식을 보편화하는 과정에서 저개발 국가 여성의 육체가 식민화, 상업화되는 것에 대한 대응책으로서 사이보그론은 보다 구체적인 실천 전략의 보강이 필요하다.

또한 젠더나 모성의 문제, 제3세계 여성의 문제에 대해서는 비유적 글쓰기를 넘어서 보다 구체적 논의가 필요하다. 유색인종 여성에 대한 논의에서 이러한 가능성의 씨앗을 볼 수 있지만 구체적 데이터와 검증작업이 절실하다. 제3세계 여성에 대한 관점은 서구 중심의 사고가 지배적이다. 유색인종 여성이 과학 기반 산업에서 선호하는 집단이고 전 지구적 성 시장과 노동시장에 투입되는 당사자라고 지적하면서 젊은 한국 여성들의 사례를 든 부분은 우리 입장에서 다소 객관성이 떨어지는 부분이다. 성 산업과 전자조립 산업에 고용된 한국 여성들이 고등학생 때부터 통합회로를 위해 교육받고 있다는 해러웨이의 언급(*Simians* 174)은 객관적 근거를 찾기 힘들다. 이런 점에서 제3세계 여성의 현실에 대한 정보가 21세기에 어울리지 않게 널리 공유되지 못하는 점이 보인다. 사이보그론이 세계 어느 지역이든 과학기술 시대 페미니즘으로 제대로 자리매김하기 위해 점진적 개선과 보강이 요청되는 대목이다.

나름의 한계점과 보완점이 있지만 해러웨이의 사이보그론은 21세기 페미니즘의 방향과 실천 전략에 주요한 틀을 마련한 것이 사실이다. 관습적 젠더, 국가, 인종, 자연, 인간성의 범주에 도전한 것, 서구의 가부장제와 근대성의 기반인 이분법 해체를 시도한 것은 사이보그론의 핵심으로서 미래 페미니즘에 중요한 전기를 제공한다. 전 지구적 자본주의와 과학기술에 대응하는 전략으로서 기계와 인간의 결합을 통한 정체성 재구성의 가능성을 사이보그론이 제시했기 때문이다. 동반종 개념 역시 확대된 범주의 혼종성, 잡종성, 타자, 비고정성 등을 새로운 가능성으로 제시하면서 여성의 정체성, 여성 육체 등의 개념이 새로이 구성될 수 있는 인식틀을 마련한다. 과학기술 시대에 다양한 생명체들과의 소통을 강조한 점은 과학과 철학이 결합된 논의로서 또다른 국면의 사이보그에 대한 가능성을 탐색하도록 유도한다. 따라서 여성의 삶이 다른 생명체나 기술/기계와의 융합과 조화를 꾀할 때 바람직한 방향으로 나갈 수 있음을 시사한다.

이처럼 사이보그론과 동반종론이 지닌 새로운 가능성의 지점은 미래 페미니즘의 방향 설정에 유용한 지표로 수용되어야 할 것이다. 사이보그는 통합적 기원신화에 기반을 둔 인간 주체 개념이 변형될 수 있는 출구를 제공할 뿐만 아니라, 정보/기술 시대에 대응하여 여성의 주체성이나 삶의 전략을 세우는 데 주요한 근거로 기능할 수 있다. 사이보그론이 제시하는 유기체와 기계 사이의 경계 해체, 이원론의 해체는 과학기술 시대 페미니즘의 현재와 미래에 하나의 유용한 지침이 되고 있다.

페미니스트 신재생산기술 담론의 정치성

정문영

신재생산기술에 대한 페미니즘의 개입

20세기 후반 본격적인 기술과학 시대에 돌입하면서, 과학기술과 자본주의의 연대는 세계적인 파국을 초래할 위험을 노출하고 있다. 이 위기에 대처하기 위해 우리는 원인 제공자인 동시에 해결의 실마리도 제공할 수 있는 기술과학에 적극적으로 개입하지 않을 수 없다. 최근 기술과학에 대한 다양한 담론들이 활발하게 전개되고 있으며, 페미니즘 역시 기술과학 담론을 활성화하는 데 주요한 역할을 수행하고 있다. 특히 최첨단기술인 신재생산기술new reproductive technology[1]과 이에 대한 기술과학 담론에 열정적으로 개입하는 페미니스트들은 기존 기술과학 담론에 대한 비판과 전복의 정치성을 발휘하며, 새로운 기술과학 담론을 유도하고 있다.

과거 막대한 자본과 첨단기술을 동원하여 우주 탐험 경쟁을 벌였던 선진국들이 이제 인간의 마지막 미개척지인 재생산 영역, 특히 여성의 자궁으로 관심을 돌리면서 신재생산기술은 급격히 성장하게 되었다. 신재생산기술은 국가 경쟁력을 주도하는 첨단생명의학의 발전과 불가분의 관계이며, 첨단생명의학을 뒷받침하는 체외수정과 배아이식 등 난자추출과 배아생성 기술 위주로 발전해왔다. 21세기 기술과학 시대에 국가 경쟁력을 키우기 위해 신재생산기술을 두고 벌이는 국가들의 열띤 경쟁 속에서 여성의 몸은 또다시 식민화를 겪고 있다.

빠르게 발전한 신재생산기술은 여성의 재생산과정에 공격적으로 개입하기 시작했다.(Weinbaum 98) 이에 대한 페미니스트들의 입장은 기술 낙관론보다는 기술 비관론 쪽으로 기울어지는 추세를 보였다. 즉 기술이 여성을 억압해온 생물학적 재생산 기능에서 여성을 해방시킬 수 있다는 낙관론보다는 여성의 모성적 몸을 강력하게 통제하는 가부장적 지배 수단이 될 것으로 보는 기술 비관론이 지배적이었다. 그러나 21세기 초국적 자본주의와 결합된 기술과학 시대로 본격 진입하면서, 신재생산기술을 경계하고 여성 중심적인 '자연적' 재생산으로 복귀하는 것이 실질적인 페미니즘의 해결책이 될 수 없다는 의견이 팽배해졌다. 기술과학 담론에 개입하는 대부분의 페미니스트들은 새로운 감수성과 더욱 실천적인 저항 전략으로 신재생산기술에 접근해야 한다고 생각한다.

재생산과학 담론의 객관성과 페미니스트 객관성

여성의 몸과 여성의 재생산에 대하여 가장 강력한 영향을 미칠 수 있는 담론은 과학과 의학 담론일 것이다. 여성의 몸을 보편적이고 안정된 '단단한' 개체로, 그리고 역사, 문화, 지리, 언어 외부에 있다고 보는 것이 생물학과 생명의학의 특징적인 사고방식이다. 이 담론들은 여성성의 생물학적 기초 역시 이미 주어진 것이라는 신념을 전제로 논의를 전개한다. 이러한 과학 담론들이 전개하는 여성의 몸에 대한 관점은 중립적이거나 객관적인 입장이 아니라 이데올로기에 기반한 관점이라는 지적이 끊이지 않았다. 1970년대 급진적 페미니스트인 에이드리언 리치와 메리 데일리Mary Daly는 여성의 몸과 재생산에 관한 의학 담론에 여성폄하적 인식이 내재되어 있다고 주장하고 그것의 부정적인 표출을 분석하며 기존 과학 담론을 비판했다. 그들은 기존 의학 담론과 실천이 어떻게 여성의 몸을 남성의 몸 기준에 맞춰 구조화해왔는지를 드러내고자 했다.(Price and Shildrick 145) '백인/중산층/적당한fit'이라는 그 기준에 따르면 여성의 몸은 무언가 결핍되었거나 날 때부터 병적인 것이다. 급진적 페미니스트들은 과학 담론이 여성의 몸과 재생산 능력에 행사해온 폭력과 억압을 인식하고 자신의 몸에 대한 통제력을 스스로 행사하고자 하는 여성의 욕망을 주장함으로써 재생산 정치성을 본격적으로 구현하고자 했다.

1980년대에 이르자 사회생물학sociobiology의 발전과 더불어 기존 과학 담론에 내재된 인종주의적·성차별주의적 함의들과 그 담론이 강화해온 전통적인 신념들에 대한 비판과 수정을 요구하는 새로운 과학 담론이 본격화된다. 그러나 이 과학 담론 역시 성차별적인 시각에서 크게 벗어나지 못했다는 점이 지적되었다. 동시에 담론에 미치는 사회문화적 관념의 강력한 영향력이 강조되었다. 난자와 정자에 관한 에밀리 마틴Emily Martin의 새로운 의학 담론 분석이 그 대표적인 예다. 그녀는 기존 과학동화의 틀을 벗어나 잠자는 공주와 백마 탄 왕자의 로맨스를 난자와 정자의 관계로 읽어내며, 난자와 정자의 역할에 대한 새로운 의학 담론을 분석한다. 마틴은 난자와 정자에 대한 새로운 과학적 발견을 설명하는 담론 역시 젠더 고정관념의 은유를 떨쳐버리지 못하며, 재생산 담론이 복고적인 정치성을 띤다고 지적한다. 또한 과학 담론에서 사용되는 은유의 사회적 영향력, 즉 젠더에 대한 사회적 관습을 자연화할 수 있는 힘에 주목한다. 나아가 이러한 힘에 대응하는 페미니즘 의식과 페미니스트 정치성의 개입을 주장한다.(501)

마틴은 또한 주요 신재생산기술인 시각화 기술이 발달하면서 새로운 과학 담론이 젠더 고정관념의 은유와 인성을 세포 단계에까지 부여하는 정치성에 주목한다. 이러한 은유와 인성을 부여받은 세포의 수정이 시각화되자 우리는 수정된 난자를 이미 "고의적인" 인간적 행동의 결과로 상상하게 된다. 즉 미시적인 "현미경 문화"에서, 인간 커플의 의도와는 상관없이 세포 "신부"(또는 팜므파탈)와 세포 "신랑"(팜므파탈의 희생자)이 세포 아기를 만드는 것으로 상상한다는 것이다.(Martin 500) 다시 말해 시각화 기술을 이용한 세포 아기의 시각적 재현은 "구조화되는 더욱 더 어린, 더욱 더 얇은 태아의 이미지들"을 제공함으로써 "무한하게 거슬러 올라가는 시각성의 지점"에까지 우리 문화의 고정관념화된 이미지가 적용되도록 유도한다는 것이다.(Pechesky 272)

이처럼 주요 신재생산기술로서 시각화 기술의 발달은 모성의 몸 내부를 보여주면서 모성의 몸을 더욱 객관화하고 파편화한다. 또 태아의 "인격화"를 부추기면서 모성의 몸보다 인격화된 세포, 배아, 태아 "인물들"이 더 많은 관심과 보호를 받게 유도한다.(Balsamo 93) 나아가 이러한 시각화 기술은 난자나 배아, 태아를 분리 가능한 것으로 인지시켜 그것들이 본래 개체로 존재했다고 믿게 만드는 시각적 도착 효과와 시각적 물신화[2]를 조장하기에 이른다.(박소영 31) 파편화되고 객관화된 모성의 몸은 이제 인격화되고 물신화된 태아의 보호를 위해 더 많은 규제와 감시를 받는 상황에 처하게 된다. 시각화 기술의 발달과 관련된 논의들은 신재생산기술과 과학 담론 사이의 긴밀한 상호연관성을 일깨운다. 페미니스트 정치성이 개입해야 할 곳은 바로 이 상호연관성의 맥락이다.

페미니스트들은 과학 담론의 은유의 정치성과 객관성 주장에 대해 페미니스트 경험론, 페미니스트 입장론, 그리고 페미니스트 포스트모더니즘의 세 가지 방식으로 개입한다.(조주현, 「페미니즘과 기술과학」 126-132) 페미니스트 포스트모더니즘을 대변하는 해러웨이는 페미니스트 경험론과 입장론이 근대적 인식론의 이분법적인 양극화 은유를 사용하고 있음을 지적하면서, 두 방식을 화해시킬 수 있는 접근 방식으로 시각 은유를 사용한 '페미니스트 객관성feminist objectivity'[3]을 제안한다. 간단히 말해 해러웨이의 주장은 시각화 기술의 발전에 힘입어 신처럼 무엇이든 볼 수 있는 정복적인 시각을 지향하는 기술과학 시대의 후기 산업사회와 인종차별주의에 근거한 남성 지배적 사회에서 객관성이라는 말 자체가 페미니스트들에게는 비열한 의미로 들릴 수밖에 없다는 것이다. 그녀는 이 비열한 객관성에 대항하여 페미니스트 객관성을 제시하는데, 이는 시각 은유를 사용한 '상황적 지식'을 의미한다.(*Simians* 189) 시각화 기술을 핵심으로 하는 신재생산기술에 대한 페미니스트의 실천적 접근방식으로 가장 적절하게 활용될 수 있는 것이 바로 페미니스트 객관성이다.

특히 페미니스트 객관성의 첫번째 요소인 시각의 부분성은 앞서 지적된 시각의 도착적인 무한 확대 가능성을 반박할 논거를 제공한다. 다국적 포스트모던 문화 속 새로운 시각화 기술은 초음파검사, 전자현미경, X선 단층촬영 스캐너, 위성감시체계 등 다목적 카메라들로 강화된 무한히 폭식하는 식인눈cannibal-eye을 창조함으로써, 우주 공간의 수많은 행성들과 "몸 속 우주"의 물질들을 다 볼 수 있는 무한한 시각을 우리에게 약속한다.(*Simians* 190) 그러나 무한한 시각은 환상이며 신을 흉내내는 속임수일 뿐이라는 것이 해러웨이의 주장이다. 페미니스트 객관성으로 파악하는 그녀의 시각 체계에서 인간의 시각적 한계와 책임을 초월하는 시각은 불가능하다. 그 이유는 첫째, 인간의 시각 또는 어떤 도구를 활용한 시각도 보편적일 수 없는 부분적 시각일 뿐이고, 둘째, 위치 정하기라는 정치적 행위를 통해 대상을 특정한 위치에서 특정한 방식으로 대상화하지 않는 시각은 존재하지 않으며, 셋째, 특정한 위치에서 보는 시각적 실천 행위는 책임이 요구되는 행위이기 때문이다. 여기서 해러웨이 시각 체계의 두드러진 특징은 시각의 대상에 행위성agency을 부여한다는 점이다. 기존 과학 담론의 시각 체계에서 여성의 몸이 보는 행위자로서의 위치를 부여받지 못했다면, 해러웨이의 시각 체계에서 여성의 몸은 능동적인 행위자의 위치를 갖는다. 이 행위자로서의 여성의 몸에 대한 해러웨이의 논의는 마틴이 강조한 사회생물학적 은유의 정치성에 대한 적극적인 페미니스트 개입, 즉 여성의 몸 자체의 저항적인 힘에 근거한 능동적인 페미니스트 정치성을 시사한다.

국내외 페미니스트 신재생산기술 담론의 전개

신재생산기술을 둘러싼 기존 페미니스트 담론은 대부분 기술의 급격한 발달이 초래한 부정적인 측면에 논의를 집중한다. 기술 비관론의 입장에 선 급진적 페미니스트들은 기술을 가부장적·자본주의적 지배의 확대로 보았다. 이들의 논의는 남성의 기술권력이 얼마나 심각한지를 드러내는 데 경도되어, 새로운 기술 체계가 열어줄 수도 있는 전복적인 가능성을 간과했다는 비판을 받았다.(Wajcman, *Technofeminism* 29) 다시 말해 급진적인 페미니스트 신재생산기술 담론은 여성을 수동적인 희생자로만 보고, 여성의 능동성 또는 행위성에는 관심을 기울이지 못했다는 것이다.(30) 그러나 21세기 본격적인 기술과학과 정보과학 시대에 접어들어, 페미니스트 신재생산기술 담론은 여성의 행위성에 중점을 둔 비교적 낙관적인 입장으로 전환하고 있다. 특히 해러웨이를 중심으로 많은 페미니스트 포스트모더니스트들은 과거의 접근 태도와는 전혀 다른 감수성으로 신재생산기술에 접근해야 한다고 주장하고 있다.

21세기 전 지구적 기술과학 시대에 완전히 편입된 것처럼 보이는 한국의 페미니스트 신재생산기술 담론 역시 서구 담론과 비슷한 논의 단계에 이르렀다. 사실 오늘날 서구와 한국의 페미니스트 기술과학 담론 대부분이 기술과학 자체와 국지적인 사회 상황의 문제점에 주목하기보다는 새로운 기술과학 시대를 지향하는 대응방식에 편중되는 추세를 보인다. 이러한 추세는 전 지구적 기술과학 시대의 특징으로 볼 수 있다. 그러나 황우석 사태와 같은 논란이 발생한 한국에서는 국지적인 동시에 전 지구적인 차원에서 보다 현실적이고도 실천적인 대응방식이 논의되어야 한다.

2005년 줄기세포 논란과 세계 최저 출산율을 기록할 정도로 출산위기를 맞이한 한국에서 페미니스트들은 신재생산기술을 둘러싼 기술과학 담론에 적극적인 개입을 시도하고 있다. 한국은 1985년 첫 시험관아기가 탄생한 이래, 시험관아기 시술에 쓰고 남은 잔여배아를 10만 개 이상 보관하고 있을 정도로 막강한 잔여배아 보유국이 되었다. 이는 전 세계 잔여배아의 거의 절반에 해당한다.(조주현, 「생명의학과 여성의 행위성」 95 재인용) 현재는 줄기세포 연구에 대한 국가의 적극적인 지원과 출산장려 정책의 일환으로 실시되는 시험관아기 시술 지원으로 이보다 더 많은 잔여배아가 확보되었을 것으로 추측된다. 그러나 온 국민의 기대 속에 수행된 황우석 박사팀의 핵이식 줄기세포 실험은 조사 결과 줄기세포 자체가 존재하지 않았던 것으로 드러났다. 그러나 있지도 않은 줄기세포 논란은 신재생산기술과 여성의 관계를 극명하게 드러내는 의외의 성과를 가져오기도 했다. 사실 황우석 사태는 사이버 공간에서 인터넷 공론을 형성할 정도로 기술과학 담론의 활성화에 기여했지만, 이러한 공론을 주도한 것은 여전히 자본주의 논리와 국가주의 논리였다. 그러나 이러한 과정에서 치료용 배아복제를 통해 생명의학 분야에서 국가 경쟁력을 높이려는 국가적 기획에 희생을 강요당하는 여성의 위치를 대변할 '정통한' 페미니스트의 필요성이 대두되었다. 황우석 사태는 신재생산기술의 발전과 함께 여성의 몸, 자궁, 난자가 21세기 생명의학 발전 및 국가 경쟁력 향상을 위한 기획에 어떻게 착취당하는지를 가시화시킨 중요한 계기가 된 셈이다.

한국 페미니스트 신재생산기술 담론은 국내 페미니스트 기술과학 담론을 선도해온 조주현을 비롯해 박소영, 백영경, 조영미 등의 신재생산기술에 대한 논의들, 그리고 신재생산기술과 생명의학의 관계에 대한 논의들을 중심으로 본격적으로 전개되었다.[4] 특히 황우석 사태로 인해 표면화되고 가시화된 여성의 몸, 특히 난자 문제에 대한 많은 토론회와 국제포럼 등을 통해 여성의 재생산권과 건강권, 인권, 그리고 국가와 문화 권력과의 관계에 대한 논쟁들이 한꺼번에 쏟아져나왔다. 이러한 논의에서 한국의 '정통한' 페미니스트들이 선호하는 접근방식은 서구의 최신 이론인 페미니스트 포스트모더니즘 방법론으로 볼 수 있다. 예컨대 조주현은 한국의 재생산기술과학의 상황에 유효한 페미니스트 접근방식으로 해러웨이의 '페미니스트 객관성'을 꼽는다.(「페미니즘과 기술과학」146) 그리고 한국의 시험관아기 시술 및 생명의학의 문제, 황우석 사태가 야기한 신재생산기술의 정치성과 성 정치성 분석에 이 방법론을 활용하고 있다. 박소영 역시 자신의 접근방식이 해러웨이의 영향을 받은 것임을 밝히면서 논지를

전개한다.(15)

그러나 포스트모더니스트 해러웨이의 기술과학 담론에서 중점적인 논지는 근대적 인식론과 정치성에 근거한 개인들의 재생산 문제에 관한 것이 아니다. 해러웨이에 따르면, 기술과학 시대에 개인은 근대적 구도의 산물인 성별, 계급, 인종이라는 확정된 범주의 정체성을 더이상 유지할 수 없으므로, 그 대안으로 '사이보그 정체성'이 제안된다. 그런데 우리가 사이보그가 되는 것은 선택의 문제가 아니기 때문에, 이제 우리의 논의를 유기체의 재생산이 아니라 사이보그의 복제 문제로 옮겨가야 한다(이미 옮겨가고 있다)는 것이 해러웨이의 주장이다.(*Simians* 176) 따라서 해러웨이의 페미니스트 접근방식을 도입한 박소영 역시 생명의학이라는 괴물의 눈을 통해 해체된 몸들과 재조합된 낯선 존재들을 목격하고 우리의 몸이 이미 그렇게 되어가는 중임을 전제한다.(33) 그러나 그녀도 지적하듯 유기체에서 사이보그 논의로 옮겨간다는 것은 새로운 감수성 이상의 페미니스트 상상력이 요구되는 용기 있는 비약이다.(35) 그렇다면 재생산과 신재생산기술 담론을 전개하는 국내외 많은 페미니스트들이 왜 비약을 무릅쓰면서 해러웨이의 사이보그에서 여성해방의 가능성을 읽어내고 열광하는 것일까 묻지 않을 수 없다.

또 신재생산기술 담론에서 다루는 모성의 몸은, 해러웨이가 근대적 구도의 산물이라고 했음에도 여전히 인종, 젠더, 계급의 구속을 받는 사회적·물질적 현실 속에 위치하고 있다. 따라서 여성의 몸과 기술과학에 대한 마르크스주의, 정신분석, 페미니즘, 인류학 등의 기존 논의도 여전히 유용할 수 있다.(*Simians* 173) 하지만 해러웨이는 오늘날의 여성 경험을 설명하기엔 그런 논의들이 초보적이라고 보았다. 앞서 지적한 해러웨이 사이보그론의 비약성 및 기존 논의와의 이러한 단절은 여성의 재생산과 신재생산기술과의 관계에 중점을 두는 기존 담론의 논의를 확대하는 데 해러웨이의 이론을 활용하는 것이 적절하지 않을 수도 있음을 시사한다.

그러나 많은 국내외 페미니스트들의 신재생산 담론이 보여주는 해러웨이에 대한 집중적인 기대는 단순히 사이버 열광과 낭만적 기술 낙관론 비전의 투사로만 볼 수는 없다. 사실 그들은 해러웨이의 사이보그론 자체보다는 사이보그에 내재된 강력한 정치성에 열광한다. 다시 말해 그들은 재생산과 신재생산기술 문제에 대한 실천적인 접근 가능성을 해러웨이의 사이보그 정치성에서 발견할 수 있으리라고 기대한다. 아울러 그들은 해러웨이에게 책임 있는 실천적 행위로서의 신재생산 담론을 열어줄 수 있는 아방가르드적 시각을 기대한다.

사실 후기자본주의의 기술과학 시대에서 재생산은 이제 전략적 문제가 되어버렸다. 페미니스트 신재생산기술 담론은 단순히 성 정치성에 국한된 것이 아니라 후기자본주의적 논리에 따른 재생산의 정치성을 비롯하여 복합적인 물질적 정치성을 다루어야 한다. 현실적이고도 복합적인 물질적 정치성에 대응할 수 있는 페미니스트 정치성을 탐구하고 실천하기 위해서는 해러웨이가 초보적인 방법론으로 간주한 마르크스주의, 정신분석, 페미니즘 등을 새로운 방식으로 다시 전용할 필요가 있다. 이러한 견지에서 여전히 간과할 수 없는 중요한 문제인 남성 중심적 기술 권력과 억압 문제를 중점적으로 다룬 급진적 페미니스트 담론에서부터 사이보그 페미니스트, 테크노페미니스트 등 일련의 신재생산기술 담론 위주로 기존 담론들을 검토해 보자.

모성을 감시하는 신재생산기술에 대한 페미니스트 담론

지나 코리아Gena Corea의 『어머니 기계*The Mother Machine*』(1979)는 신재생산기술에 대한 급진적인 페미니스트 비판들 가운데 가장 영향력 있는 저서로 간주된다. 코리아는 기술 비관론적 입장에서 남성 "기술 의사들technodocs"에 의해 생체실험실로 축소된 여성의 몸, 그 디스토피아적 세계의 투사를 통해 신재생산기술 담론을 전개한다. 그녀에 따르면 신재생산기술의 궁극적인 목표는 생물학적인 어머니를, 인공 자궁이나 복제와 같은 첨단과학기술을 사용하여 "어머니 기계"로 대치하는 데 있다. 신재생산기술은 모성의 몸을 별도의 생물학적 기능들, 즉 난자 공여자, 자궁 공여자 등의 기능들로 분절하여 기계처럼 재조립 가능한 부분들로 분절화·상품화하면서 여성적 힘의 원천이었던 재생산을 위기의 상황으로 몰아갔다. 코리아의 디스토피아적 세계는 드워킨의 "재생산 유곽" 이미지로 표현될 수 있다.(8) 오늘날 동물들이 번식을 위해 기계처럼 사용되듯 이 세계에서는 재생산을 통제하는 남성들의 명령에 따라 여성들이 전문적인 번식자, 즉 '어머니 기계'로 전락할 것이고, 신재생산기술의 발달로 여성의 자연적인 재생산은 유전적으로 완벽한 아이를 보장하는 기계적 재생산으로 대체될 것으로 예견된다. 이처럼 신재생산기술이 유전공학 및 우생학과 불가분의 관계를 맺고 있음을 처음으로 지적한 것은 코리아를 비롯한 급진적 페미니스트들이다. 이 급진적 페미니스트들은 신재생산기술 문제를 더욱 복합적인 맥락에서 다루어야 할 필요성을 제기한다.

급진적 페미니스트들 담론에는 과학과 기술 자체가 본질적으로 가부장적이라는 생각이 내재해 있다. 그들은 기술이란 결코 중립적이지 않으며, 항상 자연에 대한 지배, 여성의 착취와 복종, 그리고 다른 민족들의 착취와 억압에 기초해서 발전해왔기에 그 자체로 지배의 수단이 된다고 주장한다. 이러한 견지에서 그들은 신재생산기술을 여성에 대한 가부장적 전쟁의 새로운 단계로 간주한다.(Wajcman, *Technofeminism* 21 재인용) 즉 신재생산기술은 유전공학기술에 전용되어 여성의 몸을 정복하는 전쟁에 가담하고 있다는 것이다. 또한 현대기술을 폭력적인 가부장 문명의 산물로 간주하며 그 호전적인 기술의 생태적 영향을 분석하는 에코페미니스트들 역시 신재생산기술을 여성에 대한 남성 지배의 도구로 본다. 그들은 과학혁명 이후 서구문화는 지구와 여성을 유기체가 아닌 과학적 진보라는 이름으로 착취해도 되는 기계로 보았다고 주장한다. 그러나 신재생산기술을 자본주의와 가부장제의 확장으로 보는 급진적 페미니스트들의 주장은 사위키Jana Sawicki를 비롯한 많은 페미니스트들에게 비판을 받는다. 신재생산기술을 실천하는 과정에서 유기체와 기계의 경계 짓기 싸움의 장이 된 재생산 영역을, 가부장제의 확장에 대한 저항의 영역으로 변화시킬 수 있는 페미니스트 정치성의 가능성을 간과하고 있다는 것이 그 비판의 요지다.

사위키는 푸코의 방법론을 통해 코리아를 비롯한 급진적 페미니스트들의 접근방식을 비판한다. 신재생산기술에 대한 그들의 이해와 저항 전략에 대해 비판적으로 분석하면서, 급진적 페미니스트 비평이 지나치게 비관적·도덕적·일차원적이며, 재생산을 둘러싼 지배 담론에만 초점을 두고 있다고 지적한다. 그녀에 따르면, 급진적 페미니스트들에게는 신재생산기술 담론에 이미 내재된 페미니스트 정치성의 저항과 투쟁에 대한 관심이 결여되어 있다. 이러한 관점에서 사위키는 푸코의 감시 권력disciplinary power 개념을 빌어 '모성 감시disciplining mother'에 사용되는 신재생산기술이 초래하는 문제점들에 대한 대안적 분석을 제공한다.(82-94) 푸코식으로 보면, 신재생산기술은 18세기 이래 부르주아들이 자신의 권력을 강화·개선하고 "생명을 최대화하려는" 수단으로 개발·발전시킨 성의 감시 기술 가운데 "가장 최근의 담론 세트"를 대변한다.(Sawicki 83) 그러나 사위키는 신재생산기술의 모성 감시 기능이 폭력과 강제만이 아니라, 이를 통해 새로운 형태의 모성을 생산하고 여성들이 직면해야 하는 문제에 대한 특정한 해결책도 함께 제공하고 있음을 주목할 필요가 있다고 주장한다.(85) 물론 현대사회에서 신재생산기술이 은밀한 사회 통제의 한 형태를 대변하는 감시 기능을 수행하지만, 또한 통제에서 벗어날 자유의 가능성도 제공할 수 있다는 것이다. 우리가 신재생산기술이 갖는 악의적 감시의 의미에 저항할 수 있는 기제를 고안한다면, 오히려 감시 기술에서 자유의 가능성도 발견할 수 있다는 것이다. 사위키의 이러한 주장은 모성 감시의 신재생산기술 문제에 대한 대안을 찾고자 하는 적극적인 페미니스트 노력에 상당한 영향을 미쳤다.

윌리엄 레이 아니William Ray Arney에 의하면, 2차대전 이후 산부인과학은 출산과정에 대한 개입에서 산모의 모니터링과 감시로, 즉 '아이의 분만confinement' 에서 '감시surveillance'로 관심 방향을 전환하였으며, 이제 산부인과 병원은 사회 전역으로 확장된 모성 감시 체제의 중심이 되었다.(Balsamo 89 재인용) 다시 말해 산모의 몸보다는 태아의 보호를 우선시하는 현대사회에서 임신에 대한 사회적 간섭의 이데올로기가 신재생산기술을 이용한 모니터링과 감시를 통해 작동한다는 것이다. 앤 발사모Anne Balsamo는 중요한 신재생산기술인 복강경(난자 추출과 배아착상에 사용되는 투시장치)이 출현한 때가 바로 대중매체가 재생산을 "공적인 스펙터클"로 변화시키는 데 몰두하는 역사적 순간이라는 사실에 주목한다.(83) 즉 신재생산기술의 출현이 여성의 몸을 잠재적으로 모성의 몸으로, 모성의 몸을 잠재적으로 유죄의 몸으로 간주하는 문화적 조건을 창조했다는 것이다. 또한 발사모는 기술과학 시대의 재생산에 대한 우리의 불안을 표현한 마거릿 애트우드 Margaret Atwood의 소설 『시녀 이야기 *The Handmaid's Tale*』(1985) 읽기를 통해 신재생산기술의 모성 감시 논리를 강화하는 문화적 조건을 분석한다. 이는 사위키가 제안한 신재생산기술의 악의적 감시에 저항할 대안을 찾는 페미니스트적 시도로 볼 수 있다. 대리모의 시각을 통해 신재생산기술이 초래할, 그러나 기술과학 시대가 외면하는 문제점들을 드러내는 발사모의 『시녀 이야기』 읽기는 현실적인 재생산의 상황 속에서 모성의 몸을 다시 서술할 수 있는 전략을 제공한다.

사이보그 정치성과 테크노페미니스트 정치성

해러웨이는 신화적인 자연 상태로의 복귀를 주장하며 신재생산기술 자체를 거부하는 급진적 페미니스트들과 에코페미니스트들에 대한 비판을 주도하는 가장 영향력 있는 페미니스트 비평가다.(Wajcman 80) 앞서도 지적했지만, 기술과학 시대에 재생산의 새로운 의미와 실천은 여성의 몸에 대한 새로운 서술과 이론화를 요구한다. 이에 해러웨이는 여성의 몸을 생물학적인 몸인 동시에 기존의 생물학적 정치성에 근본적인 변화를 가져올 물적-기호적material-semiotic 존재로 간주하는 새로운 몸 이론을 제시한다.(*Simians* 192) 이렇듯 능동적인 행위자로서의 여성의 몸을 바탕으로 구축된 해러웨이의 사이보그 이론은 유기체의 재생산을 통제하는 생명의학의 권위에 도전한다. 해러웨이는 생명의학의 문제점이 정교한 경험주의적 과학 분석을 토대로, 분명하게 파악할 수 있는 물질들로 구성된 완벽한 집합체를 재생산하려는 데 있다고 말한다. 아이러니하게도 이러한 생명의학의 시도 자체가 더욱 모호하고 불확실한 방식으로 작동하는 새로운 몸들, 키메라, 괴물, 잡종의 불순한 사이보그를 생산하게 된다. 유전공학, 생체 자기제어 기술과 같은 형태의 새로운 생명의학 기술들은 오히려 신성하고 독립된 몸에 대한 개념을 전복하고, 환경에 대한 몸의 반응성, 변화에 대한 적응 등 몸에 대한 새로운 사고방식을 도입하는 결과를 초래했다. 바로 이러한 생명의학의 권위에 맞서 해러웨이는 새로운 몸을 이론화하고 그 정치성을 활용해 사이보그론 또는 사이보그 페미니즘[5]을 내놓았다.

새로운 몸의 이론화와 더불어 해러웨이는 페미니스트 신재생산기술 담론이 재생산 정치성에 대한 기존 논의를 넘어서야 한다고 주장한다. 간단히 말해, 기술과학 시대의 재생산은 기본적으로 정치성을 함의하는 전략의 문제이고, 후기자본주의의 투자와 확대의 논리적 비유이며, 개인적인 차원에서는 자아의 한계와 희망에 대한 담론의 장이라고 해러웨이는 요약한다.(*Primate Visions* 352) 따라서 페미니스트 신재생산기술 담론은 이제 단순히 성 정치성이 아니라 후기자본주의 논리의 재생산 정치성에 대한 비판과 저항, 그리고 그로부터의 해방 가능성 추구를 목표로 해야 한다는 것이 해러웨이가 지향하는 새로운 담론의 방향이다.

본격적인 기술과학 시대를 맞아 여성들이 선택의 여지 없이 사이보그가 되어가는 현실이라면, 그리고 재생산과 신재생산기술 담론이 여성의 몸과 성 정치성의 차원을 넘어 거대하고 복잡한 상징적 네트워크 속에서 전개되어야 한다면, 우리는 신재생산기술에 대하여 단순한 방어가 아니라 적극적으로 개입할 수밖에 없다. 이러한 맥락에서 우리는 해러웨이의 사이보그 정치성을 페미니스트 정치성으로 적극 활용할 수 있다. 해러웨이가 정의하는 사이보그의 몸은 "기계와 유기체의 잡종인 사이버네틱 유기체로서 허구의 피조물일 뿐 아니라 사회적 실재의 피조물"인 몸이다.(*Simians* 149) 그 몸은 현실적이면서도 허구적이며, 해러웨이가 기술에서 높이 사는 경계의 불안정성의 이점을 이용한 몸이기도 하다. 이러한 정의에 기초한 사이보그론에서 재생산은 유기체와 기계 사이의 경계 짓기라는 전쟁의 영역(150)으로 간주된다. 물론 해러웨이는 이러한 경계 짓기의 영역인 재생산보다는 불안정한 경계에서의 사이보그 복제와 재생에 더 많은 관심을 둔다. 사실 해러웨이에게 성적 재생산은 다양한 재생산 전략 중 하나일 뿐이다. 그녀는 이성애에 기반한 성적 재생산보다는 "이성애에 저항하는 매우 훌륭한 유기적 예방법"으로서 사이보그의 "사랑스러운 복제"(150)에 더 주목한다.

해러웨이는 에코페미니즘이 찬양하는 오염되지 않은 자연과 여성의 영적인 친밀성을 거부한다. 오히려 과학적 인종주의와 식민주의 담론에서 우생학적 정화를 선동할 때 사용되는, 정치적 위협을 의미하는 '오염pollution'을 찬양한다. 그녀는 "비자연적인" 잡종에 대한 순수주의적 거부가 초래하는 위험을 경고하고, 완벽한 정체성의 재생산을 강조하는 생명의학에 저항하고 투쟁하기 위해 사이보그 정치성을 제안했다. 사이보그 정치성은 남자와 여자를 만드는 이성애적 재생산 자체에 문제를 제기하고, "언어와 젠더를 생산하는 힘으로 상상되는 욕망의 구조를 전복하고, 그래서 '서구적' 정체성, 자연과 문화, 거울과 눈, 노예와 주인, 몸과 정신의 재생산 구조와 양식을 전복할 수 있는 잠재력"을 지닌다고 해러웨이는 주장한다.(*Simians* 176) 또한 그녀는 "순수한" 에코페미니스트 "여신"이 되느니 차라리 인조 임플란트를 지닌 동물처럼 사이버네틱 유기체인 사이보그가 되기를 원한다고 공언한 바 있다. 우리는 해러웨이가 강조한 사이보그 정치성에 의한 신재생산기술의 해방적·전복적 잠재력을 기존 페미니스트 신재생산기술 담론이 간과하고 있는 이성애적 재생산의 문제점, 유색인종과 제3세계 여성의 몸과 신재생산기술의 관계 등을 파악하고 대응할 수 있는 페미니스트 정치성으로 활용할 수 있다.(*Simians* 181) 시험관임신, 난자제공, 대리모 등 신재생산기술이 여성을 억압하는 보수적인 가족 정치성에 격변을 가져올 수도 있다고 주장하는 해러웨이의 기술 낙관론은 급진적인 페미니스트와 에코페미니스트의 기술 공포증을 치료하는 참신한 해독제 구실을 한다. 물론 해러웨이의 기술 낙관론 입장은 기술을 물신화한다고 지적받을 여지가 다분하다.(Wajcman, *Technofeminism* 8) 그러나 기술의 물신화와 지나친 기술 낙관론의 문제는 해러웨이 자신보다는 해러웨이 추종자들에게서 더 심화된다.

해러웨이의 사이보그론에 직접 영향을 받은 사이버페미니스트들은 디지털 세상에서 사이버 공간에 접속하여 살고 있는 오늘의 여성들이 기술 변화를 환영한다고 주장한다. 해러웨이의 사이보그 이미지는 사이버페미니스트의 상상력을 자극해 성차에서 벗어나는 해방의 아이콘으로 자리매김했고, 심지어 "본질적인 여성 존재의 상징"으로까지 받아들여졌다.(Wajcman, *Technofeminism* 93) 해러웨이의 사이보그론이 그 추종자들에 의해 이렇게 전용되는 것에 대해 스콰이어즈는 다음과 같이 지적한다. "해러웨이는 사이보그 이미저리를 복합적인 물질적 차이들을 협상하는 새롭고 긍정적인 방식으로 제안했는데, 다른 사람들[해러웨이의 추종자들]은 그런 차이들을 모두 초월할 수 있는, 물질적 정치성의 혼잡한 세계를 벗어나 무한한 가능성의 탈정치적 유토피아로 들어갈 수 있는 선택의 자유를 주는 것으로 받아들였다."(Wajcman, *Technofeminism* 94 재인용) 해러웨이는 사이보그가 물질적 차이에 대한 새로운 협상을 끌어내 사회주의 페미니즘을 재생시킬 수 있는 잠재력을 지녔다고 주장하지만, 그녀의 추종자들은 그러한 잠재력에 주목하기보다는 낙관적이고 공상적인 담론 쪽으로 기울어 있다는 것이다. '테크노페미니즘technofeminism'은 해러웨이와 사이버페미니즘 사이의 간극 지점에서 신재생산기술 담론에 개입하게 된다.

테크노페미니즘을 간단히 설명하자면, 사이버페미니즘의 공상적 통찰과 기술의 성 정치성에 대한 유물론적 분석을 융합시킨 것이라고 말할 수 있다. 테크노페미니즘은 사이버페미니즘이 간과한, 해러웨이의 사이보그 정치성에 내재된 사회주의 페미니즘의 잠재력을 끌어내 페미니스트 정치성으로 활용한다. 이를 위해 해러웨이가 초보적이라고 규정하며 단절했던 기존 방법론들을 다시 끌어모아, 사회의 물질적·상징적 힘에 의한 재생산 정치성과 개별 여성의 유기체적인 몸을 새롭게 다루고자 한다. 대표적인 테크노페미니스트 주디 와이즈먼Judy Wajcman은 테크노페미니즘을 "유토피아적 낙관론과 운명론적 비관론의 사이, 사회이론으로 보자면 문화적 우연성과 사회적 결정론의 사이" 에 있는 방법론으로 간주한다.(*Technofeminism* 6)

와이즈먼의 초기 비평서 『페미니즘과 기술*Feminism Confronts Technology*』(1991)은 가장 영향력 있는 신재생산기술 담론으로 평가된다. 그녀의 초기작과 최근작 『테크노페미니즘*Technofeminism*』(2004)을 비교하면, 와츠먼 자신의 관점 변화뿐 아니라 페미니스트 신재생산기술 담론의 전반적인 변화도 읽을 수 있다. 초기작에서 와츠먼은 급진적 페미니즘 또는 에코페미니즘의 기술 거부에 대해 비판적이었고, 페미니즘이 신재생산기술에 능동적으로 개입할 여지에 대해서도 부정적이었다. 초기작에서 그녀가 여성을 기술의 수동적 희생자로 보았다면, 『테크노페미니즘』에서는 여성의 행위성에 더 많은 관심을 기울인다. 이러한 관점 변화는 전반적인 신재생산기술 담론의 추이를 보여주는 동시에, 기술과학 시대의 신재생산기술 담론이 다시 짚고 넘어가야 할 중요한 문제를 부각시킨다. 즉 와츠먼은 새로운 기술과학 시대에 진입했는데도 남성성과 기술 사이의 연관성이 여전히 중요한 문제로 남아 있으며, 따라서 기술 자체보다도 이에 대한 페미니스트 정치성의 개입이 더욱 중요하다고 역설한다. 급변하는 기술과학 시대의 현실에서 그 변화에 차이를 가져다줄 수 있는 것은 기술 자체가 아니라 페미니스트 정치성이다. 향후 이 테크노페미니즘은 기술과학 시대의 새로운 페미니스트 신재생산기술 담론을 주도할 것으로 기대된다.

새로운 신재생산기술 담론을 지향하며

해러웨이는 이 시대의 정보기술문화가 야기하는 극적인 위기와 도전에 맞서 새로운 세계, 의미, 실체를 창조하기 위해 과학과 기술의 긍정적인 잠재력을 적극 수용할 것을 주장한다. 그녀의 주장처럼 유기체와 기계의 대립구조 속에서 인간의 재생산과 신재생산기술 문제를 다루는 것은 점차 무의미해지고 있다. 해러웨이가 말하는 "통합회로 속의 여성"(*Simians* 170)의 유기체적인 몸은 신재생산기술의 발달로 끊임없이 새롭게 시각화되고, 또 기술의 개입과 침투로 몸의 경계가 불안정해지는 것을 경험한다. 해러웨이에 따르면, 이렇듯 신재생산기술의 침투가 초래한 몸의 불안정한 경계 속에서 오히려 몸의 새로운 경계 짓기가 가능하다. 해러웨이는 경계의 불안정성을 신재생산기술의 장점으로 꼽는다. 여기서 누가 그 몸의 경계에 대해 의미를 부여할 권리를 갖느냐라는 문제는 여전히 중요한 페미니스트 쟁점이다.(168-169) 그녀는 사이보그 정치성이 여성의 몸과 신재생산기술 간 대립구조의 경계를 허물고 새로운 경계를 재구성할 수 있는 페미니스트 정치성으로 활용될 수 있음을 시사한다. 테크노페미니스트들은 이를 테크노페미니스트 정치성으로 활용하여 새로운 신재생산기술 담론을 전개하고 있다.

오늘날 거대한 네트워크 속에서 고도의 복합적인 전략을 요구하는 신재생산기술에 대한 페미니스트 담론은 복합적인 물질적 정치성을 다룰 수 있는 실천적 담론을 지향해야 한다. 이를 위해 우리는 다시 성 정치성과 복합적인 물질적 정치성을 함께 다룰 수 있는 방법론을 모색해야 한다. 즉 기존의 방법론들을 진보적인 방법론들로 전용할 필요성을 절감한다. 이 지점에서 새로운 재생산기술 담론의 적극적인 개입이 요청된다. 기술과학 시대의 새로운 페미니스트 신재생산기술 담론을 이끄는 동인은 변화에 대처할 수 있는 새로운 페미니스트 감수성과 실천적이고 적극적인 저항 전략을 강구할 수 있는 페미니스트 정치성이다.

1부
젠더 · 섹슈얼리티 · 육체

페미니즘과 퀴어 이론: 테레사 드 로레티스, 이브 세지윅, 주디스 버틀러를 중심으로

1 최근의 '젠더 연구'가 인간과 성을 이해하는 방식을 변화시켰다는 점은 매우 중요하다. 남성성과 구분되는 여성성만이 '젠더'가 아니고, 남성성 역시 규범으로서의 무성적 인간이 아닌 특정한 '젠더'임을 일깨운다는 차원에서 젠더 연구, 특히 그중에서도 남성성 연구의 대두는 시사하는 바가 크기 때문이다.

2 1980년대 말에서 1990년대 초를 기점으로 레즈비언/게이 연구가 새로운 퀴어 이론에 자리를 내준 현상은 학문 세대 간의 차이와도 관련이 있다. 이전 세대의 비평적 에너지가 에이즈AIDS로 크게 타격을 받아 침체를 겪게 된 반면, 포스트모더니즘과 후기구조주의에 영향을 받은 후속 세대는 새로운 사고의 틀로 동성애를 이론화한 것이다.(Michael Warner, *Fear of a Queer Planet* "Introduction" 참조)

3 포스트페미니즘의 대두와 관련된 문화이론의 지형을 고찰하는 글에서 정소영은 "이론이 일종의 문화상품이 되어 소수의 스타들과 다수의 문화 소비자들을 중심으로 생산되고 소비되는 구조를 지닌다는 점"을 '이론 이후', 즉 포스트 시대의 특성으로 진단한다.(37)

4 에이드리언 리치는 성 과학에서 유래한 병리적 현상을 지칭하는 '레즈비어니즘lesbianism'이라는 용어를 대신하여, 여성 동성애를 이론화하는 두 가지 방식으로 '레즈비언적 존재lesbian existence'와 '레즈비언 연속체lesbian continuum'를 제시한다.(50-51)

5 본격적인 레즈비언 페미니즘은 1970년대 중반 이후 Jane Rule, *Lesbian Images* 등을 비롯한 저작들이 나오면서 점차 성장한다. 이외에도 Lillian Faderman, *Surpassing the Love of Men* 등을 참조할 수 있다.

6 이것은 영화 이론에 치중하면서 여성의 재현 문제와 실제 여성들 간의 괴리 및

그 연관성에 대한 성찰을 이론화했던 이전의 저작 *Alice Doesn't*의 연장선상에 놓인 논의라 할 수 있다.

7 그의 영화 이론 역시, 시각적 대상일 뿐만 아니라 시각적 주체이며 예술적 행위의 실천자이기도 한 여성의 위치와 그 재현의 가능성들을 타진한다. 또한 남성적 실천과 이론 속에서 언제나 모순으로 존재했던 여성을 재현하는 과정에 페미니즘적 사유가 개입하여 변화를 초래할 것을 촉구한다.

8 그 결과 현재 게이, 레즈비언이라는 말은 구시대적이고 보수적이며 심지어 제도권 내로 어느 정도 진입하여 규범화된 정체성을 일컫는 용어가 된 것 같은 인상을 주기도 한다.

9 가령 맥루어Robert McRuer는 퀴어를 "규칙에 매이지 않으며, 고착fixation이나 속박containment의 시도를 무력화하는" 것으로 정의한다.(22)

10 '섹스/젠더 시스템'의 이원론은 게일 루빈이 그의 기념비적 논고 「여성의 교환Traffic in Women」에서 상세히 논의하였고, 이는 이후 페미니즘 담론에 큰 영향을 미쳤다.

11 가령 니콜 워드주브Nicole Ward-Jouve는 버틀러의 이론이 페미니즘이 목표로 했던 이상 자체를 무효화할 위험까지 지닌다고 주장한다. 그는 페미니즘의 오랜 노력을 통해 이론화된 섹스와 젠더의 구분을 부정한다. 그리고 성적 실천에 대한 이론적 의미화는 과연 어떻게 가능할지를 묻는다.(10)

12 이런 우려는 여성 퀴어 비평가들의 글에서 종종 발견된다. 가령 린더먼Marilee Lindemann은 이브 세지윅의 퀴어 이론에서 영감을 얻은 대표적인 퀴어 비평문 선집(세지윅 편) 『소설 바라보기*Novel Gazing*』에 실린 총 17편의 논고 중에서 여성 작가를 다룬 글은 5편, 그중에서 레즈비언 작가를 다룬 글은 1편에 불과하며 세지윅 역시 자신의 저작에서 남성 작가들을 주로 다루고 있음을 지적한다. 이어 여성과 여성 동성애가 퀴어 이론 안에서 주변화되고 있음을, 그리고 "퀴어가 모든 섹스와 젠더를 포괄하는 데 헌신한다는 것은 대개 수사에 불과함"을 비판한다.(764-765) 실제로 세지윅에게 영감을 받은 많은 퀴어 비평가들이 남성의 동성애와 남성성 자체에 대한 연구에서 두드러지는 성과를 내면서 최근 퀴어 이론의 전개 자체가 남성 동성애 중심적 성향을 띠는 것도 사실이다.

13 이것은 심지어 퀴어 비평가의 글에서조차 다소 무비판적으로 언급되기도 한다. 가령 캐시 루디Kathy Rudy 같은 평자는 퀴어 정치학의 실천에 있어서 "게이 남성들이 조직의 경험도 더 많고 물질적 자원에도 더 쉽게 접근할 수 있기 때문에 퀴어들은 이러한 자산을 이용하여 문화적 맥락 속에서 정치적 주장을 펼친다"고 말하면서(214), 퀴어 이론 내의 남성 중심성에 대해 안일하게 수동적이고

도 수용적인 입장을 취한다.

14 Pat Califia, *Public Sex*, 25쪽, Shane Phelan, *Getting Specific*, xi, Elizabeth Weed, "The More Things Changes" *Feminism Meets Queer Theory*, 286쪽 참조.

남성, 남성성, 페미니스트 이론

1 위그만은 1999년 클린턴-르윈스키 성추행 사건의 정치적 쟁점화를, 동성사회적 권력 공간인 백악관에서 오랫동안 보호받았던 미국 최고 권력자의 난잡한 이성애 남성성이 위기에 처하게 된 상징적 사건이라 보고 있다. 그에 따르면 이 사건은 여성의 육체뿐 아니라 권력을 쥐고 있는 남성의 육체 역시 더이상 치외법권 지대에 남아 있지 못하고 대중적·정치적 시선에 노출되어 있음을 알리는 역사적인 사건이다. 딸 첼시조차 대통령 아버지 "빌의 육체가 진흙탕에서 벗어날 수 없다는 사실을 알게 되었다"(31)는 것이다. 위그만의 전반적인 평가에 따르면 1990년대 미국 사회는 최고 권력자 남성의 남성성이 위기에 처하고, "don't ask, don't tell" 정책을 통해 군대 내 동성애가 사실상 인정되며, 여자 프로 농구 리그의 창설 등 이성애 규범에 입각한 전통적 젠더 구분이 무너지기 시작한 역사적 시기이다.(31)

2 필자는 2000년대 한국 여성 문학에 대두한 새로운 경향과 관련하여 이런 남성(성)/여성(성)의 대립에 기초한 기존 여성 문학론의 변모 양상을 살핀 바 있다. 「2000년대 한국여성의 위상과 여성 문학의 방향」 참조.

3 헨리 제임스 연구 경향과 관련하여 퀴어 담론의 부상이라는 관점에서 남성성 문제를 페미니즘의 비판적 시각으로 읽어낸 국내 논문으로는 윤조원의 「젠더 연구의 흐름과 비평적 독서의 변화: 헨리 제임스의 경우」 참조.

4 『페미니즘 안의 남성들*Men in Feminism*』과 『남성 페미니스트*Men Doing Feminism*』가 이런 시도를 보여주는 대표적인 저작이다.

5 모들스키는 '여성'이란 말만 나오면 곧바로 본질주의라고 거부해버리는 후기구조주의의 단선적이며 과도한 이론주의적 편향을 비판하면서, 다원적 정체성에 기반한 비본질주의적인 페미니즘 인식론을 구성해야 할 필요성을 역설한다. 이를 위해 그녀가 제시하는 것이 '여성의 경험'이라는 개념이다. 여성의 경험은 본질로 주어진 것은 아니지만 여성들 사이의 "연대, 공통성, 공동체에 대한 감각"을 유지하기 위해 정치 조직화의 거점으로 고수되어야 한다는 것이다. 모들스키는 여성의 경험과 여성의 공통성이 현존하는 권력구조를 초월할 수

없으며 오히려 그 구조 속에 깊이 연루되어 있다는 점을 인정한다. 하지만 이 인정이 하나의 집단으로서 여성들이 억압을 당하는 공통의 경험을 부인하는 것은 아니라고 본다. 그는 여성의 본질이나 여성의 경험을, 현존하는 현실을 묘사하는 '기술description'이라기보다 미래를 향한 '기투project'로 보는 테레사 드 로레티스의 시각에 공감한다. 로레티스는 말한다. "우리가 **여성이라는 범주를 정의하고 구성하는 (결코 끝나지 않을) 과정** 속에 있다는 것을 인정하면서도 이 범주를 고수할 수 있는 길을 제공해줄 수 있기 때문이다. 결국 더 중요한 것은 여성이냐 아니냐를 둘러싼 싸움이라기보다 **여성이라는 것이 무엇을 의미하는가에 대한 투쟁**인 것 같다. 그런데 바로 이 투쟁이 ……다양한 섹슈얼리티, 계급, 종족, 인종, 민족성을 가진 여성들에 의해 페미니즘 내부에서 일어나고 있다."(20, 원문 강조) 여성이라는 것이 갖는 '의미'를 둘러싼 이런 열린 투쟁과정을 통해 여성은 끊임없이 새로이 해석된다. 하지만 여성을 해석과정 속에 열어놓는 것과 여성을 해체하는 것은 다르다. 여성을 존재론적 범주에서 의미론적 범주로 이동시켜 사유하는 것 자체가 여성 범주의 가변성을 인정하는 것이다. 어떤 의미망을 부여하는가에 따라 달리 해석될 가능성을 열어두는 유동성을 이미 담지하고 있기 때문이다. 이 유동적 가능성은 남성적 육체를 타고났으면서도 페미니즘적 미래를 향한 기투에 자신을 던지고 있는 다양한 존재들에게도 열릴 필요가 있다.

현대 여성의 새로운 히스테리, 거식증: 여성의 몸과 욕망

1 미국과 유럽에서의 '프로아나'(pro-ana, 마른 몸매를 위해 거식증에 걸리고 싶어하는 사람들을 지칭하는 말) 열풍이 국내에도 확산되고 있다. 프로아나들은 인터넷 커뮤니티를 결성하고 마른 모델이나 연예인의 모습을 동경하여 '마르기 위한 행동지침'까지 만들어 서로에게 강요하는 것으로 알려졌다. 이들은 '배고플 때는 화장실 청소를 하라' '역겨운 행동을 해서 입맛을 달아나게 하라' '혀를 면도칼로 베서라도 먹지 마라' '칼로리는 언제나 계산하라' 등 극단적인 행동지침에 따라 생활하는 것으로 유명하다. 한 프로아나 여성은 "우리끼리는 거식증 환자가 되는 것을 '로망'으로 여긴다"며 "거식증 환자가 되고 싶은데 그게 힘드니까 스스로 자책한다"고 고백하기도 했다.(『투데이 코리아』 2008년 6월 27일 기사)

2 킴 처닌Kim Chernin은 성장하면서 자신들의 몸에 자부심을 갖도록 교육받는 남성과 달리 여성은 자신의 몸에 만족하지 않고 축소시키는 방법을 끊임없이 고

안한다고 지적한다. 몸을 축소하기 위한 끊임없는 탐색 작업의 부정적인 결과는 성형수술, 지방흡입술, 신경성 거식증의 형태로 다양하게 나타나며, 그 부정적인 결과는 점점 대중화되고 있다. 체중 감소 압력으로 인한 여성사망률은 계속 늘고 있는데, 이는 "여성의 몸으로 살아가면서 받는 고통이 남성의 경우보다 더 크다는 것"을 반증한다.(*The Obsession* 62, 92)

3 다이어트 산업은 판매시장이 스스로 잘 가동되고 상품도 매우 비싸게 판매되기 때문에 사업가들에게 대단한 기쁨을 선사한다. 다이어트가 실패할 것이라는 예상은 늘 적중한다. 다이어트를 하는 사람들은 다시 체중이 늘고 또다시 다이어트를 계획해야 한다. 다이어트 방법과 전략, 그리고 상품에 대한 관심은 지속적으로 나타난다.(Brumsburg 250)

4 초기에 프로이트는 '무의식적 욕망'의 원인을 주체가 최초로 경험하는 원초적 억압인 '오이디푸스 콤플렉스'로 해석하지만 「여성의 성욕Female Sexuality」(1931), 「여성성Femininity」(1933) 같은 후기 글에서는 히스테리를 '여성성'과 '남성성'의 성차sexual difference에 근거하여 분석한다.

5 안나 O는 프로이트의 선배 브로이어Breur의 환자인데, 프로이트와 브로이어가 발간한 『히스테리 연구*Studies on Hysteria*』에 최초의 사례연구로 소개된다. 안나 O의 진짜 이름은 베르타 파펜하임Bertha Pappenheim(1859-1936)이다. 그녀는 브로이어에게서 히스테리 치료를 받은 후 독일계 유대인 여성운동과 사회사업에서 큰 업적을 남겼다. 대화치료talking cure의 창안자이기도 한 그녀는 이른바 정신분석 기원의 '전설'이 되었다. 안나 O에 관한 분석으로는 다이안 헌터Dianne Hunter의 글을 참고했다.

6 클레어 커헤인Claire Kahane은 19세기 후반에 등장한 '신여성New Woman'이 당시의 문화적 상황에서 '말하는 메두사'였다고 지적한다. 19세기의 전형적인 히스테리 환자들이 몸의 증상을 통해 억압된 욕망을 표현했다면, 신여성들은 말과 글로 자신들의 욕망을 표출했다. 커헤인의 말을 빌면, 가부장적 담론은 여성의 섹슈얼리티를 가정이라는 사적인 공간에 유폐시키려 부단히 노력했으나, 말하는 메두사들에게 글쓰기는 여성의 억압된 욕망을 드러낼 새로운 여성해방의 목소리였다.

7 실제로 히스테리와 거식증에 관한 다수의 문헌에는 환자의 의지와 환자를 '치료하려는' 의사의 의지 간의 싸움이 기록되어 있다. 수지 오바크Susie Orbach는 거식증 환자가 싸워서 지키려 하는 정신적 가치가 그녀 자신에게는 생명보다 더 중요하다는 것을 이해하는 의사는 극히 드물다고 지적한다.(103)

8 이 글에서 나는 빅토리아 후기에 등장한 거식증을 사회적·심리적·문화적 상

황에서 이해하기 위해 조안 제이콥스 브럼스버그Joan Jacobs Brumsberg의 『굶고 있는 소녀들*Fasting Girls: The History of Anorexia Nervosa*』을 참고했다.

9 피터 게이Peter Gay는 19세기 후반 미술과 문학에서 어둡고 위험하고 악마적인 여성의 이미지들이 쏟아져 나왔다고 지적한다. 여성은 "날카로운 이빨로 잡아먹는" 스핑크스나 살로메, 데릴라 등 "물어뜯고 찢고 살해하는 여성들"로 표현되었다. "19세기만큼 일관성 있고 적나라하게 여성을 흡혈귀, 거세자, 살인자로 묘사한 시기는 없었다."(Bordo 166 재인용)

10 이는 미셸 푸코가 지적했듯이, 근대와 더불어 여성 육체의 히스테리화가 진행된 상황과 무관하지 않다. 빅토리아 시대로 들어오면서 가부장제는 시선의 배치를 통해 정신 공간을 관리하고 훈육하는 한 방식으로 여성 육체의 히스테리화를 3중 과정에 걸쳐 진행시킨다.(『성의 역사』 1권 118) 빅토리아 시대성의 억압은 이전 시대보다 더욱 강화되어 성은 부부의 침실에 국한되었다. 당시에는 생식기 중심의 이성애 섹슈얼리티를 제외한 모든 것을 비정상으로 만들었을 뿐 아니라 여성의 과다한 성욕을 비정상으로 규정했다. 재생산과 관계 없는 여성의 모든 성욕은 불법적이고 비정상적인 것으로 간주되었고, 그 결과 나타난 것이 여성 몸의 히스테리화였다.

11 줄리엣 미첼Juliet Mitchell은 특히 지적이며 부유한 가정 출신인 거식증 환자의 대부분이 남성들이 누린 자유나 직업을 얻고자 투쟁했던 여성들이었음에 주목한다. 미첼에 따르면 거식증 여성은 중성적인 마른 몸, 즉 남성에 가까운 몸을 만듦으로써 자신의 몸에 남성성을 각인시키려 한다.(225)

12 한편 처닌은 거식증을 어머니와 분리되는 것에 대한 두려움으로 해석한다. 자기 몸의 발달을 완화하거나 정지시켜 자신의 몸을 쇠약하게 만드는 거식증 환자의 병적인 집착은 어머니보다 덜 구속받고 더 자유로운 삶을 사는 것에 대한 죄책감과 어머니에게서 분리되는 데 대한 두려움을 누그러뜨리는 효과가 있으며, 의존과 애착을 강화하는 하나의 방식이다.(*Hungry Self* 41-93) 또한 힐데 브루흐Hilde Bruch는 거식증이 부모와 분리되지 못하고 자율성을 경험하지 못한 결과라고 지적한다. 그에 따르면 거식증 환자는 음식 섭취 욕구에 대한 억제를 통해 자율성을 쟁취하고자 필사적으로 노력한다. 말하자면 거식증은 부모의 기대에 순응하며 자란 자기 자신에 대한 공격이다. 또한 그것은 욕망에 대한 방어를 내포한다.(*Golden Cage* 33)

자아로부터의 비상, 에로스

1 대중문화의 에로티시즘에 대한 네오마르크시즘의 비판은 Stephen Seidman, *Embattled Eros: Sexual Politics and Ethics in Contemporary America*, 73-78쪽 참조.

노년 여성을 위한 나라는 없다: 타자, 노년 여성, 페미니즘

1 이 경우의 구체적인 예로 지하철에서 처음으로 젊은이에게 좌석을 양보받았을 때, 모르는 어린이나 타인으로부터 '할아버지' '할머니' '아줌마' 등 노년이나 나이듦을 기정사실화하는 호칭을 들었을 때를 들 수 있다.

2 '나이의 샘The Fountain of Age'이라는 제목은 영어권에서 사용되는 숙어적 표현 '청춘의 샘The Fountain of Youth'의 전유이다. 따라서 'The Fountain of Age'는 '노년의 샘'이라고 의역할 수 있다.

3 한국문학의 경우 노년 여성의 시각에서 노년 여성의 삶을 진솔하게 재현한 작가로 박완서를 들 수 있다. 『너무도 쓸쓸한 당신』 『그 남자네 집』은 노년 여성 화자의 서술로 나이 듦에 대한 통찰이나 첫사랑의 추억 등을 그린다. 남성 작가들이 그려낸 노년 여성, 특히 어머니들의 신산한 삶과 모성을 추억하는 작품으로는 최인호의 『어머니는 죽지 않는다』와 이청준의 「눈길」 등을 꼽을 수 있다.

'꽃미남'과 '식스팩': 대중문화 속 오늘의 남성성

1 이 글은 2010년 『안과밖』 28호(278-302쪽)에 실린 「'꽃미남'과 '씩스팩': 대중문화 속 오늘의 남성성」을 이 책의 목적과 방향에 맞게 일부 수정한 것이다.

2 『안과밖』 24호(2008)에 실린 「'원더걸스'와 롤리타 신드롬」 참조.

3 '메트로섹슈얼'이라는 말은 영국의 문화비평가이자 칼럼니스트인 마크 심슨Mark Simpson에 의해 널리 알려졌다.(인터넷 웹진 『Salon.com』에 2002년 7월 22일자로 게재된 그의 칼럼 "Meet the Metrosexual"을 참조) '메트로섹슈얼'은 형용사인 동시에, 그러한 특질을 구현하는 개인을 가리키는 명사로도 사용되므로, 적절한 번역어가 없는 한 이 글에서는 그대로 사용하도록 한다.

4 '스타일'은 메트로섹슈얼리티의 핵심이자 완성으로, 메트로섹슈얼을 지향하는

남성들을 위한 수많은 가이드북이 있을 정도이다. 가령 Michael Flocker, *The Metrosexual Guide to Style*이 대표적인 예이다. 여기서 영감을 받은 듯 〈옴므 : 멋진 남자 만들기〉라는 유선방송 프로그램이 우리나라에서도 방송되었다.

5 존 베이논John Beynon, 마이클 킴멜Michael Kimmel, 조지 모스George Mosse 등 참조. 또 남성성 연구에 대한 국내 논고로는 『안과밖』 2006년 여름호에 실린 필자의 글과 이 책에 실린 이명호의 글을 참조.

6 남성성의 위기론은 남성 연구 혹은 젠더 연구 관련 최근 저작들에서 거의 빠지지 않고 언급된다. 이를 중점적으로 다루는 대표적 저작으로는 Anthony W. Clare, *On Men: Masculinity in Crisis* 참조.

7 Tim Edwards, *Men in the Mirror*와 Sean Nixon, *Hard Looks* 참조.

8 1980년대에도 미국 경제의 호황에 힘입어 이른바 여피Yuppie 계층의 전문직 남성들이 외모 치장과 상품 소비를 통해 부를 과시했다. 이는 19세기 말 미국의 경제사회학자 소스타인 베블런Thorstein Veblen이 비판했던 '과시적 소비'와도 유사한 점이 있다.

9 세지윅은 남성들 사이의 성애적 욕망에 대한 두려움과 금기, "동성애적 패닉"이 이성애적 남성의 욕망을 제도화하는 기제로 작동한다고 보았다.(*Between Men* 88-89)

10 이 이름은 콜버트가 아니라 "콜베어"로 발음하기에 그대로 적었다. 지난 2008년 5월에 이 프로그램에서 상영한 비와 콜베어의 코믹한 댄스 대결 동영상은 〈http://www.colbertnation.com/the-colbert-report-videos/156555/may-05-2008/rain-dance-off〉에서 볼 수 있다.

11 아시아계 미국 남성의 여성화된 이미지에 관한 연구는 매우 많다. 특히 그중에서도 데이비드 엥David Eng, 대럴 하마모토Darrell Hamamoto, 로버트 리Robert Lee 등의 논의를 참조할 것.

12 "재키 찬, 제트 리, 차우 윤 팟 등의 배우와 앙 리, 존 우 감독 등의 경우에서 알 수 있듯 아시아 영화계와 할리우드의 성공적인 진출 속에서 아시아 영화인들이 최근 비평가들의 주목을 받고 인기를 얻었지만, 성적으로 어필하는 아시아계 남성들의 재현은 주류 미국 대중문화에서 거의 자리잡지 못하고 있다." (Hoang 225)

13 미국 동성애 인구를 대변하는 대표적인 대중 잡지 중 하나인 『디테일즈*Details*』에 몇 년 전 실렸던 휘트니 맥널리Whitney McNally의 화보 칼럼 「게이인가 아시아인인가?Gay or Asian?」는 아시아계 남성성 자체를 '동성애적'으로 규정하는 수사로 점철되어 있어 수많은 아시아계 미국 남성들의 분노를 샀다.

2부
지구화·(탈)민족·여성의 삶

민족경계 안팎의 여성과 남성: 민족주의와 젠더

1 소련 해체 이후 동유럽에서 민족주의가 새로 대두되면서 나타난 젠더와 섹슈얼리티 논의는 질라 에이젠슈테인Zillah Eisenstein과 조앤 샤프Joanne P. Sharp, 레타나 살레클Retana Salecl(5장)의 글을 참조. 최근 이주의 증가 및 전 지구화와 더불어 여러 국가에서 민족경계와 시민권이 재정의되는 과정에 대한 사례 연구는 할둔 굴랄프Haldun Gulalp가 편집한 책을 참조. 탈북인의 한국 정착과정에서 나타나는 민족주의와 시민권 문제는 주해연의 글을 참조. 민족경계의 규정에 젠더, 섹슈얼리티, 인종 정치가 복잡하게 얽혀 작동하는 과정에 대한 다양한 사례 분석은 마이어Tarmar Mayer, 랜초드닐슨Ranchod-Nilsson, 유발데이비스Yuval-Davis를 참조.

2 현대 미국에서 흑인 민족주의와 동성애공포증의 결합에 대한 논의는 패트리샤 힐 콜린스Patricia Hill Collins(특히 5장)를 참조. 민족주의의 도덕 경제를 이성애 중심주의적 성 정치, 가부장적 남성성을 연결하여 다룬 논의는 알라콘 외Alarcon et al(서론), 마이어Mayer(1-7, 14-17), 네이글Nagel(5장)을 참조.

3 서사행위를 중심으로 바바의 민족이론을 논의하는 글은 필자의 다른 글(「지구지역시대」, 39-42)을 참조.

4 안잘두아가 말하는 혼종성은 유럽인이 아메리카 대륙을 식민화했던 과정을 역사적 배경으로 삼는다. 아메리카 대륙에 유럽계 이주민 문명이 세워지는 과정은 유럽계 백인과 아메리카 원주민의 문화혼종의 과정이기도 했다. 이러한 문화혼종은 혼혈주체의 지속적인 출현을 의미한다. 메스티자mestiza는 유럽인과 아메리카 원주민 사이에서 태어난 혼혈여성을, 메스티조mestizo는 혼혈남성을 의미한다.

5 세번째 연구 경향에 대한 간략한 논의는 필자의 다른 글(2008b)을 참조.

6 1960년대 후반 이후 미국 흑인 민족주의가 발흥하면서 흑인 여성들이 제기한 의제에 대해 흑인 남성 민족주의자들이 맹렬하게 공격했던 바를 가장 압축적이고 간명하게 정리한 것으로는 캘빈 헌턴Calvin Hernton의 글을 참조. 유럽, 중동, 아프리카, 아시아, 미국과 캐나다에서 페미니즘 운동과 민족주의 운동의 길항관계를 페미니즘 관점에서 검토한 사례연구는 로이스 웨스트Lois A. West가 편집한 책을 참조.

7 한국의 경우 식민 상황에서는 일본 남성과 한국 남성, 탈식민 상황에서는 한국 남성과 북한 남성 및 미국을 위시한 선진국 남성 사이의 경쟁이다.

8 이러한 의도적 망각이 국내 차원에서뿐만 아니라 국제적으로 작동한다는 점은 일본군 위안부 문제에서 잘 드러난다. 의도적 망각에 대항하는 초국가적 서사와 페미니즘 대항 기억에 대한 논의는 필자의 다른 글(2008a)을 참조.

9 모스에 따르면, 서구 근대에서 핵가족 중심의 사회제도가 확립되면서 가부장의 체통을 살리는 이성애 섹슈얼리티는 민족주의와 결합한다. 민족주의는 가부장적 이성애 중심주의를 지배적 규범으로 안착하는 데 가장 큰 공헌을 한 이데올로기였다. 민족주의는 이성애를 체통 있는 지배적 성적 실천으로 확립하기 위해 끊임없이 동성애를 비난해야 했다. 남성성을 둘러싼 이러한 섹슈얼리티 정치는 민족주의와 단단하게 결합되었다. 서구 민족주의는 "체통 있는" 남성성을 강조하면서 계층을 가로질러 남성들이 민족에 대해 탈성애화된 열정적 애착을 갖도록 했다.(22)

베일 속에는 이슬람도, 여성도 없다

1 이슬람 여성이 착용하는 베일은 그 형태와 모양, 국가에 따라 히잡, 차도르, 부르카, 바쉬외르튀쉬, 니캅 등으로 불린다. 일반적으로 베일을 뜻하는 말로 '히잡'이 통용된다. 이 글에서는 모든 종류의 히잡을 통틀어 '베일'로 칭하기로 한다. 그리고 '무슬림 여성'이라는 용어는 '이슬람교도인 여성'을 말하지만, 이슬람 국가에서는 많은 사람들이 이슬람을 종교를 넘어 생활과 문화로 체득하고 있으므로 보다 넓은 의미로 '이슬람 여성'으로 용어를 정리하였다.

2 거다 러너Gerda Lerner는 남성이 여성을 지배하게 된 계기를 자연적이거나 생물학적인 원인에서 찾지 않고, 단지 역사 발달 단계에서 출현한 산물이라고 정의했다. 그에 따르면 가부장제는 기원전 2세기경 중동지방에서 출현했으며, 사회를 정비하기 위한 하나의 제도로서 발생했다.

3 여성에게 베일 착용을 강요하면서 가부장 사회의 성 문화와 질서를 유지하고자 했던 것은 레비스트로스의 문화의 기원에 대한 역사적 추론에 비추어 그 의미를 유추해볼 수 있다. 자연에서 문화로의 중요한 단계 변화는 근친상간을 금지하는 제도나 족외혼 법을 통해 이루어진다. 일단 족외혼 법이 성립되면 남성은 자신이 속한 사회 집단 밖에서 아내를 구해야 했다. 족외혼 법은 남성이 공정한 경쟁을 통해 여성에게 접근하도록 만들었다. 이때 '공정한 경쟁'을 위해

여성에 대한 성적인 접근 가능성 여부를 표현하는 수단이 필요했다. 베일을 쓰지 '못한' 여성은 그 여성이 동의를 하든 그렇지 않든 남성에게 자신의 몸에 접근할 권리를 준다는 의미를 암묵적으로 내포하는 것으로 해석된다.(Lévi-Strauss, *Kinship* 42) 『종교의 기원』에서 프로이트는 친족 계약의 기원을 추론하며 성적 계약을 역사적으로 분석하는데, 이 성적 계약을 여성의 베일 착용을 법제화시킨 것과 관련해서 해석해볼 수도 있다. 프로이트는 여성을 둘러싸고 형제들이 경쟁을 한다면 우애 조직이 파괴될 것이기 때문에 근친강간의 금지와 함께 성적 계약이 형성되었으며, 이로써 형제들은 자신들을 강하게 만드는 우애 조직을 유지할 수 있었다고 분석했다. 남성은 이런 방법으로 자신의 성적 권리를 확고히 하고 여성에게 질서정연하게 접근하는 법을 세웠다는 것이다. 비로소 가부장적 성적 권리는 아버지 한 사람의 권리가 아닌 남성의 보편적 권리가 되었으며, 우애 조직의 모든 구성원이 소유할 수 있는 것으로 정착되었다. 베일 착용은 이러한 혈족 공동체 내에서 형제들 간 성적 계약의 표상으로, 우애 조직을 파괴하지 않는 그들만의 질서 유지를 위해 반드시 필요했다.

4 정수일에 따르면 코란의 여성관은 기본적으로 여성과 남성의 공동 창조를 주장하는 여성동격관女性同格觀과 남녀의 생물학적·사회문화적 성차를 주장하는 여성유별관女性有別觀 그리고 남성과 구분되는 차이 때문에 여성 보호를 주장하는 여성보호관女性保護觀으로 요약할 수 있다.(이슬람의 여성관 370-384)

5 코란에서 명시하는 내용은 다음과 같다. "믿는 여인들에게 눈을 아래로 뜨고 정숙함을 지키며, 자연히 노출된 것 이외의 꾸밈새를 드러내지 말며 얼굴 너울을 쓰고 가슴까지 내리우며, 남편, 아버지, 아들, 남편의 아들, 여자 종, 노비, 성적 욕망이 없는 남자 종, 여인의 내정을 모르는 어린이 외의 다른 사람들 앞에서는 꾸밈새를 드러내지 말라."(정수일 382 재인용)

6 초기 개혁자들에게 적은 '외세'라기보다는 퇴보였다. 그들은 정치적으로는 외세에 대항하면서도 문화적으로는 유럽 문명에 적대적이지 않았다. 이 단계에서 여성해방은 민족 갱생에 있어 중요한 안건으로 제기될 수 있었다.

7 터키는 1929년 베일 착용 관습을 폐지하였다. 이어 이란은 1939년 법령으로 이를 폐지하였으나, 1980년 이슬람혁명 이후 호메이니는 '베일 법령'을 공포하여 정부부처에서 일하는 여성에게 베일 착용을 의무화했다. 사우디아라비아를 비롯한 일부 국가에서는 아직도 베일 착용이 의무이지만, 그 외의 이슬람 국가에서는 자의에 맡기고 있다.

8 데니즈 칸디요티Deniz Kandiyoti에 따르면, 이는 이슬람 국가 안에서 일어났던 세 차례의 페미니즘 노선을 반영한다. 이슬람 국가들 내부의 페미니즘은 크게 세

번의 노선 변화를 겪는다. 식민주의에 대항하기 위해 민족주의 노선과 연합 전선을 벌였던 제1차 페미니즘 물결, 1950~60년대에 출현했던 근대화 이론과 마르크스주의의 영향을 받은 제2차 페미니즘 물결, 그리고 1970년대 이후 서구 페미니즘의 영향과 자생적 페미니즘 담론의 다양한 목소리를 포함한 제3차 물결이 그것이다.(*Gendering* 8-15)

9 아프가니스탄에서는 종종 베일을 착용하지 않았다는 이유로 명예살인의 대상이 되기도 하며, 이란에서는 종교경찰이 베일 착용을 단속하기도 한다. 베일에 대한 선택과 통제는 이슬람 국가별로 많은 차이가 있다.

이주여성 노동자의 주변화와 행위주체성

1 노동착취형 작업장의 작업방식과 이주여성의 대거 유입 문제에 관한 사회학적 분석으로는 브라운 대학의 이블린 휴드하트Evelyn Hu-Dehart와 여성운동가인 미리엄 루이Miriam Louie의 연구가 대표적이다.

2 미리엄 루이의 책 외에도 이주여성 노동자들의 노동조합이나 국제 연대 결성을 촉구하는 등 실천적 차원에서 쓴 저서들이 상당수 있다. 카말라 켐파두Kamala Kempadoo는 성 노동자sex worker들의 억압과 착취 현실을 개혁하기 위해 자국의 성 노동자뿐 아니라 제3세계에서 이주해온 성 노동자들의 다양한 목소리와 그들에 대한 분석을 담은 책 『글로벌 성노동자: 권리, 저항, 재정의*Global Sex Workers : Right, Resistance, and Redefinition*』를 출판하였다. 켐파두는 성 노동자의 권리 쟁취를 위한 전 지구적 조직의 필요성을 역설한다. 발렌틴 모그하담Valentine Moghadam도 『글로벌 여성: 초국가적 페미니스트 네트워크*Globalizing Women: Transnational Feminist Networks*』에서 초국가적 페미니스트 네트워크 결성을 주장한다. 이는 여성 중심의 글로벌 경제시스템이 단순히 여성의 고통을 완화하는 것에서 한걸음 더 나아가 여성에게 당연히 주어져야 할 정당한 인간 권리를 보장하도록 하기 위해서다.

'아시아 여성주의 문화연구'를 구축하기: 비교문화적 사유와 상상력

1 이 글은 『대항지구화와 '아시아' 여성주의』(울력, 2008) 283-301쪽에 게재된 글을 수정·보완한 것이다. 이 글에서는 서구적 기원을 연상시키는 '페미니즘'보

다는 운동성과 문화적 측면이 더 드러나는 '여성주의'라는 우리말 용어를 사용하기로 한다.

2 '문화연구'는 마르크스주의 정치경제 위주의 현실 인식과 분과학문 체제의 특수전공 중심주의를 비판하고 넘어서기 위한 통합학문적 실천으로서 1970년대에 서구에서 시작된 새로운 비판적 이론이자 연구 흐름이다. 아시아에서는 1990년대에 이 흐름을 본격적으로 수용하고, 이것이 번성하고 팽창하는 동안 상업화와 제도화를 겪게 된다. 협소한 정치경제학적 인식 및 문예이론을 광범위한 문화적·운동적 관점으로 방향을 재설정한 한국 문화연구의 독자적인 전개 과정에 대해서는 강내희의 「문화사회와 대안적 세계화를 위한 한국 문화연구의 방향」 참조. 아시아 문화연구의 현황을 비판하고 그 새로운 방향을 모색하는 책으로는 이동연의 『아시아 문화연구를 상상하기』 참조. 한국 문화연구자들의 가부장적 무의식 및 인식구조에 대한 비판으로는 필자의 『대항지구화와 '아시아' 여성주의』 7장 「생태문화민주주의의 페미니즘적 재구성을 위하여」 참조.

3 탈냉전 시대에 일어난 지역학에서의 변화를 보려면 Masao Miyoshi, *Learning Places: The Afterlives of Area Studies*와 Peter A. Jackson, "Spaces, Theory, and Hegemony: The Dual Crises of Asia Area Studies and Cultural Studies" 참조.

4 그동안 '지역'으로 번역된 이 용어는 지역학 연구에서의 area나 지리적 공간의 최소단위인 지역 혹은 지역성the local과 달리, 범위나 개념에 있어 좀더 다양하고 유연한 공간의 구획화를 함축한다. 그런 뜻에서 region을 '권역'으로 표기하기로 한다. 지구적 관점에서 보면 아시아라는 대륙도, 동아시아도, 서울-싱가포르-타이페이도 하나의 권역이 될 수 있다.

5 가야트리 스피박Gayatri Spivak은 『다른 여러 아시아*Other Asias*』에서 남아시아 모델의 포스트식민주의를 수정하고 확장하기 위해 민족주의나 반식민주의 대신 '비판적 권역주의'에 따라 아시아를 복수화pluralize하자고 주장한다. 아시아의 다양하고 이질적인 권역들이라는 지평에서 보면, 『창작과 비평』의 동아시아 중심 논의는 동아시아라는 특정 권역을 아시아라고 상정하는 한계를 지닌다.

6 이 저널의 편집인 천광싱이 『인터-아시아 문화연구』 창간호에 쓴 창간 취지문 중 다음 내용 참조. "냉전 이후 아시아에서의 정치적·경제적 변동은 탈식민화를 향한 새로운 사회운동 및 비판적 문화연구 등 대안적 지식 생산의 가능성을 열어주었다. 그런데 이러한 목표를 이루고자 하는 실천적 지식인들 간의 소통과 교류를 위한 적절한 수단이 없었다. '아시아 문화연구' 기획은 비판적인 아시아 주체성의 구성 및 재구성을 향한 부단한 운동의 일부로서 자리매김한다."

7 Kuan-Hsing Chen, "The Decolonization Question," *Trajectories: Inter-Asian Cultural Studies*, Ed. Kuan-Hsing Chen, Hsiu-Ling Kuo, Hans Han and Hsu ming-Chu, London and New York: Routledge, 1998. 4쪽. 이후 이 글에서의 인용은 본문 안에 쪽수만 표기함.

8 이 글에서 'the imaginary'는 '상상적인 것' 혹은 '상상'으로 옮긴다. 여기서 '상상'은 실체적인 것, 실재적인 것, 경험적인 것, 인식적인 것, 논리적인 것을 꿰뚫고 무의식에까지 작용하는 상상적 구조들의 영역을 통괄한다.

9 이러한 경향은 비단 『인터-아시아 문화연구』뿐 아니라 듀크 대학에서 1993년부터 발간되어 아시아 각국의 문화정체성을 조명한 *Positions*, 1999년을 시작으로 아시아의 식민지 근대성을 주로 다룬 *Traces*에서도 나타난다.

10 이상화, 「'아시아'적인 것의 의미 생산과 아시아 여성학」 47쪽 참조. 이하 이 발표문에서의 인용은 본문 안에 쪽수만 표기함.

11 여성주의 입장은 아니지만 이 점에 대해 자세히 조망하고 있는 글로는 백원담의 「전후 아시아 사회주의권에서의 아시아주의」 참조.

12 자세한 내용은 한지희의 「에이드리언 리치와 존재의 지도」 참조.

13 지정학적 특권을 지닌 서구는 아시아와 서구의 관계를 그림자, 유령, 때늦은 모방, 복사판, 파생담론, 재생산 등으로 표상한다.

14 '공존의 관계relationship of coevalness'는 Harootunian, "Ghostly Comparisons"에서, '차이 속의 함께함togetherness-in-difference'은 Ien Ang, *On Not Speaking Chinese: Living between Asian and the West*에서 차용한 개념이다.

15 이에 대한 좀더 자세한 논의로는 Gayatri Spivak, "The New Subaltern: A Silent Interview," *Mapping Subaltern Studies and the Postcolonial* 참조.

번역, 이산 여성 주체의 이언어적 받아쓰기: 테레사 학경 차의 『딕테』

1 이 논문은 2010년 『미국소설』 17권 3호에 실린 글을 수정·보완한 것이다.

2 이 작품의 번역은 김경년이 번역한 국역본 『딕테』(토마토, 1997)를 참조하여 필자가 수정하였다. 국역본을 그대로 인용할 경우 국역본 쪽수를 표시하고, 필자가 수정 번역한 경우 원본 쪽수를 병기했다.

3 오스틴에게 '형태행위'란 어떤 어휘에 속하거나 속한다고 간주되는, 그리고 어떤 문법에 맞거나 맞다고 간주되는 어떤 음어나 단어, 즉 어떤 유형의 소리를 내는 행위로 정의된다. '의미행위'는 어느 정도 명확한 의미와 대상 언급을 수반

하며, 그 음어를 사용하는 행위의 수용으로 정의된다.(*How to Do with Words* 95)

4 이 글에서 자주 등장하는 '이주migration', '이민immigration', '이산diaspora'이 동일한 의미 층위를 갖는 것은 아니다. '이주'가 집이나 고향에서 떠남 혹은 이동을 가리키는 일반적 용어라면, '이민'은 물질적으로 좀더 나은 삶을 찾아 국경을 넘는 것을 말한다. '이산'은 종교적 박해 때문에 바빌론유수 이후 유대인들이 전 세계로 흩어진 현상과 강력하게 연관되어 있지만, 현대에 이르러서는 정치적·경제적·문화적 이유 때문에 강제로 고국을 떠나게 된 집단적 이주 현상을 가리킨다. 이민자들이 모국 생활에 대한 환멸과 향수 사이에서 흔들리면서도 이주해온 제국 내에서 물질적 상승을 추구하고 제국에 대한 적극적 동일시를 시도한다면, 이산자들은 모국뿐 아니라 제국에 대해 비판적 거리를 유지하면서도 새로 옮겨온 곳에 뿌리를 내리는 '다시 터잡기relocating'를 시도한다.(태혜숙 254-265) 테레사 학경 차의 가족이 만주에서 한국으로, 그리고 다시 미국으로 옮겨간 것은 일제 식민지배 아래에서 강제적 이주(어머니 허형순씨의 경우)였다는 점, 정치적으로 폭압적인 포스트식민지배 아래에서 아들을 구하기 위한 반강제적 선택이었다는 점에서 확장된 의미의 이산으로 볼 수 있다. 이 글에서는 문맥에 따라 이주와 이산을 선택적으로 쓰기로 한다.

3부
신화·종교·윤리

레비나스, 타자 윤리학, 페미니즘

1 이 분야의 연구에 대해서는 벤저민, 길리건, 벤델을 참조할 것.

2 보부아르와 이리가레 이외에도 스탠퍼드, 스키카, 에인리, 김애령, 오주연이 레비나스 윤리학에 내재된 남성 중심적 특성을 비판한다.

3 레비나스에 호의적인 페미니스트 연구자로는 카츠, 구엔더, 챈터, 신옥희를 들 수 있다.

4 챌리어Chalier, 퍼피크Perpich, 브로디Brody, 지아렉, 올리버Oliver는 여성성에 대한 레비나스의 견해에 대해 비판적이면서도 레비나스의 일부 설명이 페미니즘을 재탄생시키거나 보강하는 데 유용하다는 입장을 취한다.

5 이 장은 레비나스의 원전 중 국내에 번역된 『시간과 타자』『존재에서 존재자로』

『윤리와 무한』과 영역본 *Totality and Infinity, Otherwise than Being or Beyond Essence*, 강영안의 『타인의 얼굴』, 김연숙의 『타자 윤리학』, 챈터, 스탠퍼드, 퍼피크의 저술 등을 간추려 정리한 것이며 특별한 경우를 제외하고는 따로 인용 표시를 하지 않았다.

6 이 글에서 '주체'라는 용어는 타자가 아닌 '나' 혹은 '자아'를 뜻하며, 이 세 용어는 엄밀한 철학적 설명 없이 같은 의미로 사용된다.

7 레비나스에게 '초월성'이란 자아를 초월하여 절대적 다름인 타자에게로 향함을 의미한다.

8 레비나스에게 요소 세계란 삶을 지탱하는 환경, 즉 물, 공기, 따뜻함, 바람과 같은 삶의 터전을 뜻한다.

9 '가까움proximity'의 상태란 타자에게 무심할 수 없는 자아의 불편한 상태를 말한다. 이는 어떤 표상과 반성도 없는 체험 그 자체의 상태이다.(*Otherwise than Being* 83-89, 100, 138)

10 앞으로 『전체와 무한*Totality and Infinity*』 인용시 TI로 축약하여 인용 쪽수와 함께 표시한다.

11 '대속substitution'이란 볼모로 잡힌 내가 고통 속에서도 타자에 대해 무한 책임을 지는 행위를 일컫는다.(*Otherwise than Being* 125-127) '사로잡힘obsession'이란 나를 마비시킬 만큼 무거운 이웃에 대한 나의 비대칭적·비상호적 책임을 말한다.(*Otherwise than Being* 83-89, 110-111)

12 레비나스는 에로스를 '욕구need'와 '욕망desire'의 결합으로 본다. '욕구'는 육체적이고 자아 중심적인 반면, '욕망'은 자아를 초월하여 타자를 향한다.(TI 19)

13 앞으로 『존재와 다르게*Otherwise than Being*』 인용시 OB로 축약하여 인용 쪽수와 함께 표시한다. 이 글에 실린 인용은 필자의 번역임을 밝혀둔다.

14 Standford, "Levinas, Feminism and Feminine"과 Perpich, "From the Caress to the Word: Transcendence and the Feminine in the Philosophy of Emmanuel Levinas" 참조.

15 이 장은 이리가레의 "The Fecundity of the Caress: A Reading of Levinas, *Totality and Infinity*, 'The Phenomenology of Eros' "와 "Questions to Emmanuel Levinas: On the Divinity of Love"의 내용을 정리했다. 따라서 직접 인용의 경우를 제외하곤 따로 출처를 밝히지 않는다. 아울러 이 장의 일부 논의는 이리가레의 레비나스 비판을 다룬 챈터, 지아렉, 구엔더, 카츠에 기초하고 있다.

16 이 부분을 포함해 이 장에서의 이리가레 인용은 이리가레 원전의 영역본에 의

거한다. 여기서 이리가레 인용 역시 필자의 번역이다.

17 이리가레의 'wonder' 개념에 대해서는 "Wonder." *An Ethics of Sexual Difference* 72-82쪽 참조.

18 이리가레와 레비나스의 연계성을 찾으려 했던 스탠퍼드, 지아렉, 챈터와 달리, 카츠는 레비나스를 비판하는 이리가레의 한계를 지적한다.(70-71)

19 이 장의 논의는 구엔더의 *The Gift of the Other: Levinas and the Politics of Representation* 내용을 필자의 관점에서 정리한 것이다.

20 크리스테바는 불어로 '이단의'라는 뜻을 지닌 단어 'hérétique'와 '윤리학'을 뜻하는 단어 'éthique'를 조합하여 'hérethique'라는 신조어를 만들어낸다. '이단적 윤리학'을 의미하는 이 단어를 영어로 번역할 경우 'herethics'가 되고 이는 다시 'her+ethics'로 분절 가능하다. 여기서 '여성적 윤리' 혹은 '여성적 사랑의 윤리'라는 의미가 파생한다.

여신 신화와 새로운 상징질서 찾기

1 파키스탄 출신의 민속학자이자 심리치료사인 샤루크 후사인의 『여신』에 대해서는 『영미문학페미니즘』 15권 1호에 「여신 숭배의 재조명」이란 제목으로 서평을 실었다.

2 북유럽의 아리안족이 여신 숭배의 전통을 파괴하고 그들이 섬기는 아버지 신을 가져오게 된 과정에 대해서는 필자의 논문 「비너스의 계보:가부장제의 확립과 여신 숭배의 변화」에서 상세히 다루고 있다.

3 무원죄 잉태는 마리아가 모든 인간이 날 때부터 지고 나오는 원죄로부터 자유롭고, 성행위 없이 하느님 말씀으로 생명을 잉태했다는 주장이다. 이는 3세기 경부터 논의되었으며 19세기에 이르러 교리로 채택되었다.(후사인 122-123)

모성 서사와 그 불만: 『엄마를 부탁해』와 〈마더〉에 나타난 모성 이데올로기 비판의 문화지형

1 이 글은 2009년 11월 20일 한국영어영문학회 제91차 학술대회에서 "엄마 없는 세상: 『엄마를 부탁해』와 〈마더〉에 나타난 모성의 재발견"이라는 제목으로, 그리고 2009년 12월 16일 서울대학교 여성연구소 주최 집담회에서 "대중문화와

모성 이데올로기: 『엄마를 부탁해』와 〈마더〉를 중심으로"라는 제목으로 각각 발표된 원고를 정리한 것이다.

2 몇몇 후배 여성 작가들의 이른바 '불륜 플롯' 소설이 보여준 도식성과 황폐함 또한 그것대로 낡고 불길한 것임을 덧붙인다.

3 대대적인 마케팅과 일부 평단의 지지는 ('공지영'과 함께 소설 분야 독서시장을 거의 양분하고 있는) '신경숙'이라는 브랜드에 화려한 프리미엄을 얹어준 셈이다.

배려의 윤리와 정의의 윤리: 메리 셸리의 『프랑켄슈타인』

1 이 글은 2010년 『영미문화』 10권 3호(105-128)에 게재된 글을 수정·보완한 것이다. 본문에 인용되는 『프랑켄슈타인』 텍스트로는 다음을 참조하였다. Mary Shelley. *Frankenstein*. Ed. Paul Hunter. New York: Norton, 1996.

2 그래서 혹자는 "클러벨은 괴물적 성향이 없는 빅터"라고 진단한다. 여성적인 클러벨과 달리 빅터는 너무나 남성적이기 때문에 괴물이 되어버린다.(George Levine 210)

3 이것은 무엇보다 메리 셸리를 대변하는 빅터의 아버지 알퐁스의 목소리이면서, 친구와 엘리자베스가 살해된 후에 자신이 한 일을 뉘우치는 빅터의 목소리이기도 하다.

4 흔히 '괴물monster'로 불릴 뿐 빅터의 피조물에게는 고유한 이름이 없다. 소설에서는 존재being, 피조물creature, 흉악한 녀석wretch, 그것thing 등 다양한 명칭으로 불린다.

5 메리 셸리는 자연을 있는 그대로 묘사하는 생물학에 대해서는 긍정적이었지만 "인간의 힘으로 우주를 제어하고 바꾸는" 화학에 대해서는 부정적이었다.(Mellor 108) 전자가 선한 과학이라면 후자는 악한 과학으로 벤야민이 말하는 제1의 기술에 해당하는 것이다. 선한 과학이 자연을 관찰하고 그 섭리를 이해하려는 노력이라면 악한 과학은 자연의 섭리에 간섭하고 그것을 인간 욕망의 대상으로 변형시키려 한다. 말하자면, "자연을 겁탈"한다.(Homans 142)

4부
자연·과학기술·여성

생태 파괴 시대의 페미니즘

1 가부장제는 시대적으로 볼 때 크게 '전통적' 가부장제와 '근대적' 가부장제로 나뉠 수 있다. 전통적 가부장제는 문자 그대로 '아버지들의 지배rule of fathers'를 뜻한다. 이는 아버지의 혈통이 아들에게 계승되는 '부계혈통patrilinearity'과 아버지의 땅에 살며 장소를 승계하는 '부계영토patrilocality'에 토대를 둔 것이다. 따라서 역사적·지리적으로 특정 장소 혹은 특정 사회관계에 나타났던 현상이었다. 미즈Maria Mies에 따르면 제한적 가부장제가 보편적 억압체제로 전환된 것은 근대 이후다. 즉 아버지에 의한 억압이 정치, 경제, 사회, 교육 등 전 분야에서 모든 여성에 대한 모든 남성의 지배라는 보편적 착취구조로 체제화된 것이 근대적 가부장제라는 것이다.(*Patriarchy* 37-38)

2 여기서 '북반구'는 위치상 주로 북쪽에 자리한 미국이나 유럽 등의 선진국들을 가리키고, '남반구'는 주로 남쪽에 몰려 있는 가난한 동남아시아나 아프리카 국가들을 가리킨다.

3 전자의 중요한 이론가로는 수전 그리핀Susan Griffin, 린다 진 셰퍼드Linda Jean Shepherd, 샌드라 하딩Sandra Harding 등이 있고, 후자에 속한 이론가로는 마리아 미즈Maria Mies, 베로니카 벤홀트톰센Veronika Bennholdt-Thomsen, 클라우디아 폰 베를로프Claudia von Werlhof, 반다나 시바Vandana Shiva 등이 있다. 또한 여성적 보살핌의 윤리학을 내세운 캐런 워런Karen Warren과 에코페미니즘의 윤리를 강조한 캐롤린 머천트Carolyn Merchant, 자연과 문화의 위계질서를 넘어설 것을 주장한 이네스트라 킹Ynestra King을 비롯하여 샬린 스프레낙Charlene Spretnak, 주디스 플랜트Judith Plant, 발 플럼우드Val Plumwood, 아이린 다이아몬드Irene Diamond, 로즈메리 뤼터Rosemary Reuther, 메리 멜로Mary Mellor, 에이리얼 살레Ariel Salleh, 앨리스 워커Alice Walker 등의 에코페미니스트들이 있다.

4 워렌은 생태위기가 젠더로 볼 때 남성보다는 여성과 더 밀접한 문제임을 드러내는 사례로 1974년 인도에서 일어났던 칩코운동Chipko Movement을 든다. 이는 벌목업자들이 레니 지역의 숲을 파괴하려고 하자 인도의 토착여성들이 나무를 자르지 못하도록 자신을 나무에 묶었던 운동이다. 칩코 운동은 비서구 지역 여성들이 선도한 풀뿌리 민중 차원의 비폭력 생태운동이라는 점에 큰 의의가 있다. 이것은 미개발 지역의 토착사회일수록, 가내경제에서 여성들의 비중이 클

수록 생계를 자연에 의존하는 정도가 높으며, 따라서 생태 파괴로 인해 겪는 피해 역시 클 수밖에 없다는 점을 잘 보여준다.(*Ecofeminist Philosophy* 2-3)

5 해러웨이의 '상황적 지식' 이론은 근대 서구 사회가 추구해온 '객관성'이란 개념이 사실은 지배와 통제의 이데올로기라고 지적한다. 그녀는 상황적 지식 개념을 통해 지식의 객체(여성)가 지식의 배경이나 토대, 자원으로서가 아니라 능동적 동인으로 그려져야 한다고 보았다.(*Simians* 183-202) 버틀러는 여성의 젠더 구성체적 본질을 해체함으로써 여성/남성, 여성성/남성성, 동성애/이성애가 모두 언어의 명명에 의해 임시적으로 범주화된 것이라고 주장했다. 에코페미니스트들은 버틀러의 수행성 논의가 여성문제를 사회나 정치, 경제 차원의 문제에서 언어화의 문제로 환원시켰다고 비판한다. 버틀러의 수행성 논의에 대해서는 "The Bodily Inscriptions: Performative Subversions." *Gender Trouble* 175-193쪽 참조.

6 이반 일리치는 "비용이 외부화된 노동ex-territorialization of costs"을 자본주의체제를 유지하기 위해 반드시 필요한 '그림자 노동shadow work'으로 보았다. 그가 말한 그림자 노동은 가정주부화보다 더 포괄적인 개념으로, 자본주의 사회에서 특정 상품의 가치를 구현하기 위해 소비자가 행하는 모든 종류의 무보수 노동을 의미한다. 가령 달걀을 사러 가는 데 드는 노동력, 구매한 뒤 실제로 요리를 위해 포장을 뜯는 행위 등 소비하기 위해 각 단계마다 일어나는 모든 종류의 무보수 노동을 말한다. 일리치는 여성들이 임금노동에서보다 보이지 않는 그림자 노동에서 더 집중적인 차별을 받는다고 생각했지만, 그림자 노동을 여성만의 무임금노동 영역으로 보지는 않았다. 다만 그림자 노동 영역의 확대를 자본주의 발전의 본질로 보았기 때문에 생산의 자동화가 가속화될수록 임금노동의 전반적인 양은 감소하고, 소비자나 사용자에 의해 지불되지 않는 노동량을 더욱 많이 요구하는 상품시장의 규모가 커질 것으로 예상했다.(*Gender* 45-57)

7 '버내큘러'란 말은 로마 법전에 처음 등장했으며, '상품'과 반대되는 뜻으로 쓰였다. 즉 시장에서 판매하기 위한 것이 아니라 가내에서 소비하기 위해 집에서 만든, 집에서 짠, 집에서 키운 것을 뜻했다. '버내큘러 젠더'는 산업시대 이후 단일한 욕구를 가진 '경제적 인간homo economicus'이 등장하기 이전의 인간을 뜻하며, 성별에 따라 서로 구별되면서도 상호보완적인 토착적 역할과 문화를 추구하던 인간이다. 그래서 일리치는 '버내큘러 젠더'와 '이코노믹 섹스economic sex'의 차이를 전통사회와 산업사회의 차이로 간주했다. 자본주의 경제성장은 이런 토착적 젠더의 파괴를 수반하면서 이코노믹 섹스를 통한 임금차별 속에 진행되었다. 따라서 여성에 대한 경제적 차별이나 여성의 노동을 그림자 노동

으로 억압한 것은 산업사회에 이르러 가속화되었고, '성역할' 개념도 산업사회의 젠더 부재의 인간을 전제로 한 개념으로 등장했다.(*Gender* 68) 실제로 유니섹스의 대표적 개념인 사이보그의 경우도 사이보그 여성의 젠더는 사라지고 섹스만 과도하게 부각시킨 과장된 형태로 흔히 이미지화된다. 산업사회에서 젠더는 상품가치가 없지만 섹스는 상품가치가 높기 때문이다.

과학기술 시대의 페미니즘과 사이보그론

1 해러웨이의 「사이보그 선언문」은 원래의 선언문을 보강하여 *Simians, Cyborgs, and Women: The Reinvention of Nature*. London: Routledge, 1991. 149-182쪽에 수록한 글을 참조했다.

2 유색여성이 페미니즘 집단에 미치는 효과를 설명하기 위해 만들어낸 샌도벌의 용어이다.

3 해러웨이가 2차대전 이후 과학기술과 관련된 전 세계적 사회관계의 재편을 두고 쓴 표현이다. 정보과학과 생명공학이 세계를 기계와 유전자 코드로 변화시키며 새로운 권력의 원천을 생산해내고 있는 시점에서 새로운 대응 방안이 나와야 한다는 관점이다. 해러웨이는 이러한 맥락에서 네트워크와 코드가 매우 중요하며, 페미니즘의 새 방향 설정에 이를 반영해야 한다고 주장한다.

4 암 유전자를 이식받아 만들어진 실험실용 유전자 조작 쥐. 해러웨이는 이 실험실용 생물체를 유기체와 상품의 경계를 흐리는 존재로 보고, 차별이나 비난의 대상이 아니라 우리가 함께 포용해야 할 대상으로 본다.

5 해러웨이는 자신의 개 케이엔과 롤랜드와의 공유 경험에 초점을 두고 민첩성 훈련 및 민첩성 경기에 대해 언급한다. 다른 동물들, 즉 양, 돼지, 닭, 소, 영장류, 고래, 믹소트리카 파라독사 등에 대해서도 언급하지만 주된 논의의 초점은 개다. 해러웨이는 『동반종 선언』과 같은 맥락에서 인간이 개와 함께 진화하고 서로에게 길들여온 과정의 중요성에 대해 지속적으로 논한다.

6 원래 미하일 바흐친Mikhail Bakhitn의 소설론에서 나온 용어로, 단일 언어 코드 안에 다양한 특질들이 공존하는 속성을 의미한다. 해러웨이는 서로 상충하는 담론들의 공존 및 담론들의 탈경계적 속성을 강조하기 위해 이 용어를 쓰고 있으며, 과학과 문학, 철학 담론 등의 경계를 넘나드는 글쓰기를 통해 이를 실천하고 있다.

1 재생산기술은 피임, 불임시술, 산전관리 기술, 출산 기술이라는 4개의 주요 범주로 나뉜다.(Lublin 1) 그리고 신재생산기술은 양수 검사, 초음파 검사, 확대경 검사 등 산전관리를 위한 기술과 체외수정 및 자궁내막배아이식술IVF-ET, 난자세포질내정자주입술ICSI, 냉동보존배아이식Cryopreserved ET, 생식세포난관내이식GIFT, 자궁내인공수정IUI, 착상전유전진단PGD 등을 포함한 불임시술 기술이 주를 이룬다.

2 우리는 머지않아 아기의 첫 사진으로 태아의 초음파 사진이 아니라 그 이전의 배아, 더 거슬러 올라가 전배아pre-embryo, 수정란, 수정 순간의 정자와 난자 사진을 찍고자 하는 도착적인 시각화 욕망에 이를지도 모른다.

3 해러웨이는 샌드라 하딩의 『페미니즘에서 과학의 문제』(1987)에 대한 대응으로 쓴 「상황적 지식: 페미니즘에서 과학의 문제와 부분적 시각의 특권Situated Knowledges: The Science Question in Feminism and the Privilege of Partial Perspective」(1988)에서 페미니스트 과학에 대한 비전을 제시한다. 그녀는 페미니스트 과학의 방법론으로 '페미니스트 객관성'을 제안한다. 이 방법론은 첫째, 연구자 시선의 부분성, 둘째, 특정 장소에 위치한 지식을 추구하는 연구자의 위치 정하기, 셋째, 그 지식에 대해 체화된 설명을 하고 책임지기 등 세 가지 요소로 구성된다.(*Simians* 186-199)

4 조주현의 「생명공학과 여성의 행위성: 시험관아기 시술과 배아복제 연구 사이에서」「난자: 생명기술의 시선과 여성 몸 체험의 정치성」 참조. 『여/성이론』 14호(2006년 여름)의 '재생산의 정치-생명공학, 의료권력, 시간' 특집에 실린 박소영의 「재생산과 복제: 페미니즘의 상상력, 생명과학의 상상력」과 백영경의 「미래를 위협하는 현재: 시간성을 통해 본 재생산의 정치학」, 조영미의 「불임기술과 의료권력」 등 참조.

5 해러웨이의 「사이보그 선언문: 20세기 말의 과학, 기술, 그리고 사회주의적 페미니즘」은 '사이보그 페미니즘'의 선언문으로 불리기도 한다.

1부
젠더·섹슈얼리티·육체

페미니즘과 퀴어 이론: 테레사 드 로레티스, 이브 세지윅, 주디스 버틀러를 중심으로

윤조원. 「페미니즘과 퀴어이론, 차이와 공존: 테레사 드 로레티스, 이브 세지윅, 주디스 버틀러를 중심으로」. 『영미문학페미니즘』 17.1 (2009): 131-154.

이명호. 「남성, 남성성, 페미니스트 이론」. 『영미문학페미니즘』 17.1 (2009): 155-181.

정소영. 「"포스트페미니즘" 시대의 페미니즘 비평: 보편성과 여성, 그리고 문학」. 『비평과 이론』 13.1 (2007): 37-55.

Bristow, Joseph. *Sexuality*. London: Routledge, 1997.

Butler, Judith. *Gender Trouble: Feminism and the Subversion of Identity*. New York: Routledge, 1990.

_____. "Imitation and Gender Insubordination." *The Lesbian and Gay Studies Reader*. Ed. Henry Abelove, Michèle Aina Barale, and David Halperin. New York: Routledge, 1993. 307-20.

Califia, Pat. *Public Sex: The Culture of Radical Sex*. San Francisco: Cleis Press, 1994.

de Lauretis, Teresa. *Alice Doesn't*. Bloomington: Indiana UP, 1984.

_____. "Queer Theory: Lesbian and Gay Sexualities, An Introduction." *differences: A Journal of Feminist Cultural Studies* 3 (1991): iii-xviii.

_____. "Feminist Studies/Cultural Studies: Issues, Terms, and Contexts." Ed. Teresa De Lauretis. *Feminist Studies/Critical Studies*. Bloomington: Indiana UP, 1986. 1-19.

Faderman, Lillian. *Surpassing the Love of Men: Romantic Friendship and Love Between Women from the Renaissance to the Present*. New York: Harper,

1981.

Gubar, Susan. *Critical Condition: Feminism at the Turn of the Century*. New York: Columbia UP, 2000.

Huyssen, Andreas. *After the Great Divide: Modernism, Mass Culture, Postmodernism*. Bloomington: Indiana UP, 1986.

Lindemann, Marilee. "Who's Afraid of the Big Bad Witch? Queer Studies in American Literature." *American Literary History* 12 (2000): 757-770.

McRuer, Robert. *The Queer Renaissance: Contemporary American Literature and the Reinvention of Lesbian and Gay Identities*. New York UP, 1997.

Phelan, Shane. *Getting Specific: Postmodern Lesbian Politics*. Minneapolis: U of Minnesota P, 1994.

Rich, Adrienne. "Compulsory Heterosexuality and Lesbian Existence." *Blood, Bread and Poetry: Selected Prose* 1979-1985. London: Virago, 1987. 23-75.

Rubin, Gayle. "The Traffic in Women: Notes on the 'Political Economy' of Sex." *The Second Wave: A Reader in Femininst Theory*. Ed. Linda Nicholson. New York: Routledge, 1997. 27-62.

Rudy, Cathy. "Radical Feminism, Lesbian Separatism, And Queer Theory." *Feminist Studies* 27 (2001): 191-222.

Rule, Jane. *Lesbian Images*. Garden City: Doubleday, 1975.

Sedgwick, Eve Kosofsky. *Between Men: English Literature and Male Homosocial Desire*. Columbia UP: 1985.

______. *Epistemology of the Closet*. Berkeley: U of California P, 1990.

______. *Tendencies*. New York: Routledge, 1994.

Walters, Suzanna Danuta. "From Here to Queer: Radical Feminism, Postmodernism, and the Lesbian Menace.(Or, Why Can't a Woman Be More Like a Fag?)" *Signs* 21 (1996): 830-869.

Ward-Jouve, Nicole. *Female Genesis: Creativity, Self and Gender*. Cambridge: Polity Press, 1998.

Warner, Michael. *Fear of a Queer Planet: Queer Politics and Social Theory*. Ed. Michael Warner. Minneapolis: U of Minnesota P, 1993.

Weed. Elizabeth. "The More Things Change." *Feminism Meets Queer Theory*. Ed. Elizabeth Weed and Naomi Schor. Bloomington: Indiana UP, 1997. 266-291.

남성, 남성성, 페미니스트 이론

윤조원. 「젠더 연구의 흐름과 비평적 독서의 변화: 헨리 제임스의 경우」. 『안과 밖』 21 (2006): 120-145.

이명호. 「2000년대 한국 여성의 위상과 여성문학의 방향」. 『문학수첩』 (2006): 79-94.

커헤인, 데이비드. 「남성 여성주의라는 모순어법」. 『남성 페미니스트』. 톰 디그비 엮음. 김고연주, 이장원 옮김. 서울: 또하나의 문화, 2004. 293-328.

펠스키, 리타. 『근대성과 페미니즘』. 김영찬, 심진경 옮김. 서울: 거름, 1998.

홉킨스, 패트릭 D. 「페미니즘과 내 안의 남성」. 『남성 페미니스트』. 60-95.

hooks, bell. *Feminist Theory: From Margin to Center*. Boston: South End, 1984.

Braidotti, Rosi. *Nomadic Subjects: Embodiment and Sexual Difference in Contemporary Feminist Theory*. New York: Columbia UP, 1994.

______. with Judith Butler. "Feminism by Any Other Name." *Differences: A Journal of Feminist Cultural Studies* 6.2/3 (1994): 27-61.

Brod, Harry. "Studying Masculinities." *Masculinity Studies and Feminist Theory: New Directions*. Ed. Judith Kegan Gardiner. New York: Columbia UP, 2002. 161-175.

Butler, Judith. *Gender Trouble: Feminism and the Subversion of Identity*. New York: Routledge, 1990.

______. *Bodies That Matter: On the Discursive Limits of "Sex."* New York: Routledge, 1993.

Grant, Judith. *Fundamental Feminism: Contesting the Core Concepts of Feminist Theory*. New York: Routledge, 1993.

Halberstam, Judith. *Female Masculinity*. Durham: Duke UP, 1998.

______. "The Good, the Bad, and the Ugly." *Masculinity Studies and Feminist Theory: New Directions*. Ed. Judith Kegan Gardiner. New York: Columbia UP, 2002. 344-367.

Irigaray, Luce. "Commodities Among Themselves." *This Sex Which Is Not One*. Trans. Catherine Porter. Ithaca: Cornell UP, 1985. 192-197.

Kimmel, Michael S. *Manhood in America: A Cultural History*. New York: Methuen, 1987.

Lorder, Judith. "Using Gender to Undo Gender: A Feminist Degendering Movement." *Feminist Theory* 1.1 (2000): 79-95.

Modleski, Tania. *Feminism Without Women: Culture and Criticism in a "Postfeminist" Age.* New York: Routledge, 1991.

Riley, Denise. *Am I That Name: Feminism and the Category of "Women" in History.* Minneapolis: UP of Minnesota, 1988.

Rubin, Gayle. "The Traffic in Women: Notes on the 'Political Economy' of Sex." *Towards an Anthropology of Women.* Ed. Rayna R. Reiter. New York: Monthly Review, 1975. 157-210.

_____. "Thinking Sex: Notes for a Radical Theory of the Politics of Sexuality." *The Lesbian and Gay Studies Reader.* Ed. Henry Abelove, Michele Aina Barale, and David M. Halperin. New York: Routledge, 1993. 3-44.

_____. "Sexual Traffic. Interview by Judith Butler. *differences: A Journal of Feminist cultural Studies* 6.2/3 (1994): 62-99.

Scott, Joan. "Experience." *Feminist Theorize the Political. Ed. Judith Butler and Joan Scott.* New York: Routledge, 1992. 22-40.

Sedgwick, Eve Kosofsky. *Between Men: English Literature and Amle Homosocial Desire.* New York: Columbia UP, 1985.

Segal, Lynne. *Slow Motion: Changing Masculinities, Changing Men.* New Brunswick, NJ: Rutgers UP, 1990.

Smith, Paul, and Alice Jardin, eds. *Men in Feminism.* New York: Methuen, 1986.

Thomas, Calvin. *Male Matters: Masculinity, Anxiety, and the Male Body on the Line.* Urbana: U of Illinois P, 1996.

Wiegman, Robyn. "Unmaking: Men and Masculinity in Feminist Theory." *Masculinity Studies and Feminist Theory: New Directions.* Ed. Judith Kegan Gardiner. New York: Columbia UP, 2002. 31-59.

현대 여성의 새로운 히스테리, 거식증: 여성의 몸과 욕망

이명호.「히스테리적 육체, 몸으로 글쓰기」.『여성의 몸: 시각, 쟁점, 역사』. 한국여성연구소 엮음. 서울: 창비, 2005. 328-363.

브라운, 크리스티나 폰.『히스테리』. 엄양선, 윤명숙 옮김. 서울: 여이연, 2003.

포슈, 발트라우트.『몸 숭배와 광기』. 조원규 옮김. 서울: 여성신문사, 2001.

푸코, 미셸 .『성의 역사』1. 이규현 옮김. 서울: 나남, 1996.

헌터, 다이언. 「히스테리, 정신분석, 페미니즘: 안나의 사례」. 『여성의 몸, 어떻게 읽을 것인가?』. 케티 콘보이 외 엮음. 조애리 외 옮김. 서울: 한울, 2001. 143-167.

Bartky, Sandra Lee. "Foucault, Femininity, and the Modernization of Patriarchal Power." *Feminism and Foucault*. Ed. Irene Diamond and Lee Quinby. Boston: Northeastern UP, 1988.

Bordo, Susan. *Unbearable Weight: Feminism, Western Culture and the Body*. Berkeley: U of California P, 1995.

Bruch, Hilde. *The Golden Cage: The Enigma of Anorexia Nervosa*. Cambridge: Harvard UP, 2001.

Brumsberg, Joan Jacobs. *Fasting Girls: The Emergence of Anorexia Nervosa as a Modern Disease*. Cambridge: Harvard UP, 1988.

Butler, Judith. *Gender Trouble: Feminism and the Subversion of Identity*. New York: Routledge, 1990.

Chernin, Kim. *The Obsession: Reflections on the Tyranny of Slanderness*. New York: Harper & Row, 1981.

_____. *The Hungry Self: Women, Eating, and Identity*. New York: Harper & Row, 1985.

Grosz, Elizabeth. *Volatile Bodies: Toward a Corporeal Feminism*. Bloomington: Indiana UP, 1994.

Kahane, Claire. *Passions of the Voice: Hysteria, Narrative, and the Figure of the Speaking Woman*, 1850-1915. Baltimore: Johns Hopkins UP, 1995.

Lawrence, Marilyn. *The Anorexic Experience*. London: The Women's Press, 1984.

Mitchell, Juliet. *Mad Men and Medusas: Reclaiming Hysteria*. New York: Basic Books, 2000.

Obach, Susie. *Hunger Strike: The Anorectic's Struggle as a Metaphor for Our Age*. New York: Norton, 1986.

Showalter, Elaine. *Hystories: Hysterical Epidemics and Modern Media*. New York: Columbia UP, 1987.

Wolf, Naomi. *The Beauty Myth: How Images of Beauty Are Used Against Women*. New York: Harper Perennial, 1991.

허라금. 『자기 성실성의 철학: 원칙의 윤리에서 여성주의 윤리로』. 서울: 철학과 현실사, 2004.

가타리, 펠릭스. 『욕망과 혁명』. 윤수종 편역. 서울: 문화과학사, 2004.

바타유, 조르주. 『에로티즘』. 조한경 옮김. 서울: 민음사, 1999.

플라톤. 『향연: 사랑에 관하여』. 박희영 옮김. 서울: 문학과 지성사, 2003.

Butler, Judith. *Excitable Speech: A Politics of the Performative*. New York and London: Routledge, 1997.

Coyner, Sandra. "Women's Liberation and Sexual Liberation." *Marriage and Other Alternatives Exploring Intimate Relationships*. Ed. Roger W. Libby and Robert L. Whitehurst. New York: Longman Higher Education, 1977. 271-292.

Decter, Midge. *The New Chastity and Other Arguments Against Women's Liberation*. New York: Coward, McCann & Geoghegan, 1972.

Densmore, Dana. "Independence from the Sexual Revolution." *Radical Feminism*. Ed. Anne Koedt, Ellen Levine and Anita Rapone. New York: Quadrangle, 1973. 98-129.

Dworkin, Adrian. *Pornography: Men Possessing Women*. New York: Perigee, 1979.

Ebert, Teresa L. "For a Red Pedagogy: Feminism, Desire, and Need." *College English* 58.7 (1996): 795-819.

Firestone, Shulamith. "The Women's Rights Movement in the U.S.: New View." *Voices From Women's Liberation*. Ed. Leslie Tanner. New York: New American Library, 1971. 440-462.

Goldman, Alan. "Plain Sex." *Philosophy and Public Affairs* 6 (1977): 267-287.

Grosz, Elizabeth, and Elspeth Probyn, eds. *Sexy Bodies. The Strange Carnalities of Feminism*. London: Routledge, 1995.

Grosz, Elizabeth. "The Labours of Love. Analyzing Perverse Desire: An Interrogation of Teresa de Lauretis' *The Practice of Love*." *differences* 6 (1994): 274-296.

Hardy, Simon. "Feminist Iconoclasm and the Problem of Eroticism." *Sexualities* 3.1 (2000): 77-96.

hooks, bell. *Teaching to Transgress: Education as the Practice of Freedom*. New York: Routledge, 1994.

Lederer. Laura, ed. *Take Back the Night: Women on Pornography*. New York: Morrow, 1980.

Lurie, Susan. "Pornography and the Dread of Women: The Male Sexual Dilemma." *Take bake the night*. 150-173.

Russell, Diana. "Pornography and the Women's Liberation Movement." *Take bake the night*. 295-314.

Segal, Lynne. "Only the Literal: The Contradictions of Anti-pornography Feminism." *Sexualities* 1.1 (1998): 43-62.

Seidman, Stephen. *Embattled Eros: Sexual Politics and Ethics in Contemporary America*. New York: Routledge, 1992.

노년 여성을 위한 나라는 없다: 타자, 노년 여성, 페미니즘

박혜란. 『나이듦에 대하여: 여자, 그리고 나이』. 서울: 웅진닷컴, 2001.

변광배. 『제2의 성. 여성학 백과사전』. 서울: 살림, 2007.

모루아, 앙드레.『앙드레 모루아의 나이드는 기술』. 정소성 옮김. 서울: 나무생각, 2002.

미리암, 버나드 외.『여성의 나이 듦에 대한 이해』. 여성한국사회연구소 옮김. 서울: 경문사, 2003.

보부아르, 시몬 드. 『노년』. 홍상희, 박혜영 옮김. 서울: 책세상, 2002.

Arber, Sara, and Jay Ginn, *Gender and Later Life*. London: Sage Publications, 1991.

Arber, Sara, Kate Davidson and Jay Ginn. eds. *Gender and Ageing: Changing Roles and Relationships*. Maidenhead/Philadelphia: Open UP, 2003.

Barnett, B. "Focusing on the Next Picture: Feminist Scholarship as a Foundation for Teaching about Ageism in the Academy." *NWSA Journal* 18.1 (2006): 85-98.

Bourdier, Pierre. *The Logic of Practice*. Trans. Richard Nice. Stanford: Stanford UP, 1990.

Browne, Colette V. *Women, Feminism, and Aging*. New York: Springer, 1998.

Butler, Robert. "Ageism: Another Form of Bigotry." *The Gerontologist* 9.3 (1969): 243-246.

Calasanti, Toni M., and Kathleen F. Slevin. *Gender Social Inequalities, and Aging.* Walnut Creek, CA: AltaMira, 2001.

_____. eds. *Age Matters: Realigning Feminist Thinking.* New York: Routledge, 2006.

Copper, Baba. "Voices: On Becoming Old Women." *Women and Ageing: An Anthology by Women.* Ed. Jo Alexander, Debi Berrwo and Lisa Domitrovich. Covallis, OR: CALYX Books, 1986. 46-57.

Cruikshank, Margaret. *Learning to Be Old: Gender, Culture, and Aging.* Lanham, MD: Rowman & Littlefield, 2002.

de Beauvoir, Simone. *The Coming of Age.* Trans. Patrick O'Brian. New York: Putnam's Sons, 1972.

Friedan, Betty. *The Fountain of Age.* New York: Simon and Schuster, 1993.

Gibson, D. "Broken Down by Age and Gender: 'The Problem of Old Women' Redefined." *Gender and Society* 10 (1996): 433-448.

Greer, Germaine. *The Change: Women, Ageing, and the Menopause.* Harmondsworth: Penguin, 1992.

_____. *The Whole Woman.* London: Doubleday, 1999.

Gullette, Margaret Morganroth. *Declining to Decline: Cultural Combat and the Politics of the Midlife.* Charlottesville: UP of Virginia, 1997.

_____. *Aged by Culture.* Chicago: U of Chicago P, 2004.

Hatch, Laurie Russell. *Beyond Gender Differences: Adaptation to Aging in Life Course Perspective.* New York: Baywood, 2000.

hooks, bell. *Feminist Theory: From Margin to Center.* Boston: South End, 1984.

_____. *Teaching to Transgress: Education as the Practice of Freedom.* New York: Routledge, 1994.

Itzin, C. "The Double Jeopardy of Ageism and Sexism. Media Images of Women." *Gerontology: Social and Behavioural Perspectives.* Ed. Dennis Basil Bromley. London: Croom Helm, 1984. 170-184.

Katz, Stephen. "Growing Older Without Aging? Positive Aging, Anti-Ageism, and Anti-Aging." *Generations* 25.4 (2001/2002): 27-32.

Lipscomb, Valerie. "'We need a theoretical base': Cynthia Rich, Women's Studies,

and Ageism." *NWSA Journal* 18.1 (2006): 3-13.
Macdonald, Barbara and Cynthia Rich. *Look Me in the Eye: Old Women, Aging and Ageism.* San Francisco: Spinsters Ink, 1983.
Overall, Christine. "Old Age and Ageism, Impairment and Ableism: Exploring the Conceptual and Material Connections." *NWSA Journal* 18.1 (2006): 126-138.
Ray, Ruth E. "The Personal as Political: The Legacy of Betty Friedan." *Age Matters: Realigning Feminist Thinking.* Ed. Toni M. Calasanti and Kathleen F. Slevin. New York: Routledge, 2006. 21-46.
Sontag, Susan. "The Double Standard of Aging." *Saturday Review of the Society* 55 (1972): 29-38.
Twigg, Julia. "The Body, Gender, and Age: Feminist Insights in Social Gerontology." *Journal of Aging Studies* 18.1 (2004): 59-73.
Wolf, Naomi. *The Beauty Myth: How Images of Beauty Are Used against Women.* New York: William Morris, 1991.
Woodward, Kathleen. *Aging and Its Discontents: Freud and Other Fictions.* Bloomington: Indiana UP, 1991.

'꽃미남'과 '식스팩': 대중문화 속 오늘의 남성성

윤조원. 「'원더걸스'와 롤리타 신드롬」. 『안과밖』 24(2008): 203-218.
_____. 「젠더 연구의 흐름과 비평적 독서의 변화」. 『안과밖』 21(2006): 120-146.
이명호. 「남성, 남성성, 페미니스트 이론」. 『영미문학페미니즘』 17.1 (2009): 155-181.
Beynon, John. *Masculinities and Culture.* Buckingham, UK: Open UP, 2002.
Clare, Anthony W. *On Men: Masculinity in Crisis.* London: Arrow Books, 2001.
Edwards, Tim. *Men in the Mirror: Men's Fashions, Masculinity, and Consumer Society.* London: Cassell, 1997.
Eng, David. *Radical Castration: Managing Masculinity in Asian America.* Durham: Duke UP, 2001.
Flocker, Michael. *The Metrosexual Guide to Style: A Handbook for the Modern Man.* Cambridge, MA: DaCapo, 2003.
Hall, Stuart. "Cultural Identity and Cinematic Representation." *Framework* 36 (1989): 68-82.

Hamamoto, Darrell Y. *Monitored Peril: Asian Americans and the Politics of TV Representations*. Minneapolis: U of Minnesota P, 1994.

Hoang, Nguyen Tan. "The Resurrection of Brandon Lee: The Making of a Gay Asian American Porn Star." Ed. Linda Williams. *Porn Studies*. Durham: Duke UP, 2004. 223-270.

Kimmel, Michael S. *Changing Men: New Directions in Research on Men and Masculinity*. Newbury Park, CA: Sage, 1987.

Lee, Robert G. *Orientals: Asian Americans in Popular Culture*. Philadelphia: Temple UP, 1999.

McNally, Whitney. "Gay or Asian?" *Details*. April (2004): 52.

Mosse, George L. *The Image of Man: The Creation of Modern Masculinity*. Oxford: Oxford UP, 1996.

Nixon, Sean. *Hard Looks: Masculinities, Spectatorship, and Contemporary Consumption*. London: Palgrave Macmillan, 1996.

Said, Edward. *Culture and Imperialism*. New York: Knopf, 1993.

Sedgwick, Eve Kosofsky. *Between Men: English Literature and Male Homosocial Desire*. New York: Columbia UP, 1985.

Shugart, Helene. "Managing Masculinities: The Metrosexual Moment." *Communication and Critical/Cultural Studies* 5.3 (2008): 280-300.

Simpson, Mark. "Meet the Metrosexual." Salon.com. 2002. 〈http://dir.salon.com/ent/feature/2002/07/22/metrosexual/〉

2부
지구화 · (탈)민족 · 여성의 삶

민족경계 안팎의 여성과 남성: 민족주의와 젠더

고정갑희. 「여자들의 공간과 자본: 지구화시대 한국사회의 여성적 빈곤과 공간적 대응」. 『한국여성학』 21.3 (2005): 5-37.

김은실. 「지구화, 국민국가 그리고 여성의 섹슈얼리티」. 『여성학논집』 19 (2002): 29-46.

_____.「민족 담론과 여성: 문화, 권력, 주체에 관한 비판적 읽기를 위하여」.『한국여성학』 10 (1994): 18-52.

박미선, 주해연.「민족국가를 이야기하기: 여성주의 국가 이론을 위한 시론」.『문화과학』 54 (2008): 77-95.

박미선.『지구지역시대 젠더 이론의 쟁점: 여성, 민족 국가 그리고 재기억의 텍스트 정치』.『탈경계인문학』 1 (2008): 29-58.

_____.「초국가적 문화서사와 재현의 정치」.『여/성이론』 19 (2008): 135-158.

신용하.「'민족'의 사회학적 설명과 '상상의 공동체'론 비판」.『한국사회학』 40.1 (2006): 32-58.

정현백.「여성과 국민만들기」.『시민과 세계』 5 (2004): 166-187.

_____.「민족주의와 여성주의: 비교사적 고찰을 중심으로」.『페미니즘 연구』 (2001): 9-52.

살레클, 레타나.『사랑과 증오의 도착들』. 이성민 옮김. 서울: 도서출판 b, 2003.

스미스, 안토니.『세계화 시대의 민족과 민족주의』. 이재석 옮김. 서울: 남지, 1997.

앤더슨, 베네딕트.『상상의 공동체: 민족주의의 기원과 전파에 관한 성찰』. 윤형숙 옮김. 서울: 나남, 2002.

일레인 김, 최정무 외.『위험한 여성: 젠더와 한국의 민족주의』. 박은미 옮김. 서울: 삼인, 2001.

조지 모스.『내셔날리즘과 섹슈얼리티: 근대 유럽에서 고결함과 비정상적 섹슈얼리티』. 서강여성문학연구회 옮김. 서울: 소명출판사, 2004.

홉스봄, 에릭.『1780년 이후의 민족과 민족주의』. 강명세 옮김. 서울: 창비, 1998.

Alarcon, Norma, Caren Kaplan, and Minoo Moallem, eds. *Between Woman and Nation*. Durham: Duke UP, 1999.

Anzaldúa, Gloria. *Borderlands/La Frontera: The New Mestiza*. San Francisco: Aunte Lute Books, 1987.

Bhabha, Homi K, ed. *Nation and Narration*. New York: Routledge, 1990.

_____. *The Location of Culture*. New York: Routledge, 1994.

Choo, Hae Yeon. "Gendered Modernity and Ethnicized Citizenship: North Korean Settlers in Contemporary South Korea." *Gender & Society* 20.5 (2006): 576-604.

Collins, Patricia Hill. *From Black Power to Hip Hop: Racism, Nationalism, and Feminism*. Philadelphia: Temple UP, 2006.

Eisenstein, Zillah. "Writing Bodies on the Nation for the Globe." *Women, States, and Nationalism: At Home in the Nation?* Ed. Sita Ranchod-Nilsson and Mary Ann Tétreault. New York: Routledge, 2000. 35-54.

Enloe, Cynthia. *Bananas, Beaches, and Bases.* Berkeley: U of California P, 1990.

_____. *The Morning After: Sexual Politics at the End of the Cold War.* Berkeley: U of California P, 1993.

Gellner, Ernst. *Nations and Nationalism.* Oxford: Basil Blackwell, 1983.

Grewal, Inderpal, and Caren Kaplan, eds. *Scattered Hegemonies: Postmodernity and Transnational Feminist Practices.* Minneapolis: U of Minnesota, 1994.

Gulalp, Haldun, ed. *Citizenship and Ethnic Conflict.* New York: Routledge, 2006.

Hernton, Calvin. "The Sexual Mountain and Black Women Writers." *Black American Literature Forum* 18.4 (1984): 139-145.

Herr, Ranjoo Seodu. "The Possibility of Nationalist Feminism." *Hypatia* 18.3 (2003): 135-160.

Kim-Puri, H. J. "Conceptualizing Gender-Sexuality-State-Nation: An Introduction." *Gender & Society* 19.2 (2005): 137-159.

Mayer, Tarmar, ed. *Gender Ironies of Nationalism: Sexing the Nation.* New York: Routledge, 2000.

McClintock, Anne. *Imperial Leather: Race, Gender and Sexuality in the Colonial Contest.* New York: Routledge, 1995.

Mufti, Aamir, Ella Shohat, and Anne McClintock, eds. *Dangerous Liaisons: Gender, Nation, and Postcolonial Perspectives.* Minneapolis: U of Minnesota P, 1997.

Nagel, Joanne. *Race, Ethnicity, and Sexuality: Intimate Intersections, Forbidden Frontiers.* New York: Oxford UP, 2003.

Parker, Andrew, Mary Russo, Doris Sommer, and Patricia Yaeger, eds. *Nationalisms and Sexualities.* New York: Routledge, 1992.

Racioppi, Linda, and Katherine O'Sullivan See. "Engendering Nation and National Identity." *Women, States, and Nationalism: At Home in the Nation?* Ed. Sita Ranchod-Nilsson and Mary Ann Tétreault. New York: Routledge, 2000. 18-34.

Ranchod-Nilsson, Sita, and Mary Ann Tétreault. *Women, States, and Nationalism: At Home in the Nation?* New York: Routledge, 2000.

Sharp, Joanne P. "Gendering Nationhood: A Feminist Engagement with National

Identity." *Bodyspace: Destabilizing Geographies of Gender and Sexuality*. Ed. Nancy Duncan. New York: Routledge, 1995. 97-108.
West, Lois A, ed. *Feminist Nationalism*. New York: Routledge, 1997.
Yuval-Davis, Nira, and Floya Anthias, eds. *Woman Nation State*. London: Macmillan, 1989.
_____. Gender and Nation. London: Sage, 1997.

베일 속에는 이슬람도, 여성도 없다

김은실. 「민족담론과 여성」. 『한국여성학』 10 (1994): 18-47.
김대성, 조희선 외. 『이슬람 사회의 여성』. 서울: 한국외국어대학교출판부, 2004.
김용선. 「이슬람 여성의 지위」. 『서울대지역연구』 3 (2004): 73-97.
이정우. 「민족-가면 뒤 국가주의 유령」. 『한겨레신문』 2005년 3월 24일.
이희수. 「코란의 여성관과 중동의 여성」. 『민족과 문화』 9 (2000): 171-185.
오은경. 「이슬람 여성의 베일착용에 대한 역사적 고찰과 담론분석」. 『동덕여성연구』 7 (2002): 122-141.
_____. 『베일 속의 이슬람과 여성』. 서울: 프로네시스, 2006.
_____. "The Veil and Desire of Muslims: Psychoanalytical Approach to the Veiling of Muslims." 『한국이슬람학회논총』 16.2 (2006): 234-250.
_____. 「야샤르 케말의 『독사를 죽였어야 했는데』를 통해 본 명예살인의 메커니즘 연구」. 『한국중동학회』 28.2 (2008): 195-214.
전재옥. 『무슬림여성』. 이슬람연구소 편. 서울: 예영 커뮤니케이션, 1997.
정현백. 『민족과 페미니즘』, 서울: 당대, 2003.
정수일. 「이슬람의 여성관」. 『명지대인문과학논총』 12 (1994): 370-390.
조희선. 「아랍문학에 나타난 자힐리야 시대(이슬람 이전 시대)의 여성상」. 『명지대인문과학논총』12 (1994): 360-369.
_____. 「아랍-이슬람 여성에 관한 고찰: 종교적 당위성과 현실, 그리고 세속과 종교 사이」. 『여성가족생활연구 논총』 6 (2001): 23-45.
홍준기. 「프로이트로의 복귀: 프로이트, 라캉, 정신분석학-이론과 임상」. 『라깡의 재탄생』. 김상환, 홍준기 엮음. 서울: 창작과 비평사, 2002. 15-44.
니체, 프리드리히. 『도덕의 계보학』. 김태현 옮김. 서울: 청하, 2002.
데리다, 자크. 『마르크스의 유령들』. 진태원 옮김. 서울: 이제이북스, 2007.

들뢰즈, 질. 『천개의 고원』. 김재인 역. 서울: 새물결, 2001.
라이트, 엘리자베스. 『페미니즘과 정신분석학 사전』. 고갑희 외 옮김. 서울: 한신문화사, 1997.
바타유, 조르주. 『에로티즘』. 조한경 옮김. 서울: 민음사, 2001. 76-87.
비트머, 페터. 『욕망의 전복』. 홍준기 옮김. 서울: 한울, 1998. 110-133.
살레클, 레나타. 『사랑과 증오의 도착들』. 이성민 옮김. 서울: 도서출판b, 2003. 234.
앤더슨, 베네딕트. 『상상의 공동체』. 윤형숙 옮김. 서울: 나남출판, 2002.
주판치치, 알렌카. 『실재의 윤리』. 이성민 옮김. 서울: 도서출판b, 2004.
_____. 『정오의 그림자』. 조창호 옮김. 서울: 도서출판 b, 2005.
지젝, 슬라보예. 『이데올로기라는 숭고한 대상』. 이수련 옮김. 서울: 인간사랑, 2002.
_____. 『실재계 사막으로의 환대』. 김종주 옮김. 서울: 인간사랑.(2003),
푸코, 미셸. 『성의 역사』1. 이규현 옮김. 서울: 나남출판, 1994.
프로이트, 지그문트. 『성욕에 관한 세편의 에세이』. 김정일 옮김. 서울: 열린책들, 1996.
_____. 『종교의 기원』. 이윤기 옮김. 열린책들, 1998.
홉스봄, 에릭. 『1780년 이후의 민족과 민족주의』. 서울: 창작과 비평사, 1994.
Ahmed, Leila. *Women and Gender in Islam*. New Haven: Yale University Press, 1991.
Arberry, A.J. *The Koran Interpreted 2*. London: George Allen & Unwin, 1956.
Bouiidiba, A. *Sexuality in Islam*. London: Routledge & Kegan Paul, 1975.
Brouse, Mrie-Hélène. "The Imaginary." *Reading Seminars I and II: Lacan's Return to Freud*. Ed. Bruce Fink, Maire Jaanus, and Richard Feldstein. Albany: State U of New York P, 1996. 118-122.
Butler, Judith, *Gender Trouble: Feminism and the Subversion of Identity*. New York: Routledge, 2004.
Chhachhi, A. *Women, Islam and State*. London: Macmillan, 1991.
Doğramaci, Emel. *Türkiye 'de Kadinin Dünü ve Bugünü*. Türkiyede İŞ Bankasi Yayini, 1992. 130.
Dolar, Mladen. "Cogito as the Subject of the Unconscious." *Cogito and the Unconscious*. Ed. Slavoj Žižek. Durham: Duke UP, 1998. 11-40.
_____. "I Shall be with you on your wedding-night: Lacan and Uncanny." *Jacques Lacan: Critical Evaluations in Cultural Theory*. Ed. Slavoj Žižek. London & New York: Loutledge, 2002.

Kandiyoti, Deniz. *Gendering the Middle East.* Syracuse: Syracuse UP, 1996.
Lacan, Jacque. *The Four Fundamental Concepts of Psychoanalysis.* Trans. Alan Sheridan. New York: Norton, 1977.
_____. *Ecrits.* Trans. Bruce Fink. New York: Norton, 2007.
Lerner, Gerda. *The Creation of Patriachy.* London: Oxford UP, 1987.
Lévi- Strauss, Claude. *The Elementary Structure of Kinship.* Rev. ed. Boston: Beacon Press, 1969.
Moruzzi, Norma Claire. "National Abjects: Julia Kristeva on the Process of Political Self-Identification." *Ethics, Politics and Difference in Julia Kristeva's Writing.* Ed. Kelly Oliver. New York: Roultedge, 1993.
Weir, Allison. "Identification with the Devided Mother: Kristeva's Ambivalence." *Ethics, Politics and Difference in Julia Kristeva's Writing.* Ed. Kelly Oliver. New York: Roultedge, 1993.
Yuval-Davis, Nira. "Women-Nation-State." *Nationalism: Critical Concepts in Political Science.* Ed. John Hutchinson and Anthony D. Smith. New York: Routledge. 2000.
Zupančič, Alenka. *Ethics of the Real.* London: Verso, 2000.

이주여성 노동자의 주변화와 행위주체성

이상화. 「리더십과 권력에 대한 여성주의적 재개념화」. 『여성학논집』 22:1. 2005. 3-22.
모한티, 찬드라 탈파드. 『경계 없는 페미니즘』. 문현아 옮김. 서울: 여이연, 2007.
Afshar, Haleh, and Stephanie Barrientos. *Women, Globalization and Fragmentation in the Developing World.* London: Macmillan, 1999.
Andersen, John, and Birte Siim, eds. *The Politics of Inclusion and Empowerment: Gender, Class and Citizenship.* London: Palgrave, 2004.
Chomsky, Aviva. *"They Take Our Jobs!": and 20 Other Myths about Immigration.* Boston: Beacon, 2007.
Glenn, Evelyn N. "Caring and Inequality." *Women's Labor in the Global Economy.* Ed. Sharon Harley. New York: Rutgers UP, 2007. 46-61.
Hu-Dehart, Evelyn. "Surviving Globalization: Immigrant Women Workers in Late

Capitalist America." *Women's Labor in the Global Economy*. Ed. Sharon Harley. New York: Rutgers UP, 2007. 85-102.

_____. "Asian women immigrants in the US fashion garment industry." *Women and Work in Globalizing Asia*. New York: Routledge, 2002. 207-230.

Katz, Naomi, and David S. Keminitzer. "Fast Forward: The Internationalization of Silicon Valley." *Women, Men, and the International Division of Labor*. Ed. June Nash and Maria Patricia Fernandez-Kelly. Albany: State U of New York P, 1983. 332-345.

Kempadoo, Kamala, and Jo Doezema, eds. *Global Sex Workers- Right, Resistance, and Redefinition*. New York: Routledge, 1998.

Louie, Miriam Ching Yoon. *Sweatshop Warriors-Immigrant Women Workers Take on the Global Factory*. Cambridge: South End Press, 2001.

Lowe, Lisa. *Immigrant Acts*. Durham & London: Duke UP, 1996.

Mies, Maria. *Patriarchy & Accumulation on a World Scale-Women in the International Division of Labour*. New York: Zed Books, 1998.

Moghadam, Valentine M. *Globalizing Women: Transnational Feminist Networks*. Boltimore: The Johns Hopkins UP, 2005.

Oishi, Nana. *Women in Motion—Globalization, State Policies, and Labor Migration in Asia*. Stanford: Stanford UP, 2005.

Parreñas, Rhacel Salazar. *Servants of Globalization-Women, Migration, and Domestic work*. Stanford: Stanford UP, 2001.

Sassen, Saskia. *Globalization and Its Discontents*. New York: The New Press, 1998.

_____. "Global Cities and Survival Circuits." *Global Woman: Nannies, Maids, and Sex Workers in the New Economy*. Ed. Ehrenreich, Barbara and Arlie Russell. New York: Metropolitan Books, 2002. 254-274.

'여성주의 문화연구' 구축하기: 비교문화적 사유와 상상력

강내희. 「문화사회와 대안적 세계화를 위한 한국문화연구의 방향」. 『문화/과학』 52 (2007 겨울): 391-410.

백원담. 「전후 아시아 사회주의권에서의 아시아주의」. 『문화/과학』 52 (2007 겨울): 73-97

이동연. 『아시아 문화연구를 상상하기』. 서울: 그린비, 2006.
이상화. 「'아시아'적인 것의 의미생산과 아시아 여성학」. 2007년 11월 16일, "아시아 여성학회 창립식 및 국제학술대회" 발표문.
태혜숙. 『대항지구화와 '아시아' 여성주의』. 서울: 울력, 2008.
한지희. 「에이드리언 리치와 존재의 지도」. 『영어영문학』 52.1 (2006): 95-112.
Ang, Ien. *On Not Speaking Chinese: Living between Asian and the West.* London and New York: Routledge, 2001.
Barlow, Tani E. "What kind of knowledge Do We Need?: An Interview with Kin Chi Lau." *Positions* 12.1 (2004): 226-240.
Chen, Kuan-Hsing. "The Decolonization Question." *Trajectories: Inter-Asian Cultural Studies* Ed. Chen Kuan-Hsing with Hsiu-Ling Kuo, Hans Han and Hsu ming-Chu. London and New York: Routledge, 1998.
Guha, Ranajit. "On Some Aspects of the Historiography of Colonial India." *Selected Subaltern Studies.* Ed. Ranajit Guha and Gayatri Spivak. New York: Oxford UP, 1988.
Harootunian, H.D. "Ghostly Comparisons." *Traces* (2004): 3-39.
Jaction, Peter A. "Spaces, Theory, and Hegemony: The Dual Crises of Asia Area Studies and Cultural Studies." *Sojourn* 18.1 (2003): 1-41.
John, Mary E. "Women and Feminism in Contemporary Asia: New Comparisons, New Connections?" *Interventions* 9.2 (2007): 165-173.
Kang, Laura Hun Yi. "Traffic in 'Asian Women': Glocal Circuits of Visibility, Visuality, and Knowledge." 2007년 11월 1-2일, "한국여성연구원 30주년 기념 국제학술대회" 발표문.
Miyoshi, Masao, H.D.Harootunian, and Rey Chow, eds. *Learning Places: The Afterlives of Area Studies.* Durham: Duke UP, 2002.
Mufti, Aamir R. "Gobal Comparativism." *Critical Inquiry* 31 (2005)
Niranjana, Tejaswini. "Feminism and Cultural Studies in Asia." *Interventions* 9.2 (2007)
Spivak, Gayatri. "The New Subaltern: A Silent Interview." *Mapping Subaltern Studies and the Postcolonial.* Ed. and intro. Vinahak Chaturvedi. London: Verso, 2000. 324-340.
_____. *Other Asias.* Blackwell, 2008.
Watson, Jini Kim. "The New Asian City: Literature and Urban Form in Postcolonial

Asia-Pacific." PH. D. Dissertation. Duke University, 2005.

번역, 이산 여성 주체의 이언어적 받아쓰기: 테레사 학경 차의 『딕테』

이명호. 「문화번역의 정치성: 이국성의 해방과 이웃되기」. 『비평과이론』 15.1 (2010): 233-250.

태혜숙. 「아시아 디아스포라, 민족국가, 젠더: 『딕테』」. 『대항지구화와 '아시아' 여성주의』. 서울: 울력, 2008. 253-282.

르발렌, 콘스탄스 M 엮음. 『관객의 꿈: 차학경 1951-1982』. 김현주 옮김. 서울: 눈빛, 2003.

사카이 나오키. 『번역과 주체: '일본'과 문화적 국민주의』. 후지이 다케시 옮김. 서울: 이산, 2005.

Austin, J.L. *How to Do with Words*. Cambridge: Harvard UP, 1962.

Bhabha, Homi. *The Location of Culture*. London: Routledge, 1994.

Cha, Theresa Hak Kyung. *Dictee*. Berkeley: UP of California, 2001.

Cheng, Anne Anlin. *The Melancholy of Race: Psychoanalysis, Assimilation and Hidden Grief*. Oxford: Oxford UP, 2000.

Kim, Elaine H. "Poised on the In-between: A Korean American's Reflections on Theresa Hak Kyung Cha's *Dictee*." *Writing Self, Writing Nation: A Collection of Essays on Dictee by Theresa Hak Kyung Cha*. Ed. Elain H. Kim and Norma Alarcon. Berkeley: Third Woman Press, 1994. 3-30.

Lavie, Smadar and Swendenburg Ted, eds. *Displacement, Diaspora, and Geographies of Identity*. Durham: Duke UP, 1996.

Lowe, Lisa. "Unfaithful to the Original: The Subject of *Dictee*." *Writing Self, Writing Nation: A Collection of Essays on Dictee by Theresa Hak Kyung Cha*. 35-69.

Wong, Shelley Sunn. "Unnaming the Same: Theresa Hak Kyung Cha's *Dictee*." *Writing Self, Writing Nation: A Collection of Essays on Dictee by Theresa Hak Kyung Cha*. 103-140.

3부
신화·종교·윤리

레비나스, 타자 윤리학, 페미니즘

강영안. 『타인의 얼굴: 레비나스의 철학』. 서울: 문학과 지성사, 2005.

김애령. 「'여성,' 타자의 은유: 레비나스의 경우」. 『한국여성철학』 9 (2008): 77-102.

김연숙. 『레비나스 타자 윤리학』. 서울: 인간사랑, 2001.

_____. 『윤리와 무한: 필립 네모와의 대화』. 양명수 옮김. 서울: 다산글방, 2000.

_____. 『존재에서 존재자로』. 서동욱 옮김. 서울: 민음사, 2001.

신명아. 「라깡의 정신분석 윤리학과 이마뉴엘 레비나스의 타자the Other의 윤리학 비교분석 연구: 타자 개념을 중심으로」. 한국라깡과 현대정신분석학회 프로씨딩스. (2005): 13-33.

신옥희. 「여성학적 시각에서 본 레비나스: 타자성의 윤리학」. 『철학과 현실』 29 (1996): 236-252.

오주연. 『타자성의 윤리와 페미니즘. 페미니즘과 기독교 윤리』. 서울: 예영 커뮤니케이션, 2005. 199-216.

길리건, 캐럴. 『다른 목소리로』. 허란주 옮김. 서울: 동녘, 1997.

레비나스, 에마뉘엘. 『시간과 타자』. 강영안 옮김. 서울: 문예출판사, 1996.

벤델, 사스키아. 『여성주의 윤리학 입문』. 송안정 옮김. 서울: 이화여자대학교출판부, 2008.

Ainley, Alison. "Levinas and Kant: Maternal Morality and Illegitimate Offspring." *Feminist Interpretations of Emmanuel Levinas*. Ed. Tina Chanter. University Park: Pennsylvania State UP, 2001. 203-223.

Benjamin, Jessica. *The Bonds of Love: Psychoanalysis, Feminism, and the Problem of Domination*. New York: Pantheon Books, 1988.

Bernascon, Robert and Simon Critchley, eds. *Re-Reading Levinas*. Bloomington: Indiana UP, 1991.

Brody, Donna. "Levinas's Maternal Method from 'Time and the Other' through Otherwise Than Being: No woman's Land?" *Feminist Interpretations*. Ed. Tina Chanter. 53-77.

Chalier, Catherine. "Ethics and the Feminine." *Re-Reading Levinas*. Ed. Bernasconi and Critchley. 119-129.

Chanter, Tina, ed. *Feminist Interpretations of Emmanuel Levinas.* University Park: Pennsylvania State UP, 2001.

_____. *Ethics of Eros: Irigaray's Rewriting of the Philosophers.* New York: Routledge, 1995.

Guenther, Lisa. *The Gift of the Other: Levinas and the Politics of Representation.* Ed. Tina Chanter. Albany: State U of New York P, 2006.

Irigaray, Luce. *An Ethics of Sexual Difference.* Trans. Carolyn Burke and Gillian C. Gill. Ithaca: Cornell UP, 1993.

_____. "The Fecundity of the Caress: A Reading of Levinas, *Totality and Infinity*, "Phenomemology of Eros"." *An Ethics of Sexual Difference.* 185-217.

_____. "Questions to Emmanuel Levinas: On the Divinity of Love." *Re-Reading Levinas.* Ed. Bernasconi and Critchley. 109-118.

Katz, Claire Elise. *Levinas, Judaism and The Feminine: The Silent Footsteps of Rebecca.* Bloomington: Indiana UP, 2003. An earlier version of chapters 4 and 6 appeared in "Reinhabiting the House of Ruth: Exceeding the Limits of the *Feminine in Levinas." Feminist Interpretations of Emmanuel Levinas.* Ed. Tina Chanter. 145-170.

Kristeva, Julia. "Stabat Mater." *The Kristeva Reader.* Ed. Toril Moi. New York: Columbia UP, 1986. 160-186.

Levinas, Emmanuel. *Totality and Infinity: An Essay on Exteriority.* Trans. Alphonso Lingis. Pittsburgh: Duquesne UP, 1969.

_____. *Otherwise Than Being or Beyond Essence.* Trans. Alphonso Lingis. Pittsburgh: Duquesne UP, 1998.

Oliver, Kelley. "Paternal Election and the Absent Father." *Feminist Interpretations* 224-240.

Perpich, Diane. "From the Caress to the Word: Transcendence and the Feminine in the Philosophy of Emmanuel Levinas." *Feminist Interpretations of Emmanuel Levinas.* Ed. Tina Chanter. 28-52

Skika, Sonia. "The Delightful Other: Portraits of the Feminine in Kierkegaard, Nietzsche, and Levinas." *Feminist Interpretations of Emmanuel Levinas.* Ed. Tina Chanter. 96-118.

Stanford, Stella. "Levinas, Feminism and the Feminine." *Re-Reading Levinas.* Ed.

Critchley and Bernasconi. 139-160.
______. "Masculine Mothers? Maternity in Levinas and Plato." *Feminist Interpretations of Emmanuel Levinas*. Ed. Tina Chanter. 180-202.
Ziareck, Ewa Plonowska. "The Ethical Passions of Emmanuel Levinas." *Feminist Interpretations of Emmanuel Levinas*. Ed. Tina Chanter. 78-95.
______. "Ethical Responsibility, Eros, and the Politics of Race and Rights." *An Ethics of Dissensus: Postmodernity, Feminism, and The Politics of Racial Democracy*. Stanford: Stanford UP, 2001. 47-81.
______. "Kristeva and Levinas: Mourning, Ethics, and the Feminine." *Ethics, Politics, and Difference in Julia Kristeva's Writing*. Ed. Kelly Oliver. New York: Routledge, 1993. 62-78.

여신 신화와 새로운 상징질서 찾기

고갑희. "시적 혁명과 경계선의 철학—줄리아 크리스테바." 『페미니즘 어제와 오늘』. 서울: 민음사, 2000. 201-230.
박정오. "새로운 상징질서를 찾아서—뤼스 이리가라이." 『페미니즘 어제와 오늘』. 서울: 민음사, 2000. 181-200.
______. "비너스의 계보—가부장제의 확립과 여신숭배의 변화." 『현대영미소설』 14.1 (2007): 27-47.
______. "여신 숭배의 재조명." (서평) 『영미문학페미니즘』 15.1 (2007): 151-154.
장영란. "그리스 신화의 죽음과 여성의 이미지." 2003년 9월 한국여성철학회 월례발표문.
______. 『위대한 어머니 여신』. 서울: 살림, 2003.
______. 『알파벳과 여신』. 조윤정 옮김. 서울: 파스칼 북스, 2004.
로터, 에케하르트. 『비너스, 마리아, 파티마』. 신철식 옮김. 서울: 울력, 2001.
볼린, 진 시노다. 『우리 속에 있는 여신들』. 조주현, 조명덕 옮김. 서울: 또하나의 문화, 2003.
쉴레인, 레너드. 『자연의 선택, 지나 사피엔스』. 강수아 옮김. 서울: 들녘, 2005.
아이슬러, 리안. 『성배와 칼』. 김경식 옮김. 서울: 비채, 2006.
올리버, 켈리. 『크리스테바 읽기』. 박재열 옮김. 서울: 시와반시 학술총서, 1997.
이리가레, 뤼스. 『나, 너, 우리』. 박정오 옮김. 서울: 동문선. 1996.

후사인, 샤루크. 『여신』. 김선중 옮김. 서울: 창해, 2005.

Baring, Anne and Jules Cashford. *The Myth of the Goddess*. London: Arkana Penguin Books, 1991.

Caputi, Jane. "On Psychic Activism: Feminist Mythmaking." *The Feminist Companion to Mythology*. Ed. Larrington, Carolyne. London: Pandora Press, 1992. 425-440.

Christ, Carol. *Laughter of Aphrodite: Reflections on a Journey to the Goddess*. San Francisco: Harper & Row, 1987.

D'Este Sorita. *Artemis: Virgin Goddess of the Sun and Moon*. London: Avalonia, 2005.

Gadon, Elinor W. *The Once & Future Goddess: A Symbol for Our Time*. New York: Harper & Row, 1989.

Getty, Adele. *Goddess: Mother of Living Nature*. New York: Thames and Hudson, 1990.

Gimbutas, Marija. *The Goddesses and Gods of Old Europe, 6500-3500 B.C.: Myths and Cult Images*. London: Thames and Hudson, 1982.

______. *The Living Goddesses*. Berkeley: U of California P, 1999.

Graham, Lanier. *Deesses*. Paris: Edition Abbeville, 1997.

Herrera, Hayden. *Frida: A Biography of Frida Kahlo*. New York: Harper & Row, 1983.

Highwater, Jamake. *Myth and Sexuality*. Ontario: New American Library, 1990.

Jung, C. G. *The Archetypes and the Collective Unconscious*. New York: Pantheon Books, 1959.

Leroi-Gourhan, Andre. *Prehistoire de l'art occidentale*. Paris: Editions d'Art Lucien Mazenod, 1971.

Mann, A. T. and Jane Lyle. *Sacred Sexuality*. Dorset: Element Books Limited, 1995.

Purkiss, Diane. "Women's Rewriting of Myth." *The Feminist Companion to Mythology*. Ed. Carolyne Larrington. London: Pandora Press, 1992. 441-457.

Stone, Merlin. *When God Was a Woman*. New York: Barnes & Noble Books, 1976

모성 서사와 그 불만: 『엄마를 부탁해』와 〈마더〉에 나타난 모성 이데올로기 비판의 문화지형

강유정. 「돌아온 탕아, 수상한 귀환」. 『세계의 문학』 131 (2009): 309-331.
권채린. 「'엄마'에게 묻고 싶은 두세 가지 것들: 『엄마를 부탁해』의 비판적 읽기」. 『문학수첩』 26 (2009): 318-332.
류보선. 「'엄마'라는 유령들: 신경숙 장편소설 『엄마를 부탁해』 읽기」. 『문학동네』 58 (2009): 132-153.
신경숙. 『엄마를 부탁해』. 서울: 창비, 2008.
아감벤, 조르조. 『호모 사케르: 주권 권력과 벌거벗은 생명』. 박진우 옮김. 서울: 새물결, 2008.
Rich, Adrienne. *Of Woman Born: Motherhood as Experience and Institution*. New York: Norton, 1976.
Williams, Raymond. *Marxism and Literature*. Oxford: Oxford UP, 1978.

배려의 윤리와 정의의 윤리: 메리 셸리의 『프랑켄슈타인』

박상익. 『밀턴 평전: 불굴의 이상주의자』. 서울: 푸른역사, 2008.
길버트, 산드라, 수전 구바. 『다락방의 미친 여자』. 박오복 옮김. 서울: 이후, 2009.
Gilligan, Carol. *In a Different Voice*. Cambridge: Harvard UP, 1993.
Hobbes, Thomas. *Leviathan*. Ed. Herbert Schneider. Indianapolis: Bobbs-Merrill, 1958. 86.
Homans, Margaret. "Bearing Demons: Frankenstein's Circumvention of the Material." *Frankenstein: New Casebooks*. Ed. Fred Botting. New York: Macmillan, 1995.
Levine, George. "Frankenstein and the Tradition of Realism." *Frankenstein*. Ed. Paul Hunter. New York: Norton, 1996.
Mellor, Anne. "A Feminist Critique of Science." *Frankenstein: New Casebooks*. Ed. Fred Botting. New York: Macmillan, 1995.
Rawls, John . *A Theory of Justice*. Cambridge: The Belknap Press, 1971. 460.
Rousseau, Jean-Jacques. *Politics and the Arts: Letter to M.D. Alembert on the Theatre*. Trans. Allan Bloom. Ithaca: The Free Press, 1960. 135.

Sabine, George and Thomas Thorson. *A History of Political Theory*. Illinois: Dryden Press, 1973.

Shelley, Mary. *Frankenstein*. Ed. Paul Hunter. New York: Norton, 1996.

4부
자연 · 과학기술 · 여성

생태 파괴 시대의 페미니즘

Arendt, Hannah. *The Human Condition*. Chicago: U of Chicago P, 1958.

Butler, Judith. "Gender Troubles." L. J. Nicholson. Ed. *Feminism/Postmodernism*. New York: Routledge, 1990.

Griffin, Susan. *Woman and Nature*. London: The Women's Press, 1978.

Haraway, Donna. *Simians, Cyborgs and Women: The Reinvention of Nature*. New York: Routledge, 1991.

Illich, Ivan. *Gender*. New York: Random House, 1982.

Mellor, Mary. *Breaking the Boundaries: Towards a Feminist Green Socialism*. London: Virago, 1992.

Merchant, Carolyn. *Radical Ecology: The Search for a Livable World*. New York: Routledge, 1992.

_____. ed. *Key concepts in Critical Theory: Ecology*. 2nd ed. New York: Humanity Books, 2008.

Mies, Maria. *Patriarchy & Accumulation on a World Scale*. New York: Zed Books, 1998.

_____. *The Subsistence Perspective*. New York: Zed Books, 1999.

Plant, Judith. *Healing the Wounds: The Promise of Ecofeminsm*. Philadelphia: New Society Publishers, 1989.

Plumwood, Val. *Feminism and the Mastery of Nature*. London: Routledge, 1993.

Rosen, Christine. "Overcoming Motherhood: Pushing the limits of reproductive choice." *Policy Review* 16 (2009): 2.

Ruether, Rosemary. *New Woman, New Earth: Sexist Ideologies and Human*

Liberation. New York: Seabury P, 1975.
Sachs, Wolfgang. *The Development Dictionary*. New York: Zed Books, 1992.
Shiva, Vandana. *Staying Alive: Women, Ecology, and Development*. London: Zed Books, 1989.
Warren, Karen J., ed. *Ecofeminism: Women, Culture, Nature*. Bloomington: Indiana UP, 1997.
_____. *Ecofeminist Philosophy*. New York: Rowman & Littlefield, 2000.

과학기술 시대의 페미니즘과 사이보그론

신명아. "The Posthuman and Feminism: Donna Haraway's Theory of Technoscience and Marge Piercy's *He, She and It*." 『비평과 이론』 8.2 (2003): 123-151.
_____. "Feminism and Technoscience: A Study of a Way to Overcome a Phallogocentric Society through Donna Haraway's Theory of Technoscience." 『비평과 이론』 10.1 (2005): 199-231.
Badmington, Neil. *Alien Chic: Posthumanism and the Other within*. New York: Routledge, 2004.
Bell, David. *Cyberculture Theorists*. London: Routledge, 2007.
_____. and Barbara M. Kennedy, eds. The Cybercultures Reader. London: Routledge, 2001.
Braidotti, Rosi. *Nomadic Subjects: Embodiment and Sexual Difference in Contemporary Feminist Theory*. New York: Columbia UP, 1994.
_____. *Metamorphoses: Towards a Materialist Theory of Becoming*. Cambridge: Polity, 2002.
Cockburn, Cynthia. *Machinery of Dominance: Women, Men, and Technical Know-How*. London: Pluto, 1985.
Doanne, Mary Ann. "Technophilia: Technology, Representation, and the Feminine." *The Gendered Cyborg*. Ed. Gill Kirkup, Linda Janes, Kath Woodward, and Fiona Hovenden. London: Routledge, 2000. 110-121.
Gramham, Elaine L. *Representations of the Post/Human Monsters, Aliens and Others in Popular Culture*. New Brunswick, NJ: Rutgers UP, 2002.

_____. "Cyborgs or Goddesses?: Becoming Divine in a Cyberfeminist Age." *Virtual Gender: Technology, Consumption and Identity*. Ed. Green and Adam. 302-322.

Gray, Chris Hables, ed. *The Cyborg Handbook*. London: Routledge, 1995.

_____. *Cyborg Citizen Politics in Posthuman Age*. New York: London, 2002.

Green, Eileen and Alison Adam, eds. *Virtual Gender: Technology, Consumption and Identity*. London: Routledge, 2001.

Haraway, Donna J. *Simians, Cyborgs, and Women: The Reinvention of Nature*. London: Routledge, 1991.

_____. *Modest_Witness@Second_Millenium.Female Man@_Meets_OncoMouse™*. New York: Routledge, 1997.

_____. *The Companion Species Manifesto: Dogs, People, and Significant Otherness*. Chicago: Prickly Paradigm, 2003.

_____. *The Haraway Reader*. London: Routledge, 2004.

_____. *When Species Meet*. Minneapolis: U of Minnesota P, 2008.

Hayles. N. Katherine. *How We Became Posthuman: Virtual Bodies in Cybernetics, Literature, and Informatics*. Chicago: Chicago UP, 1999.

Kirkup, Gill, Linda Janes, Kath Woodward, and Fiona Hovenden, eds. *The Gendered Cyborg*. London: Routledge, 2000.

Plant, Sadie. "The Future Looms: Weaving Women and Cybernetics." *Cyberspace, Cyberbodies, Cyberpunk: Cultures of Technological Embodiment*. Ed. Mike Featherstone and Roger Burrows. London: Sage, 1995. 45-64.

Shneider, J. *Donna Haraway: Live Theory*. London: Continum. 2005.

Squires, Judith. "Fabulous Feminist Futures and the Lure of Cyberculture." *The Cybercultures Reader*. Ed. David Bell and Barbara M. Kennedy. London: Routledge, 2001. 360-373.

Toffoletti, Kim. *Cyborgs and Barbie Dolls: Feminism, Popular Culture and the Posthuman Body*. London: I.B. Tauris, 2007.

Wajcman, Judy. *Feminism Confronts Technology*. Cambridge: Polity, 1991.

박소영. 「재생산과 복제: 페미니즘의 상상력, 생명과학의 상상력」. 『여/성이론』 14 (2006): 14-35.

백영경. 「미래를 위협하는 현재: 시간성을 통해 본 재생산의 정치학」. 『여/성이론』 14 (2006): 36-55.

조영미. 「불임기술과 의료권력」. 『여/성이론』 14 (2006): 56-79.

조주현. 「난자: 생명기술의 시선과 여성 몸 체험의 정치성」. 『한국여성학』 22.2 (2006): 5-40.

_____. 「생명의학과 여성의 행위성: 시험관아기 시술과 배아복제 연구 사이에서」. 『과학기술학연구』 5.1 (2005): 93-123.

_____. 「페미니즘과 기술과학: 대안적 패러다임 모색을 위한 해러웨이 읽기」. 『한국여성학』 14.2 (1998): 121-151.

Balsamo, Anne. *Technologies of the Gendered Body: Reading Cyborg Women.* Durham and London: Duke UP, 1997.

Corea, Gena. *The Mother Machine: Reproductive Technologies from Artificial Insemination to Artificial Wombs.* New York: Harper & Row, 1979.

Haraway, Donna. *Primate Visions: Gender, Race, and Nature in the World of Modern Science.* New York and London: Routledge, 1989.

_____. "A Cyborg Manifesto: Science, Technology, and Socialist-Feminism in the Late Twentieth Century." *Simians, Cyborgs and Women: The Reinvention of Nature.* New York: Routledge, 1991. 149-181.

_____. "Situated Knowledges: The Science Question in Feminism and the Privilege of Partial Perspective." *Simians, Cyborgs, and Women: The Reinvention of Nature.* New York: Routledge, 1991. 183-202.

Lublin, Nancy. *Pandora's Box: Feminism Confronts Reproductive Technology.* Lanham, Boulder, New York, Oxford: Rowman & Littlefield Publishers, 1998.

Martin, Emily. "The Egg and the Sperm: How Science Has constructed a Romance Based on Stereotypical Male-Female Roles." *Signs: Journal of women in Culture and Society* 16.3 (1991): 485-501.

Petchesky, Rosalind. "Fetal Images: The Power of Visual Culture in the Politics of Reproduction." *Feminist Studies* 13.2 (1987): 263-292.

Price, Janet and Margrit Shildrick, eds. *Feminist Theory and the Body: A Reader.* New York: Routledge, 1999.

Sawicki, Jana. *Disciplining Foucault: Feminism, Power, and the Body.* New York and London: Routledge, 1991.

Wajcman, Judy. *Feminism Confronts Technology.* Cambridge and Oxford: Polity Press, 1991.

_____. *Technofeminism.* Cambridge and Oxford: Polity Press, 2004.

Weinbaum, Alys Eve. "Marx, Irigaray, and the Politics of Reproduction." *Differences: A Journal of Feminist Cultural Studies* 6.1 (1994): 98-128.

ㅂ

ㅊ

글쓴이 소개

윤조원은 서울에서 나고 자라 고려대학교 영어영문학과를 졸업하고 같은 학교에서 윌리엄 포크너 연구로 석사학위를 받았다. 미국 뉴욕 주립대 버팔로 대학에서 미국문학을 전공했으며, 박사 논문에서는 19세기 말 미국 문화와 문학에서 발견되는 여성성과 심미적 감성 문제를 헨리 제임스의 작품을 중심으로 연구했다. 「젠더 연구의 흐름과 비평적 독서의 변화」「자연주의적 상상력과 욕망하는 여성」「'원더걸스'와 롤리타 신드롬」 등의 논문에서 알 수 있듯 미국 소설과 비평이론, 페미니즘, 한국 대중문화 등 다양한 분야에 관심을 갖고 있다. 편저한 책으로 『사회변동과 여성 주체의 도전』이 있다. 현재 고려대학교에서 영어영문학과 교수로 재직하고 있다.

이명호는 1963년 경북 예천에서 태어나 경희대학교 영어영문학과를 졸업했다. 같은 학교에서 석사와 박사 과정을 수료한 후 뉴욕 주립대에서 「아메리카와 애도의 과제: 윌리엄 포크너와 토니 모리슨의 애도작업」으로 박사학위를 받았다. 귀국 후 『여성과 사회』 편집장을 역임했고, 현대 미국문학에 대한 다수의 논문을 썼다. 최근에는 '기억과 증언의 문제' '감정의 문화정치학' '문화번역학' 관련 논의에 관심을 기울이고 있다. 「외상의 기억과 증언의 과제: 프리모 레비의 증언집이 던지는 질문들」「감성적 개인주의와 가정의 정치학」「공감의 한계와 혐오의 미학: 허먼 멜빌의 『서기 바틀비』를 중심으로」「문화번역의 정치성: 이국성의 해방과 이웃되기」 등의 논문을 썼다. 현재 경희대학교 영미어학부 교수로 재직하고 있다.

박주영은 1967년 서울에서 태어났으며, 2002년 미국 뉴욕 주립대에서 「에밀리 디킨슨과 실비아 플라스의 시에 나타난 여성미학의 예술적 승화」로 박사학위를 받았다. 「정신분석 관점에서 실비아 플라스 읽기」「에밀리 디킨슨의 공간의 시학」「전복과 변용: 거투르드 스타인의 시에 나타난 여성 모더니스트의 글쓰기」「언어, 역사, 정체성: 명미 김의 통언어적 시학」「영원히 지워지지 않는 흔적: 줄리아 크리스테바의 어머니의 몸」 등 19~20세기 미국 여성 문학과 페미니즘 이론에 관한 여러 편의 논문을 썼다. 2003년부터 순천향대학교에서 영어영문학과 교수로 재직하고 있다.

최성희는 1965년 서울에서 태어나 이화여자대학교 영어영문학과를 졸업하였다. 위스콘신 주립대학에서 브레히트 연극 이론과 정치극에 대한 논문으로 석사학위를, 메릴랜드 주립대학에서 브로드웨이의 오리엔탈리즘와 동양계 배우들의 퍼포먼스 전략에 대한 논문으로 박사학위를 받았다. 제2의 현실을 만들어내는 전이영역으로서 극장/무대의 사회적·정치적·미학적 가능성에 관심을 갖고 여러 편의 논문을 썼다. 최근에는 일상에서 행하는 다양한 '퍼포먼스'가 인간의 존재와 인식에 미치는 영향을 연구 중이다. 현재 이화여자대학교 영어영문학과 교수로 재직하고 있다.

연점숙은 1950년 충주에서 태어났으며, 경희대학교와 필리핀 국립대학에서 국문학과 영문학을 수학했다. 「한국과 필리핀의 식민지 저항문학 연구」로 박사학위를 받았다. 벨기에 루뱅 가톨릭대학과 미국 오리건 대학에서 방문교수를 지냈고 현재 경희대학교 영어학부 교수로 재직하고 있다. 「(신)식민현실 대응 기록으로서의 필리핀 문학」「여성 시인과 여성 뮤즈」등의 논문을 썼다.

박미선은 1973년 전북 익산에서 태어났다. 서강대학교에서 경제학과 영문학을 공부했고, 텍사스 A&M 대학에서 현대 미국문학을 연구하여 박사학위를 받았다. 현재 한신대학교 영어영문학과 교수로 재직하고 있다. 현대 미국문학, 페미니즘, 문화이론에 관한 다수의 논문을 썼다. 요즘은 초기 미국 흑인 여성 문학에서부터 21세기 흑인 여성 문학에 이르기까지 흑인 여성 문학에 관심을 갖고 연구 중이며, 현대 페미니즘 이론을 전 지구적 틀에서 다시 보면서 인문학, 서사 연구, 젠더 연구의 융합을 모색하고 있다. 『흑인 페미니즘 사상』『우연성, 헤게모니, 보편성』『포스트식민 이성 비판』(공역) 『유목적 주체』를 우리말로 옮겼다.

오은경은 1968년 서울에서 태어나 한국외국어대학교 터키어과를 졸업했다. 터키 앙카라 하제테페 국립대학에서 터키 문학과 비교문학을 전공했다. 「터키 언론과 문학에서의 한국전쟁」이라는 주제로 석사학위를, 「20세기 터키와 한국소설에서의 여성」이라는 주제로 박사학위를 받았다. 터키 앙카라 대학 한국어문학과에서 외국인 교수로 재직했으며, MBC 문화방송 터키 통신원으로 활동하면서 라디오와 TV 프로그램을 통해 터키 소식을 전했다. 2002년부터 동덕여자대학교 교양교직학부 교수로 재직하고 있다. 현재 우즈벡 문학과 한국문학 비교연구를 위해 우즈베키스탄에 체류 중이다. 『베일 속의 이슬람과 여성』을 썼고, 『독사를 죽였어야 했는데』 『바람 부족의 연대기』를 우리말로 옮겼다.

이선주는 1963년 전주에서 태어나 이화여자대학교에서 영어영문학을 공부했다. 같은 대학에서 『디킨즈 소설에 나타난 근대성 연구』로 박사학위를 받았다. 현재 이화여자대학교 이화인문과학원의 연구교수로 재직하고 있고, '지구 지역성' '혼종성' '이민·인종' '탈경계 인문학'에 관련된 연구를 진행하고 있다. 『디킨즈와 신분과 자본』을 집필했다. 노라 옥자 켈러의 『여우소녀』와 I.A.리처즈의 『문학비평의 원리』를 우리말로 옮겼다.

태혜숙은 1957년에 부산에서 태어나 이화여자대학교 영어영문학과를 졸업했다. 서울대학교에서 영문학 석사과정을 밟고 「현대 영미 여성해방비평 연구」로 박사학위를 받았다. 1993년부터 대구 가톨릭대학교 영미언어문화학부 교수로 재직하고 있다. 『여/성이론』과 *Asian Journal of Women's Studies*의 편집위원으로 활동 중이다. 저서로 『버지니아 울프』 『탈식민주의 페미니즘』 『한국의 탈식민 페미니즘과 지식 생산』 『대항지구화와 '아시아' 여성주의』 『다인종 다문화 시대의 미국 문화 읽기』가 있으며, 역서로 『대지의 딸』 『히스테리 사례 분석』 『다른 세상에서』 『포스트식민 이성 비판』(공역), 『교육기계 안의 바깥에서』 『3기니』 등이 있다.

이희원은 1957년 서울에서 태어나 이화여자대학교 영어영문학과를 졸업하고 같은 학교에서 석사학위를 받았다. 미국 아이오와 대학에서 셰익스피어의 자의식적 언어관에 대한 연구로 석사학위를 다시 받고 텍사스 A&M 대학에서 셰익스피어 후기 희극에 대한 페미니즘 분석으로 박사학위를 받았다. 대표 논문으로는 「디지털 시대의 셰익스피어」 「브라이언 프리엘의 Making History: 역사 혹은 이야기 만들기」 「아리스토파네스의 『리시스트라테』에 나타난 여성과 연극성」 「정신병동의 여성 예술가: 레비나스의 시각에서 본 브라이언 프리엘의 『몰리 스위니』」 등이 있다. 셰익스피어를 포함한 드라마 분야를 주로 연구하고, 여성,

역사, 재현, 연극성 등의 주제에 관심을 갖고 있다. 현재 서울과학기술대학교 영어영문학과 교수로 재직하고 있다.

박정오는 1958년 서울에서 태어나 이화여자대학교 영어영문학과를 졸업하였다. 같은 대학교에서 석사과정을 밟고 프랑스 파리 7대학에서 「포크너 초기 소설에 나타난 신화적 기법 연구」라는 논문으로 박사학위를 받았다. 현재 명지대학교 교양학부 교수로 재직하고 있다. 「포크너의 희생제의—폭력과 희생양의 메커니즘」「르네 지라르—문화에 숨겨진 폭력」「남성의 시선, 여성의 몸—포크너와 몸의 정치」「여성 SF 작가가 꿈꾸는 가상세계 속의 신화와 젠더」「비너스의 계보—가부장제의 확립과 여신 숭배의 변화」「미로와 만다라—포크너의 신성한 공간」 등 포크너 및 신화와 관련된 여러 편의 논문을 통해 연구 영역을 확대하고 있다. 뤼스 이리가레의 『나, 너, 우리 』『근원적 열정』, 필리프 들레름의 『Fragiles—고독하지 않은 홀로되기』, 앨리스 워커의 『사랑의 힘』 등을 우리말로 옮겼다.

조선정은 1969년 대구에서 태어났다. 연세대학교 영어영문학과를 졸업하고 서울대학교 영문학과에서 석사학위를 받았다. 미국 텍사스 A&M 대학에서 19세기 영국 여성 작가 제인 오스틴, 샬럿 브론테, 조지 엘리엇 소설을 중심으로 여성 주체의 형성과 그 윤리를 연구해 박사학위를 받았다. 서울여자대학교를 거쳐 현재 서울대학교 영어영문학과 교수로 재직하고 있다. 19세기 영국 여성 작가에 관한 여러 편의 논문을 비롯하여 제인 오스틴의 작품과 영화를 다룬 몇몇 논문을 썼다. 영국소설, 페미니스트 문학비평, 섹슈얼리티 연구, 문화연구 등을 아우르는 폭넓은 관심사를 갖고 있다. 최근에는 19세기 여성교육, 뱀파이어 서사, 여성영화 등에 대해 공부하고 있다.

김종갑은 1959년에 정읍에서 태어나 건국대학교 영어영문학과를 졸업했으며, 1992년 미국 루이지애나 주립대에서 영문학 박사학위를 받았다. 현재 건국대학교 영어영문학과 교수로 재직하고 있다. 1990년대 후반 이후, 몸에 관한 철학적이고 문화이론적인 연구에 관심을 갖으면서 『타자로서의 몸, 몸의 공동체』『근대적 몸과 탈근대적 증상』 같은 저서를 썼다. 2007년에는 몸문화연구소를 만들고 다양한 학문 분야의 연구자들과 공동연구를 하면서 『기억과 몸』『일상 속의 몸』 같은 책을 펴내고 있다.

박혜영은 1964년 서울에서 태어나 이화여자대학교를 졸업했다. 서울대학교 영어영문학과에서 석사와 박사 과정을 수료한 뒤 영국의 글래스고 대학에서 낭만주의 시인 존 키츠를 연구하여 「존 키츠: 여성, 독자, 그리고 개정」으로 박사학위를 받았다. 현재 인하대학교 영어영문학과 교수로 재직하고 있다. 「생태 파괴 시대의 페미니즘」 「키츠의 유토피아적 상상력과 정치의식」 「인문학 위기와 영시교육의 의미: 워즈워스의 공동체적 상상력을 중심으로」 「자급의 지혜와 지속 불가능한 미국적 삶: 소로우의 월든」 등의 논문을 썼다. 아룬다티 로이의 정치평론집 『9월이여, 오라』를 우리말로 옮겼다. 생태, 여성, 공동체 등을 다룬 다수의 산문이 있다.

장정희는 1957년 부산에서 태어나 부산대학교 영문학과를 졸업했다. 서울대학교 영문학과에서 버지니아 울프 연구로 석사학위를, 「토머스 하디 소설의 여성 연구」로 박사학위를 받았다. 1987년부터 광운대학교에서 영문학을 가르쳤으며, 지금은 동북아문화산업학부 교수로 재직하고 있다. 19세기영어권문학회 회장을 역임하였고 빅토리아 시대 선정 소설, 출판문화와 여성 작가의 저널리즘 활동에 관한 여러 편의 논문을 썼다. 저서로 『프랑켄슈타인』 『선정 소설과 여성』 『토머스 하디와 여성론 비평』등이 있다.

정문영은 1956년 대구에서 태어나 서울대학교 영어교육과를 졸업했다. 같은 대학교에서 영어영문학으로 석사와 박사 과정을 수료한 뒤 미국 델라웨어 대학에서 「더블 더블링: 정신분석, 페미니즘, 드라마」로 박사학위를 받았다. 미국 애리조나 주립대학과 아일랜드 유니버시티 칼리지 더블린에서 방문학자를 지냈다. 비평이론과 드라마에 관한 여러 편의 논문을 썼으며, 『현대비평이론과 연극』 『해럴드 핀터의 정치성과 성정치성』 등의 책을 저술했다. 현재 계명대학교 영어영문학과 교수로 재직하고 있다.

페미니즘: 차이와 사이

1판 1쇄 2011년 7월 15일
1판 3쇄 2015년 3월 20일

지은이 이희원 이명호 윤조원 외 | 펴낸이 강병선
편집 김영옥 송지선 허정은 고원효
디자인 윤종윤 이주영 | 마케팅 정민호 이연실 정현민 지문희 김주원
온라인 마케팅 김희숙 김상만 한수진 이천희
제작 강신은 김동욱 임현식 | 제작처 영신사(인쇄) 경일제책사(제본)

펴낸곳 (주)문학동네
출판등록 1993년 10월 22일 제406-2003-000045호
주소 413-120 경기도 파주시 회동길 210
전자우편 editor@munhak.com | 대표전화 031) 955-8888 | 팩스 031) 955-8855
문의전화 031)955-1933(마케팅), 031)955-1905(편집)
문학동네카페 http://cafe.naver.com/mhdn

ISBN 978-89-546-1546-4 93330

이 도서의 국립중앙도서관 출판예정도서목록(CIP)은 서지정보유통지원시스템 홈페이지(http://seoji.nl.go.kr)와 국가자료공동목록시스템(http://www.nl.go.kr/kolisnet)에서 이용하실 수 있습니다.
(CIP 제어번호 : CIP2011002752)

www.munhak.com